高等职业教育经典系列教材·财务会计类

企业财务会计

（活页式教材）

主　编　李　莘　孙元霞
副主编　高娅楠　王怡丽　申　艳
参　编　徐延青　张　萌　王静瑶　庞靖麒
　　　　郑洪文　矫　聪　孟凡芳　孟凡收
　　　　徐　栋　韩　娜　申国法　李业青
　　　　郑圣慈　卜艳艳　刘　荣　宋艳艳
　　　　陈　磊　谢锦峰

北京理工大学出版社
BEIJING INSTITUTE OF TECHNOLOGY PRESS

版权专有　侵权必究

图书在版编目（CIP）数据

企业财务会计 / 李莘, 孙元霞主编. -- 北京:北京理工大学出版社，2023.1
ISBN 978-7-5763-1986-6

Ⅰ.①企… Ⅱ.①李…②孙… Ⅲ.①企业会计 - 财务会计　Ⅳ.①F275.2

中国版本图书馆CIP数据核字（2023）第001789号

出版发行 / 北京理工大学出版社有限责任公司
社　　址 / 北京市海淀区中关村南大街5号
邮　　编 / 100081
电　　话 / （010）68914775（总编室）
　　　　　（010）82562903（教材售后服务热线）
　　　　　（010）68944723（其他图书服务热线）
网　　址 / http://www.bitpress.com.cn
经　　销 / 全国各地新华书店
印　　刷 / 河北盛世彩捷印刷有限公司
开　　本 / 889毫米×1194毫米　1/16
印　　张 / 26.75　　　　　　　　　　　　　责任编辑 / 钟　博
字　　数 / 737千字　　　　　　　　　　　　文案编辑 / 钟　博
版　　次 / 2023年1月第1版　2023年1月第1次印刷　责任校对 / 周瑞红
定　　价 / 59.80元　　　　　　　　　　　　 责任印制 / 李志强

图书出现印装质量问题，请拨打售后服务热线，本社负责调换

前　言

本书以习近平新时代中国特色社会主义思想为指导，深入贯彻党的二十大精神和全国教育大会部署，落实党中央、国务院关于教材建设的决策部署和《国家职业教育改革实施方案》的有关要求。

本书以国家最新颁布的《会计法》《企业会计准则》等相关法律法规为依据，编写团队成员均为"双师型"教师，有丰富的企业财务实践经验。本书以企业经济业务处理流程为主线，设置走近财务会计、企业筹资、资产运营、利润形成和报表编制等5个模块。为了提升学生的职业素养，本书在编写过程中单独设置实务链接、真题链接、法理园地、职场格言等模块，并将专业精神、职业精神和工匠精神内化于书中，力求使学生掌握企业筹资、资产运营、利润形成和报表编制等业务的账务处理方法，提升职业素养和"财商"，培养良好的职业品格。

本书配套资源有"企业财务会计"课程标准、微课、课件、习题等优质教学资源。另外，本书编写团队主持建设有多门会计类国家级精品在线开放课程和国家级课程思政示范课程，丰富的会计类在线教学资源能够极大地为学生自主学习提供助力。

本书是集体智慧的结晶。本书以财政部发布的《企业会计准则》和《企业会计准则——应用指南》为基本依据。李莘、孙元霞、高娅楠、王怡丽、申艳、徐延青、张萌为本书的编写与校对付出了很多努力，王静瑶、庞靖麒、郑洪文、矫聪、孟凡芳、孟凡收、徐栋、韩娜、申国法、李业青、郑圣慈、卜艳艳、刘荣、宋艳艳、陈磊、谢锦峰等老师和企业专家为本书的编写提供了很多指导和建议，在此由衷地表示感谢。

亲爱的读者朋友们，会计是一门需要细心、耐心和恒心才能学好的学问，一个合格的会计人具有诚实、严谨、智慧、持续学习的良好品质。会计的学习有时是枯燥的，是困难的，我们学习会计，不能仅限于记得准、背得好，而应该把自己置于真实的会计情境中，用会计理论和技能解决实际问题。当然，这些需要我们在往后的会计职业生涯中去体悟、去感知、去求解，而这一切的前提是先把会计基本原理学明白，把会计准则弄清楚。在这方面，我们一起努力！

任何学科的学习都需要全身心投入，执着以求，只争朝夕，会计亦然。同时，会计也是一门需要持续学习、终身学习的学问，会计的学习将贯穿我们的一生，我们必须奋斗，夯实理论学习，积极进行技能训练，不负韶华，持续前行，在会计的一亩三分地赓续光荣与梦想！

会计人，加油！

限于编者水平，书中难免有疏漏之处，恳请读者批评指正。
所有意见、建议请发往rzptaccounting@163.com。

目　　录

模块一　走近财务会计 ·· 1

　项目一　诚信人生，经略天下
　　　　　——了解会计基本原理 ·· 2
　项目二　遵守会计法规与会计职业道德 ··· 15

模块二　企业筹资 ·· 23

　项目一　负债业务核算 ·· 24
　　2.1.1　短期负债业务核算 ·· 24
　　2.1.2　应付及预收账款业务核算 ·· 31
　　2.1.3　应付职工薪酬业务核算 ·· 41
　　2.1.4　应交税费业务核算 ·· 59
　　2.1.5　非流动负债业务核算 ··· 83
　项目二　所有者权益业务核算 ··· 89
　　2.2.1　实收资本或股本业务核算 ·· 89
　　2.2.2　资本公积业务核算 ·· 97
　　2.2.3　留存收益业务核算 ·· 103

模块三　资产运营 ··· 111

　项目一　货币资金业务核算 ·· 112
　项目二　交易性金融资产 ··· 129
　项目三　应收及预付款项业务核算 ··· 141
　项目四　存货业务核算 ·· 157
　项目五　长期股权投资业务核算 ·· 201
　项目六　投资性房地产业务核算 ·· 213
　项目七　固定资产业务核算 ·· 223
　项目八　生产性生物资产业务核算 ··· 245
　项目九　无形资产业务核算 ·· 253

模块四　利润形成 ··· 265

　项目一　收入业务核算 ·· 266

  4.1.1 收入的确认与计量 ·· 266
  4.1.2 一般商品销售收入的账务处理 ·································· 273
  4.1.3 可变对价的账务处理 ·· 287
  4.1.4 在某一时段内完成的销售收入的账务处理 ··················· 295
 项目二 费用业务核算 ··· 305
  4.2.1 营业成本核算 ·· 305
  4.2.2 税金及附加核算 ··· 311
  4.2.3 期间费用核算 ·· 317
 项目三 利润业务核算 ··· 325
  4.3.1 利润核算 ·· 325
  4.3.2 营业外收支核算 ··· 331
  4.3.3 所得税费用核算 ··· 339
  4.3.4 利润结转与分配 ··· 345

模块五 报表编制 ·· 353

 项目一 概述 ·· 354
 项目二 编制资产负债表 ·· 359
 项目三 编制利润表 ·· 373
 项目四 编制现金流量表 ·· 381
 项目五 所有者权益变动表 ·· 401
 项目六 财务报表附注及财务报告信息披露要求 ························ 409

附录 ··· 415

模块一
走近财务会计

导 语

经济越发展会计越重要

马克思在《资本论》中指出,"过程越是按社会的规模进行,越是失去纯粹个人的性质,作为对过程的控制和概念总结的簿记就越是必要"。这里的"簿记"指的就是会计。会计是对经济活动的记录,随着经济的飞速发展,会计的作用日益凸显。没有正确的会计记录,企业将缺少基础的财务信息来进行正常的经营活动规划,政府也会因为缺乏真实有效的参考数据而影响对经济形势的判断和决策,因此,无论对企业还是对社会,会计都起着重要作用。

另外,会计距离人们的日常生活也并不遥远,生活中处处有会计,在校园、职场、情感世界中都有会计的身影。无论是企业账还是生活账,都需要大家认真学习会计学的基本原理,掌握会计记账的基本准则和具体规则,并以准则为依据进行账务处理。不妨让我们从今天开始每人建一本账,定期算算学习账、生活账,实时掌握自己的经济运行状况,把经济决策权牢牢掌握在自己手里。

项目一

诚信人生，经略天下
——了解会计基本原理

【典型业务】

华兴有限责任公司（以下简称"华兴公司"）是专门从事办公家具生产与销售的企业，目前主要生产甲、乙两种产品。20×2年，发生以下销售业务，请确定各期应该确认的收入和发生的费用。

业务1：1月5日，公司销售一批价值35 000元的商品，已达到收入确认条件，货款尚未收到。

业务2：2月15日，销售一批价值40 000元的材料，已达到收入确认条件，货款尚未收到。

业务3：3月24日，收到前期应收货款35 000元。

任务：分别确定权责发生制和收付实现制下以上业务对华兴公司1—3月利润的影响（表1-1）。

表1-1 对利润的影响

月份	权责发生制	收付实现制
1		
2		
3		

课前打卡

知识点	已掌握	需巩固	未学习
会计概念			
会计目标			
会计职能			
会计基本假设			
会计信息质量要求			
自评分			

划重点

"会计"一词在日常生活中可以指会计学科，也可以指会计职业，还可以指会计人员。

根据《会计法》的规定，由于职责分离的需要，管钱的不管账，管账的不管钱，企业设置的会计机构必须至少设置会计和出纳两人来分别负责记账和管钱。

【知识链接】

一、会计的概念

（一）会计的定义

现代会计是以货币为主要计量单位，采用专门方法和程序，对企业和行政、事业单位的经济活动过程及其结果进行准确完整、连续系统的核算和监督，以如实反映受托责任履行情况和提供有用经济信息为主要目的的经济管理活动。

(二)会计的基本特征

会计的基本特征表现为以货币为主要计量单位以及准确完整性、连续系统性两个方面。

1. 以货币为主要计量单位

对经济社会生产、分配、交换和消费过程及其结果进行计量的尺度通常有实物计量尺度、劳动计量尺度、时间计量尺度和货币计量尺度等多种。其中，货币计量尺度由货币为一般等价物的性质所决定，具有全面性、综合性等特征，是衡量一般商品价值的共同尺度。因此，以货币为主要计量单位，以其他计量尺度作为辅助性补充是会计的基本特征之一。

> **解难点**
> 货币为主要计量单位，为了更加全面地反映单位的经济业务发生情况，企业进行会计核算时往往还需要其他一些辅助计量单位。如一家汽车生产企业需要用到实务量单位"辆"，家具生产企业需要用到实务量"件"等。

> 📢 注意：我国采用货币为主要计量单位，以其他计量尺度作为补充。实务量（公斤、件）、劳动量（工时）为辅助计量单位，价值量（货币）为主要计量单位。

2. 准确完整性、连续系统性

会计产生于人们对经济活动过程中生产耗费、生产成果的观察、计量以及记录和比较的需要，会计记录的真实完整、会计计量的准确完整是经济社会对会计的基本要求，是会计的本质特征。从宏观经济角度而言，生产、分配、交换和消费是一个连续系统的过程；从微观企业单位角度而言，经济活动或业务活动也是一个连续系统的过程，这决定了会计核算和监督的过程也必然是一个连续系统的过程。同时，会计履行核算和监督职能是一项十分复杂缜密的有机整体性工作，其所采用的各种专门方法和程序形成了一个科学系统，会计凭证、会计账簿和会计报表是一个有机整体。因此，连续系统性是会计的另一项基本特征。

二、会计职能

会计职能，是指会计在经济活动及其管理过程中所具有的功能。会计作为经济活动过程控制和观念总结，具有核算和监督两项基本职能，还具有预测经济前景、参与经济决策、评价经营业绩等拓展职能，如图1-1所示。

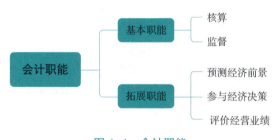

图1-1 会计职能

（一）会计核算

会计的核算职能，是指会计以货币为主要计量单位，对特定主体的经济活动进行确认、计量、记录和报告。会计核算贯穿于经济活动的全过程，是会计最基本的职能。

（1）会计确认是指依据一定的标准核实、辨认经济交易或事项的实质并确定应予以记录的会计对象的要素项目并进一步确定已记录和加工的会计资料是否应列入财务报告及如何列入财务报告的过程。会计确认包括初始确认和再确认两个环节。

（2）会计计量是指主要以货币为计量单位对各项经济交易或事项及其结果进行计量的过程。会计计量包括计量属性的选择和计量单位的确定。

（3）会计记录是指对经过会计确认、会计计量的经济交易或事项，采用一定方法填制会计凭证、登记会计账簿的过程。

（4）会计报告是指以会计账簿记录为依据，采用表格和文字等形式，对会计凭证和会计账簿记录的会计资料进一步进行系统性加工汇总整理形成财务状况、经营成果和现金流量等的结构性表述的过程。

> **实务链接**
>
> ### 会计核算的内容有哪些？
>
> 会计核算的主要内容如下。
> （1）款项和有价证券的收付；
> （2）财物的收发、增减和使用；
> （3）债权、债务的发生和结算；
> （4）资本、基金的增加和减少；
> （5）收入、支出、费用、成本的计算；
> （6）财务成果的计算和处理；
> （7）需要办理会计手续、进行会计核算的其他事项。

（二）会计监督

会计的监督职能，是指会计机构、会计人员对其特定主体经济活动和相关会计核算的真实性、完整性、合法性和合理性进行审查，使之达到预期经济活动和会计核算目标。

（1）真实性审查，是指检查各项会计核算是否根据实际发生的经济业务进行，是否如实反映经济交易或事项的真实状况。

（2）完整性审查，是指检查会计核算的范围和内容是否全面，是否有遗漏等不完整的情况。

（3）合法性审查，是指检查各项经济交易或事项及其会计核算是否符合国家有关法律法规，遵守财经纪律，执行国家各项方针政策，以杜绝违法乱纪行为。

（4）合理性审查，是指检查各项财务收支是否符合客观经济规律及经营管理方面的要求，保证各项财务收支符合特定的财务收支计划，实现预算目标，保持会计核算的准确性和科学性。

会计监督的依据主要有：①财经法律、法规、规章；②会计法律、法规和国家统一会计制度；③各省、自治区、直辖市财政厅（局）和国务院业务主管部门根据《中华人民共和国会计法》（以下简称《会计法》）和国家统一会计制度制定的具体实施办法或者补充规定；④各单位根据《会计法》和国家统一会计制度制定的单位内部会计管理制度；⑤各单位内部的预算、财务计划、经济计划、业务计划等。

会计监督的主要内容如下。
（1）对原始凭证进行审核和监督；
（2）对伪造、变造、故意毁灭会计账簿或者账外设账的行为，应当制止和纠正；
（3）对实物、款项进行监督，督促建立并严格执行财产清查制度；
（4）对指使、强令编造、篡改财务报告的行为，应当制止和纠正；
（5）对财务收支进行监督；
（6）对违反单位内部会计管理制度的经济活动，应当制止和纠正；
（7）对单位制定的预算、财务计划、经济计划、业务计划的执行情况进行监督等。

（三）会计核算与会计监督的关系及会计职能的拓展

1. 会计核算与会计监督的关系

会计核算与会计监督是相辅相成、辩证统一的。会计核算是会计监督的基础，没有会计核算提供的各种系统性会计资料，会计监督就失去了依据；会计监督是会计核算质量的保障，

 真题链接

【初级会计师考试真题·单选题】
下列各项中，关于会计监督职能表述正确的是（ ）。
A. 会计监督是利用财务报告信息对经济决策备选方案进行的可行性分析
B. 会计监督是对经济业务和会计核算的真实性、完整性、合法性和合理性的审查
C. 会计监督是会计核算的基础
D. 会计监督是会计的拓展职能
【答案】B
【解析】会计的监督职能，是指会计机构、会计人员对其特定主体经济活动和相关会计核算的真实性、完整性、合法性和合理性进行审查，使之达到预期经济活动和会计核算目标。会计核算是会计监督的基础，会计监督是会计的基本职能。B选项属于拓展职能。

只有会计核算没有会计监督，就难以保证会计核算提供信息的质量。

> 注意：会计核算是会计监督的基础，会计监督是会计核算的保障。

2. 会计职能的拓展

会计职能的拓展，是指会计基本职能的延伸与扩展。

（1）预测经济前景，是指根据财务报告等提供的信息，定量或者定性地判断和推测经济活动的发展变化规律，以指导和调节经济活动，提高经济效益。

（2）参与经济决策，是指根据财务报告等提供的信息，运用定量分析和定性分析方法，对备选方案进行经济可行性分析，为企业经营管理等提供与决策相关的信息。

（3）评价经营业绩，是指利用财务报告等提供的会计资料，采用适当的方法，对企业一定经营期间的资产运营、经济效益等经营成果，对照相应的评价标准，进行定量及定性对比分析，作出真实、客观、公正的综合评判。

【单选题】下列各项中，关于会计职能表述正确的是（　　）。

A. 会计的基本职能是核算和监督

B. 会计核算是会计监督的基础

C. 会计监督是会计核算的保障

D. 参与经济决策属于会计的监督职能

【答案】ABC

【解析】参与经济决策属于会计的拓展职能。

三、会计目标

会计目标，是要求会计工作完成的任务或达到的标准。会计的基本目标是向财务报告使用者提供企业财务状况、经营成果和现金流量等有关的会计资料和信息，反映企业管理层受托责任履行情况，有助于财务报告使用者作出经济决策，达到不断提高企业事业单位乃至经济社会整体的经济效益和效率的目的和要求。

从更高层面看，会计目标还包括规范会计行为，保证会计资料真实、完整，加强经济管理和财务管理，提高经济效益，维护社会主义市场经济秩序，为市场在资源配置中起决定性作用和更好地发挥政府作用提供基础性保障，实现经济高质量发展。会计目标的实现状况及其结果主要表现为会计的经济后果，即反映受托责任的履行情况和有助于作出经济决策以及维护经济秩序、提高经济效益等所产生的影响及其经济结果。

【单选题】下列关于会计目标的说法不正确的是（　　）。

A. 会计目标是核算和监督

B. 会计目标能够反映企业管理层受托责任履行情况

C. 会计目标包括规范会计行为

D. 会计目标是向财务报告使用者提供会计资料和信息

【答案】A

【解析】核算和监督是会计的基本职能。

四、会计基本假设

（一）会计基本假设的概念

会计基本假设是对会计核算时间和空间范围以及所采用的主要计量单位等所作的合理假定，是企业会计确认、计量、记录和报告的前提。会计基本假设对于履行会计职能、实现会计目标要求等具有重要的作用和意义。会计基本假设包括会计主体、持续经营、会计分期和货币计量。

（二）会计基本假设的主要内容

1. 会计主体

会计主体，是指会计工作服务的特定对象，是企业会计确认、计量、记录和报告的空间范围。会计核算应当集中反映某一特定企业的经济活动，并将它与其他经济实体区别开来。在会计主体假设下，企业应当对其本身发生的交易或事项进行会计确认、计量、记录和报告，反映企业本身所从事的各项生产经营活动和其他相关活动。

> 注意：企业所有者的经济交易或事项是属于企业所有者主体所发生的，不应纳入企业会计核算的范围。例如，企业老板自己买的私家车不应纳入企业账务的核算范围。

> 注意：企业所有者向企业投入资本或企业向投资者分配利润，属于企业会计主体的核算范围。例如，投资人以自有的厂房对企业投资，则应纳入企业账务的核算范围，记作所有者权益的增加。

2. 持续经营

持续经营，是指在可以预见的将来，企业将会按当前的规模和状态继续经营下去，不会停业，也不会大规模削减业务。在持续经营假设下，会计确认、计量、记录和报告应当以企业持续、正常的生产经营活动为前提，企业的资产将按照既定用途使用，债务将按照既定的债务合约条件进行清偿，企业会计在此基础上进行会计估计并选择相应的会计原则和会计方法。

> 拓展：企业破产清算时不再适用持续经营假设。

> **实务链接**
>
> 破产清算会计是财务会计的一个特殊的分支。它是以现有的各种会计方法为基础，以破产法律制度为依据，反映和监督企业破产清算过程中的各种会计事项，对破产财产、破产债权、破产净资产、破产损益等进行确认、计量、记录和报告的一种程序和方法。本书所讲的是企业财务会计准则，以持续经营为前提，不考虑破产清算会计的特殊情况。

划重点

会计主体划定了会计核算的空间范围，持续经营和会计分期划定了会计核算的时间范围。持续经营是会计分期的前提。

3. 会计分期

会计分期，是指将一个企业持续经营的生产经营活动划分为多个连续的、长短相同的期间。会计分期的目的是据以分期结算盈亏，按期编报财务报告，从而及时向财务报告使用者提供有关企业财务状况、经营成果和现金流量的信息。会计期间通常分为会计年度和中期。

> 注意：会计上的"中期"并不仅指"半年"，而是指短于一个完整的会计年度的报告期间，如月度、季度、半年度等。

> 拓展：会计分期的假设使会计信息变得更加可比、可理解，产生了当期与以往期间、以后期间的差别，它也是企业能够根据准则进行会计折旧、摊销等会计处理方法的前提。

4. 货币计量

货币计量，是指会计主体在会计确认、计量、记录和报告时主要以货币作为计量单位，来反映会计主体的生产经营活动过程及其结果。货币是商品的一般等价物，是衡量一般商品价值的共同尺度，具有价值尺度、流通手段、贮藏手段和支付手段等特点。选择货币作为共同尺度进行计量，具有全面、综合反映企业的生产经营情况及其结果的作用。其他计量单位，如质量、长度、容积、台、件等，只能从一个侧面反映企业的生产经营情况，难以对不同性质、不同种类、不同质量的交易或事项按照统一的计量单位进行会计确认、计量、记录和报告，难以汇总和比较。采用货币计量单位进行会计核算和会计监督不排斥采用其他计量单位，其他计量单位可以对货币计量单位进行必要的补充和说明。

> 拓展：在企业实务中，可以根据实际情况对企业设定其他补充计量单位，如原材料的实物量度（吨、千克等），生产性生物资产的只、头等量度都可以起到补充说明的作用。

【单选题】下列关于企业基本前提的描述，正确的是（   ）。
A. 为了将本企业的经济活动与其他企业的经济活动加以区分，企业设定会计主体假设
B. 企业破产清算时不再适用持续经营假设
C. 会计期间通常分为会计年度和半年
D. 企业只能采用货币计量单位进行会计核算
【答案】AB
【解析】会计期间通常分为会计年度和中期，C 选项错误；用货币计量单位进行会计核算和会计监督不排斥采用其他计量单位，其他计量单位可以对货币计量单位进行必要的补充和说明，选项 D 错误。

> 真题链接
> 【初级会计师考试真题·多选题】下列各项中，可确认为会计主体的有（   ）。
> A. 子公司
> B. 销售部门
> C. 集团公司
> D. 母公司
> 【答案】ABCD
> 【解析】选项 ABCD 均可以进行独立核算，可以确认为会计主体。注意，在实务中是否作为会计主体单独进行核算需要考虑企业的实际情况。

五、会计基础

会计基础，是指会计确认、计量、记录和报告的基础，具体包括权责发生制和收付实现制。

（一）权责发生制

权责发生制，是指以取得收取款项的权利或支付款项的义务为标志来确定本期收入和费用的会计核算基础。

> 注意：在企业实务中，企业交易或者事项的发生时间与相关款项收付时间有时并不完全一致，要按照真实的权利义务的对应情况进行账务处理。

例如，一月已预收全年的房租，根据权责发生制原则，确认一月的房租收入，剩余款项在剩余各月分别确认。又如，本期款项已经收到，但销售并未实现而不能确认为本期的收入；或者款项已经支付，但与本期的生产经营活动无关而不能确认为本期的费用。为了真实、公允地反映特定会计期间的财务状况和经营成果，企业应当以权责发生制为基础进行会计确认、计量、记录和报告。

【单选题】款项已经支付，但与本期的生产经营活动无关而不能确认为本期的费用，这一做法体现的是（   ）。

A. 可理解性信息质量的要求
B. 实质重于形式信息质量的要求
C. 权责发生制基础的要求
D. 收付实现制基础的要求

【答案】C

【解析】为了真实、公允地反映特定会计期间的财务状况和经营成果，企业应当以权责发生制为基础进行会计确认、计量、记录和报告，凡是不属于当期的收入、费用的，即使款项已经在当期收付，也不应当作为当期的收入、费用处理。

根据权责发生制，凡是当期已经实现的收入和已经发生或者应当负担的费用，无论款项是否收付，都应当作为当期的收入和费用，计入利润表；凡是不属于当期的收入和费用的，即使款项已在当期收付，也不应当作为当期的收入和费用。

（二）收付实现制

收付实现制，是指以现金的实际收付为标志来确定本期收入和费用的会计核算基础。

> **实务链接**
>
> 在我国，政府会计由预算会计和财务会计构成。其中，预算会计提供与政府预算执行有关的信息，采用收付实现制，国务院另有规定的，依照其规定；财务会计采用权责发生制。

（三）权责发生制和收付实现制下会计处理结果的差异

权责发生制和收付实现制是相对应的两种会计核算基础。相较于收付实现制，权责发生制下会计处理较为复杂，其会计处理结果存在一定的差异。在交易或者事项的发生时间与相关款项收付时间不一致时产生两种会计基础下确认的利润差额。

拓展：权责发生制为企业管理层进行会计政策选择和盈余管理留有一定的判断空间。

【业务题】华兴公司20×3年每月的租金费用为80 000元，全年的租金费用为960 000元，并于1月初预付了全年的租金，用银行存款支付。按照权责发生制和收付实现制分别确认各月的租金费用（表1-2）。

表1-2 各月的租金费用

元

月份	权责发生制	收付实现制
1月		
2月		
3月		
…		
12月		

【解析】权责发生制以支付款项的义务为标志来确定本期费用，所以应按80 000元均匀确认每月的租金费用，而收付实现制以现金的实际收付为标志来确定本期收入和费用的会计核算基础，1月按实际支付的960 000元确认租金费用，剩余各月为0。

【答案】见表1-3。

表1-3 各月的租金费用（答案）

元

月份	权责发生制	收付实现制
1月	80 000	960 000
2月	80 000	0
3月	80 000	0
…	80 000	0
12月	80 000	0

六、会计信息质量要求

（一）会计信息

1. 会计信息

会计信息，是指通过会计核算实际记录或科学预测，反映会计主体过去、现在、将来有关资金运动状况的各种可为人们接受和理解的消息、数据、资料等的总称。会计信息是反映企业财务状况、经营成果以及资金变动的财务信息，是记录会计核算过程和结果的重要载体，是反映企业财务状况、评价经营业绩、进行再生产或投资决策的重要依据。

2. 会计信息质量

会计信息质量，是指会计信息符合会计法律、会计准则等规定要求的程度，是满足企业利益相关者需要的能力和程度。

（二）会计信息质量要求

会计信息质量要求是对企业财务报告所提供会计信息质量的基本要求，是使财务报告所提供会计信息对投资者等信息使用者决策有用应具备的基本特征，主要包括可靠性、相关性、可理解性、可比性、实质重于形式、重要性、谨慎性和及时性等。

1. 可靠性

可靠性要求企业应当以实际发生的交易或者事项为依据进行确认、计量、记录和报告，如实反映符合确认和计量要求的各项会计要素及其他相关信息，保证会计信息真实可靠、内容完整、立场中立。

（1）以实际发生的交易或者事项为依据进行确认、计量，将符合会计要素定义及其确认条件的资产、负债、所有者权益、收入、费用和利润等如实反映在财务报表中。

（2）在符合重要性和成本效益的前提下，保证会计信息的完整性，其中包括应当编报的报表及其附注内容等应当保持完整，不能随意遗漏或者减少应予披露的信息。

（3）企业会计信息应当是中立的、无偏的。会计职业判断和会计政策选择应保持中立的、无偏的立场，不得为了达到某种事先设定的结果或效果，通过选择或列示有关会计信息以影响决策和判断。

划重点

可靠性包括真实性、完整性和中立性。真实性是可靠性的核心质量标志。会计信息必须真实可靠，不能弄虚作假。

📢 注意：资产负债表日对存货等资产进行减值测试时，应该基于其减值迹象的客观事实进行职业判断并获得评估结果，而不是迫于股东或管理层的压力而提高当期利润或降低当期利润。

2. 相关性

相关性要求企业提供的会计信息应当与财务会计报告使用者的经济决策需要相关，有助于财务会计报告使用者对企业过去、现在或者未来的情况作出评价或者预测。

会计信息是否有用是会计信息质量的重要标志和基本特征之一。相关的会计信息应当能够有助于使用者评价企业过去的决策，证实或者修正过去的有关预测，因而具有反馈价值。相关的会计信息还应具有预测价值，有助于财务报告使用者依据会计信息预测企业未来的财务状况、经营成果和现金流量。在证券市场上，股东主要依据企业披露的会计信息对企业的偿债能力、营运能力、盈利能力和现金流量等作出基本评价和预测，以此为基础对企业价值作出基本评估，进而形成其投资决策方案。

> 注意：区分收入和利得、费用和损失，区分流动资产和非流动资产、流动负债和非流动负债等，都可以提高会计信息的预测价值，进而提升会计信息的相关性。

3. 可理解性

可理解性要求企业提供的会计信息应当清晰明了，便于投资者等财务报告使用者理解和使用。

企业编制财务报告、提供会计信息的目的在于使用，要让使用者有效使用会计信息，应当让其了解会计信息的内涵，弄懂会计信息的内容，这就要求财务报告提供的会计信息应当清晰明了，易于理解。

资产负债表中列报的货币资金、存货等项目，会在附注中逐项列示说明明细核算信息，固定资产、无形资产等项目由于采用净额列示，在附注中也会说明相应已计提减值准备的金额，这些都体现了可理解性的要求。

解难点
附注是便于会计报表使用者理解会计报表的内容而对会计报表的编制基础、编制依据、编制原则和方法及主要项目等所做的解释，它拓展了可理企业财务信息的内容，增进了会计信息的可理解性。

4. 可比性

可比性要求企业提供的会计信息应当相互可比，主要包括以下两层含义。

1）同一企业不同时期可比

同一企业不同时期发生的相同或者相似的交易或者事项，应当采用一致的会计政策，不得随意变更。但是，如果按照规定或者在会计政策变更后能够提供更可靠、更相关的会计信息，企业可以变更会计政策。有关会计政策变更的情况，应当在附注中予以说明。会计政策是指企业在会计确认、计量、记录和报告中所采用的原则、基础和处理方法。

2）不同企业相同会计期间可比

不同企业同一会计期间发生的相同或者相似的交易或事项，应当采用同一会计政策，确保会计信息口径一致、相互可比，以使不同企业按照一致的确认、计量、记录和报告要求提供有关会计信息。

真题链接
【初级会计师考试真题·判断题】
实质重于形式要求企业应当按照交易或者事项的经济实质进行会计确认、计量、记录和报告，而不仅以交易或者事项的法律形式为依据。（　）
【答案】√

> 注意：同一企业不同时期可比又称为"纵向可比"；不同企业相同会计期间可比又称为"横向可比"。

5. 实质重于形式

实质重于形式要求企业应当按照交易或者事项的经济实质进行会计确认、计量、记录和报告，不仅以交易或事项的法律形式为依据。

在实际工作中，交易或事项的法律形式并不总能完全反映其经济实质内容。在多数情况下，企业发生交易或事项的经济实质与法律形式是一致的，但在有些情况下会不一致。

解难点
经营租赁实质上并没有转移与资产所有权有关的全部风险和报酬，而融资租赁的实质是将与资产所有权有关的全部风险和报酬转移给承租人。

类别	融资租赁	经营租赁
目的	以融资为主要目的（承租人有明显购置资产的企图）	承租人为满足生产经营需要而租入资产
风险报酬	租赁期内资产的风险与报酬归出租人	租赁方承担相应的保险、折旧、维修等有关费用
权属情况	承租人资产	出租人资产

📢 注意：以融资租赁方式租入的资产，从法律形式上来说企业并不拥有其所有权，但从其经济实质上看，企业能够控制融资租入的固定资产所创造的未来经济利益，在会计确认、计量和报告上就应当将以融资租赁方式租入的资产视为企业的资产，列入企业的资产负债表。因此，融资租赁重"融资"而不是"租赁"，在会计上不能按照一般租赁来处理。

6. 重要性

重要性要求企业提供的会计信息应当反映与企业财务状况、经营成果和现金流量有关的所有重要交易或事项。

在企业实务中，如果某项会计信息的省略或者错报会影响投资者等财务报告使用者据此作出决策，该信息就具有重要性。重要性的应用需要依赖职业判断，企业应当根据其所处环境和实际情况，从项目的功能、性质和金额大小多方面加以判断。

📢 注意：采用一次摊销法或分次摊销法对低值易耗品进行摊销体现了会计信息重要性要求。

7. 谨慎性

谨慎性要求企业对交易或事项进行会计确认、计量、记录和报告应当保持应有的谨慎，不应高估资产或者收益、低估负债或者费用。

在市场经济环境下，企业的生产经营活动面临着许多风险和不确定性，如应收款项的可收回性、固定资产的预期使用寿命、无形资产的预期使用寿命等。会计信息质量的谨慎性要求，需要企业在面临不确定性因素的情况下作出职业判断时，应当保持应有的谨慎，充分估计到各种风险和损失，既不高估资产或者收益，也不低估负债或者费用。企业高估资产或收益、低估费用会导致高估利润，可能导致会计信息使用者高估企业盈利能力而盲目乐观，作出不切合实际的决策，存在误导性列报和陈述的风险；低估负债，可能诱导会计信息使用者高估企业的偿债能力，作出不准确或不恰当的决策。

《企业会计准则——基本准则》第十八条规定："会计核算应当遵循谨慎性原则的要求，合理核算可能发生的损失和费用"。谨慎进行会计处理，能够一定程度上起到挤去资产和利润中的水分，防止高估资产和收益，低估负债和费用，防范和化解风险的作用。

📢 注意：要求企业对应收款项、固定资产、无形资产等各类资产可能发生的资产减值损失计提资产减值准备、采用双倍余额递减法或年数总和法对固定资产计提折旧、要求企业对售出商品很可能发生的保修义务确认预计负债等均体现了会计信息质量的谨慎性要求。

【多选题】下列各项企业的会计处理中，符合谨慎性要求的有（　　）。
A. 在存货的可变现净值低于成本时，计提存货跌价准备
B. 在应收款项实际发生坏账损失时，确认坏账损失
C. 对售出商品很可能发生的保修义务确认预计负债
D. 企业将属于研究阶段的研发支出确认为研发费用
【答案】ACD
【解析】答案为选项A、C、D。选项A、C、D符合企业会计准则的相关规定，会计处理的结果使资产不多计、费用不少计，符合谨慎性质的要求。选项B不符合谨慎性要求。

8. 及时性

及时性要求企业对于已经发生的交易或事项，应当及时进行确认、计量、记录和报告，不得提前或延后。

在会计确认、计量、记录和报告过程中贯彻及时性要求，一是要求及时收集会计信息，

即在交易或者事项发生后，及时收集整理各种原始单据或者凭证；二是要求及时处理会计信息，即按照会计准则的规定，及时对交易或事项进行确认和计量，并编制财务报告；三是要求及时传递会计信息，即按照国家规定的有关时限，及时地将编制的财务报告传递给财务报告使用者，便于其及时使用和决策。

【业务解析】

（1）1月5日，销售一批价值35 000元的商品，已达到收入确认条件，货款尚未收到：权责发生制记+35 000；收付实现制记0。

（2）2月15日，销售一批价值40 000元的材料，已达到收入确认条件，货款尚未收到；权责发生制记+40 000；收付实现制记0。

（3）3月24日，收到前期应收货款35 000元；权责发生制记0；收付实现制记+35 000。

以上业务对各月利润的影响见表1-4。

表1-4　对各月利润的影响

元

月份	权责发生制	收付实现制
1	35 000	0
2	40 000	0
3	0	35 000

【拓展训练】

华兴公司20×3年每月租金费用为10 000元，全年的租金费用为120 000元，并于1月初预付了全年的租金，用银行存款支付。按照权责发生制和收付实现制分别确认各月的租金费用（表1-5）。

表1-5　各月的租金费用

元

月份	权责发生制	收付实现制
1月		
2月		
3月		
…		
12月		

【归纳总结】

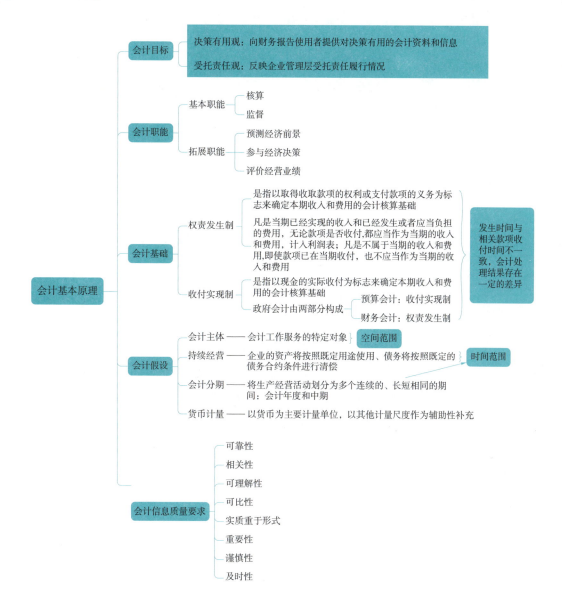

项目二

遵守会计法规与会计职业道德

【典型任务】

华兴公司拟邀请专家进行以会计职业道德为主题的员工培训,请为该培训列出主要培训提纲。

【知识链接】

一、会计职业

(一)会计职业的概念和特征

1. 会计职业的概念

会计职业,是指利用会计专门的知识和技能,为经济社会提供会计服务,获得合理报酬的职业。

2. 会计职业的特征

(1)会计职业的社会属性。会计职业是社会的一种分工,履行会计职能,为社会提供会计服务,维护生产关系和经济社会秩序,正确处理企业利益相关者和社会公众的经济权益及其关系。

(2)会计职业的规范性。会计职业具有系统性的专业规范操作要求,具有严格职业道德的规范性要求。

(3)会计职业的经济性。会计职业是会计人员赖以谋生的劳动过程,具有获取合理报酬的特性。

(4)会计职业的技术性。会计职业采用各种专门方法和程序履行其职能。

(5)会计职业的时代性。会计职业应适应经济社会生产经营方式,发挥市场在经济资源配置中的决定作用和更好地发挥政府作用以及文化、社会组织等多种因素的变化要求,切实贯彻创新、协调、绿色、开放、共享的高质量发展理念,与时俱进,适应我国社会主义特色新时代要求。

【判断题】会计职业具有鲜明的市场属性。( )

【答案】×

【解析】会计职业是社会的一种分工,履行会计职能,为社会提供会计服务,维护生产关系和经济社会秩序,正确处理企业利益相关者和社会公众的经济权益及其关系,具有社会属性而非市场属性。

(二)会计职业风险

会计职业风险,是指会计职业行为产生差错或不良后果应由会计行为人承担责任的可能性。企业会计的职业风险主要产生于以货币作为主要计量单位和公司治理等多方面。以货币作为计量单位受到多种计量属性以及币值变动的影响，不同交易或者事项的确认、计量、记录和报告采用不同的计量属性形成不同的会计核算结果，产生不同的经济后果，导致会计面临不同会计技术处理、职业判断和选择不当甚至会计差错的职业风险。企业会计作为公司治理结构的重要组成部分，受公司治理的权责结构和代理冲突的极大影响，导致企业会计面临客观、公正、公允、公平、及时以及维护企业利益相关者和社会公众利益的道德冲突的职业风险，如不当盈余管理甚至会计造假或财务舞弊等。除此之外，会计法律、规章制度和会计准则等规范性文件的变化，以及相应会计处理技术方法的改进等会导致企业会计确认、计量、记录和报告过程中可能发生的合法性、准确性的偏差甚至错误的风险等。

二、会计法律法规

（一）会计法律法规的含义

会计法律法规体系是会计工作规范的总称。会计法律法规体系按权威和法律效力区分，可分为四个层次（图1-2）。

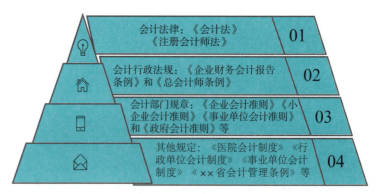

图1-2 会计法律法规体系

第一层次是指由全国人民代表大会统一制定的会计法律，现行的有关会计的法律有两部，分别是《中华人民共和国会计法》（以下简称《会计法》）和《中华人民共和国注册会计师法》（以下简称《注册会计师法》）；第二层次是国务院制定发布的会计行政法规，包含《企业财务会计报告条例》和《总会计师条例》；第三层次是指由国务院有关部门拟订的，经国务院批准发布的会计部门规章，包括《企业会计准则》《小企业会计准则》和《事业单位会计准则》以及《政府会计准则》等；第四层次是指由国务院财政部门，各省、自治区、直辖市等地方制定的适用于本部门、本地实际情况的会计工作管理的规定、办法、规则、通知等。

> **实务链接**
>
> **《会计法》的修订**
>
> 《会计法》是我国会计工作的根本大法，是会计行为的最高法律规范，因此修改程序较为严谨。1985年1月21日第六届全国人民代表大会常务委员会第九次会议通过，根据1993年12月29日第八届全国人民代表大会常务委员会第五次会议《关于修改〈中华人民共和国会计法〉的决定》第一次修正，1999年10月31日第九届全国人民代表大会常务委员会第十二次会议修订，根据2017年11月4日第十二届全国人民代表大会常务委员会第三十次会议《关于修改〈中华人民共和国会计法〉等十一部法律的决定》第二次修正。每一次修改都代表着能够更好地维护市场经济秩序，规范会计行为，促进会计信息质量的提高。

> 📢 **拓展**：《会计法》第四十六条——单位负责人对依法履行职责、抵制违反本法规定行为的会计人员以降级、撤职、调离工作岗位、解聘或者开除等方式实行打击报复，构成犯罪的，依法追究刑事责任；尚不构成犯罪的，由其所在单位或者有关单位依法给予行政处分。对受打击报复的会计人员，应当恢复其名誉和原有职务、级别。

🚩 **法理园地**
《会计法》为会计人员"撑腰"，会计人员在任何时候都要实事求是，坚持准则，不做假账！

【多选题】根据《会计法》第四十六条的规定，对受打击报复的会计人员应当采取补救措施。下列各项中，不属于法律规定的对受打击报复的会计人员的补救措施有（　　）。

A．给予适当的经济赔偿
B．恢复受打击报复的会计人员的名誉
C．恢复受打击报复的会计人员的原有职位
D．恢复受打击报复的会计人员的原有级别

【答案】A
【解析】对受打击报复的会计人员，应当恢复其名誉和原有职务、级别。

《企业会计准则》是会计人员从事会计工作必须遵循的基本原则，是会计核算工作的规范。它是指就经济业务的具体会计处理作出规定，以指导和规范企业的会计核算，保证会计信息的质量。《企业会计准则》由财政部制定，于2006年2月15日财政部令第33号发布，自2007年1月1日起施行。

🔍 **划重点**
《企业会计准则》由一项基本准则、42项具体准则和准则指南构成。其中准则指南包括会计准则解释、会计科目和主要账务处理。在财政部会计司官网（http://kjs.mof.gov.cn/）设置企业会计准则、企业会计准则解释、其他规定、应用实例、实施问答等板块，对《企业会计准则》的具体应用中的相关问题进行解答。

> 📢 **注意**：我国企业会计准则体系包括基本准则、具体准则和应用指南。

基本准则不仅扮演着具体准则制定依据的角色，也为会计实务中出现的、具体准则尚未做出规范的新问题提供了会计处理依据，从而确保了企业会计准则体系对所有会计实务问题的规范作用。基本准则具体包括总则、会计信息质量要求、财务会计报表要素、会计计量、财务会计报告等11章内容。

具体准则是在基本准则的指导下，处理会计具体业务标准的规范，共42项。其具体内容可分为一般业务准则、特殊行业和特殊业务准则、财务报告准则三大类，一般业务准则是规范普遍适用的一般经济业务的确认、计量要求，如存货、固定资产、无形资产、职工薪酬、所得税等。特殊行业和特殊业务准则是对特殊行业的特定业务的会计问题做出的处理规范，如生物资产、金融资产转移、套期保值、原保险合同、合并会计报表等。财务会计报告准则主要规范各类企业通用的报告类准则，如财务报表列报、现金流量表、合并财务报表、中期财务报告、分部报告等。应用指南从不同角度对企业具体准则进行强化，解决实务操作，包括具体准则解释部分、会计科目和财务报表部分。

> 📢 **注意**：企业会计准则由一项基本准则、42项具体准则和准则指南构成。其中准则指南包括会计准则解释、会计科目和主要账务处理。

> 📢 **拓展**：为了规范小企业会计确认、计量和报告行为，促进小企业可持续发展，发挥小企业在国民经济和社会发展中的重要作用，财政部制定了《小企业会计准则》。《小企业会计准》则由总则、资产、负债、所有者权益、收入、费用、利润及利润分配、财务报表、外币业务、附则等组成。

> 📢 **注意**：本书所涉及内容为企业财务会计，由《企业会计准则》进行规范。《小企业会计准则》的相关处理也在本书中有一定体现。

三、会计职业道德概述

（一）会计职业道德的概念

会计职业道德，是指会计人员在会计工作中应当遵循的、体现会计职业特征的、调整会计职业关系的职业行为准则和规范。会计职业道德由特定的社会生产关系和经济社会发展水平所决定，属于社会意识形态范畴。会计职业道德由会计职业理想、会计职业责任、会计职业技能、会计工作态度、会计工作作风和会计职业纪律等构成。

> **解难点**
> 由于小企业经济业务较为简单，相较于《企业会计准则》《小企业会计准则》少设了 20 余个一级科目。

（二）会计职业道德的内容

会计职业道德的主要内容可概括为爱岗敬业、诚实守信、廉洁自律、客观公正、坚持准则、提高技能、参与管理、强化服务等 8 个方面（图 1-3）。

图 1-3　会计职业道德的主要内容

（1）爱岗敬业。会计人员在会计工作中应当遵守职业道德，树立良好的职业品质、严谨的工作作风，严守工作纪律，努力提高工作效率和工作质量。要求会计人员正确认知会计职业，树立职业荣誉感；热爱会计工作，敬重会计职业；安心会计工作和工作岗位，任劳任怨；严肃认真，一丝不苟；忠于职守，尽心尽力，尽职尽责。爱岗与敬业相辅相成、相互支持。

（2）诚实守信。会计人员应当保守本单位的商业秘密。除法律规定和单位领导人同意外，不能私自向外界提供或者泄露单位的会计信息。要求会计人员做老实人，说老实话，办老实事，执业谨慎，不弄虚作假；不为利益所诱惑，保密守信，信誉至上。

（3）廉洁自律。要求会计人员树立正确的人生观和价值观；公私分明，清正廉洁，不贪不占，保持清白；遵纪守法，一身正气；坚持职业标准，严格自我约束，自觉抵制不良欲望的侵袭和干扰。

（4）客观公正。会计人员办理会计事务时应当实事求是、客观公正。要求会计人员端正态度，以客观事实为依据，依法依规办事；实事求是，不偏不倚；公正处理企业利益相关者和社会公众的利益关系，保持应有的独立性。

（5）坚持准则。会计人员应当按照会计法律、法规和国家统一会计制度规定的程序和要求进行会计工.作，保证所提供的会计信息合法、真实、准确、及时、完整。要求会计人员熟悉国家法律、法规和国家统一会计制度，始终坚持按法律、法规和国家统一的会计制度的要求进行会计核算，实施会计监督；会计准则发生道德冲突时，应以客观公正的原则和法律、法规及国家统一的会计制度的要求，作出合理公正的职业判断，以维护国家利益、社会公众利益和正常的经济秩序。

（6）提高技能。会计人员应当热爱本职工作，努力钻研业务，使自己的知识和技能适应所从事工作的要求。要求会计人员具有不断提高会计专业技能的意识和愿望，不断增强提高专业技能的自觉性和紧迫感；具有勤学苦练的精神和科学的学习方法，刻苦钻研，不断进取，提高业务技能水平。

（7）参与管理。会计人员应当广泛宣传财经法律、法规、规章和国家统一会计制度；充分发挥会计在企业经营管理中的职能作用，努力钻研相关业务，全面熟悉本单位经营活动和业务流程，建立健全企业内部控制，促进完善企业规章制度和业务流程，保障企业生产经营活动合法合规；主动提出合理化建议，充分发挥决策支持的功能作用，积极参与管理，促进企业持续高质量健康发展。

（8）强化服务。会计人员应当熟悉本单位的生产经营和业务管理情况，运用掌握的会计信息和会计方法，为改善单位内部管理、提高经济效益服务。要求会计人员树立服务意识，提高服务质量，努力维护和提升会计职业的良好社会形象。会计的根本宗旨是解决现代市场经济和公共治理中信息不对称及其带来的权益保护等问题。保护企业投资者等利益相关者及社会公众的权益是会计的基本任务。这就要求会计人员必须树立为企业、为人民服务的根本思想，将强化服务贯彻落实到会计工作的全过程，维护会计人员和会计职业的良好社会形象。

【多选题】下列各项企业会计人员行为中，属于遵守客观公正会计职业道德的有（　　）。
A. 办理会计事务时实事求是、客观公正
B. 刻苦钻研，不断进取，提高业务技能水平
C. 在处理利益相关者的关系时保持应有的独立性
D. 端正态度，以客观事实为依据，依法依规办事
【答案】ACD
【解析】客观公正要求会计人员端正态度，以客观事实为依据，依法依规办事；实事求是，不偏不倚；公正处理企业利益相关者和社会公众的利益关系，保持应有的独立性。刻苦钻研，不断进取，提高业务技能水平属于遵守准则、提高技能的会计职业道德，选项B不正确。

四、《会计基础工作规范》对会计职业道德的要求

根据《会计基础工作规范》的相关要求，会计人员应该具有如下职业道德。

（1）会计人员在会计工作中应当遵守职业道德，树立良好的职业品质、严谨的工作作风，严守工作纪律，努力提高工作效率和工作质量。

（2）会计人员应当热爱本职工作，努力钻研业务，使自己的知识和技能适应所从事工作的要求。

（3）会计人员应当熟悉财经法律、法规、规章和国家统一会计制度，并结合会计工作进行广泛宣传。

（4）会计人员应当按照会计法律、法规和国家统一会计制度规定的程序和要求进行会计工作，保证所提供的会计信息合法、真实、准确、及时、完整。

（5）会计人员办理会计事务应当实事求是、客观公正。

（6）会计人员应当熟悉本单位的生产经营和业务管理情况，运用掌握的会计信息和会计方法，为改善单位内部管理、提高经济效益服务。

（7）会计人员应当保守本单位的商业秘密。除法律规定和单位领导人同意外，不能私自向外界提供或者泄露本单位的会计信息。

财政部门、业务主管部门和各单位应当定期检查会计人员遵守职业道德的情况，并作为会计人员晋升、晋级、聘任专业职务、表彰奖励的重要考核依据。

划重点
会计职业道德与会计法律制度的主要区别在于，会计法律制度通过国家权力强制执行，具有很强的他律性；会计职业道德主要调整会计人员内在的精神世界，需要会计从业人员自觉执行。

注意：根据《会计基础工作规范》的要求，会计人员违反职业道德的，由所在单位进行处理。

另外，会计职业道德还应该体现时代特征，除了实事求是、求真务实、严谨敬业之外，会计人员还应该保持持续学习、持续探索的精神，积极学习移动互联网、区块链、云计算、大数据、人工智能等现代信息技术，使之与会计相互融合，让会计真正成为大数据会计。

【判断题】会计人员违反职业道德的,由市级会计主管部门进行处理( )。

【答案】×

【解析】根据《会计基础工作规范》的要求,会计人员违反职业道德的,由所在单位进行处理。

【业务解析】

会计职业道德的主要内容可概括为爱岗敬业、诚实守信、廉洁自律、客观公正、坚持准则、提高技能、参与管理、强化服务等8个方面。

【归纳总结】

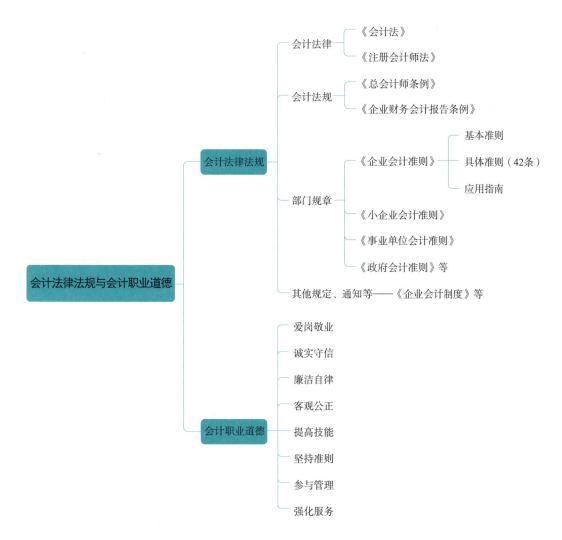

【职场格言】

树立中国会计文化自信

中国在历史上曾是世界经济的中心,而依附于社会经济发展的会计也曾取得过令人瞩目的辉煌成就。事实上在人类文明发展演进的漫长旅程中,中国会计因其完备的制度设计、超卓的思想识见、长期领先的专业技术、深厚的历史文化积淀而独树一帜,对世界尤其是周边国家会计文化的进步产生了深远影响,是唯一具有撰写通史资格的人类会计文明①。

当前恰逢百年未有之大变局。随着人民币加入SDR、亚洲基础设施投资银行(亚投行)正式开业,中国在国际经济舞台上也扮演着越来越重要的角色。会计,作为经济管理的重要组成部分,为经济管理提供重要智力支持。中国已经作为各理事会的重要成员,活跃在各大国际财政金融组织中,掌握了一定的话语权,成为规则的制定者。"中国经济是一片大海,而不是一个小池塘。""经历了无数次狂风骤雨,大海依旧在那儿!经历了5 000多年的艰难困苦,中国依旧在这儿!面向未来,中国将永远在这儿!"中国的经济是汪洋大海,浪潮翻涌,奔向更加广阔的远方。在广阔的财经世界中,会计大有可为,大有作为。

---

① 资料来源:潘辰,《财务学习》2018年第13期。

模块二
企业筹资

导 语

合理筹资、降低风险

在企业发展到一定阶段时，会遇到资金不足的情况，这时就需要进行融资保障以促进企业的健康、持续发展。企业所有者必须掌握好企业融资渠道和技巧，在选择筹资方式时，在筹资过程中一定要把握好"度"，兼顾筹资风险和筹资可行性，合理筹资，降低风险。

在中国传统文化中，"量入为出""未雨绸缪"等成语，李商隐的"成由勤俭破由奢"，诸葛亮在《诫子书》中的名句"夫君子之行，静以修身，俭以养德"说的都是这个道理。少花钱多办事，把有限的资金、物力用在"刀刃"上，坚持实事求是、求真务实，在工作时、在生活中，都要做到艰苦奋斗、勤俭节约、量入为出、适度消费，树立"过紧日子"的思想，才能得到长久的发展。

项目一

负债业务核算

2.1.1 短期负债业务核算

【典型业务】

业务：20×2年7月1日，华兴公司向银行借入一笔生产经营用短期借款300 000元，期限为6个月，年利率为5%。根据与银行签署的借款协议，该项借款的本金到期后一次归还，利息按季支付。

任务：根据上述业务对该笔短期借款进行账务处理。

【知识链接】

一、短期借款的概念

短期借款是指企业向银行或其他金融机构等借入的期限在1年以下（含1年）的各种款项，短期借款一般是企业为了满足正常生产经营所需的资金或者是为了抵偿某项债务而借入的。

注意：短期借款具有借款金额小、时间短、利率低等特点，对企业资产的流动性要求高。

短期借款、长期借款讲解

二、短期借款核算应设置的科目

为了反映（核算）与监督短期借款的取得、计息和归还等情况，企业应设置"短期借款""财务费用""应付利息"等科目。

（一）"短期借款"科目

该科目核算企业持有的短期借款的增减变动，借方登记企业归还的短期借款的本金，贷方登记借入的短期借款本金，期末贷方余额，反映企业尚未归还的短期借款的本金。"短期借款"科目应当按照短期借款的借款机构设置明细账进行核算。

短期借款	
借方	贷方
①归还的短期借款的本金	①借入的短期借款本金
	尚未归还的本金

（二）"财务费用"科目

该科目核算财务费用的发生和结转情况。该科目借方登记企业发生的各项财务费用，贷方登记取得的利息收入，汇兑收益、享受的现金折旧和期末转入"本年利润"账户的财务费用净发生额，结转后该账户应无余额。该科目按费用项目设置明细账进行明细核算。

财务费用	
借方	贷方
①发生的各项财务费用	①取得的利息收入
无余额	

划重点

非按月支付利息（按季度、半年、年度等）	按月支付利息
每月月末： 借：财务费用 　贷：应付利息 实际支付利息时： 借：应付利息 　贷：银行存款	借：财务费用 　贷：银行存款

（三）"应付利息"科目

该科目核算企业负债产生的利息的发生与偿还情况。该科目属于负债类科目，贷方登记应付而未付的利息，借方登记偿还的利息，期末余额在贷方表示期末应付而未付的利息。

应付利息	
借方	贷方
①偿还的利息	①应付而未付的利息
	期末应付而未付的利息

三、短期借款的账务处理

短期借款的账务处理包括取得短期借款、发生短期借款利息、归还短期借款等环节

（一）取得短期借款

企业取得短期借款时，借记"银行存款"科目，贷记"短期借款"科目。

借：银行存款
　　贷：短期借款

【例2-1-1】 20×3年1月，顺达公司向银行借入一笔临时周转用短期借款1 000 000元，期限为3个月，年利率为4.8%，到期一次还本付息。

取得借款的账务处理如下。

借：银行存款　　　　　　　　　　　　　　　1 000 000
　　贷：短期借款　　　　　　　　　　　　　　　　　1 000 000

（二）发生短期借款利息

企业借入短期借款应支付利息。在实际工作中，如果短期借款利息是按期支付的（例如按季度支付利息），或者利息是在借款到期时连同本金一起归还，并且其数额较大的，企业于月末应采用预提方式进行短期借款利息的核算。

解难点

计提利息＝本金×利息率
按季度付息或者按年付息计提的利息应当根据权责发生制的原则，在每月月末，计入应付利息的贷方。

> **实务链接**
>
> 从2005年9月21日起，各商业银行的活期存款统一为每季度末月的20日为结息日，次日付息。结息日期分别为3月20日、6月20日、9月20日、12月20日，入账日期为21日。

短期借款利息属于企业的筹资费用，应当在发生时作为财务费用直接计入当期损益。在资产负债表日，企业应当按照计算确定的短期借款利息费用，借记"财务费用"科目，贷记"应付利息"科目；实际支付利息时，借记"应付利息"科目，贷记"银行存款"或"库存现金"科目。

（1）资产负债表日。

借：财务费用
　　贷：应付利息

（2）实际支付利息时。

借：应付利息
　　贷：银行存款

如果企业的短期借款利息按月支付，或者在借款到期时连同本金一起归还，数额不大的可以不采用预提的方法，而在实际支付或收到银行的计息通知时，直接计入当期损益，借记"财务费用"科目，贷记"银行存款"科目。

借：财务费用
　　贷：银行存款

【例2-1-2】承上例，顺达公司1、2月有关利息的账务处理如下。

1月份利息 = 1 000 000 × 4.8%/12 = 4 000（元）

2月份利息 = 1 000 000 × 4.8%/12 = 4 000（元）

1、2月计提利息的账务处理如下。

借：财务费用　　　　　　　　　　　　　　　　　　　　　　　　4 000
　　贷：应付利息　　　　　　　　　　　　　　　　　　　　　　　4 000

【判断题】企业按月支付的借款利息在实际支付或收到银行的计息通知时，直接计入"财务费用"科目。（　）

【答案】√

【解析】企业的短期借款利息按月支付，而在实际支付或收到银行的计息通知时，直接计入当期损益，借记"财务费用"科目，贷记"银行存款"科目。

（三）归还短期借款

短期借款到期时，应及时归还短期借款。到期偿还本金时，企业应借记"短期借款"科目，贷记"银行存款"科目，如果在借款到期时连同本金一起归还利息，企业应将归还的利息通过"应付利息"或"财务费用"科目核算。

借：短期借款
　　应付利息
　　财务费用
　　贷：银行存款

【例2-1-3】承上例，3月底顺达公司还本付息的账务处理如下。

偿还本金金额为1 000 000元，偿还利息金额为4 000×3=12 000（元），其中1、2月利息8 000元借记"应付利息"科目，3月当月利息4 000元借记"财务费用"科目。

借：短期借款　　　　　　　　　　　　　　　　　　　　　　　1 000 000

> **真题链接**
>
> 【初级会计师考试真题·单选】20××年7月1日，某企业向银行借入生产经营用短期借款200万元，期限为6个月，年利率为4.5%，本金到期后一次归还，利息按月计提、按季度支付，假定9月20日收到计息通知。下列各项中，该企业9月20日支付利息的会计处理正确的是（　）。
>
> A. 借：财务费用　20 000
> 　　贷：银行存款　20 000
> B. 借：财务费用　5 000
> 　　应付利息　15 000
> 　　贷：银行存款　20 000
> C. 借：财务费用　5 000
> 　　短期借款　15 000
> 　　贷：银行存款　20 000
> D. 借：短期借款　20 000
> 　　贷：银行存款　20 000
>
> 【答案】B

应付利息		8 000
财务费用		4 000
贷：银行存款		1 012 000

【单选题】下列有关短期借款的说法中，正确的有（ ）。
A.短期借款属于企业的流动负债
B.企业从银行取得短期借款时，借记"银行存款"科目，贷记"短期借款"科目
C.企业经营期间的短期借款利息应当于发生时直接计入当期财务费用
D.短期借款到期偿还本金时，借记"短期借款"科目，贷记"银行存款"科目
【答案】ABCD
【解析】全部正确。

【业务解析】

7月1日借入短期借款。

借：银行存款	300 000
贷：短期借款	300 000

7月末，计提7月应付利息。

借：财务费用	1 250
贷：应付利息	1 250

8月末，计提8月应付利息（计提利息费用的处理与7月相同）。

借：财务费用	1 250
贷：应付利息	1 250

9月末，支付利息。

借：应付利息	2 500
财务费用	1 250
贷：银行存款	3 750

10月末、11月末计提利息费用的处理与7、8月相同。

12月31日，偿还银行借款本金和利息。

借：短期借款	300 000
应付利息	2 500
财务费用	1 250
贷：银行存款	303 750

【拓展训练】

20×3年4月1日，华兴公司向银行借入一笔生产经营用短期借款共计1 000 000元，期限为6个月，年利率为4.5%。根据与银行签署的借款协议，该项借款的本金到期后一次归还，利息按季支付。

任务：列出华兴公司对该笔短期借款业务进行账务处理的全过程。

【归纳总结】

短期借款业务核算

经济业务	会计处理
短期借款的取得	借：银行存款 　　贷：短期借款
短期借款利息业务	①按季度或者按年支付利息。 每月底： 借：财务费用 　　贷：应付利息 实际支付利息时。 借：应付利息 　　贷：银行存款 ②借款利息按月支付。 借：财务费用 　　贷：银行存款
短期借款的归还	①到期偿还本金时。 借：短期借款 　　贷：银行存款 ②借款到期时连同本金一起归还利息。 借：短期借款 　　应付利息 　　财务费用 　　贷：银行存款

2.1.2 应付及预收账款业务核算

【典型业务】

20×3年3月5日,华兴公司从乙公司购买一批原材料,买价为60 000元,增值税为7 800元。华兴公司签发一张面值为67 800元的银行承兑汇票,期限为3个月。材料验收入库。华兴公司支付银行承兑汇票手续费33.9元。6月5日,华兴公司按期承兑了该汇票。

任务:根据业务,对华兴公司开具银行承兑汇票、支付手续费、到期时的业务做出相关账务处理。

【知识链接】

一、应付票据概述

（一）应付票据的概念

应付票据是指企业购买材料、商品和接受服务等而开出、承兑的商业汇票,包括商业承兑汇票和银行承兑汇票。

（二）应付票据核算应设置的科目

为了反映（核算）与监督应付票据的取得、归还等情况,企业应设置"应付票据"科目。

1. "应付票据"科目

企业应设置"应付票据"科目。该科目是负债类账户,贷方登记开出并承兑的商业汇票面值,借方登记企业到期支付票据的金额或无力支付而转出的应付票据票面金额,期末余额为贷方,反映企业尚未到期的商业汇票。

应付票据	
借方	贷方
①到期支付票据的金额 ②到期无力支付而转出的应付票据票面金额	①开出并承兑的商业汇票面值
	尚未到期的商业汇票

2. 应付票据的账务处理

应付票据的账务处理包括开具商业汇票、支付商业汇票手续费、偿付到期商业汇票等环节。

1）开具商业汇票时的账务处理

企业向销售方开具商业汇票时,借记"原材料""应交税费——应交增值税"科目,贷记"应付票据"科目。

借：原材料
　　应交税费——应交增值税
　　　贷：应付票据

2）商业汇票手续费的核算

企业因开出银行承兑汇票而支付银行承兑汇票手续费,借记"财务费用""应交税费——

> **解难点**
> 应收票据和应付票据均只核算商业汇票（商业承兑汇票和银行承兑汇票,不包含其他票据）。

应交增值税（进项税额）"科目，贷记"银行存款"科目。

　　借：财务费用
　　　　应交税费——应交增值税
　　　　贷：银行存款

3）商业汇票到期时的账务处理

（1）商业汇票到期并支付票款，企业应借记"应付票据"科目，贷记"银行存款"科目。

　　借：应付票据
　　　　贷：银行存款

（2）到期无力偿还商业汇票。

> 📢 注意：商业承兑汇票到期但无力偿还票款时，借记"应付票据"科目，贷记"应付账款"科目；银行承兑汇票到期但企业无法承兑时，借记"应付票据"科目，贷记"短期借款"科目（图2-1）。

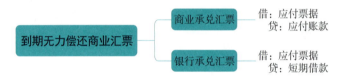

图 2-1　到期无力偿还商业汇票时的财务处理

真题链接

【初级会计师考试真题·单选题】下列各项中，关于企业应付票据会计处理的表述正确的是（　　）。
A. 应以商业汇票的票面金额作为应付票据的入账金额
B. 应将到期无力支付的银行承兑汇票的账面余额转作应付账款
C. 申请银行承兑汇票支付的手续费应计入当期管理费用
D. 应将到期无力支付的商业承兑汇票的账面余额转作短期借款
【答案】A

【例2-1-4】华兴公司从乙公司购买一批原材料，买价为100 000元，增值税为13 000元。华兴公司签发一张面值为113 000元的银行承兑汇票，期限为5个月。材料验收入库。华兴公司支付银行承兑汇票手续费56.6元。

（1）取得商业汇票时。

　　借：原材料　　　　　　　　　　　　　　　　　　　　　100 000
　　　　应交税费——应交增值税（进项税额）　　　　　　　　13 000
　　　　贷：应付票据　　　　　　　　　　　　　　　　　　　　　　113 000

（2）支付手续费。

　　借：财务费用　　　　　　　　　　　　　　　　　　　　　56.6
　　　　贷：银行存款　　　　　　　　　　　　　　　　　　　　　　56.6

（3）偿还到期的银行承兑汇票。

　　借：应付票据　　　　　　　　　　　　　　　　　　　　　113 000
　　　　贷：银行存款　　　　　　　　　　　　　　　　　　　　　　113 000

（4）到期无力偿还商业汇票时。

①若为商业承兑汇票。

　　借：应付票据　　　　　　　　　　　　　　　　　　　　　113 000
　　　　贷：应付账款　　　　　　　　　　　　　　　　　　　　　　113 000

②若为银行承兑汇票。

　　借：应付票据　　　　　　　　　　　　　　　　　　　　　113 000
　　　　贷：短期借款　　　　　　　　　　　　　　　　　　　　　　113 000

【单选题】下列各项中，企业无力支付到期商业承兑汇票票款时，应将该票据的票面金额从"应付票据"科目的账面余额转入的会计科目是（　　）。
A."其他应付款"　　　　　　　　　　B."营业外收入"
C."应付账款"　　　　　　　　　　　D."短期借款"

【答案】C

【解析】对于商业承兑汇票，到期无力偿还票款时，借记"应付票据"科目，贷记"应付账款"科目；对于银行承兑汇票，到期无力偿还票款时，借记"应付票据"科目，贷记"短期借款"科目。

二、应付账款概述

（一）应付账款的概念

应付账款是指企业因购买材料、商品或接受服务等经营活动而应付给供应单位的款项。

在企业实务中，为了使所购入材料、商品的金额、品种、数量和质量等与合同规定的条款相符，避免因验收时发现所购材料、商品的数量或质量存在问题而对入账的材料、商品或应付账款金额进行改动，在材料、商品和发票账单同时到达的情况下，一般在所购材料、商品验收入库后，根据发票账单登记入账，确认应付账款。

在所购材料、商品已经验收入库，但是发票账单未能同时到达的情况下，企业应付材料、商品供应单位的债务已经成立，在会计期末，为了反映企业的负债情况，需要将所购材料、商品和相关的应付账款暂估入账，待下月月初用红字将上月月末暂估入账的应付账款予以冲销。

法理园地

根据企业会计制度的规定，对于已验收入库的购进商品，但发票尚未收到的，企业应当在月末合理估计入库成本（如合同协议价格、当月或者近期同类商品的购进成本、同类商品同流通环节当期市场价格、售价×预计或平均成本率等）进行暂估入账。虚假暂估会造成较大财务风险，企业暂估业务必须遵循实质重于形式、谨慎性等信息质量要求。

> 注意："暂估入账"其实是会计上实质重于形式的一种体现。业务已经发生了，发票账单还未收到，按照权责发生制和账实相符的要求，为了反映企业真实的业务情况，就需要"暂估入账"，次月月初再做红字冲销，等到发票账单传递到位后据实入账。

（二）应付账款的账务处理

企业应设置"应付账款"科目核算应付账款的发生、偿还、转销等情况，该科目的贷方登记应付未付款项的增加，借方登记应付未付款项的减少，期末贷方余额反映企业尚未支付的应付账款余额。本科目可按债权人设置明细科目进行明细核算。

1. 发生应付账款

企业购入材料、商品或接受服务等所产生的应付账款，应按应付金额入账。购入材料、商品等验收入库，但货款尚未支付，根据有关凭证（发票账单、随货同行发票上已记载的实际价款或暂估价值），借记"材料采购""在途物资""原材料""库存商品"等科目，按照可抵扣的增值税进项税额，借记"应交税费——应交增值税（进项税额）"科目，按应付的款项贷记"应付账款"科目，企业接受供应单位提供服务而发生的应付未付款项，根据供应单位的发票账单所列金额，借记"生产成本""管理费用"等科目，按照增值税专用发票上注明的可抵扣的增值税进项税额，借记"应交税费——应交增值税（进项税额）"科目，贷记"应付账款"科目。

（1）购入材料、商品。
借：材料采购/在途物资/原材料/库存商品
　　应交税费——应交增值税（进项税额）
　　　贷：应付账款

（2）接受供应单位提供服务。
借：生产成本/管理费用
　　应交税费——应交增值税（进项税额）
　　　贷：应付账款

2. 偿还应付账款

企业偿还应付账款或开出商业汇票抵付应付账款时，借记"应付账款"科目，贷记"银行存款""应付票据"等科目。

借：应付账款
　　贷：应付票据

【例2-1-5】华兴公司为增值税一般纳税人。20×3年6月1日，华兴公司从A公司购入一批材料，增值税专用发票上注明的价款为600 000元，增值税税额为78 000元；同时，对方代垫付运费1 000元、增值税税额90元，已收到对方开具的增值税专用发票。材料验收入库（该企业材料按实际成本进行日常核算），款项尚未支付。7月10日，华兴公司以银行存款支付购入材料相关款项679 090元。

（1）确认应付账款。

借：原材料　　　　　　　　　　　　　　　　　　　　　　　　601 000
　　应交税费——应交增值税（进项税额）　　　　　　　　　　　 78 090
　　贷：应付账款——A公司　　　　　　　　　　　　　　　　　　679 090

（2）偿还应付账款。

借：应付账款——A公司　　　　　　　　　　　　　　　　　　　679 090
　　贷：银行存款　　　　　　　　　　　　　　　　　　　　　　679 090

实务中，企业外购电力、燃气等动力一般通过"应付账款"科目核算，即在每月付款时先作暂付款处理，按照增值税专用发票上注明的价款，借记"应付账款"科目，按照增值税专用发票注明的可抵扣的增值税进项税额，借记"应交税费——应交增值税（进项税额）"科目，贷记"银行存款"等科目；月末按照外购动力的用途分配动力费时，借记"生产成本""制造费用""管理费用"等科目，贷记"应付账款"科目。

（1）支付外购动力费。

借：应付账款
　　应交税费——应交增值税（进项税额）
　　贷：银行存款

（2）月末分配外购动力费。

借：制造费用
　　管理费用
　　贷：应付账款

【例2-1-6】华兴公司在20×3年7月13日外购电力，增值税专用发票上注明的价款为20 000元，增值税税额为2 600元；20×3年7月15日，外购燃气等，增值税专用发票上注明的价款为10 000元，增值税税额为900元，已收到对方开具的增值税专用发票。

（1）支付外购动力费。

借：应付账款——省电力公司　　　　　　　　　　　　　　　　　20 000
　　　　　　——燃气公司　　　　　　　　　　　　　　　　　　 10 000
　　应交税费——应交增值税（进项税额）　　　　　　　　　　　　3 500
　　贷：银行存款　　　　　　　　　　　　　　　　　　　　　　 33 500

根据外购动力分配表，车间消耗动力费25 000元，行政办公大楼消耗动力费5 000元。

（2）月末分配外购动力费。

借：制造费用　　　　　　　　　　　　　　　　　　　　　　　　25 000
　　管理费用　　　　　　　　　　　　　　　　　　　　　　　　 5 000
　　贷：应付账款——省电力公司　　　　　　　　　　　　　　　20 000
　　　　　　　——燃气公司　　　　　　　　　　　　　　　　　10 000

三、预收账款

（一）预收账款的概念

预收账款，是指企业按照合同规定预收的款项。

（二）预收账款的账务处理

企业应设置"预收账款"科目，核算预收账款的取得、偿付等情况。该科目贷方登记发生的预收账款金额，借方登记企业冲销的预收账款金额；期末贷方余额反映企业预收的款项，如为借方余额，则反映企业尚未转销的款项。本科目一般应按照客户设置明细科目进行明细核算。

解难点

在企业实务中，如果预收款和预付款业务不多，可以不单独设置"预收账款"和"预付账款"科目，其所发生的预收款，可通过"应收账款"科目核算，其所发生的预付款，可通过"应付账款"科目核算。

另外，《小企业会计准则》不设"预收账款"和"预付账款"两个科目，相关业务发生时，需要用"应收账款""应付账款"科目代替。

预收账款	
借方	贷方
①企业冲销的预收账款	①发生的预收账款
尚未转销的款项	企业预收的款项

1. 取得预收账款

企业预收款项时，按实际收到的全部预收款，借记"库存现金""银行存款"科目，涉及增值税的，按照预收款计算的应交增值税，贷记"应交税费——应交增值税（销项税额）"科目，全部预收款扣除应交增值税的差额，贷记"预收账款"科目

借：库存现金/银行存款
　　贷：应交税费——应交增值税（销项税额）
　　　　预收账款

2. 偿付预收账款

企业分期确认有关收入时，按照实现的收入，借记"预收账款"科目，贷记"主营业务收入""其他业务收入"科目。

借：预收账款
　　贷：主营业务收入/其他业务收入

企业收到客户补付款项时，借记"库存现金""银行存款"科目，贷记"预收账款""应交税费——应交增值税（销项税额）"科目；退回客户多预付的款项时，借记"预收账款"科目，贷记"库存现金""银行存款"科目。涉及增值税的，还应进行相应的会计处理。

（1）补付款项。

借：库存现金/银行存款
　　贷：预收账款
　　　　应交税费——应交增值税（销项税额）

（2）退回客户多预付的款项。

借：预收账款
　　贷：库存现金/银行存款

> **注意**：预收款业务不多的企业，可以不单独设置"预收账款"科目，其所发生的预收款，可通过"应收账款"科目核算。

【例2-1-7】 华兴公司出租有形动产适用的增值税税率为13%。20×3年12月1日，华兴公司与乙公司签订经营租赁合同，向乙公司出租机器设备一台，期限为8个月，租金（含税）共计27 120元。合同约定，合同签订日预付租金（含税）11 300元，合同到期结清全部

租金余款。合同签订日,华兴公司收到租金并存入银行,开具的增值税专用发票注明租金为10 000元,增值税税额为1 300元。租赁期满日,华兴公司收到租金余款及相应的增值税。

(1)收到乙公司预付租金。

借:银行存款	11 300	
贷:预收账款——乙公司		10 000
应交税费——应交增值税(销项税额)		1 300

(2)每月末确认租金收入。

每月租金收入=[27 120/(1+13%)]/8=3 000(元)

借:预收账款——乙公司	3 000	
贷:其他业务收入		3 000

(3)租赁期满收到租金余款及增值税税款。

借:银行存款	15 820	
贷:预收账款——乙公司		14 000
应交税费——应交增值税(销项税额)		1 820

四、应付利息和应付股利

(一)应付利息

应付利息,是指企业按照合同约定应支付的利息,包括预提短期借款利息、分期付息到期还本的长期借款、企业债券等应支付的利息。

企业应设置"应付利息"科目核算应付利息的发生、支付情况。该科目贷方登记按照合同约定计算的应付利息,借方登记实际支付的利息,期末贷方余额反映企业应付未付的利息。本科目一般应按照债权人设置明细科目进行明细核算。

应付利息	
借方	贷方
①实际支付的利息	①按照合同约定计算的应付利息
	尚未支付的应付利息

企业采用合同约定的利率计算确定利息费用时,按应付合同利息金额,借记"财务费用"等科目,贷记"应付利息"科目;实际支付利息时,借记"应付利息"科目,贷记"银行存款"等科目。

(1)计算确定利息费用。

借:财务费用
  贷:应付利息

(2)实际支付利息。

借:应付利息
  贷:银行存款

【例2-1-8】在华兴公司在20×3年1月1日借入期限为3个月、到期还本付息的短期借款2 000 000元,合同约定年利率为6%。

【解析】企业每月应确定的利息金额为2 000 000×6%/12=10 000(元)。

(1)1月和2月计算确定利息费用。

借:财务费用	10 000	
贷:应付利息		10 000

(2)3月偿还本金并支付利息。

> **解难点**
>
> 到期一次还本付息的长期借款产生的利息计入"长期借款"("长期借款——应计利息")科目,分期付息的利息计入"应付利息"科目。

借：财务费用 10 000
　　应付利息 20 000
　　短期借款 2 000 000
　　贷：银行存款 2 030 000

📢 注意：到期一次还本付息的长期借款产生的利息计入"长期借款"科目，不通过"应付利息"科目核算。

（二）应付股利

应付股利，是指企业根据股东大会或类似机构审议批准的利润分配方案确定分配给投资者的现金股利或利润。

企业应设置"应付股利"科目核算企业确定或宣告发放，但尚未实际支付的现金股利或利润。该科目贷方登记应支付的现金股利或利润；借方登记实际支付的现金股利或利润。期末贷方余额反映企业应付未付的现金股利或利润。本科目应按照投资者设置明细科目进行明细核算。

应付股利	
借方	贷方
①实际支付的现金股利或利润	①应支付的现金股利或利润
	企业应付未付的现金股利或利润

企业根据股东大会或类似机构审议批准的利润分配方案，确认应付给投资者的现金股利或利润时，借记"利润分配——应付现金股利或利润"科目，贷记"应付股利"科目；向投资者实际支付现金股利或利润时，借记"应付股利"科目，贷记"银行存款"等科目。

（1）确认应付给投资者的现金股利或利润时。
借：利润分配——应付现金股利或利润
　　贷：应付股利

（2）向投资者实际支付现金股利或利润时。
借：应付股利
　　贷：银行存款

📢 注意：企业董事会或类似机构通过的利润分配方案中拟分配的现金股利或利润，不需要进行账务处理，但应在附注中披露。

📢 注意：企业分配的股票股利不通过"应付股利"科目核算。宣告分配股票股利不做账务处理，实际发放股票股利时借记"利润分配——转作股本（或资本）"科目的普通股股利，贷记"股本/实收资本"科目。

【业务解析】

（1）开具银行承兑汇票。
借：原材料 60 000
　　应交税费——应交增值税（进项税额） 7 800

  贷：应付票据   67 800
（2）支付手续费。
借：财务费用   33.9
  贷：银行存款   33.9
（3）偿还到期的银行承兑汇票。
借：应付票据   67 800
  贷：银行存款   67 800

【拓展训练】

华兴公司在20×3年9月1日自恒达公司采购一批材料，材料已经收到，专用发票上注明的材料款为200 000元，增值税额为26 000元。鸿雁公司开出商业承兑汇票一张用于支付相关款项，期限为6个月。

任务1：做出采购材料的账务处理；

任务2：做出商业承兑汇票到期，华兴公司按期付款的账务处理；

任务3：做出商业承兑汇票到期，华兴公司无法按期付款的账务处理。

【归纳总结】

应付票据业务核算

经济业务	会计处理
应付票据的取得（开具商业汇票时）	借：原材料等 　　应交税费——应交增值税（进项税额） 　贷：应付票据
支付手续费业务	借：财务费用 　贷：银行存款
到期偿还应付票据	（1）偿还到期的商业汇票。 借：应付票据 　贷：银行存款 （2）若到期无力承兑商业汇票。 ①商业承兑汇票到期无力承兑。 借：应付票据 　贷：应付账款 ②银行承兑汇票无力承兑。 借：应付票据 　贷：短期借款

应付账款业务核算

经济业务		会计处理
应付账款	应付账款的初始计量	借：原材料等 　　应交税费——应交增值税（进项税额） 　贷：应付账款
	到期偿还应付账款	借：应付账款 　贷：银行存款 　　应付票据

预收账款业务核算

经济业务		会计处理
预收账款	取得预收账款	借：库存现金/银行存款 　贷：应交税费——应交增值税（销项税额） 　　预收账款
	偿付预收账款	借：预收账款 　贷：主营业务收入/其他业务收入
	补付款项	借：库存现金/银行存款 　贷：预收账款 　　应交税费——应交增值税（销项税额）
	退回客户多预付的款项	借：预收账款 　贷：库存现金/银行存款

应付利息和应付股利

经济业务		会计处理
应付利息	计算确定利息费用	借:财务费用 　　贷:应付利息
	实际支付利息	借:应付利息 　　贷:银行存款
应付股利	确认应付给投资者的现金股利或利润	借:利润分配——应付现金股利或利润 　　贷:应付股利
	向投资者实际支付现金股利或利润	借:应付股利 　　贷:银行存款

2.1.3 应付职工薪酬业务核算

【典型业务】

业务1. 华兴公司目前拥有员工42人，20×3年6月工资结算汇总表见表2-1。

表2-1 工资结算汇总表

20×3年6月　　　　　　　　　　　　　　　　　　元

部门	基本工资	奖金及提成	岗位津贴	应发合计	代缴社会保险费等					实发工资
					养老保险	医疗保险	失业保险	住房公积金	个人所得税	小计	
办公室	38 500.00	5 500.00	6 000.00	50 000.00	4 000.00	1 000.00	250.00	6 000.00	1 613.75	12 863.75	37 136.25
财务部	16 500.00	5 000.00	4 000.00	25 500.00	2 040.00	510.00	127.50	3 060.00	313.75	6 051.25	19 448.75
采购部	8 000.00	1 000.00	2 000.00	11 000.00	880.00	220.00	55.00	1 320.00	45.75	2 520.75	8 479.25
销售部	12 000.00	1 000.00	2 000.00	15 000.00	1 200.00	300.00	75.00	1 800.00	252.50	3 627.50	11 372.50
一车间	20 000.00	5 000.00	4 800.00	29 800.00	2 384.00	596.00	149.00	3 576.00	165.43	6 870.43	22 929.57
二车间	35 320.00	7 500.00	9 600.00	52 420.00	4 193.60	1 048.40	262.10	6 290.40	112.73	11 907.23	40 512.77
三车间	21 920.00	5 500.00	6 400.00	33 820.00	2 705.60	676.40	169.10	4 058.40	72.00	7 681.50	26 138.50
机修车间	6 000.00	2 000.00	1 600.00	9 600.00	768.00	192.00	48.00	1 152.00	29.85	2 189.85	7 410.15
合计	158 240.00	32 500.00	36 400.00	227 140.00	18 171.20	4 542.80	1 135.70	27 256.80	2 605.75	53 712.26	173 427.74

业务2. 20×3年12月，华兴公司购买市场价值为240元/桶的花生油作为福利发放给一线生产工人，成本为150元/桶，生产甲产品的工人共发放200桶，生产乙产品的工人共发放300桶。全部油品已发放给职工，用转账支票结算。

业务3. 20×3年12月，华兴公司为包括财务经理在内的高级管理层无偿提供小轿车作为代步工具，小轿车每月折旧为30 000元。

任务1：根据6月工资结算汇总表编制相应分录；
任务2：编制计提社会保险费和住房公积金的分录；
任务3：正确编制计提工会经费和职工教育经费的分录；
任务4：根据业务2、3，编制相关分录。

应付职工薪酬

【知识链接】

一、职工薪酬概述

（一）职工薪酬的概念

职工薪酬，是指企业为获得职工提供的服务或解除劳动关系而给予的各种形式的报酬或补偿。

（二）职工薪酬的内容

职工薪酬包括短期薪酬、离职后福利、辞退福利和其他长期职工福利。企业提供给职工配偶、子女、受赡养人、已故员工遗属及其他受益人等的福利，也属于职工薪酬。

这里所说的"职工"，主要包括以下3类人员。

（1）与企业签订劳动合同的所有人员，含全职、兼职和临时职工。

（2）未与企业签订劳动合同，但由企业正式任命的企业治理层和管理层人员，如董事会成员、监事会成员等。

（3）在企业的计划和控制下，虽未与企业签订立劳动合同或未由企业正式任命，但向企业所提供服务与职工所提供服务类似的人员，也属于职工的范畴，包括通过企业与劳务中介公司签订用工合同而向企业提供服务的人员。

> 注意：根据《企业会计准则》，"职工"范畴非常宽泛，不仅包括企业聘用的工作人员。

真题链接

【初级会计师考试真题·单选题】下列各项中，不属于企业职工薪酬组成内容的是（ ）。
A. 根据设定提存计划计提应向单独主体缴存的提存金
B. 为鼓励职工自愿接受裁减而给予职工的补偿
C. 按国家规定标准提取的职工教育经费
D. 为职工代扣代缴的个人所得税
【答案】D
【解析】选项A、B、C均属于企业薪酬。选项D中企业为职工代扣代缴的个人所得税不属于职工薪酬，需要从员工工资里面扣除。

【多选题】下列各项中，属于某生产企业"职工"的有（ ）。
A. 企业聘用的临时工
B. 企业监事会成员
C. 企业聘请的会计师事务所进行年审的工作人员
D. 与企业签订正式劳动合同的员工

【答案】ABD

【解析】企业聘请的会计师事务所进行年审的工作人员属于会计师事务所员工，不属于生产企业员工。

1. 短期职工薪酬

短期职工薪酬，是指企业在职人员提供相关服务的年度报告期间结束后12个月内需要全部予以支付的职工薪酬，因解除与职工的劳动关系给予的补偿除外。短期职工薪酬具体如下。

（1）职工工资、奖金、津贴和补贴，是指按照构成工资总额的计时工资、计件工资、支付给职工的超额劳动报酬和增收节支的劳动报酬、为补偿职工特殊或额外的劳动消耗和因其他特殊原因支付给职工的津贴，以及为保证职工工资水平不受物价影响支付给职工的物价补贴等。其中，企业按照短期奖金计划向职工发放的奖金属于短期职工薪酬，按照长期奖金计划向职工发放的奖金属于其他长期职工福利。

（2）职工福利费，是指企业向职工提供的生活困难补助费、丧葬补助费、抚恤费、职工异地安家费、防暑降温费等职工福利支出。

（3）医疗保险费、工伤保险费等社会保险费，是指企业按照国家规定的基准和比例计算，向社会保险经办机构缴纳的医疗保险费、工伤保险费等。

（4）住房公积金，是指企业按照国家规定的基准和比例计算，向住房公积金管理机构缴存的住房公积金。

（5）工会经费和职工教育经费，是指企业为了改善职工文化生活、使职工学习先进技术及提高文化水平和业务素质，用于开展工会活动和职工教育及职业技能培训等相关支出。

（6）短期带薪缺勤，是指职工虽然缺勤，但企业仍向其支付报酬的安排，包括年休假、病假、婚假、产假、丧假、探亲假等。长期带薪缺勤属于其他长期职工福利。

（7）短期利润分享计划，是指因职工提供服务而与职工达成的基于利润或其他经营成果提供薪酬的协议。长期利润分享计划属于其他长期职工福利。

（8）其他短期薪酬，是指除上述薪酬以外的其他为获得职工提供的服务而给予的短期薪酬。

2. 长期职工薪酬

（1）离职后福利，是指企业为获得职工提供的服务而在职工退休或与企业解除劳动关系后，提供的各种形式的报酬和福利，短期薪酬和辞退福利除外。企业应当将离职后福利计划分类为设定提存计划和设定受益计划。离职后福利计划，是指企业与职工就离职后福利达成的协议，或者企业为向职工提供离职后福利制定的规章或办法等。其中，设定提存计划，是指向独立的基金缴存固定费用后，企业不再承担进一步支付义务的离职后福利计划；设定受益计划，是指除设定提存计划以外的离职后福利计划。

（2）辞退福利，是指企业在职工劳动合同到期之前解除与职工的劳动关系，或者为鼓励职工自愿接受裁减而给予职工的补偿。

> 注意：辞退"福利"本质上是辞退"补偿"。

（3）其他长期职工福利，是指除短期职工薪酬、离职后福利、辞退福利之外所有的职工薪酬，包括长期带薪缺勤、长期残疾福利、长期利润分享计划等。

【多选题】下列各项中，属于企业短期职工薪酬内容的有（　　）。

A. 支付给职工生活困难补助费 5 000 元

B. 为辞退职工而支付的补偿金 30 000 元

C. 支付给职工年假期间的工资 700 000 元

D. 为职工交纳 8 月的住房公积金 2 800 000 元

【答案】ACD

【解析】B 选项属于长期薪酬中的辞退补偿。

二、应付职工薪酬业务应设置的科目

企业应设置"应付职工薪酬"科目，核算应付职工薪酬的计提、结算、使用等情况。该科目的贷方登记已分配记入有关成本费用项目的职工薪酬，借方登记实际发放的职工薪酬，包括扣还的款项等；期末贷方余额反映企业应付未付的职工薪酬。

应付职工薪酬	
借方	贷方
实际发放的职工薪酬	已分配计入有关成本费用项目的职工薪酬
	应付未付的职工薪酬

"应付职工薪酬"科目应按照"工资""职工福利费""非货币性福利""社会保险费""住房公积金""工会经费""职工教育经费""带薪缺勤""利润分享计划""设定提存计划""设

> 真题链接
>
> 【初级会计师考试真题·单选】下列各项中，企业应计入"应付职工薪酬"科目贷方的是（　　）。
> A. 发放职工工资
> B. 确认因解除与职工的劳动关系应给予的补偿
> C. 支付职工的培训费
> D. 缴存职工基本养老保险费
> 【答案】B

定受益计划""辞退福利"等职工薪酬项目设置明细账进行明细核算。

企业应当在职工为其提供服务的会计期间,将实际发生的短期薪酬确认为负债,并计入当期损益,其他会计准则要求或允许计入资产成本的除外。

【单选题】下列各项中,企业应计入"应付职工薪酬"科目借方的是（　　）。

A. 计提职工工资

B. 确认因解除与职工的劳动关系应给予的补偿

C. 上缴职工的工会经费

D. 缴存职工住房公积金

【答案】ACD

【解析】确认因解除与职工的劳动关系应给予的补偿计入应付职工薪酬"科目贷方。

> 注意：在企业实务中,职工薪酬的计提和发放往往存在于不同的两个期间,应付职工薪酬的核算分为两步。例如,20×3年4月30日计提薪酬,次月中旬发放工资。因此,职工薪酬的会计处理需要分为以下两步。

（1）计提。

借：生产成本/制造费用/管理费用等

　　贷：应付职工薪酬（应发金额）

（2）发放。

借：应付职工薪酬（应发金额）

　　贷：银行存款/库存现金（实发金额）

　　　　其他应收款（扣代垫款项）

　　　　其他应付款（扣代缴款项：社保、公积金）

　　　　应交税费（扣个税）

三、短期职工薪酬的账务处理

（一）货币性职工薪酬

应付职工薪酬——工资、奖金、津贴和补贴

1. 职工工资、奖金、津贴和补贴

1）工资的计提

对于职工工资、奖金、津贴和补贴等货币性职工薪酬,企业应当在职工为其提供服务的会计期间,将实际发生的职工工资、奖金、津贴和补贴等,根据职工提供服务的受益对象,将应确认的职工薪酬,借记"生产成本""制造费用""合同履约成本""管理费用""销售费用"等科目,贷记"应付职工薪酬——工资"科目。

借：生产成本（生产车间工人）

　　制造费用（车间管理人员）

　　合同履约成本（提供劳务人员）

　　管理费用（行政管理人员）

　　销售费用（销售人员）

　　在建工程（工程人员）

　　研发支出（研发人员）

　　　贷：应付职工薪酬——工资

【例2-1-9】华兴公司20×3年1月应付工资总额为1 020 000元,工资费用分配汇总表中列示的产品生产人员工资为220 000元,车间管理人员工资为84 000元,企业行政管理部门人员工资为 600 000 元，销售人员工资为 116 000 元。该企业的有关会计分录如下。

借：生产成本　　　　　　　　　　　　　　　　　220 000
　　制造费用　　　　　　　　　　　　　　　　　 84 000
　　管理费用　　　　　　　　　　　　　　　　　600 000
　　销售费用　　　　　　　　　　　　　　　　　116 000
　　贷：应付职工薪酬——工资　　　　　　　　　　　　1 020 000

2）工资的发放

企业按照有关规定向职工支付工资、奖金、津贴、补贴等，借记"应付职工薪酬——工资"科目，贷记"银行存款""库存现金"等科目；企业从应付职工薪酬中扣还的各种款项（代垫的家属药费、个人所得税等），借记"应付职工薪酬"科目，贷记"银行存款""库存现金""其他应收款""应交税费——应交个人所得税"等科目。

（1）企业按照有关规定向职工支付工资、奖金、津贴、补贴。
借：应付职工薪酬——工资
　　贷：银行存款
（2）企业从应付职工薪酬中扣还各种款项。
借：应付职工薪酬——工资
　　贷：其他应收款
　　　　应交税费——应交个人所得税

　实务链接

工资是发现金还是打卡？

实务中，企业一般在每月发放工资前，根据"工资费用分配汇总表"中的"实发金额"栏的合计数，通过开户银行批量拨付给职工。

当然，也有个别企业仍然选择使用现金的方式发放工资。

总体来说，工资发放到银行卡减轻了财务人员的压力，也省得单位准备大量现金，所以大多数企业选择用银行存款的方式发放工资

【例 2-1-10】华兴公司根据"工资结算汇总表"列示，当月应付工资总额为 880 000 元，扣除企业已为职工代垫的医药费 2 000 元和受房管部门委托代扣的职工房租 26 000 元，实发工资总额为 852 000 元。要求做出向银行提取现金、发放工资、代扣款项的会计分录。

（1）向银行提现。
借：库存现金　　　　　　　　　　　　　　　　　852 000
　　贷：银行存款　　　　　　　　　　　　　　　　　852 000
（2）用现金发放工资。
借：应付职工薪酬——工资　　　　　　　　　　　852 000
　　贷：库存现金　　　　　　　　　　　　　　　　　852 000
注：如果通过银行发放工资，该企业的会计分录如下。
借：应付职工薪酬——工资　　　　　　　　　　　852 000
　　贷：银行存款　　　　　　　　　　　　　　　　　852 000
（3）代扣款项。
借：应付职工薪酬——工资　　　　　　　　　　　280 000
　　贷：其他应收款——职工房租　　　　　　　　　　 2 000
　　　　　　　　　　——代垫医药费　　　　　　　　26 000

真题链接

【初级会计师考试真题·单选题】下列选项中，关于企业代扣代缴的个人所得税处理正确的是（　　）。
A. 借记"管理费用"科目
B. 借记"税金及附加"科目
C. 借记"应付职工薪酬"科目
D. 借记"营业外支出"科目
【答案】C
【解析】企业生产车间生产人员福利费应根据实际发生额计入生产成本。

2. 职工福利费

对于职工福利费，企业应当在实际发生时根据实际发生额计入当期损益或相关资产成本，借记"生产成本""制造费用""管理费用""销售费用"等科目，贷记"应付职工薪酬——职工福利费"科目。

借：生产成本（生产车间生产产品人员的职工薪酬）
　　制造费用（车间管理人员的职工薪酬）
　　管理费用（管理部门人员的职工薪酬）
　　销售费用（销售人员的职工薪酬）
　　在建工程（在建工程人员的职工薪酬）
　　研发支出（研发人员的薪金）
　　贷：应付职工薪酬——职工福利

【例2-1-11】华兴公司下设一所职工福利超市并按月为职工发放300元购物卡，每月根据在岗职工数量及岗位分布情况确定每期因补贴福利超市需要承担的福利费金额。20×3年9月，企业在岗职工共计50人，其中管理部门10人、生产车间生产人员30人、销售人员10人。

华兴公司应编制如下会计分录。

借：生产成本　　　　　　　　　　　　　　　　9 000
　　管理费用　　　　　　　　　　　　　　　　3 000
　　销售费用　　　　　　　　　　　　　　　　3 000
　　贷：应付职工薪酬——职工福利费　　　　　15 000

3. 发放职工福利

借：应付职工薪酬——职工福利
　　贷：银行存款等

【例2-1-12】承接上例，20×3年10月，华兴公司支付15 000元补贴给福利超市。华兴公司应编制如下会计分录。

借：应付职工薪酬——职工福利费　　　　　　15 000
　　贷：银行存款　　　　　　　　　　　　　　15 000

【单选题】下列各项中，应作为职工薪酬记入相关资产成本的有（　　）。

A. 采购人员差旅费

B. 公司总部管理人员的工资

C. 生产职工的伙食补贴

D. 销售部门人员工资

【答案】C

【解析】采购人员差旅费和公司总部管理人员的工资计入管理费用；销售部门人员工资计入销售费用。

4. 国家规定计提标准的职工薪酬。

1）工会经费和职工教育经费

根据《工会法》的规定，企业每月应按照全部职工工资总额的2%向工会拨缴经费，在成本费用中列支，主要用于职工服务和工会活动。

职工教育经费一般由企业按照每月工资总额的8%计提，主要用于职工接受岗位培训、继续教育等方面的支出。

期末，企业根据规定的计提基础和比例计算确定应付工会经费、职工教育经费，借记"生产成本""制造费用""管理费用""销售费用""在建工程""研发支出"等科目，贷记"应付职工薪酬——工会经费""应付职工薪酬——职工教育经费"等科目。

借：生产成本/制造费用/管理费用/销售费用等

应付职工薪酬——工会经费与
职工教育经费

贷：应付职工薪酬——工会经费
　　　　　　　　　　——职工教育经费

实际上缴或发生实际开支时，借记"应付职工薪酬——工会经费""应付职工薪酬——职工教育经费"等科目，贷记"银行存款"等科目。

　　借：应付职工薪酬——工会经费
　　　　　　　　　　——职工教育经费
　　贷：银行存款

【例2-1-13】承接【例2-1-10】，20×3年7月，华兴公司根据相关规定分别按照职工工资总额的2%和8%的计提标准，确认应付工会经费和职工教育经费，华兴公司应编制如下会计分录：

解析：应确认的应付职工薪酬=（22 000+8 400+60 000+11 600）×（2%+8%）=120 000（元），其中，工会经费为20 400元，职工教育经费为81 600元。

应记入"生产成本"科目的金额=22 000×（2%+8%）=22 000（元）；应记入"制造费用"科目的金额=84 000×（2%+8%）=8 400（元）；应记入"管理费用"科目的金额=600 000×（2%+8%）=60 000（元）；应记入"销售费用"科目的金额=1 160 000×（2%+8%）=1 160（元）。

```
借：生产成本                           22 000
    制造费用                            8 400
    管理费用                           60 000
    销售费用                           11 600
  贷：应付职工薪酬——工会经费          20 400
              ——职工教育经费          81 600
```

应付职工薪酬——工会经费与
职工教育经费知识点讲解

2）社会保险费和住房公积金

> **实务链接**
>
> **什么是住房公积金？**
>
> 　　住房公积金，是指国家机关、国有企业、城镇集体企业、外商投资企业、城镇私营企业及其他城镇企业、事业单位、民办非企业单位、社会团体（以下统称"单位"）为其在职职工缴存的长期住房储金。
>
> 　　根据《住房公积金管理条例》的规定，住房公积金的存、贷利率由中国人民银行提出，经征求国务院建设行政主管部门的意见后，报国务院批准，现行的住房公积金的贷款利率为3.25%。职工和单位住房公积金的缴存比例均不得低于职工上一年度月平均工资的5%；有条件的城市，可以适当提高缴存比例。
>
> 　　住房公积金虽然是职工工资的组成部分，但不跟随月工资发放，而是存入住房公积金管理中心在受委托银行开设的专户，实行专户管理。另外，住房公积金实行专款专用制度，存储期间只能按规定用于购、建、大修自住住房或交纳房租。
>
> 　　资料来源：中国政府法制信息网（http://www.gov.cn/zhengce/2020-12/26/content_5574273.htm）。

五险一金业务核算

（1）社会保险费和住房公积金的计量。

企业在对"四险一金"进行计量时，应当注意国家是否有相关的明确计提标准加以区别处理。一般而言，企业应当向社会保险经办机构缴纳的医疗保险费、养老保险费、失业保险费、工伤保险费、生育保险费等社会保险费，应向住房公积金管理中心缴存的住房公积金，以及应当向工会部门缴纳的工会经费等，国家统一规定了计提基础和计提比例，应当按照国家规定的标准计提（表2-2）。

表 2-2 "四险一金"计提比例举例

%

缴纳项目	个人缴费比例	单位缴费比例
养老保险	8	20
医疗保险	2	8
失业保险	1	1.50
工伤保险	—	0.5~1.2
住房公积金	12	12

（2）社会保险费和住房公积金的核算。

社会保险费包括医疗保险费、养老保险费、失业保险费、工伤保险费。企业承担的社会保险费，除养老保险费和失业保险费按规定确认为离职后福利外，其他社会保险费作为企业的短期职工薪酬（图 2-2）。

图 2-2 社会保险费和住房公积金

> 注意：过去人们经常说的"五险"包括医疗保险、养老保险、失业保险、工伤保险和生育保险。根据《关于全面推进生育保险和职工基本医疗保险合并实施的意见》，生育保险已并入医疗保险，所以目前只有"四险"。

> 注意：住房公积金分为职工所在单位为职工缴存和职工个人缴存两部分，但其全部属于职工个人所有。

期末，对于企业应缴纳的社会保险费（不含基本养老保险费和失业保险费）和住房公积金，应按照规定的计提基础和比例，在职工提供服务期间，根据受益对象记入当期损益或相关资产成本，并确认相应的应付职工薪酬金额，借记"生产成本""制造费用""管理费用""销售费用""在建工程""研发支出"等科目，贷记"应付职工薪酬——社会保险费、住房公积金"科目。

借：生产成本
　　制造费用
　　管理费用
　　销售费用
　　贷：应付职工薪酬——社会保险费
　　　　　　　　　　——住房公积金

对于职工个人承担的社会保险费和住房公积金，由职工所在企业每月从其工资中代扣代缴，借记"应付职工薪酬——工资"科目，贷记"其他应付款——社会保险费（医疗保险、工伤保险）、住房公积金"科目。

借：应付职工薪酬——工资

贷：其他应付款——社会保险费
　　　　　　——住房公积金

【例2-1-14】20×3年1月，华兴公司根据规定的计提标准，计算应由公司负担的向社会保险经办机构缴纳的社会保险费（不含基本养老保险费和失业保险费）共计122 400元。按照规定标准（10%）计提住房公积金为102 000元（表2-3）。

表2-3　工资结算汇总表

元

部门	应发工资总额	社会保险费（不含基本养老保险费和失业保险费）		住房公积金（10%）		合计
		单位负担（12%）	个人负担（2%）	单位负担	个人负担	
生产车间	220 000	26 400	4 400	22 000	2 640	48 400
车间管理	84 000	10 080	1 680	8 400	1 008	18 480
管理部门	600 000	72 000	12 000	60 000	7 200	132 000
销售部门	16 000	13 920	2 320	11 600	1 392	25 520
合计	1 020 000	122 400	20 400	102 000	12 240	224 400

解析：应确认的应付职工薪酬=122 400+102 000=224 400（元），应记入"生产成本"科目的金额=26 400+22 000=48 400（元）；应记入"制造费用"科目的金额=10 080+8 400=18 480（元）；应记入"管理费用"科目的金额=72 000+60 000=132 000（元）；应记入"销售费用"科目的金额=13 920+11 600=25 520（元）。

华兴公司应编制如下会计分录。

借：生产成本——基本生产成本　　　　　　　　　48 400
　　制造费用　　　　　　　　　　　　　　　　　18 480
　　销售费用　　　　　　　　　　　　　　　　　25 520
　　管理费用　　　　　　　　　　　　　　　　　132 000
　　贷：应付职工薪酬——社会保险费　　　　　　122 400
　　　　　　　　　　——住房公积金　　　　　　102 000

假定华兴公司从应付职工薪酬中代扣个人应缴纳的社会保险费（不含基本养老保险费和失业保险费）为20 400元，住房公积金为102 000元，共计122 400元。华兴公司应编制如下会计分录。

借：应付职工薪酬——工资　　　　　　　　　　　122 400
　　贷：其他应付款——社会保险费　　　　　　　20 400
　　　　　　　　　——住房公积金　　　　　　　102 000

5. 短期带薪缺勤

对于职工带薪缺勤，企业应根据其性质及职工享有的权利，分为累积带薪缺勤和非累积带薪缺勤两类。企业应对累积带薪缺勤和非累积带薪缺勤分别进行会计处理。如果带薪缺勤属于长期带薪缺勤，企业应当将其作为其他长期职工福利处理。

1）累积带薪缺勤

累积带薪缺勤，是指带薪权利可以结转下期的带薪缺勤，本期尚未用完的带薪缺勤权利可以在未来期间使用。企业应当在职工提供了服务从而增加了其未来享有的带薪缺勤权利时，确认与累积带薪缺勤相关的职工薪酬，并以累积未行使权利而增加的预期支付金额计量。确认累积带薪缺勤时，借记"管理费用"等科目，贷记"应付职工薪酬"。

> **解难点**
> 通俗地说，累积带薪缺勤：今年没休，明年可以接着休。
> 非累积带薪缺勤：当期不休，过期作废。

借：管理费用
　　　　贷：应付职工薪酬——带薪缺勤——短期带薪缺勤——累积带薪缺勤

> 注意：在企业实务中，累积带薪缺勤并不是无限期往后结转，大多数企业的累积带薪缺勤往后结转期限为向后结转一个公历年度。

【判断题】企业在职工提供了服务从而增加了其未来享有的带薪缺勤权利时，确认与非累计带薪缺勤相关的职工薪酬。

【答案】×

【解析】企业应当在职工提供了服务从而增加了其未来享有的带薪缺勤权利时，确认与累积带薪缺勤相关的职工薪酬，并以累积未行使权利而增加的预期支付金额计量。

> **真题链接**
> 【初级会计师考试真题·判断题】某企业职工张某经批准休探亲假5天，根据企业规定，确认为非累积带薪缺勤，该企业应当在其休假期间确认与非累积带薪缺勤相关的职工薪酬。
> 【答案】√

【例2-1-15】华兴公司从20×3年1月1日起实行累积带薪缺勤制度。该制度规定，每名职工每年可享受7个工作日带薪年休假，未使用的年休假只能向后结转一个公历年度，超过一年未使用的权利作废。职工休年假时，首先使用当年可享受的权利，不足部分再从上年结转的带薪年休假中扣除（未使用的年假在职工离职时无权获得现金支付）。

20×3年12月31日，华兴公司有50名职工未享受当年的带薪年休假，华兴公司预计20×3年将有40名职工将享受不超过7天的带薪年休假，剩余10名职工每人将平均享受10天带薪年休假。假定这10名职工全部为行政管理人员，该企业平均每名职工每个工作日工资为280元。

解析：华兴公司在20×3年12月31日应当预计由于职工累积未使用的带薪年休假权利而产生的预期支付的金额，即相当于30天[10×（10-7）]的带薪年休假工资金额8 400元。

华兴公司年末对累积带薪缺勤的账务处理如下。

　　借：管理费用　　　　　　　　　　　　　　　　　　　　　　　　　8 400
　　　　贷：应付职工薪酬——带薪缺勤——短期带薪缺勤——累积带薪缺勤　8 400

2）非累积带薪缺勤

非累积带薪缺勤，是指带薪权利不能结转下期的带薪缺勤，本期尚未用完的带薪缺勤权利将被取消，并且职工离开企业时也无权获得现金支付。我国企业职工休婚假、产假、丧假、探亲假、病假期间的工资通常属于非累积带薪缺勤。由于职工提供服务本身不能增加其能够享受的福利金额，企业在职工未缺勤时不应当计提相关费用和负债。为此，企业应当在职工实际发生缺勤的会计期间确认与非累积带薪缺勤相关的职工薪酬。

> 注意：非累积带薪缺勤主要包括婚假、产假、丧假等，具有"当期不休，过期作废"的特点。

企业确认职工享有的与非累积带薪缺勤权利相关的薪酬，视同职工出勤确认的当期损益或相关资产成本。通常情况下，与非累积带薪缺勤相关的职工薪酬已经包括在企业每期向职工发放的工资等薪酬中，因此不必额外做相应的账务处理。

> 注意：非累积带薪缺勤情况下，无论职工休假与否都正常发工资，因此无须进行账务处理。

四、非货币性职工薪酬

企业以其自产产品作为非货币性福利发放给职工的，应当根据受益对象，按照该产品的含税公允价值计入相关资产成本或当期损益，同时确认应付职工薪酬，借记"生产成本""制造费用""管理费用"等科目，贷记"应付职工薪酬——非货币性福利"科目。

（1）决定发放。
借：管理费用
　　生产成本
　　制造费用等
　　贷：应付职工薪酬——非货币性福利（含税公允价）
（2）实际发放。
借：应付职工薪酬——非货币性福利
　　贷：主营业务收入（不含税公允价）
　　　　应交税费——增值税（销项税额）
借：主营业务成本
　　贷：库存商品

【例2-1-16】 华兴公司公共有职工42名，其中17人为管理人员，28人为生产一线工人。20×3年12月29日，华兴公司用自己生产的甲产品发给职工，每个产品的生产成本为800元，市场售价为1 000元，月末全部发放完毕。该公司使用的增值税税率为17%。

解析：应确认的应付职工薪酬为42×1 000×（1+13%）=47 460（元）。

其中：应计入"生产成本"科目的为28×1 000×（1+13%）=31 640（元）；

应计入"管理费用"科目的为14×1 000×（1+13%）=15 820（元）。

决定发放：
借：生产成本　　　　　　　　　　　　　　　　　　　　　31 640
　　管理费用　　　　　　　　　　　　　　　　　　　　　15 820
　　贷：应付职工薪酬——非货币性福利　　　　　　　　　47 460
实际发放：
借：应付职工薪酬——非货币性福利　　　　　　　　　　　47 460
　　贷：主营业务收入　　　　　　　　　　　　　　　　　42 000
　　　　应交税费——应交增值税（销项税额）　　　　　　 5 460
借：主营业务成本　　　　　　　　　　　　　　　　　　　33 600
　　贷：库存商品——甲产品　　　　　　　　　　　　　　33 600

【单选题】 某花生油生产企业为增值税一般纳税人，年末将本企业生产的一批花生油发放给生产工人作为福利。该批花生油市场售价为10万元（不含增值税），增值税税率为13%，实际成本为7万元。假设不考虑其他因素，计入"生产成本"科目的金额应为（　　）万元。

A. 10　　　　　　B. 11.3　　　　　　C. 7　　　　　　D. 8.21

【答案】 B

【解析】 企业以其自产产品作为非货币性福利发放给职工的，应当根据受益对象，按照该产品的含税公允价值计入相关资产成本或当期损益。

将企业拥有的房屋等资产无偿提供给职工使用的，应当根据受益对象，将该住房每期应计提的折旧计入相关资产成本或当期损益，同时确认应付职工薪酬，借记"生产成本""制造费用""管理费用"等科目，贷记"应付职工薪酬——非货币性福利"科目，并且同时借记"应付职工薪酬——非货币性福利"科目，贷记"累计折旧"科目。

> 注意：应付职工薪酬金额=当期折旧额。

真题链接

【初级会计师考试真题·多选题】下列各项中，关于企业非货币性职工薪酬的会计处理表述错误的有（　　）。
A. 难以认定受益对象的非货币性福利，应当直接计入当期损益
B. 企业租赁汽车供高级管理人员无偿使用，应当将每期应付的租金计入管理费用
C. 企业以自产产品作为非货币性福利发放给销售人员，应当按照产品的实际成本计入销售费用
D. 企业将自有房屋无偿提供给生产工人使用，应当按照该住房的公允价值计入生产成本

【解析】
选项C：企业以自产产品作为非货币性福利发放给销售人员，应当按照该产品的公允价值和增值税销项税额计入销售费用。
选项D：企业将自有的房屋无偿提供给生产工人使用，应当按照该住房每期应计提的折旧计入生产成本。

【答案】CD

非货币性福利

非货币性职工薪酬——发放资产产品

（1）期末分配。

借：管理费用
　　生产成本
　　制造费用等
　　　贷：应付职工薪酬——非货币性福利

（2）期末计提折旧。

借：应付职工薪酬——非货币性福利
　　　贷：累计折旧

租赁住房等资产供职工无偿使用的，应当根据受益对象将每期应付的租金计入相关资产成本或当期损益，并确认应付职工薪酬，借记"生产成本""制造费用""管理费用"等科目，贷记"应付职工薪酬——非货币性福利"科目。难以认定受益对象的非货币性福利直接计入当期损益和应付职工薪酬。

> 📢 注意：应付职工薪酬金额＝当期支付租金额。

（1）期末分配。

借：管理费用
　　生产成本
　　制造费用等
　　　贷：应付职工薪酬——非货币性福利

（2）支付租金。

借：应付职工薪酬——非货币性福利
　　　贷：银行存款

🔗 **真题链接**

【初级会计师考试真题·单选题】企业作为福利为高管人员配备汽车，计提这些汽车折旧时，应编制的会计分录是（　）。
A．借记"累计折旧"科目，贷记"固定资产"科目
B．借记"管理费用"科目，贷记"固定资产"科目
C．借记"管理费用"科目，贷记"应付职工薪酬"科目；同时借记"应付职工薪酬"科目，贷记"累计折旧"科目
D．借记"管理费用"科目，贷记"固定资产"科目；同时借记"应付职工薪酬"科目，贷记"累计折旧"科目

【答案】C

【例2-1-17】20×3年12月，海昌公司以每箱400元成本的鲅鱼罐头作为节日福利发放给职工。该鲅鱼罐头不含增值税的市场售价为每箱500元，海昌公司有员工20人，其中管理人4人、一线员工16人。公司销售商品适用的增值税税率为13%。

解析：

确认应付职工薪酬：20×500×（1+13%）=11 300（元）。

计入管理费用：4×500×（1+13%）=2 260（元）。

计入生产成本：16×500×（1+13%）=9 040（元）。

借：生产成本　　　　　　　　　　　　　　　　　　　　　　　　　192 100
　　管理费用　　　　　　　　　　　　　　　　　　　　　　　　　 33 900
　　　贷：应付职工薪酬——非货币性福利　　　　　　　　　　　　 11 300

承接上例，海昌公司向职工发放自产鲅鱼罐头作为非货币性福利时应确认主营业务收入，同时根据现行增值税制度的规定，计算增值税销项税额。应编制如下会计分录。

海昌公司应确认的主营业务收入=20×500=10 000（元）。

海昌公司应确认的增值税销项税额=20×500×13%=1 300（元）。

海昌公司应结转的销售成本=20×400=8 000（元）。

借：应付职工薪酬——非货币性福利　　　　　　　　　　　　　　　 11 300
　　　贷：主营业务收入　　　　　　　　　　　　　　　　　　　　 10 000
　　　　　应交税费——应交增值税（销项税额）　　　　　　　　　　 1 300
借：主营业务成本　　　　　　　　　　　　　　　　　　　　　　　　 8 000
　　　贷：库存商品——鲅鱼罐头　　　　　　　　　　　　　　　　　 8 000

五、长期职工薪酬的账务处理

（一）离职后福利

对于设定提存计划，企业应当根据在资产负债表日为换取职工在会计期间提供的服务而应向单独主体缴存的提存金，确认为应付职工薪酬，并计入当期损益或相关资产成本，借记"生产成本""制造费用""管理费用""销售费用"等科目，贷记"应付职工薪酬——设定提存计划"科目。

借：生产成本
　　制造费用
　　管理费用
　　销售费用
　　贷：应付职工薪酬——设定提存计划

根据所在地政府规定，华兴公司按照职工工资总额的20%计提基本养老保险费，缴存当地社会保险经办机构。20×3年7月，甲企业缴存的基本养老保险费，应计入生产成本的金额为44 000元，应计入制造费用的金额为16 800元，应计入管理费用的金额为120 000元，应计入销售费用的金额为23 200元。

借：生产成本	44 000
制造费用	1 680
管理费用	120 000
销售费用	23 200
贷：应付职工薪酬——设定提存计划——基本养老保险费	204 000

【判断题】在资产负债表日企业按工资总额的一定比例缴存基本养老保险费，属于设定提存计划，应确认为应付职工薪酬。（　　）

【答案】√

（二）辞退后福利

企业向职工提供辞退福利的，应在"企业不能单方面撤回因解除劳动关系或裁减所提供的辞退福利时"和"企业确认涉及支付辞退福利的重组相关的成本或费用时"两者中的较早日，确认辞退福利产生的职工薪酬负债，并计入当期损益，借记"管理费用"科目，贷记"应付职工薪酬——辞退福利"科目。

> 📢 注意：确认辞退福利产生的职工薪酬负债，不再区分职工的部门，统一计入"管理费用"科目。

借：管理费用
　　贷：应付职工薪酬——辞退福利

【判断题】应付职工薪酬对于满足负债确认条件的辞退福利，应按照受益部门，计入相关费用或资产成本。（　　）

【答案】×

【解析】应当计入管理费用，不计入资产成本。

（三）其他长期职工福利

企业向职工提供的其他长期职工福利，符合设定提存计划条件的，应按照设定提存计划

🔗 真题链接

【初级会计师考试真题·判断】企业提前解除劳动合同给予职工解除劳动关系的补偿，应通过"应付职工薪酬——辞退福利"科目核算。

【答案】√

的有关规定进行会计处理；符合设定受益计划条件的，应当按照设定受益计划的有关规定进行会计处理。

长期残疾福利水平取决于职工提供服务期间长短的，企业应在职工提供服务期间确认应付长期残疾福利义务，计量时应考虑长期残疾福利支付的可能性和预期支付的期限；与职工提供服务期间长短无关的，企业应当在导致职工长期残疾的事件发生的当期确认应付长期残疾福利。

【判断题】企业因提前解除劳动合同给予职工解除劳动关系的补偿，应通过"应付职工薪酬——辞退福利"科目核算。

【答案】√

【解析】

相关会计处理如下。

借：管理费用
　　贷：应付职工薪酬——辞退福利

【业务解析】

任务1：华兴公司20×3年6月计提工资的分录如下。

借：生产成本	116 040
制造费用	9 600
管理费用	86 500
销售费用	15 000
贷：应付职工薪酬——工资	227 140

任务2：华兴公司20×3年6月代扣职工社保费并发放工资的分录如下。

借：应付职工薪酬——工资	173 427.74
贷：银行存款	173 427.74
借：应付职工薪酬——工资	53 712.26
贷：其他应付款——社会保险费	23 849.7
——住房公积金	27 256.80
应交税费——应交个人所得税	2 605.76

或者合并为：

借：应付职工薪酬——工资	227 140
贷：其他应付款——社会保险费	23 849.7
——住房公积金	27 256.80
应交税费——应交个人所得税	2 605.76
银行存款	173 427.74

任务3：计提工会经费及职工教育经费的会计分录如下。

借：生产成本	11 604
制造费用	960
管理费用	8 650
销售费用	1 500
贷：应付职工薪酬——工会经费	4 542.8
——职工教育经费	18 171.2

任务4：确认非货币性福利。

（1）以自产的花生油发放福利的会计分录如下。

①决定发放。

借：生产成本——甲产品　　　　　　　　　　　　　　54 240
　　　　　　——乙产品　　　　　　　　　　　　　　81 360
　　贷：应付职工薪酬——非货币性福利　　　　　　　135 600

②实际发放。

借：应付职工薪酬——非货币性福利　　　　　　　　135 600
　　贷：主营业务收入　　　　　　　　　　　　　　120 000
　　　　应交增值税（销项税额）　　　　　　　　　 15 600
借：主营业务成本　　　　　　　　　　　　　　　　 75 000
　　贷：库存商品　　　　　　　　　　　　　　　　 75 000

（2）将自有小轿车供管理人员使用，月末处理的会计分录如下。

借：管理费用　　　　　　　　　　　　　　　　　　 30 000
　　贷：应付职工薪酬——非货币性福利　　　　　　 30 000
借：应付职工薪酬——非货币性福利　　　　　　　　 30 000
　　贷：累计折旧　　　　　　　　　　　　　　　　 30 000

【拓展训练】

一般公司当月应如何发放工资？5人一小组模拟发放工资过程。

操作引导如下。

（1）出纳根据工资结算汇总表、工资结算表，填制付款报告书申请支付本月工资，并报会计主管、公司主管领导审批签字。经审批同意后，出纳据此填写支票支付申请书申请转账支票支付工资，报会计主管、公司主管领导审批。

（2）出纳填写银行规定格式的代发工资结算表，根据经过审批的付款报告书及其所附的工资结算汇总表、工资结算表和经审批的支票支付申请书，签发转账支票，连同代发工资结算表送公司开户银行，通过银行代发职工工资，将工资转入职工个人工资账户，并登记支票登记簿。

（3）会计主管审核转账支票存根。

（4）制单会计根据审核无误的付款报告书、工资结算汇总表、工资结算表、转账支票存根，填制发放工资的记账凭证和结转各种代扣款项的记账凭证。

（5）会计主管审核记账凭证。

（6）出纳根据审核无误的发放工资的记账凭证及所附的转账支票存根登记银行存款日记账。

（7）记账会计分别根据审核无误的发放工资和结转各种代扣款项业务的记账凭证及所附的原始凭证，登记"应付职工薪酬""其他应付款""应交税费"等科目的明细账。

【归纳总结】

应付职工薪酬业务核算

经济业务		会计处理
工资业务核算	计提工资	根据不同的受益对象，确定相应的会计科目。 借：生产成本——甲产品 　　　　　　——乙产品 　　　制造费用 　　　管理费用 　　　销售费用 　　贷：应付职工薪酬——工资
	发放工资	借：应付职工薪酬——工资 　　　其他应收款 　　　应交税费——个人所得税 　　贷：银行存款
工会经费和职工教育经费的核算	期末根据规定的计提基础和计提比例计提时	借：生产成本/制造费用/管理费用/销售费用等 　　贷：应付职工薪酬——工会经费 　　　　　　　　　　——职工教育经费
	实际支付时	借：应付职工薪酬——工会经费 　　　　　　　　　　——职工教育经费 　　贷：银行存款
福利费的核算	计提时，根据实际发生额计入当期损益或相关资产成本	借：生产成本/制造费用/管理费用/销售费用等 　　贷：应付职工薪酬——职工福利费
	实际支付时	借：应付职工薪酬——职工福利费 　　贷：银行存款
社会保险费和住房公积金的核算	计提社会保险费（企业负担）	借：生产成本——甲产品 　　　　　　——乙产品 　　　制造费用 　　　管理费用 　　　销售费用 　　贷：应付职工薪酬——社会保险费
	计提公积金（企业负担）	借：生产成本——甲产品 　　　　　　——乙产品 　　　制造费用 　　　管理费用 　　　销售费用 　　贷：应付职工薪酬——住房公积金
	社会保险费和住房公积金的缴纳	借：应付职工薪酬——社会保险费/住房公积金（企业部分） 　　　其他应付款（个人部分） 　　贷：库存现金/银行存款

续表

经济业务		会计处理
发放产品	以自产产品作为非货币性福利	（1）决定发放。 借：管理费用 　　生产成本 　　制造费用等 　　贷：应付职工薪酬——非货币性福利 （2）实际发放。 借：应付职工薪酬——非货币性福利 　　贷：主营业务收入 　　　　应交增值税（销项税额） 借：主营业务成本 　　贷：库存商品
	以外购产品作为非货币性福利	①决定发放。 借：管理费用 　　生产成本 　　制造费用等 　　贷：应付职工薪酬——非货币性福利 ②实际购买、发放。 借：应付职工薪酬——非货币性福利 　　贷：银行存款
无偿提供企业自有固定资产	期末分配	借：管理费用 　　生产成本 　　制造费用等 　　贷：应付职工薪酬——非货币性福利
	期末计提折旧	借：应付职工薪酬——非货币性福利 　　贷：累计折旧
为职工租赁住房	期末分配	借：管理费用 　　生产成本 　　制造费用等 　　贷：应付职工薪酬——非货币性福利
	支付租金	借：应付职工薪酬——非货币性福利 　　贷：银行存款

2.1.4 应交税费业务核算

【典型业务】

华兴公司专门从事办公家具生产与销售,为增值税一般纳税人,增值税税率为13%,城市维护建设税税率为7%,教育费附加税率为3%。20×3年12月有关业务如下。

业务1. 12月1日,以公司自产的产品对外捐赠,该批产品的实际成本为300 000元,市场不含税售价为450 000元,开具的增值税专用发票上注明的增值税税额为58 500元。

业务2. 12月5日,支付上月未交增值税30 000元。

业务3. 12月6日,购入原材料一批,增值税发票上注明价款为100 000元,增值税税额为13 000元,当日材料验收入库,款项用银行存款支付。

业务4. 12月10日,购入农产品一批,农产品收购发票上注明买价为50 000元,规定的扣除率为9%,采购当日农产品已入库,价款用银行存款支付。

业务5. 出售实木地板一批,消费税税率为5%,开具增值税专用发票上注明的价款为200 000元,增值税税额为26 000元,成本为120 000元,实木地板已经发货,款项尚未收取。

业务6. 期末,转出当月未交增值税。

业务7. 计提当月应交城市维护建设税及教育费附加。

任务:做出以上业务的账务处理。

【知识链接】

一、应交税费概述

(一)应交税费的管理

企业根据税法规定应缴纳的各种税费包括:增值税、消费税、企业所得税、城市维护建设税、资源税、土地增值税、房产税、车船税、城镇土地使用税、教育费附加、印花税、耕地占用税、环境保护税、契税、车辆购置税等。

(二)应交税费的确认与计量

企业应通过"应交税费"科目,核算各种税费的应交、缴纳等情况。该科目贷方登记应缴纳的各种税费,借方登记实际交纳的税费;期末余额一般在贷方,反映企业尚未缴纳的税费。期末余额如在借方,则反映企业多交或尚未抵扣的税费。本科目按应交税费项目设置明细账进行明细核算。

应交税费	
借方	贷方
①发生的合同取得成本	①企业应缴纳的各项税费
多交的税费或尚未抵扣的税费	应交未交的税费

(1)企业代扣代缴的个人所得税,也通过"应交税费"科目核算;
(2)企业交纳的印花税、耕地占用税等不需要预计应缴纳的税金,不通过"应交税费"科目核算。

二、应交增值税

（一）应交增值税概述

1.增值税征税范围和纳税义务人

增值税是以商品（含应税劳务、应税行为）在流转过程中实现的增值额作为计税依据而征收的一种流转税。按照我国现行增值税制度的规定，在我国境内销售货物、加工修理修配劳务、服务、无形资产和不动产以及进口货物的企业、单位和个人为增值税的纳税人。

> 注意："服务"是指提供交通运输服务、建筑服务、邮政服务、电信服务、金融服务、信贷服务、生活服务。

根据经营规模大小及会计核算的健全程度，增值税纳税人分为一般纳税人和小规模纳税人。

一般纳税人，是指年应税销售额超过财政部、国家税务总局规定标准的增值税纳税人；小规模纳税人，是指年应税销售额未超过规定标准，并且会计核算不健全，不能够提供准确税务资料的增值税纳税人。

> **实务链接**
>
> **一般纳税人和小规模纳税人销售额的划分标准**
>
> 增值税一般纳税人标准为年应征增值税销售额在500万元以上。年应税销售额，是指纳税人在连续不超过12个月或4个季度的经营期内累计应征增值税销售额，包括纳税申报销售额、稽查查补销售额、纳税评估调整销售额。
>
> 增值税小规模纳税人标准为年应征增值税销售额为500万元及以下。小规模纳税人会计核算健全，能够提供准确税务资料的，可以向税务机关申请登记为一般纳税人，不再作为小规模纳税人。会计核算健全，是指能够按照国家统一的会计制度规定设置账簿，根据合法、有效凭证核算。

真题链接

【初级会计师考试真题·单选题】下列各项中，应通过"应交税费"科目核算的是（ ）。
A.一般纳税人进口商品交纳的关税
B.占用耕地交纳的耕地占用税
C.购买印花税票交纳的印花税
D.销售应税消费品交纳的消费税
【答案】D

2.增值税的计税方法

计算增值税的方法分为一般计税方法和简易计税方法。

增值税的一般计税方法，是先按当期销售额和适用的税率计算出销项税额，然后以该销项税额对当期购进项目支付的税款（即进项税额）进行抵扣，间接算出当期的应纳税额。应纳税额的计算公式如下：

应纳税额=当期销项税额-当期进项税额=当期销售额×增值税税率-当期进项税额

> 注意："当期销项税额"是指纳税人当期销售货物、加工修理修配劳务、服务、无形资产或不动产时按照销售额和增值税税率计算并收取的增值税税额。其中，销售额是指纳税人销售货物、加工修理修配劳务、服务、无形资产或不动产向购买方收取的全部价款和价外费用，但是不包括收取的销项税额。

"当期进项税额"是指纳税人购进货物、加工修理修配劳务、服务、无形资产或不动产，支付或者负担的增值税税额。

下列进项税额准予从销项税额中抵扣。

（1）从销售方取得的增值税专用发票（含税控机动车销售统一发票，下同）上注明的增值税税额。

(2)海关进口增值税专用缴款书上注明的增值税税额。

(3)购进农产品,除取得增值税专用发票或者海关进口增值税专用缴款书外,按照农产品收购发票或者销售发票上注明的农产品买价和9%的扣除率计算的进项税额;如用于生产销售或委托加工13%税率货物的农产品,按照农产品收购发票或者销售发票上注明的农产品买价和10%的扣除率计算的进项税额。

(4)从境外单位或者个人购进服务、无形资产或不动产,从税务机关或者扣缴义务人取得的解缴税款的完税凭证上注明的增值税税额。

解难点

航空旅客运输进项税额=(票价+燃油附加费)÷(1+9%)×9%
公路、水路等其他旅客运输进项税额=票面金额÷(1+3%)×3%

(5)一般纳税人支付的道路通行费,免增值税电子普通发票上注明的收费金额和规定的方法计算的可抵扣的增值税进项税额;桥、闸通行费,凭取得的通行费发票上注明的收费金额和规定的方法计算的可抵扣的增值税进项税额。当期销项税额小于当期进项税额而不足抵扣时,其不足部分可以结转下期继续抵扣。

一般纳税人采用的税率分为13%、9%、6%和零税率(图2-3)。

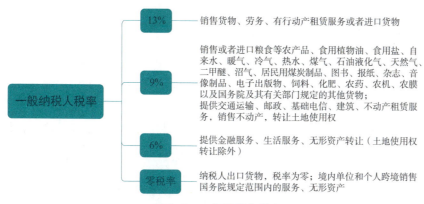

图2-3 一般纳税人税率

增值税的简易计税方法是按照销售额与征收率的乘积计算应纳税额,不得抵扣进项税额。应纳税额的计算公式如下:

应纳税额=销售额×征收率

> 注意:小规模纳税人以及一般纳税人选择简易计税方法的,征收率为3%,另有规定的除外。

公式中的销售额不包括其应纳税额,如果纳税人采用销售额和应纳税额合并定价方法,应按照公式"销售额=含税销售额/(1+征收率)"还原为不含税销售额计算。

(二)一般纳税人的账务处理

1.增值税核算应设置的会计科目

为核算企业应交增值税的发生、抵扣、交纳、退税及转出等情况,增值税一般纳税人应当在"应交税费"科目下设置"应交增值税""未交增值税""预交增值税""待抵扣进项税额""待认证进项税额""待转销项税额""增值税留抵税额""简易计税""转让金融商品应交增值税""代扣代缴增值税"等明细科目。

划重点

增值税一般纳税人计算增值税大多采用一般计税方法;小规模纳税人一律采用简易计税方法;一般纳税人发生财政部和国家税务总局规定的特定应税销售行为时,也可以选择简易计税方式计税,但是不得抵扣进项税额。

(1)"应交增值税"明细科目,核算一般纳税人进项税额、销项税额抵减、已交税金、转出未交增值税、减免税款、出口抵减内销产品应纳税额、销项税额、出口退税、进项税额转出、转出多交增值税等情况。该明细科目设置以下专栏。

①"进项税额"专栏,记录一般纳税人购进货物、加工修理修配劳务、服务、无形资产或不动产而支付或负担的,准予从当期销项税额中抵扣的增值税税额。

②"销项税额抵减"专栏,记录一般纳税人按照现行增值税制度规定因扣减销售额而减少的销项税额。

③"已交税金"专栏,记录一般纳税人当月已交纳的应交增值税税额。

④"转出未交增值税"和"转出多交增值税"专栏,分别记录一般纳税人月度终了转出当月应交未交或多交的增值税税额。

⑤"减免税款"专栏,记录一般纳税人按现行增值税制度规定准予减免的增值税税额。

⑥"出口抵减内销产品应纳税额"专栏,记录实行"免、抵、退"办法的一般纳税人按规定计算的出口货物的进项税抵减内销产品的应纳税额。

⑦"销项税额"专栏,记录一般纳税人销售货物、加工、修理修配劳务、服务、无形资产或不动产应收取的增值税税额。

⑧"出口退税"专栏,记录一般纳税人出口货物、加工修理修配劳务、服务、无形资产按规定退回的增值税税额。

⑨"进项税额转出"专栏,记录一般纳税人购进货物、加工修理修配劳务、服务、无形资产或不动产等发生非正常损失以及因其他原因而不应从销项税额中抵扣、按规定转出的进项税额。

(2)"未交增值税"明细科目,核算一般纳税人月度终了从"应交增值税"或"预交增值税"明细科目转入当月应交未交、多交或预交的增值税税额,以及当月交纳以前期间未交的增值税税额。

(3)"预交增值税"明细科目,核算一般纳税人转让不动产、提供不动产经营租赁服务、提供建筑服务、采用预收款方式等开发的房地产项目等,以及其他按现行增值税制度规定应预交的增值税税额。

【真题链接】
【初级会计师考试真题·多选题】下列各项中,属于增值税一般纳税人应在"应交税费"科目下设置的明细科目有( )。
A."待认证进项税额"
B."预交增值税"
C."简易计税"
D."待转销项税额"
【答案】ABCD

(4)"待抵扣进项税额"明细科目,核算一般纳税人已取得增值税扣税凭证并经税务机关认证,按照现行增值税制度规定准予以后期间从销项税额中抵扣的进项税额。

(5)"待认证进项税额"明细科目,核算一般纳税人用于未经税务机关认证而不得从当期销项税额中抵扣的进项税额,包括:一般纳税人已取得增值税扣税凭证,按照现行增值税制度规定准予从销项税额中抵扣,但尚未经税务机关认证的进项税额;一般纳税人已申请稽核但尚未取得稽核相符结果的海关缴款书进项税额。

(6)"待转销项税额"明细科目,核算一般纳税人销售货物、加工修理修配劳务、服务、无形资产或不动产,已确认相关收入(或利得),但尚未发生增值税纳税义务而需于以后期间确认为销项税额的增值税税额。

(7)"简易计税"明细科目,核算一般纳税人采用简易计税方法发生的增值税计提、扣减、预缴、缴纳等业务。

(8)"转让金融商品应交增值税"明细科目,核算增值税纳税人转让金融商品发生的增值税税额。

(9)"代扣代缴增值税"明细科目,核算一般纳税人购进在境内未设经营机构的境外单位或个人在境内的应税行为代扣代缴的增值税。

2.取得资产、接受劳务或服务。

(1)购进货物、加工修理修配劳务、服务、无形资产或者不动产。

一般纳税人购进货物、加工修理修配劳务、服务、无形资产或者不动产,按应计入相关成本费用或资产的金额,借记"材料采购""在途物资""原材料""库存商品""生产成本""无形资产""固定资产""管理费用"等科目,按当月已认证的可抵扣增值税税额,借记"应交税费——应交增值税(进项税额)"科目,按当月未认证的可抵扣增值税税额,借记"应交税费——待认证进项税额"科目,按应付或实际支付的金额,贷记"应付账款""应付票据""银行存款"等科目。

划重点
如果购进货物时即能认定进项税额不能抵扣,增值税专用发票上注明的增值税税额应计入购入货物或接受劳务的成本。

借：材料采购/在途物资/原材料/库存商品/生产成本
　　　无形资产/固定资产
　　　管理费用
　　　应交税费——应交增值税（进项税额）
　　　应交税费——待认证进项税额
　　贷：银行存款/应付账款/应付票据

购进货物等发生的退货，应根据税务机关开具的红字增值税专用发票做相反的会计分录，如原增值税专用发票未做认证，应将发票退回并做相反的会计分录。

企业购进农产品，除取得增值税专用发票或者海关进口增值税专用缴款书外，按照农产品收购发票或者销售发票上注明的农产品买价和9%的扣除率计算的进项税额；购进用于生产销售或委托加工13%税率货物的农产品，按照农产品收购发票或者销售发票上注明的农产品买价和10%的扣除率计算的进项税额，借记"应交税费——应交增值税（进项税额）"科目，按农产品买价扣除进项税额后的差额，借记"材料采购""在途物资""原材料""库存商品"等科目，按照应付或实际支付的价款，贷记"应付账款""应付票据""银行存款"等科目。

借：材料采购/在途物资/原材料/库存商品（买价–增值税税额）
　　　应交税费——应交增值税（进项税额）（买价×扣除率）
　　贷：银行存款/应付账款/应付票据

【例2-1-18】 华兴公司为增值税一般纳税人，销售商品适用的增值税税率为13%，原材料按实际成本核算，销售商品价格为不含增值税的公允价格。20×3年12月发生交易或事项如下。

① 12月5日，购入原材料一批，增值税专用发票上注明的价款为100 000元，增值税税额为13 000元，与运输公司结清运输费用，增值税专用发票上注明的运输费用为1 000元，增值税税额为90元，材料已验收入库，全部款项已用银行存款支付。

② 12月15日，购入不需要安装的生产设备一台，增值税专用发票上注明的价款为200 000元，增值税税额为26 000元，款项尚未支付。

③ 12月20日，购入农产品一批，农产品收购发票上注明的买价为300 000元，规定的扣除率为9%，货物尚未到达，价款已用银行存款支付。

④ 12月24日，购入一幢简易办公楼作为固定资产核算，并投入使用。已取得增值税专用发票并经税务机关认证，增值税专用发票上注明的价款为2 500 000元，增值税税额为225 000元，全部款项以银行存款支付。不考虑其他相关因素。

华兴公司账务处理如下。

① 12月5日，购入原材料。

借：原材料　　　　　　　　　　　　　　　　　　　　　101 000
　　应交税费——应交增值税（进项税额）　　　　　　　 13 090
　　贷：银行存款　　　　　　　　　　　　　　　　　　　　　114 090

② 12月5日，购入生产设备。

借：固定资产　　　　　　　　　　　　　　　　　　　　200 000
　　应交税费——应交增值税（进项税额）　　　　　　　 26 000
　　贷：应付账款　　　　　　　　　　　　　　　　　　　　　226 000

③ 12月20日，购入农产品。

借：在途物资　　　　　　　　　　　　　　　　　　　　273 000
　　应交税费——应交增值税（进项税额）　　　　　　　 27 000
　　贷：银行存款　　　　　　　　　　　　　　　　　　　　　300 000

> **真题链接**
>
> **【初级会计师考试真题·单选题】** 增值税一般纳税人购入农产品，收购发票上注明买价为100 000元，规定的增值税进项税额扣除率为9%，另支付入库前挑选整理费500元，所购农产品的入账价值是（　）元。
> A.91 500
> B.109 000
> C.109 500
> D.100 500
> **【答案】** A

（4）12月24日，购入办公楼。

借：固定资产　　　　　　　　　　　　　　　　　　　　2 500 000
　　应交税费——应交增值税（进项税额）　　　　　　　　225 000
　　贷：银行存款　　　　　　　　　　　　　　　　　　　　　　　2 725 000

（2）货物等已验收入库，但尚未取得增值税扣税凭证。

企业购入的货物等已到达并验收入库，但尚未收到增值税扣税凭证并未付款的，应在月末按货物清单或相关合同协议上的价格暂估入账，不需要将增值税的进项税额暂估入账。借记"原材料""库存商品""固定资产""无形资产"等科目，贷记"应付账款"科目。

借：原材料/库存商品
　　固定资产/无形资产
　　贷：应付账款

下月月初，用红字冲销原暂估入账金额。待取得相关增值税扣税凭证并经认证后，按应计入相关成本费用或资产的金额，借记"原材料""库存商品""固定资产""无形资产"等科目，按可抵扣的增值税额，借记"应交税费——应交增值税（进项税额）"科目，按应付或实际支付的金额，贷记"应付账款""应付票据""银行存款"等科目。

借：原材料/库存商品
　　无形资产/固定资产
　　应交税费——应交增值税（进项税额）
　　贷：银行存款/应付账款/应付票据

【例2-1-19】20×3年12月30日，华兴公司购进原材料一批，已验收入库，但尚未收到增值税扣税凭证，款项也未支付。随货同行的材料清单列明的原材料销售价格为200 000元。20×3年1月10日，收到增值税专用发票，发票上注明价款为200 000元，增值税税额为26 000元，款项以银行存款支付。华兴公司账务处理如下。

① 12月31日，暂估入账。

借：原材料　　　　　　　　　　　　　　　　　　　　　　200 000
　　贷：应付账款　　　　　　　　　　　　　　　　　　　　　　　200 000

② 下月月初，用红字冲销原暂估入账金额。

借：原材料　　　　　　　　　　　　　　　　　　　　　　200 000
　　贷：应付账款　　　　　　　　　　　　　　　　　　　　　　　200 000

③ 收到发票。

借：原材料　　　　　　　　　　　　　　　　　　　　　　200 000
　　应交税费——应交增值税（进项税额）　　　　　　　　 26 000
　　贷：银行存款　　　　　　　　　　　　　　　　　　　　　　　226 000

（3）进项税额转出。

企业已单独确认进项税额的购进货物、加工修理修配劳务或者服务、无形资产或不动产，但其事后改变用途（如用于简易计税方法计税项、免征增税项目等）或发生非正常损失，原已计入进项税额、待抵扣进项税额或待认证进项税额，按照现行增值税制度规定不得从销项税额中抵扣。

自然灾害造成的存货等资产的损失，进项税额无须转出。

📢 注意：根据现行增值税制度规定，"非正常损失"，是指管理不善造成货物被盗、丢失、霉烂变质，以及违反法律法规造成货物或者不动产被依法没收、销毁、拆除的情形。

进项税额转出的账务处理为，借记"待处理财产损溢""应付职工薪酬""固定资产""无形资产"等科目，贷记"应交税费——应交增值税（进项税额转出）""应交税费——待抵进项税额"或"应交税费——待认证进项税额"科目。

借：待处理财产损溢
　　应付职工薪酬
　　固定资产/无形资产
　　贷：应交税费——应交增值税（进项税额转出）
　　　　应交税费——待抵扣进项税额
　　　　应交税费——待认证进项税额

【例2-1-20】20×3年12月，华兴公司发生进项税额转出事项如下。

① 12月10日，库存材料因管理不善发生火灾损失，材料实际成本为10 000元，购入时的增值税税额为1 300元，华兴公司将毁损库存材料作为待处理财产损溢入账。

② 12月20日，领用一批外购原材料用于发放福利，该批原材料的实际成本为20 000元，购入时的增值税税额为2 600元。

华兴公司账务处理如下。

①原材料毁损。

借：待处理财产损溢——待处理流动资产损溢	11 300
贷：原材料	10 000
应交税费——应交增值税（进项税额转出）	1 300

②发放福利。

借：应付职工薪酬——职工福利费	22 600
贷：原材料	20 000
应交税费——应交增值税（进项税额转出）	2 600

一般纳税人购进货物、加工修理修配劳务、服务、无形资产或不动产，用于简易计税方法计税项目、免征增值税项目、集体福利或个人消费等，即使取得的增值税专用发票上已注明增值税进项税额，该税额按照现行增值税制度规定也不得从销项税额中抵扣的，取得增值税专用发票时，应将待认证的目前不可抵扣的增值税进项税额借记"应交税费——待认证进项税额"科目，贷记"银行存款""应付账款"等科目。

借：原材料/固定资产/无形资产
　　应交税费——待认证进项税额
　　贷：银行存款/应付账款

经税务机关认证为不可抵扣的增值税进项税额时，借记"应交税费——应交增值税（进项税额）"科目，贷记"应交税费——待认证进项税额"科目；同时，将增值税进项税额转出，借记相关成本费用或资产科目，贷记"应交税费——应交增值税（进项税额转出）"科目。

借：应交税费——应交增值税（进项税额）
　　贷：应交税费——待认证进项税额
借：原材料/固定资产/无形资产
　　贷：应交税费——应交增值税（进项税额转出）

【例2-1-21】20×3年12月20日，华兴公司外购一批花生油作为福利发放给公司管理人员，取得的增值税专用发票上注明的价款为100 000元，增值税税额为13 000元，以银行存款支付了购买花生油的价款和增值税进项税额，增值税专用发票尚未经税务机关认证。华兴公司账务处理如下。

①购入。

借：库存商品等	100 000
应交税费——待认证进项税额	13 000
贷：银行存款	113 000

②税务机关认证为不可抵扣的进项。

借：应交税费——应交增值税（进项税额） 13 000
　　贷：应交税费——待认证进项税额 13 000

同时：

借：库存商品 13 000
　　贷：应交税费——应交增值税（进项税额转出） 13 000

③实际发放。

借：应付职工薪酬——非货币性福利 113 000
　　贷：库存商品 113 000

④确认费用。

借：管理费用 113 000
　　贷：应付职工薪酬——非货币性福利 113 000

3. 销售等业务的账务处理

（1）企业销售货物、加工修理修配劳务、服务、无形资产或不动产，应当按应收或已收的金额，借记"应收账款""应收票据""银行存款"等科目，按取得的收益金额，贷记"主营业务收入""其他业务收入""固定资产清理"等科目，按现行增值税制度规定计算的销项税额（或采用简易计税方法计算的应纳增值税额），贷记"应交税费——应交增值税（销项税额）"或"应交税费——简易计税"科目。

借：应收账款/应收票据/银行存款
　　贷：主营业务收入/其他业务收入
　　　　固定资产清理
　　　　应交税费——应交增值税（销项税额）
　　　　应交税费——简易计税

企业销售货物等发生销售退回的，应根据税务机关开具的红字增值税专用发票做相反的会计分录。

根据会计准则相关规定的收入或利得确认时点早于按照现行增值税制度确认增值税纳税义务发生时点的，应将相关销项税额记入"应交税费——待转销项税额"科目，待实际发生纳税义务时再转入"应交税费——应交增值税（销项税额）"或"应交税费——简易计税"科目。

借：应收账款/应收票据/银行存款
　　贷：主营业务收入/其他业务收入
　　　　应交税费——待转销项税额

借：应交税费——待转销项税额
　　贷：应交税费——应交增值税（销项税额）
　　　　应交税费——简易计税

> **真题链接**
>
> 【初级会计师考试真题·单选题】下列各项中，不符合收入确认条件，但已开具了增值税专用发票的，应贷记的科目是（　）。
> A."应交税费——应交增值税（销项税额）"
> B."应交税费——待抵扣进项税额"
> C."应交税费——应交增值税（进项税额转出）"
> D."应交税费——待转销项税额"
> 【答案】A

【例2-1-22】20×3年12月，华兴公司发生与销售相关的交易或事项如下。

①12月10日，销售一批产品，价款为200 000元，款项尚未收到，假设该笔业务不满足税法对收入的确认要求。华兴公司账务处理如下。

借：应收账款 226 000
　　贷：主营业务收入 200 000
　　　　应交税费——待转销项税额 26 000

②假如上述业务于20×3年1月实际发生纳税义务，华兴公司账务处理如下。

借：应交税费——待转销项税额 26 000
　　贷：应交税费——应交增值税（销项税额） 26 000

按照增值税制度确认增值税纳税义务发生时点早，根据会计准则相关规定收入或利得确认时点的,应将应纳增值税额借记"应收账款"科目,贷记"应交税费——应交增值税(销项税额)"或"应交税费——简易计税"科目,根据会计准则相关规定确认收入或利得时,应按扣除增值税销项税额后的金额确认收入或利得。

(2)视同销售。企业有些交易和事项按照现行增值税制度规定,应视同对外销售处理,计算应交增值税视同销售需要缴纳增值税。

企业将自产或委托加工的货物用于集体福利或个人消费、作为投资提供给其他单位或个体工商户、分配给股东或投资者的,企业应按照现行增值税制度规定计算的销项税额(或采用简易计税方法计算的应缴纳增值税税额),借记"长期股权投资""应付职工薪酬""利润分配"等科目,贷记"主营业务收入""其他业务收入""应交税费——应交增值税(销项税额)"或"应交税费——简易计税"科目。

借:应付利润
　　长期股权投资
　　应付职工薪酬
　　贷:主营业务收入/其他业务收入
　　　　应交税费——应交增值税(销项税额)

【例2-1-23】20×3年12月10日,华兴公司用一批原材料对外进行长期股权投资,该材料实际成本为300 000元,双方协商不含税价值为350 000元,开具增值税发票上注明增值税税额为45 500元。华兴公司账务处理如下。

借:长期股权投资　　　　　　　　　　　　　　　395 500
　　贷:其他业务收入　　　　　　　　　　　　　　350 000
　　　　应交税费——应交增值税(销项税额)　　　 45 500
借:其他业务成本　　　　　　　　　　　　　　　300 000
　　贷:原材料　　　　　　　　　　　　　　　　　300 000

> **划重点**
> 企业对外捐赠自产产品时,不能确认收入,但需要按照市价计算缴纳增值税销项税。

对外捐赠时,企业应当借记"营业外支出"科目,贷记"库存商品""应交税费——应交增值税(销项税额)"或"应交税费——简易计税"科目。

借:营业外支出
　　贷:库存商品(成本)
　　　　应交税费——应交增值税(销项税额)
　　　　应交税费——简易计税

【例2-1-24】20×3年12月,华兴公司对外捐赠自产的产品,该批产品的实际成本为100 000元,市场不含税售价为200 000元,开具的增值税专用发票上注明的增值税税额为26 000元。华兴公司账务处理如下。

借:营业外支出　　　　　　　　　　　　　　　　126 000
　　贷:库存商品　　　　　　　　　　　　　　　　100 000
　　　　应交税费——应交增值税(销项税额)　　　 26 000

4. 缴纳增值税

企业缴纳当月应交的增值税,借记"应交税费——应交增值税(已交税金)"科目,贷记"银行存款"科目;

借:应交税费——应交增值税(已交税金)
　　贷:银行存款

企业缴纳以前期间未交的增值税,借记"应交税费——未交增值税"科目,贷记"银行存款"科目。

借:应交税费——未交增值税
　　贷:银行存款

【例2-1-25】20×3年12月10日,华兴公司缴纳上月增值税50 000元;12月31日,缴纳本月增值税35 000元。华兴公司账务处理如下。

(1)缴纳上月增值税。

借:应交税费——未交增值税　　　　　　　　　　　　　　50 000
　　贷:银行存款　　　　　　　　　　　　　　　　　　　　　　50 000

(2)缴纳本月增值税。

借:应交税费——应交增值税(已交税金)　　　　　　　35 000
　　贷:银行存款　　　　　　　　　　　　　　　　　　　　　　35 000

5.月末转出多交增值税和未交增值税

月度终了,企业应当将当月应交未交或多交的增值税自"应交增值税"明细科目转入"未交增值税"明细科目。对于当月应交未交的增值税,借记"应交税费——应交增值税(转出未交增值税)"科目,贷记"应交税费——未交增值税"科目。

借:应交税费——应交增值税(转出未交增值税)
　　贷:应交税费——未交增值税

对于当月多交的增值税,借记"应交税费——未交增值税"科目,贷记"应交税费——应交增值税(转出多交增值税)"科目。

借:应交税费——未交增值税
　　贷:应交税费——应交增值税(转出多交增值税)

【例2-1-26】20×3年12月,顺达公司应交增值税为200 000元,当月实际缴纳160 000元,结转以后当月缴纳40 000元。20×3年1月,顺达公司缴纳上月未交增值税40 000元。顺达公司账务处理如下。

(1)交纳当月的增值税。

借:应交税费——应交增值税(已交税金)　　　　　　160 000
　　贷:银行存款　　　　　　　　　　　　　　　　　　　　　160 000

(2)转出当月应交未交的增值税。

当月未交增值税=200 000-160 000=40 000(元)

借:应交税费——应交增值税(转出未交增值税)　　　40 000
　　贷:应交税费——未交增值税　　　　　　　　　　　　　40 000

(3)企业缴纳上月未交的增值税40 000元。

借:应交税费——未交增值税　　　　　　　　　　　　　　40 000
　　贷:银行存款　　　　　　　　　　　　　　　　　　　　　　40 000

(三)小规模纳税人的账务处理

小规模纳税人核算增值税采用简化的方法,即购进货物、应税服务或应税行为,取得增值税专用发票上注明的增值税,一律不予抵扣,直接计入相关成本费用或资产。小规模纳税人销售货物、应税服务或应税行为时,按照不含税的销售额和规定的增值税征收率计算应缴纳的增值税(即应纳税额),但不得开具增值税专用发票。

一般来说,小规模纳税人采用销售额和应纳税额合并定价的方法并向客户结算款项,销售货物、应税服务或应税行为后,应进行价税分离,确定不含税的销售额。

不含税销售额=含税销售额÷(1+征收率)

应纳税额=不含税销售额×征收率

小规模纳税人进行账务处理时,只需在"应交税费"科目下设置"应交增值税"明细科目,该明细科目不再设置增值税专栏。"应交税费——应交增值税"科目贷方登记应缴纳的增值税,借方登记已缴纳的增值税;期末贷方余额反映小规模纳税人尚未缴纳的增值税,期末借方余额反映小规模纳税人多缴纳的增值税。

真题链接

【初级会计师考试真题·多选题】下列各项中,一般纳税人月末转出多交增值税的相关会计科目处理正确的有( )。

A.借记"应交税费——未交增值税"科目
B.贷记"应交税费——应交增值税(转出多交增值税)"科目
C.借记"应交税费——应交增值税(转出多交增值税)"科目
D.贷记"应交税费——未交增值税"科目

【答案】AB

划重点

增值税小规模纳税人销售时,发生增值税应税行为需要开具增值税专用发票的,可以自愿使用增值税发票管理系统自行开具。选择自行开具增值税专用发票的小规模纳税人,税务机关不再为其代开增值税专用发票。

应交税费——应交增值税	
借方	贷方
①已缴纳的增值税 多缴纳的增值税	①应缴纳的增值税 尚未缴纳的增值税

小规模纳税人购进货物、应税服务或应税行为，按照应付或实际支付的全部款项（包括支付的增值税税额），借记"材料采购""在途物资""原材料""库存商品"等科目，贷记"应付账款""应付票据""银行存款"等科目。

借：材料采购/在途物资/原材料/库存商品
　　贷：应付账款/银行存款/应付票据

销售货物、应税服务或应税行为，应按全部价款（包括应交的增值税税额），借记"银行存款"等科目，按不含税的销售额，贷记"主营业务收入"等科目，按应交增值税税额，贷记"应交税费——应交增值税"科目。

借：银行存款
　　贷：主营业务收入
　　　　应交税费——应交增值税

【例2-1-27】东润公司为增值税小规模纳税人，适用增值税征收率为3%，原材料按实际成本核算。20×3年12月发生如下业务。

（1）12月5日，购入一批原材料，取得增值税专用发票上注明的价款为20 000元，增值税税额为2 600元，全部款项以银行存款支付，材料已验收入库。

（2）12月10日，销售一批产品，开具的普通发票上注明的货款（含税）为30 900元，款项已存入银行。

（3）12月31日，用银行存款缴纳增值税900元。

东润公司账务处理如下。

（1）购入原材料。

借：原材料　　　　　　　　　　　　　　　　　　　　　　　22 600
　　贷：银行存款　　　　　　　　　　　　　　　　　　　　　　22 600

（2）销售产品。

借：银行存款　　　　　　　　　　　　　　　　　　　　　　30 900
　　贷：主营业务收入　　　　　　　　　　　　　　　　　　　30 000
　　　　应交税费——应交增值税　　　　　　　　　　　　　　　900

不含税销售额＝含税销售额/(1+征收率)=30 900/(1+3%)=30 000（元）
应纳增值税＝不含税销售额×征收率=30 000×3%=900（元）

（3）缴纳增值税。

借：应交税费——应交增值税　　　　　　　　　　　　　　　　900
　　贷：银行存款　　　　　　　　　　　　　　　　　　　　　　900

（四）差额征税的账务处理

根据财政部和国家税务总局"营改增"试点政策的规定，若企业发生的某些业务无法通过抵扣机制避免重复征税，应采用差额征税方式计算应缴纳增值税。

> 注意：根据财政部和国家税务总局"营改增"相关规定，对金融商品转让、经纪代理服务、融资租赁和融资性售后回租业务、一般纳税人提供客运场站服务、试点纳税人提供旅游服务、选择简易计税方法提供建筑服务等采用差额征税方式计算应缴纳增值税。

真题链接

【初级会计师考试真题·单选题】某企业为增值税小规模纳税人，2020年4月1日购入一台不需要安装即可投入使用的设备，取得的增值税专用发票上注明的价款为40 000元，增值税税额为5 200元；支付运费300元，增值税税额为27元；全部款项以银行存款支付。该设备的入账价值为（　　）元。
A.40 300
B.40 000
C.45 527
D.45 500
【答案】C

1. 企业按规定相关成本费用允许扣减销售额的账务处理

按现行增值税制度规定，企业发生相关成本费用允许扣减销售额的，发生成本费用时，按应付或实际支付的金额，借记"主营业务成本"等科目，贷记"应付账款""应付票据""银行存款"等科目。待取得合规增值税扣税凭证且纳税义务发生时，按照允许抵扣的税额，借记"应交税费——应交增值税（销项税额抵减）"或"应交税费——简易计税"科目（小规模纳税人应借记"应交税费——应交增值税"科目），贷记"主营业务成本"等科目。

借：主营业务成本
　　贷：应付账款/银行存款/应付票据
借：应交税费——应交增值税（销项税额抵减）
　　应交税费——简易计税
　　贷：主营业务成本

【例 2-1-28】平安旅行社为增值税一般纳税人，应交增值税采用差额征税方式核算。20×3 年 12 月，该旅行社收取含税价款 848 000 元，其中增值税为 48 000 元。该旅行社需要支付拉萨接团旅行社的交通费、住宿费、门票费等费用共计 530 000 元，其中，因允许扣减销售额而减少的销项税额为 30 000 元。平安旅行社的账务处理如下。

（1）确认旅游服务收费。

借：银行存款	848 000
贷：主营业务收入	800 000
应交税费——应交增值税（销项税额）	48 000

（2）付费并取得增值税扣税凭证。

借：主营业务成本	500 000
应交税费——应交增值税（销项税额抵减）	30 000
贷：银行存款	530 000

销项税额 – 销项税额抵减 = 48 000-30 000 = 18 000（元）

2. 企业转让金融商品按规定以盈亏相抵后的余额作为销售额的账务处理

按现行增值税制度规定，企业实际转让金融商品，月末，如产生转让收益，则按应纳税额，借记"投资收益"等科目，贷记"应交税费——转让金融商品应交增值税"科目。

借：投资收益
　　贷：应交税费——转让金融商品应交增值税

如产生转让损失，则按可结转下月抵扣税额，借记"应交税费——转让金融商品应交增值税"科目，贷记"投资收益"等科目。

借：应交税费——转让金融商品应交增值税
　　贷：投资收益

缴纳增值税时，应借记"应交税费——转让金融商品应交增值税"科目，贷记"银行存款"科目。

借：应交税费——转让金融商品应交增值税
　　贷：银行存款

年末，"应交税费——转让金融商品应交增值税"科目如有借方余额，则借记"投资收益"等科目，贷记"应交税费——转让金融商品应交增值税"科目。

【例 2-1-29】20×3 年 12 月 10 日，华兴公司转让股票取得含税价 530 000 元，增值税税率为 6%，购入时不含税价为 350 000 元。华兴公司的账务处理如下。

（1）计算确认增值税。

不含税价 = 530 000/（1+6%）= 500 000（元）

> **真题链接**
> 【初级会计师考试真题·判断题】企业金融商品转让收益应交的增值税，计入"投资收益"科目的借方。
> 【答案】√

增值税税额＝（500 000－350 000）×6%＝9 000（元）
借：投资收益 9 000
　　贷：应交税费——转让金融商品应交增值税 9 000
（2）缴纳增值税。
借：应交税费——转让金融商品应交增值税 9 000
　　贷：银行存款 9 000

（五）增值税税控系统专用设备和技术维护费用抵减增值税额的账务处理

按现行增值税制度规定，企业初次购买增值税税控系统专用设备支付的费用以及缴纳的技术维护费允许在增值税应纳税额中全额抵减。增值税税控系统专用设备，包括增值税防伪税控系统设备（如金税卡、IC卡、读卡器），货物运输业增值税专用发票税控系统设备（如税控盘和报税盘），机动车销售统一发票税控系统和公路、内河货物运输业发票税控系统设备（如税控盘和传输盘）。

企业初次购入增值税税控系统专用设备，按实际支付或应付的金额，借记"固定资产"科目，贷记"银行存款""应付账款"等科目。

借：固定资产
　　贷：银行存款/应付账款

按规定抵减的增值税应纳税额，借记"应交税费——应交增值税（减免税款）"科目（小规模纳税人应借记"应交税费——应交增值税"科目），贷记"管理费用"等科目。

借：应交税费——应交增值税（减免税款）
　　应交税费——应交增值税
　　贷：管理费用

企业发生增值税税控系统专用设备技术维护费，应按实际支付或应付的金额，借记"管理费用"科目，贷记"银行存款"等科目。

借：管理费用
　　贷：银行存款

按规定抵减的增值税应纳税额，借记"应交税费——应交增值税（减免税款）"科目（小规模纳税人应借记"应交税费——应交增值税"科目），贷记"管理费用"等科目。

借：应交税费——应交增值税（减免税款）
　　应交税费——应交增值税
　　贷：管理费用

划重点

企业购入增值税税控系统专用设备入账价值应该包括设备的买价、增值税及相关费用。

【例2-1-30】20×3年8月，康乐公司初次购买数台增值税税控系统专用设备作为固定资产核算，增值税专用发票上注明价款为20 000元，增值税税额为2 600元，价款和税款以银行存款支付。20×3年11月支付当年技术维护费10 000元。康乐公司的账务处理如下：

（1）初次购买时。
借：固定资产 22 600
　　贷：银行存款 22 600
（2）按规定抵减时。
借：应交税费——应交增值税（减免税款） 22 600
　　贷：管理费用 22 600
（3）发生技术维护费时。
借：管理费用 10 000
　　贷：银行存款 10 000

真题链接

【初级会计师考试真题·单选题】某企业为增值税一般纳税人，下列各项中，关于该企业初次购入增值税税控系统专用设备按规定抵减增值税应纳税额的会计处理正确的是（　　）。
A.借记"累计折旧"科目，贷记"应交税费——应交增值税（减免税款）"科目
B.借记"应交税费——应交增值税（减免税款）"科目，贷记"累计折旧"科目
C.借记"应交税费——应交增值税（减免税款）"科目，贷记"管理费用"科目
D.借记"管理费用"科目，贷记"应交税费——应交增值税（减免税款）"科目
【答案】C

（4）12月按规定抵减时。

借：应交税费——应交增值税（减免税款）　　　　　　　　　　10 000
　　贷：管理费用　　　　　　　　　　　　　　　　　　　　　　　　10 000

三、应交消费税

（一）应交消费税概述

消费税是指在我国境内生产、委托加工和进口应税消费品的单位和个人，按其流转额缴纳的一种税。消费税有从价定率、从量定额、从价定率和从量定额复合计税（简称"复合计税"）3种征收方法。

采取从价定率方法征收的消费税，以不含增值税的销售额为税基，按照税法规定的税率计算。企业的销售收入包含增值税的，应将其换算为不含增值税的销售额。采取从量定额计征的消费税，按税法确定的企业应税消费品的数量和单位应税消费品应缴纳的消费税计算确定。采取复合计税计征的消费税，由以不含增值税的销售额为税基，按照税法规定的税率计算的消费税和根据按税法确定的企业应税消费品的数量和单位应税消费品应缴纳的消费税计算的消费税合计确定。

（二）应交消费税的账务处理

企业应在"应交税费"科目下设置"应交消费税"明细科目，核算应交消费税的发生、缴纳情况。该科目贷方登记应缴纳的消费税，借方登记已缴纳的消费税，期末贷方余额反映企业尚未缴纳的消费税，期末借方余额反映企业多缴纳的消费税。

应交税费——应交消费税	
借方	贷方
①已缴纳的消费税	①应缴纳的消费税
多缴纳的消费税	尚未缴纳的消费税

1. 销售应税消费品

企业销应税消费品应缴纳的消费税，应借记"税金及附加"科目，贷记"应交税费——应交消费税"科目。

借：税金及附加
　　贷：应交税费——应交消费税

【例2-1-31】20×3年12月10日，韵致公司销售所生产的化妆品，价款为20 000元（不含增值税），开具的增值税专用发票上注明的增值税税额为2 600元，适用的消费税税率为15%，款项已存入银行。韵致公司的账务处理如下。

（1）取得价款和税款时。

借：银行存款　　　　　　　　　　　　　　　　　　　　　　　20 000
　　贷：主营业务收入　　　　　　　　　　　　　　　　　　　　　　20 000
　　　　应交税费——应交增值税（销项税额）　　　　　　　　　　　　2 600

（2）计算应缴纳的消费税。

应缴纳消费税税额 = 20 000 × 15% = 3 000（元）

借：税金及附加　　　　　　　　　　　　　　　　　　　　　　　3 000
　　贷：应交税费——应交消费税　　　　　　　　　　　　　　　　　3 000

2. 自产自用应税消费品

企业将生产的应税消费品用于在建工程等项目，按规定应缴纳的消费税，借记"在建工程"等科目，贷记"应交税费——应交消费税"科目。

> 🔗 真题链接
>
> 【初级会计师考试真题·判断题】企业将自产的应税消费品用于在建工程，按规定应缴纳的消费税计入"税金及附加"科目。
>
> 【答案】×

借：在建工程（用于在建工程）
　　税金及附加（用于职工福利或对外投资）
　　贷：应交税费——应交消费税

【例2-1-32】20×3年12月，鸿达公司发生如下业务。
（1）12月1日，在建工程领用自产柴油，成本为20 000元，应纳消费税为2 400元。
（2）12月10日，公司食堂领用自产产品一批，该批产品成本为30 000元，市场不含税售价为40 000元，适用增值税税率为13%，消费税税率为10%。

鸿达公司的账务处理如下。
（1）领用柴油。

借：在建工程	22 400
贷：库存商品	20 000
应交税费——应交消费税	2 400

（2）食堂领用自产产品。

借：应付职工薪酬——职工福利费	45 200
税金及附加	4 000
贷：主营业务收入	40 000
应交税费——应交增值税（销项税额）	5 200
——应交消费税	4 000
借：主营业务成本	30 000
贷：库存商品	30 000

3. 委托加工应税消费品

企业如有应交消费税的委托加工物资，一般应由受托方代收代缴消费税。

委托加工物资收回后，直接用于销售的，应将受托方代收代缴的消费税计入委托加工物资的成本，借记"委托加工物资"等科目，贷记"应付账款""银行存款"等科目。

借：委托加工物资
　　贷：银行存款/应付账款

委托加工物资收回后用于连续生产应税消费品，按规定准予抵扣的，应按已由受托方代收代缴的消费税，借记"应交税费——应交消费税"科目，贷记"应付账款""银行存款"等科目，待用委托加工的应税消费品生产出应纳消费税的产品销售时，再缴纳消费税。

借：委托加工物资
　　应交税费——应交消费税
　　贷：银行存款等

【例2-1-33】华兴公司委托东方公司代为加工一批应交消费税的材料（非金银首饰）。华兴公司的材料成本为400 000元，加工费为20 000元，增值税税率为13%，由东方公司代收代缴的消费税为18 000元。材料已经加工完成，并由华兴公司收回验收入库，加工费尚未支付。华兴公司采用实际成本法进行原材料的核算。华兴公司的账务处理如下。

（1）假设华兴公司收回材料后继续生产应税消费品。

借：委托加工物资	400 000
贷：原材料	400 000
借：委托加工物资	20 000
应交税费——应交增值税（进项税额）	2 600
——应交消费税	18 000
贷：应付账款	40 600
借：原材料	420 000

> **真题链接**
> 【初级会计师考试真题·多选题】下列各项中，企业应交消费税的相关会计处理表述错误的有（　　）。
> A. 收回委托加工物资直接对外销售，受托方代收代缴消费税计入"应交税费——应交消费税"科目的借方
> B. 销售产品应交的消费税计入"税金及附加"科目的借方
> C. 用于在建工程的自产产品应缴纳的消费税，计入"税金及附加"科目的借方
> D. 收回委托加工物资连续生产应税消费品，受托方代收代缴的消费税计入"委托加工物资"科目的借方
> 【答案】ACD

　　　　贷：委托加工物资　　　　　　　　　　　　　　　　　　　　　420 000
（2）收回委托加工物资，直接对外销售。
　　借：委托加工物资　　　　　　　　　　　　　　　　　　　　　　400 000
　　　　贷：原材料　　　　　　　　　　　　　　　　　　　　　　　　400 000
　　借：委托加工物资　　　　　　　　　　　　　　　　　　　　　　 38 000
　　　　应交税费——应交增值税（进项税额）　　　　　　　　　　　　2 600
　　　　贷：应付账款　　　　　　　　　　　　　　　　　　　　　　　40 600
　　借：原材料　　　　　　　　　　　　　　　　　　　　　　　　　 438 000
　　　　贷：委托加工物资　　　　　　　　　　　　　　　　　　　　 438 000

4. 进口应税消费品

企业进口应税物资缴纳的消费税由海关代征。应交的消费税按照组成计税价格和规定的税率计算，消费税计入该项物资成本，借记"在途物资""材料采购""原材料""库存商品"科目，贷记"银行存款"等科目。

　　借：在途物资/材料采购/原材料/库存商品
　　　　应交税费——应交增值税（进项税额）
　　　　贷：银行存款

【例2-1-34】20×3年12月10日，华兴公司从国外进口一批需要缴纳消费税的材料，价值500 000元（不含增值税），进口环节需要缴纳的消费税为30 000元，关税为100 000元，增值税为65 000元。进口材料已全部验收入库，货款及税款已用银行存款支付。华兴公司应编制如下会计分录。

　　借：原材料　　　　　　　　　　　　　　　　　　　　　　　　　 630 000
　　　　应交税费——应交增值税（进项税额）　　　　　　　　　　　　65 000
　　　　贷：银行存款　　　　　　　　　　　　　　　　　　　　　　 695 000

四、其他应交税费

（一）其他应交税费概述

其他应交税费是指除上述应交税费以外的其他各种应交国家的税费，包括应交资源税、应交城市维护建设税、应交土地增值税、应交所得税、应交房产税、应交土地使用税、应交车船税、应交教育费附加、应交环境保护税、应交个人所得税等。企业应当在"应交税费"科目下设置相应的明细科目进行核算，贷方登记应缴纳的有关税费，借方登记已缴纳的有关税费，期末贷方余额，反映企业尚未缴纳的有关税费。

（二）应交资源税的账务处理

资源税是对在我国境内开采矿产品或者生产盐的单位和个人征收的税。对外销售应税产品应缴纳的资源税应计入"税金及附加"科目，借记"税金及附加"科目，贷记"应交税费——应交资源税"科目。

　　借：税金及附加
　　　　贷：应交税费——应交资源税

自产自用应税产品应缴纳的资源税应计入"生产成本""制造费用"等科目，借记"生产成本""制造费用"等科目，贷记"应交税费——应交资源税"科目。

　　借：生产成本/制造费用等
　　　　贷：应交税费——应交资源税

【例2-1-35】20×3年11月，华兴公司对外销售资源税应税矿产品，应交资源税为

> **真题链接**
> 【初级会计师考试真题·单选题】下列各项中，将应交资源税的自产产品用于企业产品的生产，确认应交资源税应借记的会计科目是（　　）。
> A. "管理费用"
> B. "销售费用"
> C. "税金及附加"
> D. "生产成本"
> 【答案】D

20 000 元；将自产资源税应税矿产品用于其产品生产，应交资源税为 10 000 元；12 月初，用银行存款缴纳上述税款。

（1）计算对外销售产品资源税。

借：税金及附加　　　　　　　　　　　　　　　　　　　　　　20 000
　　　贷：应交税费——应交资源税　　　　　　　　　　　　　　　　　　20 000

（2）计算自用应税产品应交资源税。

借：生产成本　　　　　　　　　　　　　　　　　　　　　　　10 000
　　　贷：应交税费——应交资源税　　　　　　　　　　　　　　　　　　10 000

（3）缴纳资源税。

借：应交税费——应交资源税　　　　　　　　　　　　　　　　30 000
　　　贷：银行存款　　　　　　　　　　　　　　　　　　　　　　　　　30 000

（三）应交城市维护建设税的账务处理

城市维护建设税是以增值税和消费税为计税依据征收的一种税。其纳税人为缴纳增值税和消费税的单位和个人，以纳税人实际缴纳的增值税和消费税税额为计税依据，并分别与两项税金同时缴纳。税率因纳税人所在地不同，为 1%~7% 不等。应纳税额的计算公式如下：

应纳税额=（实际缴纳的增值税+实际缴纳的消费税）× 适用税率

企业按规定计算出应缴纳的城市维护建设税，借记"税金及附加"等科目，贷记"应交税费——应交城市维护建设税"科目。

借：税金及附加
　　　贷：应交税费——应交城市维护建设税

缴纳城市维护建设税时，借记"应交税费——应交城市维护建设税"科目，贷记"银行存款"科目。

借：应交税费——应交城市维护建设税
　　　贷：银行存款

【例 2-1-36】海昌公司 20×3 年 12 月实际应交增值税 70 000 元、消费税 20 000 元，城市维护建设税税率为 7%，下月初用银行存款交纳上述税款。

海昌公司应编制如下会计分录。

（1）计算应交城市维护建设税。

借：税金及附加　　　　　　　　　　　　　　　　　　　　　　6 300
　　　贷：应交税费——应交城市维护建设税　　　　　　　　　　　　　6 300

应交的城市维护建设税=（70 000+20 000）×7%=6 300（元）。

（2）用银行存款缴纳城市维护建设税。

借：应交税费——应交城市维护建设税　　　　　　　　　　　6 300
　　　贷：银行存款　　　　　　　　　　　　　　　　　　　　　　　　　6 300

（四）应交教育费附加的账务处理

教育费附加是指为了加快发展地方教育事业、扩大地方教育经费资金来源而向企业征收的附加费用。教育费附加以各单位实际缴纳的增值税、消费税的税额为计征依据，按一定比例分别与增值税、消费税同时缴纳。

企业按规定计算出应缴纳的教育费附加，借记"税金及附加"等科目，贷记"应交税费——应交教育费附加"科目。

借：税金及附加
　　　贷：应交税费——应交教育费附加

> **真题链接**
>
> 【初级会计师考试真题·多选题】20×× 年 12 月，某企业当月应缴纳增值税 50 万元，销售应税消费品应缴纳消费税 20 万元，经营用房屋交缴房产税 10 万元。该企业适用的城市维护建设税税率为 7%，教育费附加为 3%，不考虑其他因素。下列各项中，关于该企业 12 月应缴纳城市维护建设税和教育费附加的相关会计科目处理正确的有（　　）。
>
> A. 借记"税金及附加"科目 7 万元
> B. 贷记"应交税费——应交教育费附加"科目 2.1 万元
> C. 贷记"应交税费——应交城市维护建设税"科目 5.6 万元
> D. 借记"管理费用"科目 7 万元
>
> 【答案】AB

缴纳教育费附加时,借记"应交税费——应交教育费附加"科目,贷记"银行存款"科目。

借:应交税费——应交教育费附加
　　贷:银行存款

【例2-1-37】海昌公司20×3年12月实际应交增值税70 000元、消费税20 000元,教育费附加税率为3%,下月初用银行存款交纳上述税款。

海昌公司应编制如下会计分录。

(1)计算应交教育费附加。

借:税金及附加　　　　　　　　　　　　　　　　　　　　　　　2 700
　　贷:应交税费——应交教育费附加　　　　　　　　　　　　　2 700

应交的教育费附加=(70 000+20 000)×3%=2 700(元)。

(2)用银行存款缴纳教育费附加。

借:应交税费——应交教育费附加　　　　　　　　　　　　　　2 700
　　贷:银行存款　　　　　　　　　　　　　　　　　　　　　　2 700

(五)应交土地增值税的账务处理

土地增值税是对转让国有土地使用权、地上的建筑物及其附着物(简称"转让房地产")并取得增值性收入的单位和个人所征收的一种税。

土地增值税按照转让房地产所取得的增值额和规定的税率计算征收。转让房地产的增值额是转让收入减去税法规定扣除项目金额后的余额,其中,转让收入包括货币收入、实物收入和其他收入;扣除项目主要包括取得土地使用权所支付的金额、开发土地的成本及费用、新建房及配套设施的成本及费用、与转让房地产有关的税金、旧房及建筑物的评估价格、财政部确定的其他扣除项目等。土地增值税采用四级超率累进税率,其中最低税率为30%,最高税率为60%。

根据企业对房地产核算的方法不同,企业应交土地增值税的账务处理也有所区别。企业转让的土地使用权连同地上建筑物及其附着物一并在"固定资产"科目核算的,转让时应交的土地增值税借记"固定资产清理"科目,贷记"应交税费——应交土地增值税"科目。

借:固定资产清理
　　贷:应交税费——应交土地增值税

土地使用权在"无形资产"科目核算的,借记"银行存款""累计摊销""无形资产减值准备"科目,按应交的土地增值税,贷记"应交税费——应交土地增值税"科目,同时冲销土地使用权的账面价值,贷记"无形资产"科目,按其差额,借记或贷记"资产处置损益"科目。

借:银行存款
　　累计摊销
　　无形资产减值准备
　　贷:无形资产
　　　　应交税费——应交土地增值税
　　　　应交税费——应交增值税(销项税额)
　　　　资产处置损益(或借记)

房地产开发经营企业销售房地产应缴纳的土地增值税,借记"税金及附加"科目,贷记"应交税费——应交土地增值税"科目。

借:税金及附加
　　贷:应交税费——应交土地增值税

缴纳土地增值税,借记"应交税费——应交土地增值税"科目,贷记"银行存款"科目。

> **真题链接**
> 【初级会计师考试真题·判断题】房地产开发经营企业销售房地产应缴纳的土地增值税计入"税金及附加"科目。
> 【答案】√

借：应交税费——应交土地增值税
　　贷：银行存款

【例2-1-38】20×3年12月20日，华兴公司对外转让作为无形资产入账的土地使用权，价款为300 000元，该土地使用权账面原价为1 000 000元，已计提摊销500 000元、减值准备300 000元，根据税法计算的土地增值税为30 000元，增值税销项税额为27 000元。华兴公司应编制如下会计分录。

（1）计算应交土地增值税。

借：银行存款	327 000
累计摊销	500 000
无形资产减值准备	300 000
贷：无形资产	1 000 000
资产处置损益	70 000
应交税费——应交增值税（销项税额）	27 000
应交税费——应交土地增值税	30 000

（2）缴纳土地增值税。

借：应交税费——应交土地增值税	27 000
贷：银行存款	27 000

（六）应交房产税、城镇土地使用税和车船税的账务处理

房产税是国家对在城市、县城、建制镇和工矿区征收的由产权所有人缴纳的一种税。房产税依照房产原值一次减除10%~30%后的余额计算征收。没有房产原值作为依据的，由房产所在地税务机关参考同类房产核定；房产出租的，以房产租金收入作为房产税的计税依据。

城镇土地使用税以城市、县城、建制镇、工矿区范围内使用土地的单位和个人为纳税人，以其实际占用的土地面积和规定税额计算征收。

车船税是以车辆、船舶（简称"车船"）为课征对象，向车船的所有人或者管理人征收的一种税。

企业应交的房产税、城镇土地使用税、车船税，计入"税金及附加"科目，借记"税金及附加"科目，贷记"应交税费——应交房产税、应交城镇土地使用税、应交车船税"科目。

借：税金及附加
　　贷：应交税费——应交房产税
　　　　　　　　——应交城镇土地使用税
　　　　　　　　——应交车船税

> **真题链接**
> 【初级会计师考试真题·多选题】下列各项中，关于企业确认相关税费会计处理表述错误的有（　　）。
> A. 确认应交城镇土地使用税，借记"管理费用"科目
> B. 确认应交城市维护建设税，借记"税金及附加"科目
> C. 确认应交教育费附加，借记"税金及附加"科目
> D. 确认应交车船税，借记"管理费用"科目
> 【答案】AD

【例2-1-39】20×3年12月，海昌公司应交房产税、城镇土地使用税、车船税分别为200 000元、50 000元、40 000元，下月初用银行存款缴纳上述税款。海昌公司应编制如下会计分录。

（1）计算应缴纳上述税金。

借：税金及附加	290 000
贷：应交税费——应交房产税	200 000
——应交城镇土地使用税	50 000
——应交车船税	40 000

（2）用银行存款缴纳上述税金。

借：应交税费——应交房产税	200 000
——应交城镇土地使用税	50 000
——应交车船税	40 000

贷：银行存款	290 000

【业务解析】

业务1，对外捐赠时。

借：营业外支出		358 500
贷：库存商品		300 000
应交税费——应交增值税（销项税额）		58 500

业务2，缴纳上月增值税。

借：应交税费——未交增值税	30 000
贷：银行存款	30 000

业务3，购入原材料。

借：原材料	100 000
应交税费——应交增值税（进项税额）	13 000
贷：银行存款	113 000

业务4，购买农产品。

借：原材料	45 500
应交税费——应交增值税（进项税额）	4 500
贷：银行存款	50 000

业务5，出售实木地板。

借：应收账款	226 000
贷：主营业务收入	200 000
应交税费——应交增值税（销项税额）	26 000
借：主营业务成本	120 000
贷：库存商品	120 000
借：税金及附加	10 000
贷：应交税费——应交消费税	10 000

业务6，转出当月未交增值税。

借：应交税费——应交增值税（转出未交增值税）	67 000
贷：应交税费——未交增值税	67 000

业务7，计提当月应交城市维护建设税及教育费附加。

借：税金及附加	6 700
贷：应交税费——应交城市维护建设税	4 690
——应交教育费附加	2 010

【拓展训练】

顺达股份有限公司（以下简称"顺达公司"）为增值税一般纳税人，20×3年12月发生如下业务。

（1）12月1日，顺达公司销售一批商品，售价为500万元，增值税税率为13%，成本为310万元，款项已收到并存入银行。

（2）12月5日，顺达公司转让A公司股票取得含税价106万元，增值税税率为6%，购入时不含税价为80万元。

（3）12月10日，顺达公司领用外购原材料100万元，购入时增值税税额为13万元。材料用于集体福利，管理人员占10%，生产工人占20%，车间管理人员30%，销售人员占40%。

（4）12月11日，顺达公司购入免税农产品10万元，扣除率为9%，产品已验收入库，货款用银行存款支付。

（5）12月19日，顺达公司销售一批应税消费品，价款为100万元（不含增值税），成本为80万元，增值税税率为13%，消费税税率为15%，款项已存入银行。

（6）12月20日，顺达公司购入一批原材料，价款为80万元，增值税为10.4万元，款项已用银行存款支付。

（7）12月31日，顺达公司计算并结转当期应交增值税。

（8）12月31日，顺达公司计算城市维护建设税及教育费附加，城市维护建设税税率为7%，教育费附加征收率为3%。

任务：编制以上经济业务的相关会计分录。

【归纳总结】

增值税业务核算

经济业务	会计处理
购入货物、修配劳务、服务、无形资产或固定资产等	借：材料采购/在途物资/原材料/库存商品/生产成本 　　无形资产/固定资产 　　管理费用 　　应交税费——应交增值税（进项税额） 　　应交税费——待认证进项税额 　贷：银行存款/应付账款/应付票据
企业已单独确认进项税额的购进货物、加工修理修配劳务等，事后改变用途，进项税额转出	借：待处理财产损溢 　　应付职工薪酬 　　固定资产/无形资产 　贷：应交税费——应交增值税（进项税额转出） 　　　应交税费——待抵扣进项税额 　　　应交税费——待认证进项税额
企业销售货物、加工修理修配劳务、服务等	借：应收账款/应收票据/银行存款 　贷：主营业务收入/其他业务收入 　　　固定资产清理 　　　应交税费——应交增值税（销项税额） 　　　应交税费——简易计税
视同销售	（1）企业将自产或委托加工的货物用于集体福利或个人消费、作为投资提供给其他单位或个体工商户、分配给股东或投资者。 借：应付利润 　　长期股权投资 　　应付职工薪酬 　贷：主营业务收入/其他业务收入 　　　应交税费——应交增值税（销项税额） （2）对外捐赠。 借：营业外支出 　贷：库存商品（成本） 　　　应交税费——应交增值税（销项税额） 　　　应交税费——简易计税
缴纳增值税	（1）缴纳当月增值税。 借：应交税费——应交增值税（已交税金） 　贷：银行存款 （2）缴纳上期增值税。 借：应交税费——未交增值税 　贷：银行存款

消费税业务

经济业务	会计处理
销售应税消费品	借：税金及附加 　　贷：应交税费——应交消费税
自产自用应税消费品	借：在建工程（用于在建工程） 　　税金及附加（用于职工福利或对外投资） 　　贷：应交税费——应交消费税
委托加工应税消费品	（1）收回后直接用于对外销售。 借：委托加工物资 　　贷：银行存款、应付账款等 （2）收回后继续生产应税消费品。 借：应交税费——应交消费税 　　贷：银行存款等
进口应税消费品	借：在途物资/材料采购/原材料/库存商品 　　应交税费——应交增值税（进项税额） 　　贷：银行存款

其他税费业务

经济业务	会计处理
资源税	（1）对外销售应税产品。 借：税金及附加 　　贷：应交税费——应交资源税 （2）自用应税产品。 借：生产成本/制造费用等 　　贷：应交税费——应交资源税
城市维护建设税、教育费附加	借：税金及附加 　　贷：应交税费——应交城市维护建设税 　　　　　　　　——应交教育费附加
土地增值税	（1）转让固定资产计算土地增值税。 借：固定资产清理 　　贷：应交税费——应交土地增值税 （2）转让土地使用权计算土地增值税。 借：银行存款 　　累计摊销 　　无形资产减值准备 　　贷：无形资产 　　　　应交税费——应交土地增值税 　　　　应交税费——应交增值税（销项税额） 　　　　资产处置损益（或借记）
房产税、城镇土地使用税和车船税	借：税金及附加 　　贷：应交税费——应交房产税 　　　　　　　　——应交城镇土地使用税 　　　　　　　　——应交车船税

2.1.5 非流动负债业务核算

【典型业务】

华兴公司为增值税一般纳税人。20×3年1月1日,华兴公司从银行借入资金2 000 000元,期限为2年,年利率为6%,到期一次还本付息。当日华兴公司用该借款购买不需要安装的设备一台,不含税价款为1 200 000元,增值税税额为156 000元,另支付运输、保险等费用40 000元,设备立即投入使用。

任务:对以上业务进行账务处理。

【知识链接】

一、长期借款

（一）长期借款的管理

长期借款是指企业向银行或其他金融机构借入的期限在1年以上（不含1年）的各种借款,一般用于固定资产的购建、改扩建工程、大修理工程、对外投资以及保持长期经营能力等方面。它是企业长期负债的重要组成部分,必须加强管理与核算。

由于长期借款的使用关系到企业的生产经营规模和效益,所以企业除了要遵守有关的贷款规定、编制借款计划并有不同形式的担保外,还应监督借款的使用、近期支付长期借款的利息以及按规定的期限归还借款本金等。因此,长期借款会计处理的基本要求是反映和监督企业长期借款的借入、借款利息的结算和借款本息的归还情况,促使企业遵守信贷纪律,提高信用等级,同时要确保长期借款有效使用。

（二）长期借款的账务处理

企业应通过"长期借款"科目,核算长期借款的借入、归还等情况。该科目按照贷款单位和贷款种类设置明细账,分"本金""利息调整"等进行明细核算。该科目的贷方登记长期借款本息的增加额,借方登记本息的减少额,期末贷方余额反映企业尚未偿还的长期借款。

长期借款	
借方	贷方
①长期借款本金的减少额 ②应计利息的减少额	①长期借款本金的增加额 ②应计利息的增加额 尚未偿还的长期借款本息

1. 取得长期借款

企业借入长期借款,应按实际收到的金额,借记"银行存款"科目,贷记"长期借款——本金"科目;如存在差额,还应借记"长期借款——利息调整"科目。

借:银行存款（实际收到的金额）
　　长期借款——利息调整（如存在差额）
　贷:长期借款——本金

【例 2-1-40】华兴公司为增值税一般纳税人,于 20×3 年 1 月 1 日从银行借入资金 300 000 元,借款期限为 2 年,年利率为 5%,到期一次还本付息,所借款项已存入银行。华兴公司用该借款于当日购买不需要安装的设备一台,价款为 200 000 元,增值税税额为 26 000 元,另支付保险等费用 10 000 元,设备已于当日投入使用。华兴公司的账务处理如下。

(1) 取得借款时。

借:银行存款　　　　　　　　　　　　　　　　　　　　　　　300 000
　贷:长期借款——本金　　　　　　　　　　　　　　　　　　　　　300 000

(2) 支付设备款及保险费用时。

借:固定资产　　　　　　　　　　　　　　　　　　　　　　　210 000
　　应交税费——应交增值税(进项税额)　　　　　　　　　　　　26 000
　贷:银行存款　　　　　　　　　　　　　　　　　　　　　　　　236 000

2. 发生长期借款利息

> **划重点**
> 长期借款利息费用应当在资产负债表日按照实际利率法计算确定,实际利率与合同利率差异较小的,也可以采用合同利率计算确定利息费用。

长期借款的利息费用,应当按以下原则计入有关成本、费用。属于筹建期间的,计入管理费用;属于生产经营期间的,计入财务费用。如果长期借款用于购建固定资产等符合资本化条件的,在资产尚未达到预定可使用状态前,所发生的利息支出应当资本化,计入在建工程等相关资产成本;资产达到预定可使用状态后发生的利息支出,以及按规定不予资本化的利息支出,计入财务费用(图 2-4)。

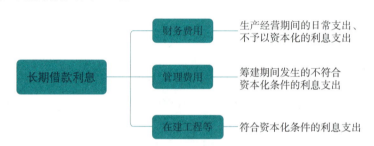

图 2-4　长期贷款利息

长期借款按合同利率计算确定的应付未付利息,如果属于分期付息,计入"应付利息"科目;如果属于到期一次还本付息,记入"长期借款——应计利息"科目,借记"在建工程""制造费用""财务费用""研发支出"等科目,贷记"应付利息"或"长期借款,应计利息"科目。

借:财务费用
　　管理费用
　　研发支出
　　在建工程等
　贷:应付利息(分期付息)
　　　长期借款——应计利息(到期一次还本付息)
　　　　　　　——利息调整

【例 2-1-41】承上例,华兴公司于 20×3 年 1 月 31 日计提长期借款利息。华兴公司的账务处理如下。

借:财务费用　　　　　　　　　　　　　　　　　　　　　　　12 000
　贷:长期借款——应计利息　　　　　　　　　　　　　　　　　　12 000

20×3 年 1 月 31 日计提的长期借款利息 =(300 000×5%)/12=1 250(元)

20×3 年 2 月至到期日前每月末预提利息会计分录同上。

3. 归还长期借款

企业归还长期借款的本金时,应按归还的金额,借记"长期借款——本金"科目,贷记"银行存款"科目。

借：长期借款——本金
　　贷：银行存款

按归还的利息，借记"应付利息"或"长期借款——应计利息"科目，贷记"银行存款"科目。

借：应付利息（分期付息）
　　长期借款——应计利息（到期一次还本付息）
　　贷：银行存款

【例2-1-42】承上例，华兴公司于2025年1月1日偿还长期借款本息。华兴公司的账务处理如下。

借：财务费用　　　　　　　　　　　　　　　　　　1 250
　　长期借款——本金　　　　　　　　　　　　　　300 000
　　　　　　——应计利息　　　　　　　　　　　　 28 750
　　贷：银行存款　　　　　　　　　　　　　　　　330 000

【业务解析】

（1）取得借款。
借：银行存款　　　　　　　　　　　　　　　　　2 000 000
　　贷：长期借款——本金　　　　　　　　　　　2 000 000
（2）支付设备款及保险费用。
借：固定资产　　　　　　　　　　　　　　　　　1 240 000
　　应交税费——应交增值税（进项税额）　　　　 156 000
　　贷：银行存款　　　　　　　　　　　　　　　1 396 000
（3）计提长期借款利息。
20×3年1月31日计提的长期借款利息=（2 000 000×6%）/12=10 000（元）
借：财务费用　　　　　　　　　　　　　　　　　　10 000
　　贷：长期借款——应计利息　　　　　　　　　　10 000
20×3年2月至到期日前每月末预提利息会计分录同上。
（4）归还到期的长期借款。
借：财务费用　　　　　　　　　　　　　　　　　　10 000
　　长期借款——本金　　　　　　　　　　　　　2 000 000
　　　　　　——应计利息　　　　　　　　　　　 230 000
　　贷：银行存款　　　　　　　　　　　　　　　2 240 000

二、长期应付款

（一）长期应付款的管理

长期应付款，是指企业除长期借款和应付债券以外的其他各种长期应付款项，如以分期付款方式购入固定资产发生的应付款项等。

（二）长期应付款的账务处理

企业应设置"长期应付款"科目，用以核算企业应付的款项及偿还情况。该科目可按长期应付款的种类和债权人进行明细核算。该科目的贷方登记发生的长期应付款，借方登记偿

各期实际支付的价款之和与其现值之间的差额，应当在信用期间内采用实际利率法进行摊销，计入相关资产成本（固定资产、在建工程等）或当期损益（财务费用）。

还的应付款项，期末贷方余额反映企业尚未偿还的长期应付款。

长期应付款	
借方	贷方
①长期应付款的偿还额	①长期应付款的增加额 尚未偿还的长期应付款

企业购买资产有可能延期支付有关价款。如果延期支付的购买价款超过正常信用条件，实质上具有融资性质，所购资产的成本不能以各期付款额之和确定，应当以延期支付购买价款的现值为基础确认。固定资产购买价款的现值，应当按照各期支付的价款选择适当的折现率进行折，以折现后的金额加以确定。折现率是反映当前市场货币时间价值和延期付款债务特定风险的利率，折现率实质上是供货企业的必要报酬率。

企业购入资产超过正常信用条件延期付款，实质上具有融资性质时，应按购买价款的现值，借记"固定资产""在建工程""财务费用"等科目，按应支付的价款总额，贷记"长期应付款"科目，按其差额借记"未确认融资费用"科目

借：固定资产或在建工程（延期支付购买价款的现值）
　　未确认融资费用（差额）
　贷：长期应付款（延期支付购买价款）

【拓展训练】

顺达公司因构建办公大楼的资金需要，于20×3年1月1日向商业银行借入3年期长期借款1 300万元，年利率为6%，利息按月计提，按季支付（下季度初支付）；20×4年12月31日，办公大楼完工并投入使用；20×6年1月1日，借款到期，顺达公司偿还借款本金及尚未支付的利息。

任务：编制以上经济业务的相关会计分录。

【归纳总结】

长期借款业务核算

经济业务	会计处理
长期借款的借入	借：银行存款 　　贷：长期借款——本金 　　　　　　　——利息调整
长期借款的计息	（1）分期计息，到期还本计提利息。 借：财务费用（在建工程） 　　贷：应付利息 （2）到期一次还本付息。 借：财务费用（在建工程） 　　贷：长期借款——应计利息
归还本金、利息	（1）偿还本金。 借：长期借款——本金 　　贷：银行存款 （2）偿还利息。 借：应付利息（分期付息） 　　　长期借款——应计利息（到期一次还本付息） 　　贷：银行存款

项目二

所有者权益业务核算

2.2.1 实收资本或股本业务核算

【典型业务】

华兴公司是一家专门从事办公家具生产与销售的企业，投资者投资情况如下。

业务1. 20×3年10月8日，该公司由A、B、C三位投资人共同投资成立，实收资本为2 000 000元，持股比例依次为60%、25%和15%。按照章程规定，A、B、C投入资本分别为1 200 000元、500 000元和300 000元，已经如期收到各投资者一次缴足的款项。

业务2. 20×3年12月3日，D投资人加入，出资500 000元，在注册资本中所占份额为300 000元。

业务3. 20×3年12月6日，华兴公司收到乙公司作为资本投入的一批原材料，合同约定该批原材料不含增值税的价值为1 000 000元，增值税税额为130 000元（由投资方支付税款，并提供或开具增值税专用发票），该批原材料合同约定的价值与公允价值相符，乙公司享有华兴公司注册资本的份额为800 000元。

业务4. 20×3年12月8日，华兴公司收到甲公司作为资本投入的不需要安装的机器设备一台，合同约定该机器设备的价值为2 000 000元，增值税进项税额为260 000元（由投资方支付税款，并提供或开具增值税专用发票）。经约定华兴公司接受甲公司的投入资本为2 260 000元，全部作为实收资本。合同约定的固定资产价值与公允价值相符。

业务5. 20×3年12月16日，华兴公司收到丙公司作为资本投入的非专利技术一项，该非专利技术投资合同约定的价值为60 000元，增值税进项税额为3 600元（由投资方支付税款，并提供或开具增值税专用发票）。合同约定的资产价值与公允价值相符，全部作为实收资本。

任务：假设不考虑其他因素，请根据业务1~5对华兴公司接受的各项投资进行账务处理。

【知识链接】

所有者权益是指企业资产扣除负债后，由所有者享有的剩余权益。公司的所有者权益又称为股东权益。

所有者权益通常由实收资本（或股本）、其他权益工具（如优先股、永续债等）、资本公积、其他综合收益、专项储备、留存收益（盈余公积和未分配利润）构成。所有者权益的来源包括所有者投入的资本、直接计入所有者权益的利得和损失、留存收益等。其中，直接计入所有者权益的利得和损失是指不应计入当期损益、会导致所有者权益发生增减变动的、与所有者投入资本或者向所有者分配利润无关的利得和损失。

一、实收资本或股本的概述

（一）概念

实收资本是指企业按照章程或合同、协议的约定，接受投资者投入的资本。实收资本的构成比例（即投资者的出资比例或股东的股份比例），既是确定所有者在企业所有者权益中份额的基础，也是企业进行利润或股利分配的重要依据。

针对股份有限公司，实收资本又称为股本，即发起人按照合同或协议约定投入的资本和社会公众在公司发行股票时认购股票缴入的资本，其在金额上等于股份面值和股份总额的乘积。

法理园地

"诚信者，天下之结也"。诚信是一个人的立身之本，也是维护市场经济秩序的重要原则，是市场经济的重要基石。市场主体讲诚信，可以降低交易成本、促进公平竞争、增强经济活动的可预期性、提高经济效率。应严厉打击虚假出资、抽逃出资行为，确保市场主体的真实可靠。

（二）出资形式

我国《公司法》规定，股东可以用货币出资，也可以用实物、知识产权、土地使用权等可以用货币估价并可以依法转让的非货币财产作价出资，法律、行政法规规定不得作为出资的财产除外。对作为出资的非货币财产应当评估作价，核实财产，不得高估或者低估作价。法律、行政法规对评估作价有规定的，从其规定。

> 📢 **注意**：我国《公司法》规定，股东应当按期足额缴纳公司章程中规定的各自所认缴的出资额。股东以货币出资的，应当将货币出资足额存入有限责任公司在银行开设的账户；以非货币财产出资的，应当依法办理其财产权的转移手续。股东不按照前款规定缴纳出资的，除应当向公司足额缴纳外，还应当向已按期足额缴纳出资的股东承担违约责任。

（三）增减变动

一般情况下，企业的实收资本应相对固定不变，但在某些特定情况下也可能发生变化。我国《企业法人登记管理条例施行细则》规定，除国家另有规定外，企业的注册资金应当与实收资本一致，当实收资本比原注册资本增加或减少超过20%时，应持资金使用证明或验资证明，向原登记主管机关申请变更登记。如擅自改变注册资本或抽逃资金，要受到工商行政管理部门的处罚。

> 📢 **拓展**：公司发起人、股东违反《公司法》的规定未交付货币、实物或者未转移财产权，虚假出资，或者在公司成立后又抽逃其出资，数额巨大、后果严重或者有其他严重情节的，处五年以下有期徒刑或者拘役，并处或者单处虚假出资金额或者抽逃出资金额2%以上10%以下罚金。单位犯前款罪的，对单位判处罚金，并对其直接负责的主管人员和其他直接责任人员，处五年以下有期徒刑或者拘役。

（四）科目设置

股份有限公司应设置"股本"科目，除股份有限公司外的其他各类企业应设置"实收资本"科目，反映和监督企业实际收到的投资者投入资本的情况。

"股本"科目贷方登记已发行的股票面值，借方登记经批准核销的股票面值，期末贷方余额反映发行在外的股票面值。该科目应当按照股票的类别设置明细账。

股本	
借方	贷方
经批准核销的股票面值	已发行的股票面值
	期末发行在外的股票面值

"实收资本"科目贷方登记企业实际收到投资者符合注册资本的出资额，借方登记企业按照法定程序报经批准减少的注册资本额，期末贷方余额反映企业实收资本总额。该科目应按照投资者设置明细账。

实收资本	
借方	贷方
企业按照法定程序报经批准减少的注册资本额	企业实际收到投资者符合注册资本的出资额
	期末企业实收资本总额

二、实收资本或股本的核算

（一）接受现金资产投资的核算

1. 股份有限公司以外的企业接受现金资产投资

企业收到投资者投入的货币资金时，应以实际收到的金额或存入企业开户银行的金额，借记"银行存款"等科目，按投资合同或协议约定的投资者在企业注册资本中享有的份额，贷记"实收资本"科目，企业实际收到或存入企业开户银行的金额超过投资者在企业注册资本中享有份额的部分，贷记"资本公积——资本溢价"科目。

借：银行存款等
  贷：实收资本
    资本公积——资本溢价

股份有限公司筹资业务核算

2. 股份有限公司接受现金资产投资

股份有限公司发行股票时，既可以按面值发行，也可以溢价发行。

> 📢 注意：我国目前不允许折价发行股票。《公司法》规定："股票的发行价格可以按照面值，也可以超过面值，但不得低于面值。"

股份有限公司筹资知识讲解

股份有限公司发行股票收到货币资金时，借记"银行存款"等科目，按每股股票面值和发行股份总数的乘积计算的金额，贷记"股本"科目，实际收到的金额与该股本之间的差额，贷记"资本公积——股本溢价"科目。股份有限公司发行股票发生的手续费、佣金等交易费用，应从溢价中抵扣，冲减"资本公积——股本溢价"。

🔍 **划重点**
发行费用抵扣溢价金额，溢价不够的，应依次冲减"盈余公积"、"利润分配——未分配利润"。

借：银行存款等
  贷：股本
    资本公积——股本溢价

（二）接受非现金资产投资的核算

企业接受投资者投入的非现金资产（如固定资产、材料物资、无形资产等），应按投资合同或协议约定的价值确定资产入账价值（投资合同或协议约定的价值不公允的除外），按投资合同或协议约定的投资者在注册资本（或股本）中应享有的份额作为实收资本（或股本）入账，

🔍 **划重点**
企业接受投资人非现金资产投资，视同购置，如果能够抵扣，应确认增值税进项税额。

投资合同或协议约定的价值（不公允的除外）超过其在注册资本（或股本）中所占份额的部分，应计入资本公积（资本溢价或股本溢价）。

借：固定资产、原材料、无形资产等
　　应交税费——应交增值税（进项税额）
　　贷：实收资本（或股本）
　　　　资本公积——资本溢价（或股本溢价）

实务链接

企业接受非现金资产捐赠应计入实收资本吗？

企业接受非现金资产捐赠属于利得，利得是由企业非日常活动所形成的、会导致所有者权益增加的、与所有者投入资本无关的经济利益的流入，应计入营业外收入，而不是资本公积。

真题链接

【初级会计师考试真题·单选题】甲公司初始设立时收到乙公司作为资本投入的一项非专利技术，合同约定的价值与公允价值相同，均为50 000元，经税务机关认证的增值税进项税额为3 000元（由投资方支付税款，并开具增值税专用发票）。乙公司投资额未超过其在甲公司注册资本中所占的份额。不考虑其他因素，甲公司确认的实收资本金额为（　　）元。
A.53 000
B.47 000
C.50 000
D.3 000
【答案】A
【解析】甲公司账务处理如下：
借：无形资产　　50 000
　　应交税费——应交增值税（进项税额）　　3 000
　　贷：实收资本　　53 000

解难点

资本公积转增资本或盈余公积转增资本，企业所有者权益总额不发生变化。

真题链接

【初级会计师考试真题·单选题】下列各项中，股份有限公司回购股票支付的价款低于股票面值总额的差额，在注销股份时应计入的会计科目是（　　）。
A."资本公积"
B."利润分配——未分配利润"
C."盈余公积"
D."营业外收入"
【答案】A
【解析】企业回购股票支付的价款低于股票面值总额的，按股票面值总额，借记"股本"科目，按所注销的库存股账面余额，贷记"库存股"科目，按其差额，贷记"资本公积——股本溢价"科目。

【单选题】A公司接受B公司投资转入的一批原材料，账面价值为11万元，协议约定价值为12万元，已知A、B公司均为增值税一般纳税人，适用的增值税税率为13%，合同约定的固定资产价值与公允价值相符，全部作为实收资本。A公司实收资本增加（　　）元。
A.110 000　　B.124 300　　C.120 000　　D.135 600
【答案】D
【解析】A公司实收资本增加=120 000×（1+13%）=135 600（元）。

（三）实收资本或股本增减变动的核算

1.实收资本或股本的增加

企业主要通过接受投资者追加投资、资本公积转增资本和盈余公积转增资本3个途径增加资本。

企业按规定接受投资者追加投资时，其核算方法与接受投资者初次投资时相同。

企业采用资本公积或盈余公积转增资本时，应按转增的资本数额确认实收资本或股本数额。

1）资本公积转增资本
借：资本公积——资本溢价（或股本溢价）
　　贷：实收资本（或股本）

2）盈余公积转增资本
借：盈余公积
　　贷：实收资本（或股本）

注意：用资本公积或盈余公积转增资本时，如果是股份有限公司或有限责任公司，应按原投资者各自出资比例计算确定各投资者相应增加的出资额。

【例2-2-1】因扩大经营规模需要，经批准，华兴公司按原出资比例（A、B、C三位投资人持股比例依次为60%、25%和15%。）将资本公积100万元转增资本。

借：资本公积——资本溢价　　　　　　　　　　　　　　1 000 000
　　贷：实收资本——A　　　　　　　　　　　　　　　　　　600 000
　　　　　　　　——B　　　　　　　　　　　　　　　　　　250 000
　　　　　　　　——C　　　　　　　　　　　　　　　　　　150 000

【多选题】下列各项中，会导致企业实收资本增加的有（　　）。

A. 收到投资者追加投资
B. 资本公积转增资本
C. 盈余公积转增资本
D. 利润分配时提取盈余公积

【答案】ABC
【解析】选项 D，利润分配时提取盈余公积不影响实收资本的金额。

2. 实收资本或股本的减少

企业实收资本减少的原因主要有以下几个：一是资本过剩；二是企业发生重大亏损；三是企业因发展的需要进行资本结构调整。

企业减少注册资本应按法定程序报经批准。股份有限公司采用收购本公司股票方式减资的，通过"库存股"科目核算，以实际支付的金额，借记"库存股"，贷记"银行存款"。注销库存股时，按股票面值和注销数计算股票面值总额，借记"股本"科目，按注销库存股的账面余额，贷记"库存股"科目，按其差额，冲减股票发行时原计入资本公积的溢价部分，借记"资本公积——股本溢价"科目。如果回购价格超过上述冲减"股本""资本公积——股本溢价"科目部分，应依次冲减"盈余公积""利润分配——未分配利润"等科目。如果回购价格低于回购股份所对应的股本，所注销库存股的账面余额与所冲减股本的差额作为增加的股本溢价处理，借记"股本"科目，贷记"库存股"和"资本公积——股本溢价"科目。小企业和有限责任公司发还投资的会计处理相对简单，报经批准减少注册资本的，借记"实收资本""资本公积"等科目，贷记"银行存款"等科目。

1）股份有限公司回购股票时
借：库存股（每股回购价格 × 回购股数）
　　贷：银行存款

2）股份有限公司注销库存股时
（1）回购支付的价款高于面值总额。
借：股本
　　资本公积——股本溢价
　　盈余公积
　　利润分配——未分配利润
　　贷：库存股

（2）回购支付的价款低于面值总额。
借：股本
　　贷：库存股
　　　　资本公积——股本溢价

【单选题】某股份有限公司依法采用回购本公司股票方式减资，如果回购股票支付的价款低于股票面值总额，所注销库存股账面余额与所冲减股本的差额应贷记的会计科目是（　　）。
A."利润分配——未分配利润"
B."盈余公积"
C."资本公积"
D."营业外收入"

【答案】C
【解析】回购支付的价款低于面值总额。
借：股本
　　贷：库存股
　　　　资本公积——股本溢价

解难点

回购股票，所有者权益总额减少；注销库存股，所有者权益总额不变。

划重点

注销库存股时，回购支付的价款高于面值总额，冲减顺序依次是"资本公积——股本溢价""盈余公积""利润分配——未分配利润"科目。

真题链接

【初级会计师考试真题·多选题】某公司经股东大会批准，按照每股4元的价格回购并注销本公司普通股股票1 000万股，每股股票面值为1元。注销前，该公司资本公积（股本溢价）为2 000万元，盈余公积为3 000万元。不考虑其他因素，下列各项中，该公司注销已回购股票相关会计处理表述正确的有（　　）。
A.借记"股本"科目1 000万元
B.贷记"库存股"科目4 000万元
C.借记"盈余公积"科目2 000万元
D.借记"资本公积"科目1 000万元

【答案】AB
【解析】该公司回购股票的账务处理如下。
借：库存股　40 000 000
　　贷：银行存款等
　　　　　　　40 000 000
注销股票的账务处理如下。
借：股本　10 000 000
　　资本公积——股本溢价
　　　　　　　20 000 000
　　盈余公积10 000 000
　　贷：库存股　40 000 000

真题链接

【初级会计师考试真题·多选题】甲公司 2019 年 12 月 31 日的股本为 10 000 万股，每股面值为 1 元，资本公积（股本溢价）为 4 000 万元，盈余公积为 1 500 万元。经股东大会批准，甲公司以银行存款回购本公司股票 1 500 万股并注销，每股回购价为 4 元。下列各项中表述正确的有（　　）。

A．回购库存股时所有者权益减少 6 000 万元
B．注销库存股时减少资本公积 4 500 万元
C．注销库存股时不影响所有者权益总额
D．注销库存股时股本减少 1 500 万元

【答案】ACD

【解析】库存股属于所有者权益的备抵科目，回购时库存股增加，所有者权益总额减少；注销库存股为所有者权益内部增减变动，不影响所有者权益总额。

小企业、有限责任公司发还投资。
借：实收资本
　　资本公积等
　贷：银行存款等

【业务解析】

华兴公司接受各项投资业务的账务处理如下。

（1）业务 1。

借：银行存款	2 000 000
贷：实收资本——A	1 200 000
——B	500 000
——C	300 000

（2）业务 2。

借：银行存款	500 000
贷：实收资本——D	300 000
资本公积——资本溢价	200 000

（3）业务 3。

借：原材料	1 000 000
应交税费——应交增值税（进项税额）	130 000
贷：实收资本——乙公司	800 000
资本公积——资本溢价	330 000

（4）业务 4。

借：固定资产	2 000 000
应交税费——应交增值税（进项税额）	260 000
贷：实收资本——甲公司	2 260 000

（5）业务 5。

借：无形资产——非专利技术	60 000
应交税费——应交增值税（进项税额）	3 600
贷：实收资本——丙公司	63 600

【拓展训练】

20×3 年 1 月 1 日，顺达公司所有者权益合计金额为 20 000 000 元，其中，股本 5 000 000 元（每股面值为 1 元），资本公积 10 000 000 元，盈余公积 3 000 000 元，未分配利润 2 000 000 元。该公司 20×3 年发生与所有者权益相关的交易或事项如下。

（1）1 月 8 日，发行普通股 2 000 000 股，每股面值为 1 元，发行价格为每股 4 元，按发行收入的 3% 支付佣金，发行完毕收到款项并存入银行。

（2）10 月 8 日，经股东大会批准，用资本公积转增股本 1 000 000 元，并办妥相关增资手续。

（3）11 月 8 日，经股东大会批准，以银行存款回购本公司股票 1 000 000 股，回购价格为每股 5 元。

（4）12 月 28 日，经股东大会批准，将回购的本公司股票 1 000 000 股注销，并办妥相关减资手续。

任务：编制以上经济业务的相关会计分录。

【归纳总结】

实收资本或股本业务核算

项目	经济业务		会计处理
接受投资	现金资产投资		借：银行存款等 　　贷：实收资本（或股本） 　　　　资本公积——资本溢价（或股本溢价）
	非现金资产投资		借：固定资产、原材料、无形资产等 　　应交税费——应交增值税（进项税额） 　　贷：实收资本（或股本） 　　　　资本公积——资本溢价（或股本溢价）
实收资本或股本的增减变动	增加	接受投资者追加投资	借：银行存款等 　　贷：实收资本（或股本）
		资本公积转增资本	借：资本公积——资本溢价（或股本溢价） 　　贷：实收资本（或股本）
		盈余公积转增资本	借：盈余公积 　　贷：实收资本（或股本）
	减少	小企业、有限责任公司撤资	借：实收资本 　　资本公积等 　　贷：银行存款等
		股份有限公司回购股票	（1）回购股票时。 借：库存股（每股回购价格 × 回购股数） 　　贷：银行存款等 （2）注销库存股时。 ①回购支付的价款高于面值总额。 借：股本 　　资本公积——股本溢价 　　盈余公积 　　利润分配——未分配利润 　　贷：库存股 ②回购支付的价款低于面值总额。 借：股本 　　贷：库存股 　　　　资本公积——股本溢价

2.2.2 资本公积业务核算

【典型业务】

华兴公司发生以下业务。

业务1. 华兴公司于20×3年1月1日向丁公司投资800 000元，拥有该公司20%的股份，并对该公司有重大影响，对丁公司的长期股权投资采用权益法核算。20×3年12月31日，丁公司除净损益、其他综合收益、利润分配之外的所有者权益增加了100 000元，所有者权益的其他项目没有变化。华兴公司的持股比例没有变化。丁公司资产的账面价值与公允价值一致，不考虑其他因素。

业务2. 20×4年1月4日，因扩大经营规模需要，华兴公司决定按照投资人原出资比例将资本公积100 000元转增资本。

任务：假设不考虑其他因素，请根据以上业务对华兴公司的各项业务进行账务处理。

【知识链接】

一、资本公积概述

（一）概念

资本公积是企业收到的投资者出资额超出其在注册资本（或股本）中所占份额的部分，以及其他资本公积等。资本公积包括资本溢价（或股本溢价）和其他资本公积。

资本溢价（或股本溢价），是指企业收到的投资者超出其在企业注册资本（或股本）中所占份额的投资。其他资本公积，是指除资本溢价（或股本溢价）以外所形成的资本公积。

守底线，重诚信，培养良好的职业道德。

划重点

资本溢价（或股本溢价）是企业的一种储藏资本，可以按法定程序转增资本。

注意：资本公积和实收资本的比较见表2-4。

表2-4 资本公积和实收资本的比较

项目	资本公积	实收资本
性质	不直接反映企业所有者在企业的基本产权关系	体现产权关系
用途	转增资本，不能弥补亏损，不能作为利润或股利分配的依据	是利润分配的依据
来源	溢价（主要）、其他	投资

（二）科目设置

"资本公积"科目为所有者权益类科目，用来反映和监督企业资本公积的增减变动情况。在"资本公积"总科目下，应设置"资本溢价（或股本溢价）"和"其他资本公积"明细科目进行明细核算。

真题链接

【初级会计师考试真题·单选题】下列各项中,关于有限责任公司资本公积的表述正确的是( )。
A.投资者出资额超过其在注册资本中所占份额的股东权益
B.可以直接用于企业利润分配
C.可以作为企业股利分配的依据
D.可以体现各位投资者在企业所有者权益中所占的比例

【答案】A
【解析】盈余公积和未分配利润可以用于企业利润分配,但资本公积不能用于利润分配,选项B错误;企业股利的分配依据和投资者在所有者权益中所占比例的体现是实收资本的构成比例,选项CD错误。

资本公积	
借方	贷方
资本公积的减少额	资本公积的增加额
	资本公积实有数额

二、资本公积的核算

(一)资本溢价(或股本溢价)的核算

1. 资本溢价的核算

资本溢价按投资者超额缴入资本的数额(即投资者实际缴入的款额超过其在企业注册资本中所占份额的数额)确认与计量。除股份有限公司外的其他类型的企业,在企业创立时,投资者认缴的出资额与注册资本一致,一般不会产生资本溢价。当企业进入正常生产经营阶段时,其资本利润率通常高于企业创立阶段,后期新加入的投资者要想分享企业的内部积累,只有付出大于原有投资者的出资额,才能取得与原投资者相同的出资比例。投资者投入的资本中按其投资比例计算的出资额部分,应计入"实收资本"科目,超过部分计入"资本公积——资本溢价"科目。

借:银行存款(或固定资产、原材料、无形资产等)
　　应交税费——应交增值税(进项税额)
　贷:实收资本
　　　资本公积——资本溢价

2. 股本溢价的核算

股本溢价按发行股票的溢价扣除发行费用后的数额(即股份有限公司发行股票实际收到的款额超过其股票面值总额的部分)确认与计量。

(1)按面值发行股票时,发行股票取得的收入计入股本。
(2)溢价发行股票时,发行股票取得的收入,等于股票面值的部分作为股本处理,超出股票面值的溢价收入计入股本溢价。

划重点

发行费用从溢价中抵扣,溢价不够的,应依次冲减"盈余公积"、"利润分配——未分配利润"科目。

注意:我国《公司法》规定:"股票的发行价格可以按照面值,也可以超过面值,但不得低于面值。"

提示:股份有限公司发行股票发生的手续费、佣金等交易费用,溢价发行股票的,应从溢价中抵扣,冲减"资本公积——股本溢价"科目;无溢价发行股票或溢价金额不足以抵扣的,应将不足抵扣的部分依次冲减盈余公积和未分配利润。

真题链接

【初级会计师考试真题·单选题】20××年8月1日,某股份有限公司发行普通股5 000万股,每股面值为1元,每股发行价格为6元。向证券公司支付佣金900万元,从发行收入中扣除。不考虑其他因素,该公司发行股票计入"资本公积——股本溢价"科目的金额为( )万元。
A.24 100
B.30 000
C.5 000
D.29 100

【答案】A
【解析】该公司发行股票溢价应计入"资本公积——股本溢价"的金额
=5 000×(6-1)-900=24 100(万元)。

【例2-2-2】海昌公司对外公开发行普通股2 000 000股,每股面值为1元,每股发行价格为2元,发行手续费80 000元从发行收入中扣除,发行款项已经存入银行,假设不考虑其他因素。海昌公司的账务处理如下。

借:银行存款　　　　　　　　　　　　　　　　　　3 920 000
　贷:股本　　　　　　　　　　　　　　　　　　　2 000 000
　　　资本公积——股本溢价　　　　　　　　　　　1 920 000

【多选题】下列各项中,应计入资本公积的有( )。
A.注销的库存股账面余额低于所冲减股本的差额
B.接受非关联企业捐赠产生的利得

C. 交易性金融资产发生的公允价值变动

D. 股份有限公司溢价发行股票扣除交易费用后的股本溢价

【答案】AD

【解析】选项B，接受非关联企业捐赠产生的利得计入营业外收入；选项D，交易性金融资产发生的公允价值变动计入公允价值变动损益。

（二）其他资本公积的核算

1. 采用权益法核算的长期股权投资

企业的长期股权投资采用权益法核算时，因被投资单位除净损益、其他综合收益以及利润分配以外的所有者权益的其他变动，企业按应享有或应分担被投资单位所有者权益的增减数额，调整长期股权投资的账面价值和资本公积（其他资本公积）。

借：长期股权投资——其他权益变动
　　贷：资本公积——其他资本公积
　　　（或相反分录）

> 提示：被投资单位除净损益、其他综合收益以及利润分配以外的所有者权益的其他变动主要包括被投资单位接受其他股东的资本性投入、被投资单位发行可分离交易的可转债务包含的权益成分、以权益结算的股份支付、其他股东对被投资单位增资导致投资方持股比例变动等情形。

> 拓展：处置长期股权投资时（假设全部处置），要将原记入"资本公积——其他资本公积"科目的金额结转至"投资收益"科目中。
> 借：资本公积——其他资本公积
> 　　贷：投资收益
> 　　　（或相反分录）

【例2-2-3】华兴公司投资润泽公司，占润泽公司股份的30%。20×3年12月，润泽公司除净损益、其他综合收益和利润分配以外的所有者权益的其他变动（主要指所有者权益的"资本公积——其他资本公积"科目变动）增加50万元，不考虑其他因素，则华兴公司的长期股权投资按照持股比例计算的增加额为15万元。其会计分录如下。

借：长期股权投资　　　　　　　　　　　　　　　　　　　　　150 000
　　贷：资本公积——其他资本公积　　　　　　　　　　　　　　　　150 000

2. 以权益结算的股份支付

以权益结算的股份支付换取职工或其他方提供服务的，应按照确定的金额，借记"管理费用"科目，贷记"资本公积——其他资本公积"科目。在职工或其他方行权日，应按实际行权的权益数量计算确定的金额，借记"资本公积——其他资本公积"科目，按计入实收资本或股本的金额，贷记"实收资本"或"股本"科目，并将其差额计入"资本公积——资本溢价"或"资本公积——股本溢价"科目。根据国家有关规定，企业实行股权激励的，如果在等待期内取消了授予的权益工具，企业应在进行权益工具加速行权处理时，将剩余等待期内应确认的金额计入当期损益，并同时确认资本公积（其他资本公积）。

借：管理费用
　　贷：资本公积——其他资本公积
在职工或其他方行权日：
借：资本公积——其他资本公积

解难点
资本公积（其他资本公积）不能用于转增资本。

贷：实收资本（或股本）
　　资本公积——资本溢价（或股本溢价）（差额）

企业集团（由母公司及其全部子公司构成）内发生的股份支付交易，如结算企业为接受服务企业的投资者，应当按照授予日权益工具的公允价值或应承担负债的公允价值确认为对接受服务企业的长期股权投资，同时确认资本公积（其他资本公积）或负债。

（三）资本公积转增资本的核算

经股东大会或类似机构决议，用资本公积转增资本时，应冲减资本公积，同时按照转增资本前的实收资本（或股本）的结构或比例将资本公积转增资本计入"实收资本"或"股本"科目下各所有者的投资明细账。

借：资本公积——资本溢价（或股本溢价）
　　贷：实收资本（或股本）

真题链接

【初级会计师考试真题·多选题】下列各项中，企业应通过"资本公积"科目核算的有（　　）。
A.投资者实际出资额超出其在企业注册资本中的所占份额
B.盈余公积转增资本
C.回购股票确认"库存股"科目的账面价值
D.股份有限公司溢价发行股票扣除交易费用后的股本溢价
【答案】AD
【解析】投资者实际出资额超出其在企业注册资本的所占份额计入"资本公积——资本溢价"科目，选项A正确；盈余公积转增资本，应借记"盈余公积"科目，贷记"实收资本"科目，选项B错误；回购股票确认"库存股"科目的账面价值，应借记"库存股"科目，贷记"银行存款"科目，选项C错误；股份有限公司溢价发行股票扣除发行费用后的余额记入"资本公积——股本溢价"科目，选项D正确。

【多选题】下列各项中，不会使资本公积发生增减变动的有（　　）。
A.企业实现净利润
B.溢价发行股票发生的相关交易费用
C.盈余公积弥补亏损
D.资本公积转增资本
【答案】AC
【解析】选项A，企业实现净利润一般是不影响资本公积的；选项C，盈余公积弥补亏损使盈余公积减少，与资本公积无关。

【业务解析】

华兴公司各项业务的账务处理如下。
（1）业务1。
借：长期股权投资——丁公司——其他权益变动　　　　　　　　　　　　20 000
　　贷：资本公积——其他资本公积　　　　　　　　　　　　　　　　　　20 000
（1）业务2。
借：资本公积——资本溢价　　　　　　　　　　　　　　　　　　　　100 000
　　贷：实收资本　　　　　　　　　　　　　　　　　　　　　　　　　100 000

【拓展训练】

20×3年1月1日，顺达公司所有者权益合计金额为20 000 000元，其中，股本为5 000 000元（每股面值为1元），资本公积为10 000 000元，盈余公积为3 000 000元，未分配利润为2 000 000元。该公司20×3年发生与所有者权益相关的交易或事项如下。

（1）3月8日，公开发行普通股1 000 000股，每股面值为1元，每股发行价格为10元，按发行收入的3%向证券公司支付佣金，从发行收入中扣除，收到的款项已存入银行。不考虑其他因素。
（2）7月8日，经股东大会批准，用资本公积转增股本2 000 000元，并办妥相关增资手续。
（3）20×4年1月1日，向甲公司投资1 000 000元，拥有该公司20%的股份，并对该公司有重大影响，对甲公司长期股权投资采用权益法核算。20×4年12月31日，甲公司除净损益、其他综合收益、利润分配之外的所有者权益增加了500 000元，所有者权益的其他项目没有变化。顺达公司持股比例没有变化，甲公司资产的账面价值与公允价值一致，不考虑其他因素。

任务：编制以上经济业务的相关会计分录。

【归纳总结】

资本公积的核算

项目	经济业务	会计处理
资本溢价（或股本溢价）		借：银行存款等 　　贷：实收资本（或股本） 　　　　资本公积——资本溢价（或股本溢价）
其他资本公积	采用权益法核算的长期股权投资	借：长期股权投资——其他权益变动 　　贷：资本公积——其他资本公积 　　（或相反分录）
	以权益结算的股份支付	换取职工服务时： 借：管理费用 　　贷：资本公积——其他资本公积
		行权时： 借：资本公积——其他资本公积 　　贷：实收资本（或股本） 　　　　资本公积——资本溢价（或股本溢价）（差额）
资本公积转增资本		借：资本公积——资本溢价（或股本溢价） 　　贷：实收资本（或股本）

2.2.3 留存收益业务核算

【典型业务】

华兴公司在20×3年实现净利润4 000 000元,年末按净利润的10%提取法定盈余公积,按5%提取任意盈余公积。20×3年经董事会决议通过,用盈余公积弥补当前亏损300 000元,将盈余公积200 000元转增资本,宣告发放现金股利800 000元。

任务:假设不考虑其他因素,请做出华兴公司结转净利润、计提盈余公积、盈余公积弥补亏损、盈余公积转增资本和宣告发放股利等有关利润分配的账务处理。

【知识链接】

一、留存收益概述

（一）概念及内容

留存收益,是指企业从历年实现的利润中提取或形成的留存于企业的内部积累,包括盈余公积和未分配利润两部分。

1. 盈余公积

盈余公积,是指企业按照有关规定从净利润中提取的积累资金。公司制企业的盈余公积分为法定盈余公积和任意盈余公积两类。按照《公司法》的有关规定,公司制企业应按照净利润（弥补以前年度亏损,下同）的10%提取法定盈余公积;可根据股东会或股东大会的决议提取任意盈余公积。

非公司制企业法定盈余公积的提取比例可超过净利润的10%;经类似权力机构批准,也可提取任意盈余公积。

> 注意:如果以前年度未分配利润有盈余（即年初未分配利润余额为正数）,在计算提取法定盈余公积的基数时,不应包括企业年初未分配利润;如果以前年度有未弥补的亏损（即年初未分配利润余额为负数）,应先弥补以前年度亏损再提取盈余公积。
>
> 法定盈余公积累计额已达注册资本的50%时可以不再提取。企业提取的盈余公积经批准可用于弥补亏损、转增资本、发放现金股利或利润等。

2. 未分配利润

未分配利润,是指企业实现的净利润经过弥补亏损、提取盈余公积和向投资者分配利润后留存在企业的、历年结存的利润,是企业所有者权益的一部分。利润分配是指企业根据国家有关规定和企业章程、投资者协议等,对企业当年可供分配的利润所进行的分配。

期末可供分配的利润 = 当年实现的净利润（或净亏损）+ 年初未分配利润（或 – 年初未弥补亏损）+ 其他转入（如盈余公积补亏）

利润分配的顺序依次是:①提取法定盈余公积;②提取任意盈余公积;③向投资者分配利润。

> **拓展：**
> 期末可供投资者分配的利润＝期末可供分配的利润－提取的盈余公积
> 期末未分配利润＝期末可供投资者分配的利润－向投资者分配的现金股利或利润、实际发放的股票股利等

（二）科目设置

"盈余公积""利润分配"科目为所有者权益类科目。其中"盈余公积"科目反映和监督企业盈余公积的形成和使用情况；贷方登记按规定提取的盈余公积数额，借方登记用盈余公积弥补亏损、转增资本及发放现金股利或利润的实际数额，贷方余额反映企业的盈余公积实有数额。在"盈余公积"科目下设置"法定盈余公积"和"任意盈余公积"等明细科目进行明细核算。

盈余公积	
借方	贷方
弥补亏损、转增资本及发放现金股利或利润的实际数额	按规定提取的法定和任意盈余公积数额
	企业的盈余公积实有数额

企业在"利润分配"科目下应分别设置"提取法定盈余公积""提取任意盈余公积""应付现金股利或利润""转作股本的股利""盈余公积补亏""未分配利润"等明细科目。其中"利润分配——未分配利润"科目反映企业利润的分配（或亏损的弥补）和历年分配（或弥补）后的未分配利润（或未弥补亏损）。

利润分配	
借方	贷方
按规定实际分配的利润数；年终时从本年利润账户的贷方转来的当年亏损数额	年终时从本年利润账户的借方转来的当年实现的净利润总额
历年累积的未弥补亏损	历年累积的未分配利润

二、留存收益的核算

（一）盈余公积的核算

1. 提取盈余公积

企业按规定提取盈余公积时，应通过"利润分配——提取法定盈余公积（或提取任意盈余公积）"和"盈余公积——法定盈余公积（或任意盈余公积）"等科目核算。

借：利润分配——提取法定盈余公积（或提取任意盈余公积）
　　贷：盈余公积——法定盈余公积（或任意盈余公积）

【例 2-2-4】海昌公司本年实现净利润 3 000 000 元，经股东大会批准，海昌公司按当年净利润的 10% 提取法定盈余公积。假设不考虑其他因素。

借：利润分配——提取法定盈余公积　　　　　　　　　　　　　　300 000
　　贷：盈余公积——法定盈余公积　　　　　　　　　　　　　　　　300 000

2. 用盈余公积弥补亏损

企业用盈余公积弥补亏损，应按当期弥补亏损的数额，通过"盈余公积"和"利润分

真题链接

【初级会计师考试真题·单选题】下列各项中，关于盈余公积会计处理的表述正确的是（　　）。
A. 用盈余公积转增资本时，应借记"盈余公积"科目，贷记"资本公积"科目
B. 用盈余公积弥补亏损时，应借记"盈余公积"科目，贷记"利润分配——盈余公积补亏"科目
C. 提取盈余公积时，应借记"本年利润"科目，贷记"盈余公积"科目
D. 用盈余公积发放现金股利时，应借记"盈余公积"科目，贷记"利润分配——应付现金股利或利润"科目

【答案】B
【解析】用盈余公积转增资本时，应借记"盈余公积"科目，贷记"实收资本"科目，选项 A 错误；提取盈余公积时，应借记"利润分配——提取法定盈余公积、提取任意盈余公积"科目，贷记"盈余公积"科目，选项 C 错误；用盈余公积发放现金股利时，应借记"盈余公积"科目，贷记"应付股利"科目，选项 D 错误。

配——盈余公积补亏"等科目核算。

借：盈余公积
  贷：利润分配——盈余公积补亏

【例 2-2-5】 海昌公司经股东大会批准，用盈余公积弥补当年亏损，当年弥补亏损的数额为 200 000 元。假设不考虑其他因素。

借：盈余公积　　　　　　　　　　　　　　　　　　　　　 200 000
  贷：利润分配——盈余公积补亏　　　　　　　　　　　　　　　　 200 000

3. 用盈余公积转增资本

企业用盈余公积转增资本，应按批准的转增资本数额，通过"盈余公积"和"实收资本"或"股本"等科目核算。

借：盈余公积
  贷：实收资本（或股本）

> **划重点**
> 《公司法》规定，用盈余公积转增资本时，转增后留存的盈余公积的数额不得少于转增前注册资本的 25%。

【例 2-2-6】 海昌公司经股东大会批准，用盈余公积 200 000 元转增资本。假设不考虑其他因素。

借：盈余公积　　　　　　　　　　　　　　　　　　　　　 200 000
  贷：股本　　　　　　　　　　　　　　　　　　　　　　　　 200 000

4. 用盈余公积发放现金股利或利润

企业经股东大会或类似机构决议，用盈余公积分配现金股利或利润，应通过"盈余公积"和"应付股利"等科目核算。

借：盈余公积
  贷：应付股利

【例 2-2-7】 海昌公司股东大会批准 20×2 年度利润分配方案，用盈余公积按每 10 股 2 元发放现金股利共 1 000 000 元。假设不考虑其他因素。

（1）宣告发放现金股利时。

借：盈余公积　　　　　　　　　　　　　　　　　　　　　 1 000 000
  贷：应付股利　　　　　　　　　　　　　　　　　　　　　　 1 000 000

（2）支付股利时。

借：应付股利　　　　　　　　　　　　　　　　　　　　　 100 000
  贷：银行存款　　　　　　　　　　　　　　　　　　　　　　 100 000

> **真题链接**
> 【初级会计师考试真题·多选题】以下关于有限责任公司将盈余公积转增资本的变动情况，正确的表述有（　）。
> A. 留存收益减少
> B. 实收资本增加
> C. 所有者权益总额不变
> D. 资本公积增加
> 【答案】ABC
> 【解析】将盈余公积转增资本不影响资本公积。

【单选题】 某企业 20×3 年年初盈余公积为 100 万元，当年实现净利润 200 万元。提取盈余公积 20 万元，用盈余公积转增资本 20 万元，用盈余公积向投资者分配现金股利 10 万元。20×3 年年末该企业盈余公积为（　）万元。

A. 70　　　　　　B. 80　　　　　　C. 90　　　　　　D. 100

【答案】C

【解析】20×3 年年末该企业盈余公积为 100+20-20-10=90（万元）。

（二）未分配利润的核算

年度终了，企业应将全年实现的净利润或发生的净亏损，自"本年利润"科目转入"利润分配——未分配利润"科目，并将"利润分配"科目所属其他明细科目的余额转入"未分配利润"明细科目。结转后，"利润分配——未分配利润"科目如出现贷方余额，则反映企业累积未分配的利润数额，如出现借方余额则反映累计未弥补的亏损数额。

期末利润分配及结转的账务处理如下。

（1）结转当期实现的净利润。

借：本年利润

　　　　贷：利润分配——未分配利润
　（2）结转当期发生的净亏损。
　　　　借：利润分配——未分配利润
　　　　　贷：本年利润
　（3）提取盈余公积（只有在当期实现净利润时才涉及）。
　　　　借：利润分配——提取法定盈余公积（或提取任意盈余公积）
　　　　　贷：盈余公积——法定盈余公积（或任意盈余公积）
　同时：
　　　　借：利润分配——未分配利润
　　　　　贷：利润分配——提取法定盈余公积（或提取任意盈余公积）
　（4）宣告分配现金股利或利润（宣告分配股票股利时不做账务处理）。
　　　　借：利润分配——应付现金股利或利润
　　　　　贷：应付股利
　同时：
　　　　借：利润分配——未分配利润
　　　　　贷：利润分配——应付现金股利或利润
　（5）实际支付股票股利。
　　　　借：利润分配——转作股本的股利
　　　　　贷：股本
　同时：
　　　　借：利润分配——未分配利润
　　　　　贷：利润分配——转作股本的股利
　（6）用盈余公积弥补亏损。
　　　　借：盈余公积
　　　　　贷：利润分配——盈余公积补亏
　同时：
　　　　借：利润分配——盈余公积补亏
　　　　　贷：利润分配——未分配利润

> 📢 **拓展**：用税后利润弥补亏损时不做账务处理，"利润分配——未分配利润"科目借贷方相互抵销。

【单选题】下列说法中错误的是（　　）。

A.年度终了，企业应将"本年利润"科目的本年累计余额转入"利润分配——未分配利润"科目

B.企业用当年实现的净利润弥补以前年度亏损，不需要单独进行账务处理

C.企业向投资者宣告发放现金股利，应在宣告时确认为费用

D.年度终了，除"未分配利润"明细科目外，"利润分配"科目下的其他明细科目应当无余额

【答案】C

【解析】企业向投资者宣告发放现金股利，应在宣告时进行如下账务处理。

　　　　借：利润分配——应付现金股利或利润
　　　　　贷：应付股利

🔍 **划重点**
分配现金股利或利润时，也可以分配以前年度累积的利润。

🔗 **真题链接**
【初级会计师考试真题·多选题】下列各项中，年度终了需要转入"利润分配——未分配利润"科目的有（　　）。

A.本年利润
B.利润分配——应付现金股利或利润
C.利润分配——盈余公积补亏
D.利润分配——提取法定盈余公积

【答案】ABCD

【解析】年度终了，企业应将全年实现的净利润或发生的净亏损，自"本年利润"科目转入"利润分配——未分配利润"科目，并将"利润分配"科目所属其他明细科目的余额转入"未分配利润"明细科目。

【业务解析】

华兴公司账务处理如下。

（1）结转净利润。

借：本年利润　　　　　　　　　　　　　　　　　　　4 000 000
　　贷：利润分配——未分配利润　　　　　　　　　　　　　　4 000 000

（2）计提盈余公积。

借：利润分配——提取法定盈余公积　　　　　　　　　400 000
　　　　　　——提取任意盈余公积　　　　　　　　　200 000
　　贷：盈余公积——法定盈余公积　　　　　　　　　　　　400 000
　　　　　　　——任意盈余公积　　　　　　　　　　　　200 000

（3）用盈余公积弥补亏损。

借：盈余公积　　　　　　　　　　　　　　　　　　　300 000
　　贷：利润分配——盈余公积补亏　　　　　　　　　　　　300 000

（4）盈余公积转增资本。

借：盈余公积　　　　　　　　　　　　　　　　　　2 000 000
　　贷：实收资本　　　　　　　　　　　　　　　　　　　2 000 000

（5）宣告发放现金股利。

借：利润分配——应付现金股利　　　　　　　　　　　800 000
　　贷：应付股利　　　　　　　　　　　　　　　　　　　　800 000

借：利润分配——未分配利润　　　　　　　　　　　1 100 000
　　　　　　——盈余公积补亏　　　　　　　　　　　300 000
　　贷：利润分配——提取法定盈余公积　　　　　　　　　　400 000
　　　　　　　　——提取任意盈余公积　　　　　　　　　　200 000
　　　　　　　　——应付现金股利　　　　　　　　　　　　800 000

【拓展训练】

顺达公司有关业务资料如下。

（1）20×3年1月1日，顺达公司股东权益总额为23 000 000元（其中，股本总额为5 000 000股，每股面值为1元；资本公积为13 000 000元；盈余公积为3 000 000元；未分配利润为2 000 000元）。20×3年度实现净利润300 000元，按实现净利润的10%提取法定盈余公积，股本与资本公积等项目未发生变化。

（2）20×4年5月5日，顺达公司召开股东大会，审议通过董事会提案，宣告发放现金股利150 000元。

（3）20×4年6月6日，顺达公司以20×3年12月31日的股本总额为基数，以盈余公积转增股本，每10股转增2股，共计1 000 000股，并办妥了盈余公积转增股本的有关手续。

任务：编制以上经济业务的相关会计分录。

【归纳总结】

留存收益的核算

经济业务		会计处理
结转当期实现的净利润		借：本年利润 　　贷：利润分配——未分配利润
结转当期发生的净亏损		借：利润分配——分配利润 　　贷：本年利润
提取盈余公积及盈余公积其他情形	提取盈余公积	借：利润分配——提取法定盈余公积（或提取任意盈余公积） 　　贷：盈余公积——提取法定盈余公积（或任意盈余公积）
	用盈余公积弥补亏损	借：盈余公积 　　贷：利润分配——盈余公积补亏
	用盈余公积转增资本	借：盈余公积 　　贷：实收资本（或股本）
	用盈余公积发放现金股利或利润	借：盈余公积 　　贷：应付股利
宣告分配现金股利或利润		借：利润分配——应付现金股利或利润 　　贷：应付股利
实际支付股票股利（宣告分配股票股利时不做账务处理）		借：利润分配——转作股本的股利 　　贷：股本
将"利润分配"科目所属其他明细科目的余额结转至"未分配利润"明细科目		借：利润分配——未分配利润 　　贷：利润分配——提取法定盈余公积（或提取任意盈余公积） 　　　　利润分配——应付现金股利或利润 　　　　利润分配——转作股本的股利

各类交易事项对留存收益和所有者权益的影响

交易事项	对留存收益的影响	对所有者权益的影响
提取盈余公积	内部结构变动，总额不变	内部结构变动，总额不变
用盈余公积弥补亏损	内部结构变动，总额不变	内部结构变动，总额不变
用盈余公积发放现金股利或利润	减少	减少
当年实现净利润	增加	增加
宣告发放现金股利	减少	减少
用盈余公积转增资本	减少	内部结构变动，总额不变
用资本公积转增资本	不变	内部结构变动，总额不变
回购股票	不变	减少
注销股票	有可能减少	不变

【职场格言】

不懂大数据的会计不是好会计
——大数据在财务分析中的应用

财务分析是企业经营管理的重要组成部分,随着信息技术的发展,业务财务逐步融合,大数据的产生对传统的财务分析模式提出了巨大的挑战,也对财务人员提出了更高的要求。

传统的财务分析方法主要采用人工操作,需要消耗大量人力与物力,所获得的分析效果也不尽如人意,存在一定的误差,而大数据的应用不仅可以有效减少财务分析中的差错,还能有效提升财务管理人员的工作效率。

同时,企业可以利用大数据对所处的市场环境进行分析,提升企业经营决策的准确性,统筹企业战略规划;在生产经营过程中,大数据还能提升成本管理、成本核算、资产管理的科学性和准确性。

既然大数据的应用有这么多优点,那么同学们就有必要掌握大数据分析的基本技能,提升财务大数据分析和管理能力。

模块三
资产运营

导 语

资产规模越大,公司实力越强吗?

资产规模在一定程度上是企业实力的象征。一些大型企业资产过亿,甚至达到数十亿、数百亿,有关这些"巨无霸"企业的新闻也经常出现在人们的视野里。然而,资产规模并不能完全代表企业实力。首先,企业资产规模不能代表企业资产质量。比如说,总资产多也有可能代表账上的应收账款等债权类资产比较多,这些应收款项存在不可回收的可能性,未来可能成为"坏账"。另外,在企业实务中也出现过度高估存货价值来提高资产金额的情况。根据会计恒等式(资产 = 负债 + 所有者权益),资产来自负债和所有者权益,负债比例高意味着大部分资产都是借来的,企业负有偿还本息的义务,一旦经营不善将面临巨大压力,严重时甚至会导致现金流危机。

因此,资产规模和企业实力并不完全对应,企业实力需要综合考量。同学们应学好专业课,探寻企业财务的魅力。

项目一

货币资金业务核算

【典型业务】

课前打卡

知识点	已掌握	需巩固	未学习
货币资金概念			
库存现金			
银行存款			
其他货币资金			
自评分			

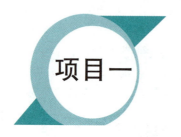

华兴公司是专门从事办公家具生产与销售的企业，为增值税一般纳税人，20×3 年 6 月，发生以下货币资金相关业务。

业务 1. 20×3 年 6 月 29 日，盘点的库存现金账面余额为 1 760 元，实际盘点金额为 2 000 元，现金长款为 240 元。6 月 30 日，因无法查明原因，经批准现金长款作为“营业外收入”入账（图 3–1、图 3–2）。

库存现金盘点报告表

单位名称：华兴有限责任公司 20×3 年 06 月 29 日

实存金额	账面金额	对比结果		备注
		现金溢余	现金短缺	
2 000.00	1 760.00	240.00		

盘点人（签章）李瑶　　出纳（签章）王栋　　监盘人（签章）

图 3–1　库存现金盘点报告表

现金长款处理意见

20×3年6月29日盘点的库存现金账面余额为1 760.00元，实际盘点金额为2 000.00元，现金长款为240.00元，因无法查明原因，经批准作为“营业外收入”入账。

批准人：马报国

日期：20×3年6月30日

图 3–2　现金长款处理意见

业务 2. 华兴公司为增值税一般纳税人，为取得银行汇票，向银行填交“银行本票申请书”，并将 120 000 元银行存款转作银行汇票存款。公司取得银行本票后，根据银行盖章退回的银行本票申请书存根联填制银行付款凭证。

业务 3. 华兴公司用银行汇票购买原材料 100 000 元，增值税专用发票上注明的增值税税额为 13 000 元。

任务 1：根据业务 1 编制会计分录；
任务 2：根据业务 2 编制会计分录；
任务 3：根据业务 3 编制会计分录。

【知识链接】

货币资金，是指企业生产经营过程中处于货币形态的资产，属于企业的一种金融资产。货币资金包括库存现金、银行存款和其他货币资金。

> 拓展：资产负债表中"货币资金"一栏填列金额＝库存现金＋银行存款＋其他货币资金。

一、库存现金

库存现金，是指存放于企业财会部门、由出纳人员经管的货币。企业应当严格遵守国家《现金管理暂行条例》和企业有关现金管理制度，正确进行现金收支的核算，监督现金使用的合法性与合理性。

> 注意：库存现金是企业流动性最强的资产。

（一）现金管理制度

根据国务院发布的《现金管理暂行条例》的规定，企业现金管理制度主要包括以下内容。

1. 现金的使用范围

企业可用现金支付的款项如下。

（1）职工工资、津贴；
（2）个人劳务报酬；
（3）根据国家规定颁发给个人的科学技术、文化艺术、体育比赛等奖金；
（4）各种劳保、福利费用以及国家规定的对个人的其他支出；
（5）向个人收购农副产品和其他物资的价款；
（6）出差人员必须随身携带的差旅费；
（7）结算起点（1 000 元）以下的零星支出；
（8）中国人民银行确定需要支付现金的其他支出。

除企业可以现金支付的款项中的第（5）项和第（6）项外，开户单位支付给个人的款项，超过使用现金限额的部分，应当以支票或者银行本票等方式支付；确需全额支付现金的，经开户银行审核后，可以支付现金。

> 注意：结算起点（1 000 元）针对非个人业务，对个人收购农副产品等业务没有限额规定。

划重点

无形资产研发支出应该费用化还是资本化并不以"研究"和"开发"为界限，而是以"满足资本化条件"为界限。

【单选题】按照现金管理相关规定，下列各项中，企业可以使用库存现金进行结算的经济业务是（　　）。

A. 发放给职工的津贴 500 元

B. 支付出差人员预借的差旅费 2 000 元

C. 向个人收购农副产品的价款 1 500 元

D. 向外单位支付的机器设备款 2 000 元

【答案】BC

【答案解析】向个人收购农副产品和其他物资的价款和出差人员必须随身携带的差旅费可以超过结算限额（1 000 元）；除此两项外，开户单位支付给个人的款项，超过使用现金限额的部分，应当以支票或者银行本票等方式支付；确需全额支付现金的，经开户银行审核后，予以支付现金。

2. 库存现金限额

库存现金限额，是指为保证单位日常零星开支的需要，允许单位留存现金的最高数额。这一限额由开户银行根据单位的实际需要核定，一般按照单位 3~5 天日常零星开支所需确定。经核定的库存现金限额，开户单位必须严格遵守，超过部分应于当日终了前存入银行。需要增加或者减少库存现金限额的，应当向开户银行提出申请，由开户银行核定。

> 注意：边远地区和交通不便地区的开户单位的库存现金限额，可按多于 5 天，但不得超过 15 天的日常零星开支的需要确定。

3. 现金收支的规定

开户单位现金收支应当依照下列规定办理。

（1）开户单位现金收入应当于当日送存开户银行，当日送存确有困难的，由开户银行确定送存时间。

（2）开户单位支付现金，可以从本单位库存现金限额中支付或从开户银行提取，不得从本单位的现金收入中直接支付（即坐支）。因特殊情况需要坐支现金的，应当事先报经开户银行审查批准，由开户银行核定坐支范围和限额。坐支单位应当定期向开户银行报送坐支金额和使用情况。

（3）开户单位从开户银行提取现金时，应当写明用途，由本单位财会部门负责人签字盖章，经开户银行审核后，予以支付。

（4）因采购地点不确定、交通不便、生产或市场急需，抢险救灾以及其他特殊情况必须使用现金的，开户单位应向开户银行提出申请，经本单位财会部门负责人签字盖章，经开户银行审核后，予以支付现金。

> **实务链接**
>
> #### 什么是坐支？
>
> 坐支，是指有现金收入的单位，从本单位收入的现金中直接支付现金的做法，即付款时从收款中直接支付，没有分别做账务处理。例如：出纳收到 A 员工赔偿款 2 000 元，未进行账务处理，B 员工出差预借差旅费 2 000 元，出纳人员将刚收到的 2 000 元付给 B 员工，未进行账务处理。以上这两项业务均未进行账务处理，即坐支。
>
> 因特殊情况需要坐支现金的，应当事先报请有关部门审查批准，并在核定的坐支范围和限额内进行，同时，收支的现金必须入账。

【判断题】开户单位支付现金，可以从本单位库存现金限额中支付或从开户银行提取，也可以从本单位的现金收入中直接支付。（　　）

【答案】错

【解析】开户单位支付现金，可以从本单位库存现金限额中支付或从开户银行提取，不得从本单位的现金收入中直接支付（即坐支）。因特殊情况需要坐支现金的，应当事先报请开户银行审查批准,由开户银行核定坐支范围和限额。

(二)库存现金的账务处理

1."库存现金"科目

为了反映和监督企业库存现金的收入、支出和结存情况,企业应当设置"库存现金"科目,借方登记企业库存现金的增加,贷方登记企业库存现金的减少,期末借方余额反映期末企业实际持有的库存现金的金额。

库存现金	
借方	贷方
期初余额	企业减少的库存现金
企业增加的库存现金	
期末库存现金余额	

2."备用金"科目

企业内部各部门周转使用的备用金,可以单独设置"备用金"科目进行核算。

为了全面、连续地反映和监督库存现金的收支和结存情况,企业应当设置库存现金总账和库存现金日记账,分别进行库存现金的总分类核算和明细分类核算。库存现金日记账由出纳人员根据收付款凭证,按照业务发生顺序逐日逐笔登记。

> 注意:每日终了,应当在库存现金日记账上计算出当日的现金收入合计额、现金支出合计额和余额,并将库存现金日记账的余额与实际库存现金金额核对,保证账款相符。

> 注意:月度终了应将库存现金日记账的余额与库存现金总账的余额核对,做到账账相符。

> 拓展:库存现金的收支、库存现金日记账的登记都是出纳的工作范围。

(三)库存现金的清查

为了保证现金的安全、完整,企业应当按规定对库存现金进行定期和不定期的清查,一般采用实地盘点法,对于清查的结果应当编制现金盘点报告单。如果有挪用现金、白条抵库的情况,应及时予以纠正;对于超限额的现金应及时送存银行。

划重点
现金盘点报告单举例

实务链接

什么是"白条抵库"?

白条抵库亦称"白条顶库",指的是以个人或单位名义开具的不符合财务制度和会计凭证手续的字条与单据,这些不合规定的字条和单据称为"白条"。顶替库存现金或实物的行为一般包括不遵守有关现金及物资管理制度要求,用白条或其他凭证,据以借出、挪用或暂付现金,办理原材料、商品、产品出库等。

用白条抵库,会使实际库存现金减少,日常开支所需现金不足,还会使账面现金余额超过库存现金限额,难以进行财务管理。严重的,还容易产生挥霍浪费、挪用公款等问题。因此,用白条抵库是一种违反财经纪律的行为,应坚决杜绝。会计人员在处理相关业务时,应严禁将白条作为记账的依据。

如果账款不符，发现有待查明原因的现金短缺或溢余，应先通过"待处理财产损溢"科目核算。按管理权限经批准后，分两种情况处理。如为现金短缺，属于应由责任方赔偿的部分，计入其他应收款；属于无法查明原因的，计入管理费用。如为现金溢余，属于应支给有关人员或单位的，计入其他应付款；属于无法查明原因的，计入营业外收入（表3-1）。

待处理财产损益	
借方	贷方
批准前财产的盘亏或毁损数	批准前财产的盘盈数
批准后转销的财产盘盈	批准后转销的财产盘亏或毁损

表 3-1 待处理财产损益的处理

情形	报经批准前 （先调账，确保账实相符）	报经批准后 （根据真实情况处理）
现金短缺	借：待处理财产损益 　贷：库存现金	借：其他应收款（应由责任方赔偿的部分） 　　管理费用（无法查明原因的部分） 　贷：待处理财产损益
现金溢余	借：库存现金 　贷：待处理财产损益	借：待处理财产损益 　贷：其他应付款（应支付给有关人员或单位的部分） 　　营业外收入（无法查明原因的部分）

> **解难点**
> 无法查明原因的现金短缺，计入管理费用，无法查明原因的现金溢余，计入营业外收入。

【单选题】下列各项中，企业现金清查发现的无法查明原因的短缺，经批准后应计入的会计科目是（　）。

A."营业外支出"　　　　　　　　　B."财务费用"

C."营业外收入"　　　　　　　　　D."管理费用"

【答案】D

【答案解析】属于无法查明原因的现金短缺，计入"管理费用"科目。

二、银行存款

（一）银行存款的管理

银行存款是企业存放在银行或其他金融机构的货币资金。银行存款是企业除现金之外流动性最强的资产，企业应当根据日常经营业务和管理活动的需要合理确定银行存款规模，加强银行存款管理，以利于加速企业资金周转，提高企业资金效益。企业应当严格遵守国家金融监管机构的支付结算法律法规和企业有关银行存款的管理制度，正确进行银行存款收支的核算，监督银行存款使用的合法性与合理性。企业应当根据业务需要，按照规定在其所在地银行开设账户，运用所开设的账户，进行存款、取款以及各种收支转账业务的结算。银行存款的收付应严格执行银行结算制度的规定。

（二）银行存款的账务处理

1."银行存款"科目

为了反映和监督企业银行存款的收入、支出和结存情况，企业应当设置"银行存款"科目，借方登记企业银行存款的增加，贷方登记企业银行存款的减少，期末借方余额反映期末企业实际持有的银行存款的金额。

银行存款	
借方	贷方
银行存款的增加	银行存款的减少
企业实际持有的银行存款的金额	

企业应当设置银行存款总账和银行存款日记账，分别进行银行存款的总分类核算和序时、明细分类核算。企业可按开户银行和其他金融机构、存款种类等设置银行存款日记账，根据收付款凭证，按照业务的发生顺序逐笔登记。每日终了，应结出余额。

企业将款项存入银行或其他金融机构时，借记"银行存款"科目，贷记"库存现金"等科目；提取或支付已存入银行或其他金融机构的存款时，借记"库存现金"等科目，贷记"银行存款"科目。

2. 银行存款的核对

应定期将银行存款日记账与银行对账单核对，至少每月核对一次。企业银行存款账面余额与银行对账单余额之间如有差额，应编制"银行存款余额调节表"（表3-2）予以调节，如没有记账错误，调节后的双方余额应相等。余额不相等表示一定有错误。

表 3-2　银行存款余额调节表

20×3年12月31日　　　　　　　　　　　　　　　　　　万元

项目	金额	项目	金额
企业银行存款日记账余额		银行对账单余额	
加：银行已收，企业未收		加：企业已收，银行未收	
减：银行已付，企业未付		减：企业已付，银行未付	
调节后的存款余额		调节后的存款余额	

划重点

银行对账单在一定程度上可以看作银行对企业记的账，而企业日记账则是企业自己记的账，对二者进行核对可以发现是否有记账错误。

3. 银行存款的清查

银行存款的清查，是采用与开户银行核对账目的方法进行的，即将本单位银行存款日记账的账簿记录与开户银行转来的对账单逐笔进行核对，查明银行存款的实有数额。

企业银行存款账面余额与银行对账单余额不一致的原因可能是某一方或双方记账过程有错误或存在未达账项。

> 注意：调整后的余额不相等表示一定有错误，但是调节后余额相等不一定说明没有错误。例如一笔银行收款业务借贷同时多记100元未被发现，银行对账单和余额调节表调节后余额仍然相等。

未达账项，是由于结算凭证在企业与其开户银行之间或收付款银行之间传递需要时间，造成企业与其开户银行之间入账的时间差，一方收到凭证并已入账，另一方未收到凭证因而未能入账而形成的入账差异。未达账项一般分为表3-3所示的4种情况。

表 3-3　未达账项的情况

情况	调节方法
①企业已收款记账，银行未收款未记账	调增银行对账单余额
②企业已付款记账，银行未付款未记账	调减银行对账单余额
③银行已收款记账，企业未收款未记账	调增企业银行存款日记账余额
④银行已付款记账，企业未付款未记账	调减企业银行存款日记账余额

银行存款余额调节表编制的计算公式如下:

企业银行存款日记账余额+银行已收企业未收款-银行已付企业未付款=银行对账单余额+企业已收银行未收款-企业已付银行未付款

【例3-1-1】华兴公司20×3年12月31日银行存款日记账的余额为280万元,银行转来对账单的余额为300万元,经逐笔核对,发现以下未达账项。

(1)企业开出转账支票15万元,并已登记银行存款减少,但持票单位尚未到银行办理转账,银行尚未记账。

(2)银行代企业支付水电费20万元,银行已登记减少企业银行存款,但企业未收到银行付款通知,尚未记账。

(3)企业委托银行代收某公司购货款100万元,银行已收妥并登记入账,但企业尚未收到收款通知,尚未记账。

(4)企业送存转账支票75万元,并已登记银行存款增加,但银行尚未记账。

【答案】华兴公司编制银行存款余额调节表,见表3-4。

表3-4 银行存款余额调节表

20×3年12月31日　　　　　　　　　　　　　　　万元

项目	金额	项目	金额
企业银行存款日记账余额	280	银行对账单余额	300
加:银行已收,企业未收	100	加:企业已收,银行未收	75
减:银行已付,企业未付	20	减:企业已付,银行未付	15
调节后的存款余额	360	调节后的存款余额	360

三、其他货币资金

其他货币资金的分别如图3-3所示。

图3-3 其他货币资金的分类

(一)其他货币资金概述

其他货币资金,是指企业除库存现金、银行存款以外的其他各种货币资金,主要包括银行汇票存款、银行本票存款、信用卡存款、信用证保证金存款、存出投资款和外埠存款等。其他货币资金的存放地点分散、用途多样,存放、使用的手续制度要求各有不同。由于受经营业务活动性质影响,其安全管理难度大,因此要求企业会计部门和经营业务经办部门相互配合,明确经办责任,严格履行申请、审批、经办等手续制度,对于业务收支经办结束的项目应及时办理清理手续和进行相应的会计处理。会计部门应当加强相应的明细核算和监督管理,避免不合理延期,防止债权债务纠纷发生而给企业造成损失等不利影响。

为了反映和监督其他货币资金的收支和结存情况,企业应当设置"其他货币资金"科目,借方登记其他货币资金的增加,贷方登记其他货币资金的减少,期末余额在借方,反映企业实际持有的其他货币资金的金额。

其他货币资金

借方	贷方
其他货币资金的增加	其他货币资金的减少
企业实际持有的其他货币资金	

【单选题】下列各项中,企业应通过"其他货币资金"科目核算的经济业务是( )。
A. 销售商品收到银行承兑汇票
B. 开出转账支票购买办公用品
C. 委托银行代为支付电话费
D. 用银行汇票支付采购办公用品的款项
【答案】D
【解析】选项A,通过"应收票据"科目核算;选项BC,通过"银行存款"科目核算;选项D,通过"其他货币资金——银行汇票"科目核算。

> 📢 注意:"其他货币资金"科目应当按照其他货币资金的种类设置明细科目进行核算。

真题链接

【初级会计师考试真题·多选题】下列各项中,企业应通过"其他货币资金"科目核算的有( )。
A. 用银行本票支付采购办公用品的款项
B. 存入证券公司指定账户的款项
C. 汇往异地银行开立采购专户的款项
D. 存入银行信用证保证金专户的款项
【答案】ABCD
【解析】选项ABCD均通过"其他货币资金"科目核算。

(二)银行汇票存款

银行汇票存款,是指企业为取得银行汇票,按照规定存入银行的款项。

银行汇票是指由出票银行签发的,由其在见票时按照实际结算金额无条件支付给收款人或者持票人的票据。银行汇票的出票银行为银行汇票的付款人。单位和个人各种款项的结算,均可使用银行汇票。

> 📢 拓展:银行汇票可以用于转账,填明"现金"字样的银行汇票也可以用于支取现金。

汇款单位(即申请人)使用银行汇票,应向出票银行填写"银行汇票申请书",填明收款人名称、汇票金额、申请人名称、申请日期等事项并签章,签章是其预留银行的签章。出票银行受理"银行汇票申请书",收妥款项后签发银行汇票,并用压数机压印出票金额,将银行汇票和解讫通知一并交给申请人。申请人应将银行汇票和解讫通知一并交付汇票上记明的收款人。收款人受理申请人交付的银行汇票时,应在出票金额以内,根据实际需要的款项办理结算,并将实际结算的金额和多余金额准确、清晰地填入银汇票和解讫通知的有关栏内,到银行办理款项入账手续。收款人可以将银行汇票背书转让给被背书人。银行汇票的背书转让以不超过出票金额的实际结算金额为准。未填写实际结算金额或实际结算金额超过出票金额的银行汇票,不得背书转让。

> 📢 注意:银行汇票的提示付款期限为自出票日起1个月,持票人超过付款期限提示付款的,银行将不予受理。持票人向银行提示付款时,必须同时提交银行汇票和解讫通知,缺少任何一联,银行均不予受理。

> **实务链接**
>
> 银行汇票"提示付款"怎么理解?
>
> 通俗地说,"提示付款"指的是在一个月的期限内,持票人要告诉代理付款人即将要取出这张银行汇票所记载的金额,即告诉付款人票据快到期了请准备好钱付款。

法理园地

如果银行汇票遗失,那么钱就要不回来了吗?根据《票据法》,失票人可以凭人民法院出具的其享有票据权利的证明,向出票银行请求付款或退款。

企业填写"银行汇票申请书"、将款项交存银行时借记"其他货币资金——银行汇票"科目,贷记"银行存款"科目;企业持银行汇票购货、收到有关发票账单时,借记"材料采购""原材料""库存商品""应交税费——应交增值税(进项税额)"等科目,贷记"其他货币资金——银行汇票"科目;采购完毕收回剩余款项时,借记"银行存款"科目,贷记"其他货币资金——银行汇票"科目。

其他货币资金——银行汇票存款	
借方	贷方
银行汇票存款增加	银行汇票存款减少
实际银行汇票存款余额	

借:其他货币资金——银行汇票
　　贷:银行存款
借:材料采购、原材料、库存商品等
　　应交税费——应交增值税(进项税额)
　　贷:其他货币资金——银行汇票
借:银行存款
　　贷:其他货币资金——银行汇票

销货企业收到银行汇票,填制进账单到开户银行办理款项入账手续时,根据进账单及销货发票等,借记"银行存款"科目,贷记"主营业务收入""应交税费——应交增值税(销项税额)"等科目。

借:银行存款
　　应交税费——应交增值税(进项税额)
　　贷:主营业务收入
　　应交税费——应交增值税(销项税额)

银行汇票的账务处理如图 3-4 所示。

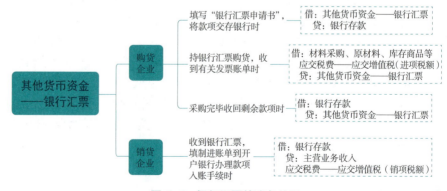

图 3-4 银行汇票的账务处理

【例 3-1-2】华兴公司为增值税一般纳税人,20×3 年 8 月 5 日向银行申请办理银行汇票用以购买原材料,将款项 120 000 元交存银行转作银行汇票存款。根据银行盖章退回的申请书存根联,华兴公司应编制如下会计分录。

借:其他货币资金——银行汇票　　　　　　　　　　120 000
　　贷:银行存款　　　　　　　　　　　　　　　　　　　120 000

20×3年12月10日,华兴司购入一批原材料,已验收入库,取得的增值税专用发票上注明的价款为100 000元,增值税税额为13 000元,已用银行汇票办理结算,多余款项9 000元退回开户银行,华兴公司已收到开户银行转来的银行汇票第四联(多余款收账通知)。

华兴公司应编制如下会计分录。

(1)用银行汇票结算材料价款和增值税税款。

借:原材料　　　　　　　　　　　　　　　　　　　100 000
　　应交税费——应交增值税(进项税额)　　　　　　　13 000
　　贷:其他货币资金——银行汇票　　　　　　　　　　113 000

(2)收到退回的银行汇票多余款项。

借:银行存款　　　　　　　　　　　　　　　　　　　7 000
　　贷:其他货币资金——银行汇票　　　　　　　　　　7 000

(三)银行本票存款

银行本票存款,是指企业为取得银行本票按规定存入银行的款项。

银行本票是指银行签发的,承诺自己在见票时无条件支付确定的金额给收款人或持票人的票据。单位和个人在同一票据交换区域需要支付的各种款项,均可使用银行本票。

> 注意:银行本票可以用于转账,注明"现金"字样的银行本票可以用于支取现金。

银行本票分为定额本票和不定额本票两种。定额本票面额为1 000元、5 000元、10 000元和50 000元。银行本票的提示付款期限自出票日起最多不得超过2个月。在有效付款期内,银行见票付款。持票人超过提示付款期限付款的,银行不予受理。

其他货币资金——银行本票存款	
借方	贷方
增加	减少
实际银行本票存款余额	

申请人使用银行本票,应向银行填写"银行本票申请书"。申请人或收款人为单位的,不得申请签发现金银行本票。出票银行受理"银行本票申请书",收妥款项后签发银行本票,在本票上签章后交给申请人。申请人应将银行本票交付给银行本票上记明的收款人。收款人可以将银行本票背书转让给被背书人。

申请人因银行本票超过提示付款期限或其他原因要求退款时,应将银行本票提交到出票银行并出具单位证明。根据银行盖章退回的进账单第一联,借记"银行存款"科目,贷记"其他货币资金——银行本票"科目。出票银行对于在本行开立存款账户的申请人,只能将款项转入原申请人账户;对于现金银行本票和未到本行开立存款账户的申请人,才能退付现金。

划重点

票据	开票人	持票人
银行汇票	其他货币资金	银行存款
银行本票	其他货币资金	银行存款
支票	银行存款	银行存款
商业汇票	应付票据	应收票据

> 注意:与银行汇票一样,如果银行本票不小心遗失,失票人可以凭人民法院出具的其享有票据权利的证明,向出票银行请求付款或退款。

借:银行存款
　　贷:其他货币资金——银行本票

企业填写"银行本票申请书",将款项交存银行时,借记"其他货币资金——银行本票"科目,贷记"银行存款"科目;企业持银行本票购货,收到有关发票账单时,借记"材料采购""原材料""库存商品""应交税费——应交增值税(进项税额)"等科目,贷记"其他货币资金——银行本票"科目。

借:材料采购、原材料、库存商品等
　　应交税费——应交增值税(进项税额)
　　贷:其他货币资金——银行本票
借:银行存款
　　贷:其他货币资金——银行本票

销货企业收到银行本票,填制进账单到开户银行办理款项入账手续时,根据进账单及销货发票等,借记"银行存款"科目,贷记"主营业务收入""应交税费——应交增值税(销项税额)"等科目。

借:银行存款
　　贷:主营业务收入
　　　　应交税费——应交增值税(销项税额)

【例3-1-3】华兴公司为增值税一般纳税人,为取得银行本票,向银行填交"银行本票申请书",并将60 000元银行存款转作银行本票存款。华兴公司取得银行本票后,应根据银行盖章退回的"银行本票申请书"存根联填制银行付款凭证。华兴公司应编制如下会计分录。

借:其他货币资金——银行本票　　　　　　　　　　　　60 000
　　贷:银行存款　　　　　　　　　　　　　　　　　　　　　60 000

华兴公司用银行本票购买原材料50 000元,增值税专用发票上注明的增值税税额为6 500元。华兴公司应编制如下会计分录。

借:原材料　　　　　　　　　　　　　　　　　　　　　50 000
　　应交税费——应交增值税(进项税额)　　　　　　　　　6 500
　　贷:其他货币资金——银行本票　　　　　　　　　　　　56 500

(四)信用卡存款

其他货币资金——信用卡存款

借方	贷方
增加	减少
实际信用卡存款余额	

信用卡存款,是指企业为取得信用卡而存入银行信用卡专户的款项。信用卡是银行卡的一种。凡在中国境内金融机构开立基本存款账户的单位均可申领单位卡。单位卡可申领若干张,持卡人资格由申领单位法定代表人或其委托的代理人书面指定和注销。特约单位在每日营业终了,应将当日受理的信用卡签购单汇总,计算手续费和净额,并填写汇(总)计价单和进账单,连同签购单一并送交收单银行办理进账。

> 📢 拓展:单位卡账户的资金一律从其基本存款账户转账存入,不得交存现金,不得将销货收入的款项存入其账户。持卡人可持信用卡在特约单位购物、消费,但单位卡不得用于10万元以上的商品交易、劳务供应款项的结算,不得支取现金。

企业申领信用卡应填制"信用卡申请表",连同支票和有关资料一并送存发卡银行,根据银行盖章退回的进账单第一联，借记"其他货币资金——信用卡"科目，贷记"银行存款"科目；

借：其他货币资金——信用卡
　　贷：银行存款

企业用信用卡购物或支付有关费用，收到开户银行转来的信用卡存款的付款凭证及所附发票账单，借记"管理费用"等科目，贷记"其他货币资金——信用卡"科目；企业信用卡在使用过程中，需要向其账户续存资金的，应借记"其他货币资金——信用卡"科目，贷记"银行存款"科目。

借：管理费用等
　　贷：其他货币资金——信用卡
借：其他货币资金——信用卡
　　贷：银行存款

企业的持卡人如不需要继续使用信用卡，应持信用卡主动到发卡银行办理销户销卡，信用卡余额转入企业基本存款户，不得提取现金，借记"银行存款"科目，贷记"其他货币资金——信用卡"科目。

借：银行存款
　　贷：其他货币资金——信用卡

【单选题】企业的持卡人如不需要继续使用信用卡，应持信用卡主动到发卡银行办理销户销卡，信用卡余额可以提取现金。（　　）

【答案】×

【答案】办理销户销卡时，信用卡余额转入企业基本存款户，不得提取现金。

【例3-1-4】华兴公司于20×3年11月向银行申领信用卡，向银行交存20 000元，20×3年12月，该公司用信用卡支付办公用品价款10 000元，增值税专用发票上注明的增值税税额为1 300元。华兴公司应编制如下会计分录。

（1）申领信用卡时。

借：其他货币资金——信用卡　　　　　　　　　　　　　　20 000
　　贷：银行存款　　　　　　　　　　　　　　　　　　　20 000

（2）用信用卡支付购办公用品时。

借：管理费用　　　　　　　　　　　　　　　　　　　　　10 000
　　应交税费——应交增值税（进项税额）　　　　　　　　 1 300
　　贷：其他货币资金——信用卡　　　　　　　　　　　　11 300

（五）信用证保证金存款

信用证有国际信用证、国内信用证之分，以下内容专指国内信用证（以下简称"信用证"）。

信用证，是指银行（包括政策性银行、商业银行、农村合作银行、村镇银行和农村信用社）依照申请人的申请开立的、对相符交单予以付款的承诺。它是以人民币计价、不可撤销的跟单信用证。信用证的开立和转让，应当具有真实的贸易背景，适用于银行为国内企事业单位之间货物和服务贸易提供的信用证服务。

注意：信用证只限于转账结算，不得支取现金。

信用证保证金存款，是指采用信用证结算方式的企业为开具信用证而存入银行信用证保证金专户的款项。企业向银行申请开立信用证，应按规定向银行提交开证申请书、信用证申请人承诺书和购销合同。

真题链接

【初级会计师考试真题·单选题】企业向银行申领信用卡，交存相关款项，收到银行盖章退回的进账单。下列各项中，企业应借记的会计科目是（　　）。
A."其他货币资金"
B."其他应收款"
C."应收票据"
D."银行存款"
【答案】A
【解析】企业申领信用卡应填制"信用卡申请表"，连同支票和有关资料一并送存发卡银行，根据银行盖章退回的进账单第一联，借记"其他货币资金信用卡"科目，贷记"银行存款"科目。

123

其他货币资金——信用证保证金存款	
借方	贷方
增加	减少
实际信用证保证金存款余额	

企业填写"信用证申请书",并将信用证保证金交存银行时,应根据银行盖章退回的"信用证申请书"回单,借记"其他货币资金——信用证保证金"科目,贷记"银行存款"科目。

借:其他货币资金——信用证保证金
　　贷:银行存款

企业接到开证行通知,根据供货单位信用证结算凭证及所附发票账单,借记"材料采购""原材料""库存商品""应交税费——应交增值税(进项税额)"等科目,贷记"其他货币资金——信用证保证金"科目。

借:材料采购、原材料、库存商品等
　　应交税费——应交增值税(进项税额)
　　贷:其他货币资金——信用证保证金

将未用完的信用证保证金存款余额转回开户银行时,借记"银行存款"科目,贷记"其他货币资金——信用证保证金"科目。

借:银行存款
　　贷:其他货币资金——信用证保证金

(六)存出投资款

存出投资款,是指企业为购买股票、债券、基金等根据有关规定存入在证券公司指定银行开立的投资款专户的款项。

其他货币资金——存出投资款	
借方	贷方
增加	减少
存出投资款余额	

企业向证券公司划出资金时,应按实际划出的金额,借记"其他货币资金——存出投资款"科目,贷记"银行存款"科目;

借:其他货币资金——存出投资款
　　贷:银行存款

购买股票、债券、基金等时,借记"交易性金融资产"等科目,贷记"其他货币资金——存出投资款"科目。

借:交易性金融资产等
　　贷:其他货币资金——存出投资款

(七)外埠存款

外埠存款,是指企业为了到外地进行临时或零星采购而汇往在采购地银行开立的采购专户的款项。企业将款项汇往外地时,应填写汇款委托书,委托开户银行办理汇款。汇入地银行以汇款单位的名义开立临时采购账户。

其他货币资金——外埠存款	
借方	贷方
增加	减少
外埠存款余额	

> 注意：该账户的存款不计利息、只付不收、付完清户，除了采购人员可从中提取少量现金外，一律采用转账结算。

企业将款项汇往在外地开立的采购专用账户，根据汇出款项凭证编制付款凭证时，借记"其他货币资金——外埠存款"科目，贷记"银行存款"科目。

借：其他货币资金——外埠存款
　　贷：银行存款

收到采购人员转来供应单位发票账单等报销凭证时，借记"材料采购""原材料""库存商品""应交税费——应交增值税（进项税额）"等科目，贷记"其他货币资金——外埠存款"科目。

借：材料采购、原材料、库存商品等
　　应交税费——应交增值税（进项税额）
　　贷：其他货币资金——外埠存款

采购完毕收回剩余款项时，根据银行的收账通知，借记"银行存款"科目，贷记"其他货币资金——外埠存款"科目。

借：银行存款
　　贷：其他货币资金——外埠存款

【单选题】下列各项中，应该使用"其他货币资金"科目核算的有（　　）。

A. 取得信用卡而存入银行信用卡专户的款项
B. 汇往在采购地银行开立的采购专户的款项
C. 投资股票取得的股利
D. 收到的银行承兑汇票

【答案】D

【解析】其他货币资金主要包括银行汇票存款、银行本票存款、信用卡存款、信用证保证金存款、存出投资款和外埠存款等。

【例3-1-5】华兴公司于20×3年5月2日委托开户银行汇往采购地100 000元开立专户。银行盖章退回的"汇款委托书"回单等凭证已收到。5月15日，采购员交来供应单位发票账单等报销凭证92 660元，其中货款82 000元，增值税10 660元，材料收到并验收入库，外埠存款余额转回开户行。

（1）开立采购专用账户。

借：其他货币资金——外埠存款　　　　　　　　　　　　　100 000
　　贷：银行存款　　　　　　　　　　　　　　　　　　　　　　100 000

（2）采购材料。

借：原材料　　　　　　　　　　　　　　　　　　　　　　　82 000
　　应交税费——应交增值税（进项税额）　　　　　　　　　10 660
　　贷：其他货币资金——外埠存款　　　　　　　　　　　　　　92 660

（3）余款退回。

借：银行存款　　　　　　　　　　　　　　　　　　　　　　7 340
　　贷：其他货币资金——外埠存款　　　　　　　　　　　　　　7 340

【业务解析】

业务1，盘点结束后，根据现金盘点报告表应编制如下会计分录。

借：库存现金　　　　　　　　　　　　　　　　　　　　　　240
　　贷：待处理财产损益　　　　　　　　　　　　　　　　　　　240

借：待处理财产损益 240
　　贷：营业外收入 240

业务2，华兴公司应编制如下会计分录。

借：其他货币资金——银行汇票 120 000
　　贷：银行存款 120 000

业务3，华兴公司应编制如下会计分录。

借：原材料 100 000
　　应交税费——应交增值税（进项税额） 13 000
　　贷：其他货币资金——银行汇票 113 000

【拓展训练】

顺达公司20×3年有关业务资料如下。

（1）2月10日，在对现金进行清查时，发现短缺60元。经查明原因，应由出纳员赔偿40元，其余20元经批准作为管理费用。2月11日，收到出纳员的赔偿款。

（2）3月1日，在对现金进行清查时，发现溢余80元。现金溢余原因不明，经批准予以核销。

（3）4月1日，自境外采购一批商品，货款为40 000元，增值税5 200元采用信用证结算方式。该公司向银行填写"信用证委托书"并向银行交纳50 000元信用证保证金。4月15日，采购完成后，银行退回多余款项。

（4）6月10日，向银行申请办理信用卡，交存银行备用金200 000元，填制"信用卡申请表"并将款项送存银行，取得信用卡；7月12日，用信用卡支付办公费用3 760元；7月31日，续存资金10 000元。

任务：编制以上经济业务的相关会计分录。

【归纳总结】

	经济业务	会计处理
现金	库存现金采购	借：材料采购、原材料、库存商品等 　　应交税费——应交增值税（进项税额） 贷：库存现金
	现金溢余	**报经批准前** 借：库存现金 　　贷：待处理财产损益　　　　　　　　　　　**报经批准后** 借：待处理财产损益 　　贷：其他应付款（应支付给有关人员或单位的部分） 　　　　营业外收入（无法查明原因的部分）
	现金短缺	**报经批准前** 借：待处理财产损益 　　贷：库存现金　　　　　　　　　　　　　　　**报经批准后** 借：其他应收款（应由责任方赔偿的部分） 　　管理费用（无法查明原因的部分） 　　贷：待处理财产损益
银行存款采购业务		借：材料采购、原材料、库存商品等 　　应交税费——应交增值税（进项税额） 贷：银行存款
其他货币资金采购业务	申请银行汇票、银行本票等或向证券公司划出资金时	借：其他货币资金 　　贷：银行存款
	收到有关发票账单时	借：材料采购、原材料、库存商品、管理费用、交易性金融资产等 　　应交税费——应交增值税（进项税额） 贷：其他货币资金
	收回剩余款项时	借：银行存款 　　贷：其他货币资金

项目二

交易性金融资产

【典型业务】

20×3年6—8月,华兴公司发生的交易性金融资产业务如下。

业务1. 6月1日,向D证券公司划出投资款1 000万元,款项已通过开户行转入D证券公司银行账户。

业务2. 6月2日,委托D证券公司购入A上市公司股票100万股,每股8元,另发生相关的交易费用2万元,并将该股票划分为交易性金融资产。

业务3. 6月30日,该股票在证券交易所的收盘价格为每股7.70元。

业务4. 7月30日,该股票在证券交易所的收盘价格为每股8.10元。

业务5. 8月10日,将所持有的该股票全部出售,所得价款825万元已存入银行,假设不考虑相关税费。

任务:根据以上业务做出正确的账务处理。

交易性金融资产

【知识链接】

一、金融资产概述

(一)金融资产的概念

金融资产,是指企业持有的现金、其他方的权益工具以及符合下列条件之一的资产。

(1)从其他方收取现金或其他金融资产的合同权利,例如,企业的银行存款、应收账款、应收票据和贷款等均属于金融资产。但是,预付账款产生的未来经济利益是商品或服务,不是收取现金或其他金融资产的权利,不是金融资产。

(2)在潜在有利条件下,与其他方交换金融资产或金融负债的合同权利,例如,企业持有的看涨期权或看跌期权等。

(3)将来须用或可用企业自身权益工具进行结算的非衍生工具合同,且企业根据该合同将收到的可变数量的自身权益工具,例如,企业的普通债券合同或普通股等。

(4)将来须用或可用企业自身权益工具进行结算的衍生工具合同,但以固定数量的自身权益工具交换固定金额的现金或其他金融资产的衍生工具合同除外。其中,企业自身权益工具不包括应当按照《企业会计准则第37号——金融工具列报》分类为权益工具的金融工具或发行方仅在清算时才有义务向另一方按比例交付其净资产的金融工具,也不包括本身就要求在未来收取或交付企业自身权益工具的合同。

> 注意：在企业全部资产中，库存现金、银行存款、应收账款、应收票据、贷款、其他应收款、应收利息、债权投资、股权投资、基金投资及衍生金融资产等统称为金融资产。

（二）金融资产的管理

现代金融市场的健康、可持续发展离不开金融工具的广泛运用和不断创新。企业管理金融资产的业务模式是通过金融市场交易产生现金流量，其主要目的多为解决暂时闲置资金并增加企业投资收益。金融市场不同于商品市场，金融市场使资金的所有权和使用权分离，具有不确定性、普遍性、扩散性和突发性等特征，存在不可分散的系统风险。因此，对于金融资产的会计核算和会计监督的难度大、要求高，企业会计应准确计量，如实谨慎地反映金融资产的风险，关注金融资产公允价值的顺周期性特点和可能的不良经济后果，加强金融资产监督管理，防止金融资产过度投资导致的高度经济虚拟化，以免影响企业主业核心竞争力和长期稳定健康发展。

（三）金融资产的分类

企业应当根据管理金融资产的业务模式和金融资产的合同现金流量特征，对金融资产进行合理分类。《企业会计准则第 22 号——金融工具确认和计量》（2017）将金融资产划分为以摊余成本计量的金融资产、以公允价值计量且其变动计入其他综合收益的金融资产、以公允价值计量且其变动计入当期损益的金融资产 3 类。

1. 以摊余成本计量的金融资产

在初级会计师考试阶段，金融资产部分主要介绍交易性金融资产的会计处理。

企业应当将同时符合下列条件的金融资产分类为以摊余成本计量的金融资产。①管理该金融资产的业务模式是以收取合同现金流量为目标。②该金融资产的合同条款规定，在特定日期产生的现金流量，仅为对本金和以未偿付本金金额为基础的利息的支付，如债权投资的合同现金流量包括投资期间各期应收的利息和到期应收回的本金等。其他属于以摊余成本计量的金融资产性质的金融资产还有"贷款""应收账款"等。

2. 以公允价值计量且其变动计入其他综合收益的金融资产

企业应当将同时符合下列条件的金融资产分类为以公允价值计量且其变动计入其他综合收益的金融资产。①管理该金融资产的业务模式，既以收取合同现金流量为目标又以出售该金融资产为目标。②该金融资产的合同条款规定，在特定日期产生的现金流量，仅为对本金和以未偿付本金金额为基础的利息的支付，如其他债权投资。

3. 以公允价值计量且其变动计入当期损益的金融资产

企业应当将除上述分类为以摊余成本计量的金融资产和以公允价值计量且其变动计入其他综合收益的金融资产之外的金融资产，分类为以公允价值计量且其变动计入当期损益的金融资产。

> 注意：金融资产的分类一旦确定，不得随意变更。

二、交易性金融资产的概念

交易性金融资产，是指以公允价值计量且其变动计入当期损益的金融资产。它是企业为了近期出售而持有的金融资产，如企业以赚取差价为目的从二级市场购入的股票、债券、基金等；或者在初始确认时属于集中管理的可辨认金融工具组合的一部分，且有客观证据表明近期实际存在短期获利模式的金融资产等，如企业管理的以公允价值进行业绩考核的某项投资组合。

交易性金融资产预期能在短期内变现以满足日常经营的需要，因此，在资产负债表中作为流动资产列示。

需要说明的是，从金融资产的合同现金流量特征来看，尽管交易性金融资产仍将收取合同现金流量，但只是偶尔为之，并非为了实现业务模式目标（收取合同现金流量）而不可或缺。

三、交易性金融资产的账务处理

（一）会计科目的设置

为了反映和监督交易性金融资产的取得、其现金股利或利息的收取、出售等情况，企业应当设置"交易性金融资产""公允价值变动损益""投资收益"等科目进行核算（图3-5）。

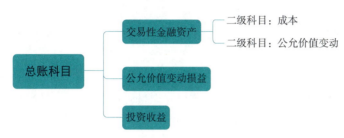

图 3-5 交易性金融资产会计科目

"交易性金融资产"科目核算以公允价值计量且其变动计入当期损益的金融资产。"交易性金融资产"科目的借方登记交易性金融资产的取得成本、资产负债表日公允价值高于账面余额的差额，以及出售交易性金融资产时结转公允价值低于账面余额的变动金额；贷方登记资产负债表日其公允价值低于账面余额的差额，以及企业出售交易性金融资产时结转的成本和公允价值高于账面余额的变动金额。企业应当按照交易性金融资产的类别和品种，分别设置"成本""公允价值变动"等明细科目进行核算。

交易性金融资产

借方	贷方
①取得成本 ②资产负债表日公允价值高于账面余额的差额	①公允价值低于账面余额的差额 ②出售时结转的成本和公允价值高于账面余额的变动金额

"公允价值变动损益"科目核算企业交易性金融资产等的公允价值变动所形成的应计入当期损益的利得或损失。"公允价值变动损益"科目的借方登记资产负债表日企业持有的交易性金融资产等的公允价值低于账面余额的差额；贷方登记资产负债表日企业持有的交易性金融资产等的公允价值高于账面余额的差额。

公允价值变动损益

借方	贷方
①公允价值低于账面余额的差额	①公允价值高于账面余额的差额

"投资收益"科目核算企业持有交易性金融资产等的期间内取得的投资收益以及出售交易性金融资产等实现的投资收益或投资损失。"投资收益"科目的借方登记企业取得交易性金融资产时支付的交易费用、出售交易性金融资产等发生的投资损失，贷方登记企业持有交易性金融资产等的期间内取得的投资收益，以及出售交易性金融资产等实现的投资收益。"投资收益"科目应当按照投资项目设置明细科目进行核算。

> **真题链接**
> 【初级会计师考试真题·单选题】下列各项中，增值税一般纳税人取得交易性金融资产的相关支出应计入投资收益的是（　）。
> A.不含增值税的交易费用
> B.价款中包含的已宣告但尚未发放的现金股利
> C.增值税专用发票上注明的增值税税额
> D.价款中包含的已到付息期但尚未领取的债券利息
> 【答案】A
> 【解析】选项B计入应收股利，选项B错误；选项C计入应交税费——应变增值税（进项税额），选项C错误；选项D计入应收利息，选项D错误。

投资收益

借方	贷方
①取得交易性金融资产时支付的交易费	①持有交易性金融资产期间内取得的投资收益
②出售交易性金融资产等发生的投资损失	②出售交易性金融资产等实现的投资收益

（二）取得交易性金融资产

企业取得交易性金融资产时，应当按照取得时的公允价值作为其初始入账金额。交易性金融资产的公允价值，应当以市场交易价格为基础确定。

> 注意：（1）实际支付的价款中包含的已宣告但尚未领取的现金股利或已到付息期但尚未领取的债券利息，应单独确认为"应收股利"或"应收利息"。
> （2）取得交易性金融资产所发生的相关交易费用应在发生时计入"投资收益"科目。

企业取得交易性金融资产所支付价款中包含的已宣告但尚未发放的现金股利或已到付息期但尚未领取的债券利息，应当单独确认为应收项目。企业取得交易性金融资产所发生的相关交易费用应当在发生时计入当期损益，冲减投资收益，发生交易费用取得增值税专用发票的，进项税额经认证后可从当月销项税额中扣除。交易费用是指可直接归属于购买、发行或处置金融工具的增量费用。增量费用是指企业没有发生购买、发行或处置相关金融工具的情形就不会发生的费用，包括支付给代理机构、咨询公司、券商、证券交易所、政府有关部门等的手续费、佣金、相关税费以及其他必要支出，不包括债券溢价、折价、融资费用、内部管理成本和持有成本等与交易不直接相关的费用。

企业取得交易性金融资产，应当按照取得该交易性金融资产时的公允价值，借记"交易性金融资产——成本"科目，按照发生的交易费用，借记"投资收益"科目，发生交易费用取得增值税专用发票的，按其注明的增值税进项税额，借记"应交税费——应交增值税（进项税额）"科目，按照实际支付的金额，贷记"其他货币资金"等科目。

借：交易性金融资产——×公司股票成本
　　贷：其他货币资金
借：投资收益——×公司股票
　　应交税费——应交增值税（进项税额）
　　贷：其他货币资金——存出投资款

【例3-2-1】华兴公司为增值税一般纳税人。假定20×3年6月1日，华兴公司从上海证券交易所购入A上市公司股票100 000股，支付价款500 000元（其中包含已宣告但尚未发放的现金股利100 000元），另支付相关交易费用2 500元，取得的增值税专用发票上注明的增值税税额为150元。华兴公司将其划分为交易性金融资产进行管理和核算。华兴公司应编制如下会计分录。

（1）20×3年6月1日，购买A上市公司股票。

借：交易性金融资产——A上市公司股票——成本　　400 000
　　应收股利——A上市公司股票　　　　　　　　　100 000
　　贷：其他货币资金——存出投资款　　　　　　　　　　　500 000

（2）20×3年6月1日，支付相关交易费用。

借：投资收益——A上市公司股票　　　　　　　　　2 500
　　应交税费——应交增值税（进项税额）　　　　　150
　　贷：其他货币资金——存出投资款　　　　　　　　　　　2 650

【单选题】某企业购入 A 上市公司股票 10 万股，并划分为交易性金融资产，共支付款项 50 万元，其中包括已宣告但尚未发放的现金股利 3 万元。另外，支付相关交易费用 2 万元。该交易性金融资产的入账价值为（　　）万元。

A. 50　　　　　　B. 53　　　　　　C. 47　　　　　　D. 45

【答案】C

【解析】入账价值＝50-3＝47（万元）。

（三）持有交易性金融资产

（1）企业持有交易性金融资产期间对于被投资单位宣告发放的现金股利或已到付息期但尚未领取的债券利息，应当确认为应收项目，并计入投资收益，借记"应收股利"或"应收利息"科目，贷记"投资收益"科目；实际收到款项时作为冲减应收项目处理，借记"其他货币资金"等科目，贷记"应收股利"或"应收利息"科目。

①被投资单位宣告发放现金股利或已到付息期但尚未领取的债券利息。

借：应收股利/应收利息——××公司
　　贷：投资收益——××公司

②实际收款。

借：其他货币资金
　　贷：应收股利

> 📢 注意：企业只有在同时满足 3 个条件时，才能确认交易性金融资产所取得的股利或利息收入并计入当期损益：①企业收取股利或利息的权利已经确立（例如被投资单位已宣告发放）；②与股利或利息相关的经济利益很可能流入企业；③股利或利息的金额能够可靠计量。

【例3-2-2】假设 20×3 年 8 月 21 日，华兴公司收到 A 上市公司向其发放的现金股利 100 000 元并存入银行。假设不考虑相关税费。华兴公司应编制如下会计分录。

借：其他货币资金——存出投资款　　　　　　　　　　　　　　100 000
　　贷：应收股利——A 上市公司股票　　　　　　　　　　　　　　　　100 000

假设 20×4 年 1 月 20 日，A 上市公司宣告发放 20×3 年度现金股利，华兴公司按其持有该上市公司股份计算确定的应分得的现金股利为 750 000 元。假设不考虑相关税费。华兴公司应编制如下会计分录。

借：应收股利——A 上市公司股票　　　　　　　　　　　　　　750 000
　　贷：投资收益——A 上市公司股票　　　　　　　　　　　　　　　　750 000

假设 20×4 年 4 月 20 日，A 上市公司收到了上述股利。华兴公司应编制如下会计分录。

借：其他货币资金——存出投资款　　　　　　　　　　　　　　750 000
　　贷：应收股利——A 上市公司股票　　　　　　　　　　　　　　　　750 000

（2）资产负债表日，交易性金融资产应当按照公允价值计量，公允价值与账面余额的差额计入当期损益。

企业应当在资产负债表日按照交易性金融资产公允价值高于其账面余额的差额，借记"交易性金融资产——公允价值变动"科目，贷记"公允价值变动损益"科目；公允价值低于其账面余额的差额做相反的会计分录，借记"公允价值变动损益"科目，贷记"交易性金融资产——公允价值变动"科目。

①交易性金融资产公允价值高于账面余额。

借：交易性金融资产——公允价值变动
　　贷：公允价值变动损益

> 🔗 真题链接
>
> 【初级会计师考试真题·单选题】下列各项中，企业应在资产负债表日将持有的交易性金融资产公允价值高于账面余额的差额计入的会计科目是（　　）。
>
> A."其他业务收入"
> B."投资收益"
> C."公允价值变动损益"
> D."资产处置损益"
>
> 【答案】C
>
> 【解析】企业应当在资产负债表日按照交易性金融资产公允价值高于其账面余额的差额，借记"交易性金融资产——公允价值变动"科目，贷记"公允价值变动损益"科目。

②交易性金融资产公允价值低于账面余额。

借：公允价值变动损益
　　贷：交易性金融资产——公允价值变动

（3）资产负债表日，交易性金融资产应当按照公允价值计量，公允价值与账面余额的差额计入当期损益。

解难点
"公允价值变动损益"是账面的浮盈浮亏，而不是"实盈实亏"。

【例3-2-3】假设20×3年6月30日，华兴公司持有A上市公司股票的公允价值为480 000元；20×3年12月31日，华兴公司持有A上市公司股票的公允价值为370 000元。不考虑相关税费和其他因素。华兴公司应编制如下会计分录。

① 20×3年6月30日，确认A上市公司股票的公允价值变动损益。

借：交易性金融资产——A上市公司股票——公允价值变动　　80 000
　　贷：公允价值变动损益——A上市公司股票　　　　　　　　　　 80 000

② 20×3年12月31日，确认A上市公司股票的公允价值变动损益。

借：公允价值变动损益——A上市公司股票　　　　　　　　　 110 000
　　贷：交易性金融资产——A上市公司股票——公允价值变动　　 110 000

【判断题】持有交易性金融资产期间，投资单位收到购买价款中包含的投资前被投资单位已宣告但尚未发放的现金股利时，应确认为投资收益。（　　）

【答案】×

解难点
现在会计准则要求出售股票时，不需要将公允价值变动损益转入投资收益。

【解析】持有交易性金融资产期间，投资单位收到购买价款中包含的投资前被投资单位已宣告但尚未发放的现金股利时，应该在实际收到时冲减应收股利。借记"银行存款"科目，贷记"应收股利"科目。

（四）出售交易性金融资产

企业出售交易性金融资产时，应当将出售时交易性金融资产的公允价值与其账面余额的差额作为投资损益进行会计处理。

企业出售交易性金融资产，应当按照实际收到的金额，借记"其他货币资金"等科目，按照该交易性金融资产的账面余额的成本部分，贷记"交易性金融资产——成本"科目，按照该金融资产的账面余额的公允价值变动部分，贷记或借记"交易性金融资产——公允价值变动"科目，按照其差额，贷记或借记"投资收益"科目。

借：其他货币资金——存出投资款（实际收到的价款扣减交易费用后净额）
　　投资收益（倒挤或贷方）
　　贷：交易性金融资产——成本
　　　　　　　　　　——公允价值变动

【例3-2-4】假设20×4年5月31日，华兴公司出售所持有的全部A上市公司股票价款为420 000元。不考虑相关税费和其他因素，华兴公司应编制如下会计分录。

借：其他货币资金——存出投资款　　　　　　　　　　　　　　　420 000
　　交易性金融资产——A上市公司股票——公允价值变动　　　　　 30 000
　　贷：交易性金融资产——A上市公司股票——成本　　　　　　　　400 000
　　　　投资收益——A上市公司股票　　　　　　　　　　　　　　　 50 000

（五）转让金融商品应交增值税

金融商品转让按照卖出价扣除买入价（不需要扣除已宣告未发放现金股利和已到付息期但未领取的利息）后的余额作为销售额计算增值税。

> 注意：转让金融商品按盈亏相抵后的余额为销售额，若相抵后出现负差，可结转下一纳税期与下期转让金融商品销售额互抵，但年末时仍出现负数的，不得转入下一会计年度。

转让金融资产当月月末，如产生转让收益，则按应纳税额，借记"投资收益"等科目，贷记"应交税费——转让金融商品应交增值税"科目。

借：投资收益
　　贷：应交税费——转让金融商品应交增值税

如产生转让损失，则按可结转下月抵扣税额借记"应交税费——转让金融商品应交增值税"科目，贷记"投资收益"等科目。

借：应交税费——转让金融商品应交增值税
　　贷：投资收益

年末，如果"应交税费——转让金融商品应交增值税"科目有借方余额，说明本年度的金融商品转让损失无法弥补，且本年度的金融资产转让损失不可转入下年度继续抵减转让金融资产的收益，应将"应交税费——转让金融商品应交增值税"科目的借方余额转出。因此，应借记"投资收益"等科目，贷记"应交税费——转让金融商品应交增值税"科目。

借：投资收益
　　贷：应交税费——转让金融商品应交增值税

【单选题】下列各项中，关于交易性金融资产会计处理表述正确的有（　　）。
A. 取得时发生的交易费用应计入"投资收益"科目的贷方
B. 取得时支付价款中包含的已宣告发放但尚未支付的股利应计入"应收股利"科目
C. 持有期间发生的公允价值变动应计入"投资收益"科目
D. 出售时实际收到的款项与其账面余额的差额应计入"投资收益"科目
【答案】BD
【解析】选项A，企业取得交易性金融资产时发生的交易费用应计入当期损益（"投资收益"科目的借方）；选项C，持有期间发生的公允价值变动应计入公允价值变动损益。

四、短期投资的核算

按照《小企业会计准则》的相关规定，小企业购入的能随时变现并且持有时间不准备超过1年（含1年）的投资应设置"短期投资"科目核算。该科目应按照股票、债券、基金等短期投资种类进行明细核算。该科目为流动资产类科目，小企业取得短期投资计入该科目的借方；出售短期投资计入该科目的贷方；该科目期末借方余额，反映小企业持有的短期投资成本。

短期投资	
借方	贷方
①取得	①出售
目前持有的短期投资成本	

（一）取得短期投资的账务处理

小企业购入各种股票、债券、基金等作为短期投资的，应当按照实际支付的购买价款和相关税费，借记"短期投资"科目，贷记"银行存款"科目。

借：短期投资
　　贷：银行存款

（1）小企业购入股票作为短期投资的，如果实际支付的购买价款中包含已宣告但尚未发放的现金股利，按照实际支付的购买价款和相关税费扣除已宣告但尚未发放的现金股利后的金额，借记"短期投资"科目，按照应收的现金股利，借记"应收股利"科目，按照实际支付的购买价款和相关税费，贷记"银行存款"科目。

借：短期投资
　　应收股利
　贷：银行存款

（2）小企业购入债券作为短期投资的，如果实际支付的购买价款中包含已到付息期但尚未领取的债券利息，应当按照实际支付的购买价款和相关税费扣除已到付息期但尚未领取的债券利息后的金额，借记"短期投资"科目，按照应收的债券利息，借记"应收利息"科目，按照实际支付的购买价款和相关税费，贷记"银行存款"科目。

借：短期投资
　　应收利息
　贷：银行存款

（二）短期投资持有期间的账务处理

在短期投资持有期间，被投资单位宣告分派现金股利时，借记"应收股利"科目，贷记"投资收益"科目。在债务人应付利息日，按照分期付息、一次还本债券投资的票面利率计算的利息收入，借记"应收利息"科目，贷记"投资收益"科目。

借：应收股利／应收利息——×公司
　贷：投资收益——×公司

（三）出售短期投资的账务处理

出售短期投资，应当按照实际收到的出售价款，借记"银行存款"或"库存现金"科目，按照该项短期投资的账面余额，贷记"短期投资"科目，按照尚未收到的现金股利或债券利息，贷记"应收股利"或"应收利息"科目，按照其差额，贷记或借记"投资收益"科目。

借：银行存款／库存现金
　　应收股利／应收利息
　　投资收益（倒挤或贷方）
　贷：短期投资

【多选题】下列各项中，关于短期投资的会计处理表述不正确的有（　　）。

A. 按照《小企业会计准则》的相关规定，小企业购入的能随时变现并且持有时间不准备超过1年的投资应计入"交易性金融资产"科目

B. 取得时实际支付的购买价款中包含的已宣告但尚未发放的现金股利应确认为应收股利

C. 取得时实际支付的购买价款中包含的已到付息期但尚未领取的债券利息应确认为应收利息

D. 出售时实际收到的款项与其账面余额的差额应计入"投资收益"科目

【答案】A

【解析】按照《小企业会计准则》的相关规定，小企业购入的能随时变现并且持有时间不准备超过1年的投资应计入"短期投资"科目。

【业务解析】

（1）借：其他货币资金——存出投资款　　　　　　　　　　　1 000
　　　贷：银行存款　　　　　　　　　　　　　　　　　　　　　　1 000

（2）借：交易性金融资产——成本　　　　　　　　　　　　　　　　800
　　　　投资收益　　　　　　　　　　　　　　　　　　　　　　　 2
　　　　　贷：其他货币资金——存出投资款　　　　　　　　　　　　　　802
（3）借：公允价值变动损益　　　　　　　　　　　　　30（800–100×7.7）
　　　　　贷：交易性金融资产——公允价值变动　　　　　　　　　　　　30
（4）借：交易性金融资产——公允价值变动　　　　40（8.1×100–7.7×100）
　　　　　贷：公允价值变动损益　　　　　　　　　　　　　　　　　　　40
（5）借：银行存款　　　　　　　　　　　　　　　　　　　　　　　825
　　　　　贷：交易性金融资产——成本　　　　　　　　　　　　　　　800
　　　　　　　　　　　　　　——公允价值变动　　　　　　　　　　　10
　　　　　　投资收益　　　　　　　　　　　　　　　　　　　　　　 15

【拓展训练】

20×3年1月5日，顺达公司购入丙公司发行的公司债券，该笔债券于20×2年1月1日发行，面值为2 000 000元，票面利率为6%，债券利息按年支付。顺达公司将其划分为交易性金融资产，支付价款为2 120 000元（其中包含上年债券利息120 000元），另支付交易费用40 000元。20×3年1月25日，顺达公司收到该笔债券利息120 000元。

20×3年6月30日，顺达公司持有丙公司债券的公允价值为2 000 000元；20×3年12月31日，顺达公司持有丙公司债券的公允价值为2 160 000元。

20×4年1月10日，顺达公司出售了所持有的全部丙公司债券，价款为2 450 000元。不考虑相关税费和其他因素。

任务：编制以上经济业务的相关会计分录。

【归纳总结】

交易性金融资产业务核算

经济业务		会计处理
交易性金融资产取得	—	借：交易性金融资产——成本 　　应收股利/应收利息 　　投资收益（手续费） 　贷：其他货币资金
交易性金融资产持有	收到股利或利息	收到购买价款中包含的股利或利息。 借：银行存款 　贷：应收股利/应收利息 确认持有期间应收股或利息利。 借：应收股利（股票） 　　应收利息（债券） 　贷：投资收益 收到股利或利息。 借：银行存款 　贷：应收股利/应收利息
	公允价值变动	公允价值上升。 借：交易性金融资产——公允价值变动 　贷：公允价值变动损益
		公允价值下降。 借：公允价值变动损益 　贷：交易性金融资产——公允价值变动
交易性金融资产处置	—	借：其他货币资金 　贷：交易性金融资产——成本 　　　　　　　　　　——公允价值变动 　　　投资收益

139

项目三

应收及预付款项业务核算

【典型业务】

华兴公司为增值税一般纳税人。20×3年华兴公司发生以下经济业务。

业务1. 20×3年12月1日,向顺达公司(为增值税一般纳税人)销售一批产品,价款为240 000元。20×3年12月15日,华兴公司收到顺达公司寄来的一张期限为3个月的银行承兑汇票,面值为元271 200元。20×4年3月1日,华兴公司持有的上述票据到期,收回票面金额271 200元并存入银行。

业务2:华兴公司向顺达公司采购材料总计30 000元。按照约定向顺达公司预付价款2 400元,验收货物后补付其余款项。半个月后收到顺达公司材料,验收无误,以银行存款结清余款31 500元。

业务3:华兴公司持有丙上市公司股票,将其作为以公允价值计量且其变动计入当期损益的金融资产(交易性金融资产)进行管理和核算。20×3年5月1日,丙上市公司宣告发放20×2年度的现金股利,华兴公司按其持有丙上市公司股份计算确定的应分得的现金股利为10 000元。假设不考虑相关税费。

20×3年5月29日,华兴公司收到丙上市公司发放的现金股利10 000元,款项已存入银行(假设不考虑相关税费)。

业务4:华兴公司以现金预借拟出差销售经理李某差旅费3 000元。

业务5:华兴公司以银行存款垫付应由刘某其个人负担的医疗费2 000元,拟从其工资中扣回。

任务:根据业务1~5,做出相应账务处理。

【知识链接】

应收及预付款项,是指企业在日常生产经营过程中发生的各项债权,包括应收款项和预付款项。其中,应收款项包括应收票据、应收账款、应收股利、应收利息和其他应收款等;预付款项是指企业按照合同规定预付的款项,如预付账款等。

一、应收票据

(一)应收票据概述

应收票据是指企业因销售商品、提供服务等而收到的商业汇票。商业汇票是一种由出票人签发的,委托付款人在指定日期无条件支付确定金额给收款人或者持票人的票据。

141

商业汇票的付款期限最长不得超过6个月。定日付款的汇票付款期限自出票日起计算，并在汇票上记载具体到期日；出票后定期付款的汇票付款期限自出票日起按月计算，并在汇票上记载；见票后定期付款的汇票付款期限自承兑或拒绝承兑日起按月计算，并在汇票上记载。商业汇票的提示付款期限，自汇票到期日起10日。符合条件的商业汇票的持票人，可以持未到期的商业汇票连同贴现凭证向银行申请贴现。

> **拓展**：电子商业汇票最长付款期限为1年。

真题链接

【初级会计师考试真题·多选】下列各项中，应通过"应收票据"科目核算的有（　　）。
A.销售产品收到的银行承兑汇票
B.提供劳务收到的商业承兑汇票
C.以持有的商业承兑汇票背书抵付前欠货款
D.收到购货方背书转让的银行承兑汇票
【答案】ABCD
【解析】全部正确。

根据承兑人的不同，商业汇票分为商业承兑汇票和银行承兑汇票（图3-6）。商业承兑汇票，是指由付款人签发并承兑，或由收款人签发并交由付款人承兑的汇票。商业承兑汇票的付款人收到开户银行的付款通知后，应在当日通知银行付款。付款人在接到通知日的次日起3日内（遇法定休假日顺延）未通知银行付款的，视同付款人承诺付款。银行将于付款人接到通知日的次日起第4日（遇法定休假日顺延），将票款划给持票人。付款人提前收到由其承兑的商业承兑汇票时，应通知银行于汇票到期日付款。银行在办理划款时，付款人存款账户不足支付的，银行应填制付款人未付票款通知书，连同商业承兑汇票邮寄至持票人开户银行转交持票人。

银行承兑汇票，是指由在承兑银行开立存款账户的存款人（即出票人）签发，由承兑银行承兑的票据。企业申请使用银行承兑汇票时，应向其承兑银行缴纳手续费。银行承兑汇票的出票人应于汇票到期前将票款足额交存其开户银行，承兑银行应在汇票到期日或到期日后的见票当日支付票款。

图3-6　商业汇票的分类

> **注意**：银行承兑汇票的出票人于汇票到期前未能足额交存票款时，承兑银行除凭票向持票人无条件付款外，对出票人尚未支付的汇票金额按每天万分之五计收利息。

【单选题】银行承兑汇票的出票人于汇票到期前未能足额交存票款时，承兑银行除凭票向持票人无条件付款外，对出票人尚未支付的汇票金额按照（　　）每天计收利息。
A.千分之三　　B.千分之五　　C.万分之三　　D.万分之五
【答案】D
【解析】银行承兑汇票的出票人于汇票到期前未能足额交存票款时，承兑银行除凭票向持票人无条件付款外，对出票人尚未支付的汇票金额按照每天万分之五计收利息。

（二）应收票据的账务处理

为了反映和监督应收票据取得、票款收回等情况，企业应当设置"应收票据"科目，借方登记取得的应收票据的面值，贷方登记到期收回票款或到期前向银行贴现的应收票据的票面金额，期末余额在借方反映企业持有的商业汇票的票面金额。"应收票据"科目可按照开出、承兑商业汇票的单位进行明细核算，并设置"应收票据备查簿"，逐笔登记商业汇票的种类、号数和出票日、票面金额、交易合同号和付款人、承兑人、背书人的姓名或单位名称、到期日、背书转让日、贴现日、贴现率和贴现净额以及收款日和收回金额、退票情况等资料。

真题链接

【初级会计师考试真题·多选题】下列各项中，应计入"应收票据"科目借方的是（　　）。
A.销售商品收到的银行汇票
B.销售原材料收到的商业承兑汇票
C.销售原材料收到的转账支票
D.提供服务收到的银行承兑汇票
【答案】BD
【解析】选项A和C应计入"银行存款"科目。

> 注意：商业汇票到期结清票款或退票后，在"应收票据备查簿"中应予注销。

应收票据	
借方	贷方
①收到应收票据	①票据到期收到款项
企业持有的应收票据余额	

1. 取得应收票据和收回到期票款

取得应收票据的原因不同，其账务处理也有所区别。因债务人抵偿前欠货款而取得的应收票据，借记"应收票据"科目，贷记"应收账款"科目；因企业销售商品、提供劳务等而收到开出、承兑的商业汇票，借记"应收票据"科目，贷记"主营业务收入""应交税费——应交增值税（销项税额）"等科目。商业汇票到期收回款项时，应按实际收到的金额，借记"银行存款"科目，贷记"应收票据"科目。

借：应收账款
　　贷：主营业务收入
　　　　应交税费——应交增值税（销项税额）

【例3-3-1】华兴公司为增值税一般纳税人，20×2年12月1日向乙公司（为增值税一般纳税人）销售一批产品，货款为1 000 000元，尚未收到，已办妥托收手续，适用的增值税税率为13%。

借：应收账款　　　　　　　　　　　　　　　　　　　　　1 130 000
　　贷：主营业务收入　　　　　　　　　　　　　　　　　　　1 000 000
　　　　应交税费——应交增值税（销项税额）　　　　　　　　　130 000

12月10日，华兴公司收到乙公司寄来的一张期限为5个月的银行承兑汇票，面值为113万元，抵付产品的价款和增值税税款。

借：应收票据　　　　　　　　　　　　　　　　　　　　　1 130 000
　　贷：应收账款　　　　　　　　　　　　　　　　　　　　　1 130 000

20×3年5月10日，华兴公司持有的上述票据到期，全额收回票面金额1 130 000元存入银行。

借：银行存款　　　　　　　　　　　　　　　　　　　　　1 130 000
　　贷：应收票据　　　　　　　　　　　　　　　　　　　　　1 130 000

【多选题】下列各项中，应使用"应收票据"科目核算的是（　　）。
A.销售商品收到的转账支票
B.销售商品收到的银行汇票
C.提供服务收到的银行承兑汇票
D.销售原材料收到的商业承兑汇票
【答案】CD
【解析】商业汇票分为商业承兑汇票和银行承兑汇票。收到的商业汇票应通过"应收票据"科目核算。

2. 转让应收票据

在企业实务中，企业可以将其持有的商业汇票背书转让。背书是指在票据背面或者粘单上记载有关事项并签章的票据行为。背书转让的，背书人应当承担票据责任。通常情况下，企业将持有的商业汇票背书转让以取得所需物资时，按应计入取得物资成本的金额，借记"在途物资""材料采购""原材料""库存商品"等科目，按照增值税专用发票上注明的可抵扣的

> **真题链接**
> 【判断题】企业收到债务人签发的用于抵偿前欠货款的商业承兑汇票时，其会计处理应借记"应收票据"科目，贷记"应收账款"科目。（　）
> 【答案】√

增值税税额，借记"应交税费——应交增值税（进项税额）"科目，按商业汇票的票面金额，贷记"应收票据"科目，如有差额，借记或贷记"银行存款"等科目。

借：原材料
　　应交税费——应交增值税（进项税额）
　　贷：应收票据（票面金额）
　　　　银行存款（差额或借方）

【例3-3-2】承接【例3-3-1】，假设华兴公司于20×3年2月10日将上述应收票据背书转让，以取得生产经营所需的某种材料，该材料价款为1 800 000元，适用的增值税税率为13%。其余款项以银行存款支付。

借：原材料　　　　　　　　　　　　　　　　　　　　　1 800 000
　　应交税费——应交增值税（进项税额）　　　　　　　　234 000
　　贷：应收票据　　　　　　　　　　　　　　　　　　　　1 130 000
　　　　银行存款　　　　　　　　　　　　　　　　　　　　　904 000

票据贴现业务中，企业通常应按实际收到的金额，借记"银行存款"科目，按应收票据的票面金额，贷记"应收票据"科目，按其差额，借记或贷记"财务费用"科目。

借：银行存款（实际收到部分）
　　财务费用（或贷方）（少收部分）
　　贷：应收票据（全部）

【例3-3-3】承接【例3-3-1】，假设华兴公司于2月10日将持有的应收票据背书转让向银行贴现，贴现息20 000元，其余款项收回存入银行。

借：银行存款　　　　　　　　　　　　　　　　　　　　1 110 000
　　财务费用　　　　　　　　　　　　　　　　　　　　　　20 000
　　贷：应收票据　　　　　　　　　　　　　　　　　　　　1 130 000

二、应收账款

应收账款，是指企业因销售商品、提供服务等经营活动，应向购货单位或接受服务单位收取的款项，主要包括企业销售商品或提供服务等应向有关债务人收取的价款、增值税及代购货单位垫付的包装费、运杂费等。

为了反映和监督应收账款的增减变动及其结存情况，企业应设置"应收账款"科目，不单独设置"预收账款"科目的企业，预收的账款也在"应收账款"科目核算。"应收账款"科目的借方登记应收账款的增加，贷方登记应收账款的收回及确认的坏账损失，期末余额一般在借方，反映企业尚未收回的应收账款；如果期末余额在贷方，一般为企业预收的账款。

解难点

什么是"贴现"？简单来说，贴现就是指投资者拿未到期的票据到银行去兑换现金或银行存款，即通俗所说的把票据"卖"给银行，然后银行根据票据的剩余期限、票面利率等因素，向投资者收取指定的费用，即"贴现息"。

真题链接

【初级会计师考试真题·单选题】某企业采用托收承付结算方式销售商品，增值税专用发票上注明的价款为500万元，增值税税额为65万元，代购货方垫付包装费2万元、运输费3万元（含增值税），已办妥托收手续。不考虑其他因素，该企业应确认的应收账款的金额为（　　）万元。
A.565　　B.505
C.570　　D.567
【答案】C
【解析】500+65+2+3=570（万元）。

应收账款	
借方	贷方
①应收账款增多	①收回应收账款
尚未收回的款项余额	预收的款项余额

企业销售货物款项尚未收到，应编制如下会计分录。

借：应收账款
　　贷：主营业务收入
　　　　应交税费——应交增值税（销项税额）

实际收到款项时，应编制如下会计分录。

借：银行存款
　　贷：应收账款

企业应收账款改用应收票据结算,在收到承兑的商业汇票时,借记"应收票据"科目,贷记"应收账款"科目。

借:应收票据
　　贷:应收账款

【例3-3-4】华兴公司为增值税一般纳税人,采用托收承付结算方式向乙公司销售一批商品,开具的增值税专用发票上注明价款为200 000元,增值税税额为26 000元,已办理托收手续。另以银行存款代垫运杂费5 000元、增值税450元(假设乙公司为增值税一般纳税人)。

借:应收账款　　　　　　　　　　　　　　　　　231 450
　　贷:主营业务收入　　　　　　　　　　　　　　　200 000
　　　　应交税费——应交增值税(销项税额)　　　　26 000
　　　　银行存款　　　　　　　　　　　　　　　　　5 450

华兴公司实际收到款项。

借:银行存款　　　　　　　　　　　　　　　　　231 450
　　贷:应收账款　　　　　　　　　　　　　　　　　231 450

【多选题】下列各项,构成应收账款入账价值的有(　　)。

A.赊销商品的价款
B.代购货方垫付的保险费
C.代购货方垫付的运杂费
D.确认商品销售收入时尚未收到的增值税

【答案】ABCD
【解析】应收账款主要包括企业销售商品或提供劳务等应向有关债务人收取的价款、增值税及代购货单位垫付的包装费、运杂费等。

三、预付账款

预付账款,是指企业按照合同规定预付的款项,即企业按照购货合同的规定,预先以货币资金或货币等价物支付供应单位的款项。常见的预付账款包括预付的材料款、商品采购款和施工企业预付的工程款等。

为了反映和监督预付账款的增减变动及其结存情况,企业应当设置"预付账款"科目。"预付账款"科目的借方登记预付的款项及补付的款项,贷方登记收到所购物资时根据有关发票账单记入"原材料"等科目的金额及收回多付款项的金额,期末余额在借方,反映企业实际预付的款项;如果期末余额在贷方,则反映企业应付或应补付的款项。预付款项情况不多的企业,可以不设置"预付账款"科目,而将预付的款项通过"应付账款"科目核算。

预付账款

借方	贷方
①预付的款项	①收到所购物资时有关发票账单的金额
②补付的款项	②收回多付款项的金额
实际预付的款项	应付或应补付的款项

企业根据购货合同的规定向供应单位预付款项时,借记"预付账款"科目,贷记"银行存款"科目;企业收到所购物资,按应计入购入物资成本的金额,借记"材料采购""原材料""库存商品"等科目,按可抵扣的增值税进项税额,借记"应交税费——应交增值税(进项税额)"等科目,贷记"预付账款"科目;当预付价款小于采购货物所需支付的款项时,应将不足部分补付,借记"预付账款"科目,贷记"银行存款"等科目;当预付价款大于采购

真题链接

【初级会计师考试真题·判断题】不单独设置"预付账款"科目的企业,预付的款项可以通过"应收账款"科目核算。
【答案】×
【解析】不单独设置"预付账款"科目的企业,预付的款项可以通过"应付账款"科目核算。

货物所需支付的款项时,对收回的多余款项,应借记"银行存款"等科目,贷记"预付账款"科目。

(1)预付货款款。

借:预付账款
　　贷:银行存款

(2)收到发来的材料,结清余款。

借:原材料
　　应交税费——应交增值税(进项税额)
　　贷:预付账款
借:预付账款
　　贷:银行存款

【例3-3-5】华兴公司为增值税一般纳税人,向顺达公司采购材料总计150 000元,按照合同规定向乙公司预付价款的30%,验收货物后补付其余款项。

借:预付账款——乙公司　　　　　　　　　　　　　　　　45 000
　　贷:银行存款　　　　　　　　　　　　　　　　　　　　　45 000

华兴公司收到顺达公司发来的材料,验收无误,增值税专用发票上注明的价款为150 000元,增值税税额为19 500元,以银行存款结清余款31 500元。

借:原材料　　　　　　　　　　　　　　　　　　　　　　150 000
　　应交税费——应交增值税(进项税额)　　　　　　　　　19 500
　　贷:预付账款——乙公司　　　　　　　　　　　　　　　169 500
借:预付账款——乙公司　　　　　　　　　　　　　　　　124 500
　　贷:银行存款　　　　　　　　　　　　　　　　　　　　124 500

【判断题】不单独设置"预付账款"科目的企业,预付的款项可以通过"应付账款"科目核算。

【答案】√

【解析】在预付账款业务不多的情况下,可以不单独设置"预付账款"科目,预付的款项应通过"应付账款"科目核算。

四、应收股利和应收利息

(一)应收股利的账务处理

应收股利,是指企业应收取的现金股利或应收取其他单位分配的利润。为了反映和监督应收股利的增减变动及其结存情况,企业应设置"应收股利"科目。"应收股利"科目的借方登记应收现金股利或利润的增加,贷方登记收到的现金股利或利润,期末余额一般在借方,反映企业尚未收到的现金股利或利润。"应收股利"科目应当按照被投资单位设置明细科目进行核算。

应收股利

借方	贷方
①应收股利的增加	①应收股利的减少
尚未收取的应收股利	

企业在持有以公允价值计量且其变动计入当期损益的金融资产(交易性金融资产)期间,被投资单位宣告发放现金股利,按应享有的份额,确认为当期投资收益,借记"应收股利"科目,贷记"投资收益"科目。

借：应收股利
　　贷：投资收益

【例3-3-6】甲公司持有丙上市公司股票，将其作为以公允价值计量且其变动计入当期损益的金融资产（交易性金融资产）进行管理和核算。20×3年4月20日，丙上市公司宣告发放20×2年现金股利，甲公司按其持有该上市公司股份计算确定的应分得的现金股利为50 000元。假设不考虑相关税费。

宣告发放现金股利时，应编制如下会计分录。

借：应收股利——丙上市公司　　　　　　　　　　　　　　　50 000
　　贷：投资收益——丙上市公司　　　　　　　　　　　　　　　　　50 000

收到上市公司发放的现金股利并将款项存入银行时应编制如下会计分录。

借：其他货币资金——存出投资款
　　贷：应收股利

【例3-3-7】承接上例，20×3年5月15日，甲公司收到丙上市公司发放的现金股利5万元，款项已全部存入银行。假设不考虑相关税费。

借：其他货币资金——存出投资款　　　　　　　　　　　　　　50 000
　　贷：应收股利——丙上市公司　　　　　　　　　　　　　　　　　50 000

> 📢注意：企业收到被投资单位分配的现金股利或利润，应贷记"应收股利"科目，但对于应借记的会计科目，应区别两种情况分别进行处理：对于企业通过证券公司购入上市公司股票所形成的股权投资取得的现金股利，应借计"其他货币资金——存出投资款"科目；对于企业持有的其他股权投资取得的现金股利或利润，应借记"银行存款"科目。

借：其他货币资金（上市公司股利）
　　银行存款（非上市公司股利）
　　贷：应收股利

（二）应收利息的账务处理

应收利息，是指企业根据合同或协议规定应向债务人收取的利息。为了反映和监督应收利息的增减变动及其结存情况，企业应设置"应收利息"科目。"应收利息"科目的借方登记应收利息的增加，贷方登记收到的利息，期末余额一般在借方，反映企业尚未收到的利息。"应收利息"科目应当按照借款人或被投资单位设置明细科目进行核算。

应收利息	
借方	贷方
①应当收取的利息	①实际收到的利息
尚未收到的利息	

收到被投资单位通知时，应编制如下会计分录。

借：应收利息
　　贷：投资收益

五、其他应收款

其他应收款，是指企业除应收票据、应收账款、预付账款、应收股利和应收利息以外的其他各种应收及暂付款项（图3-7）。其主要内容包括：应收的各种赔款、罚款，如因企业财

> 🧑‍🏫 **解难点**
> 持有期间被投资单位宣告发放股票股利时，投资方无须进行账务处理。
> 原因：股票股利派发前后每一位股东的持股数量增加，持股比例不变，所有者权益也没有变化。

> 🔗 **真题链接**
> 【初级会计师考试真题·多选题】下列各项中，应计入其他应收款的有（　）。
> A.租入包装物支付的押金
> B.给职工代垫的水电费
> C.为购货方代付的运费
> D.代扣代缴个人缴纳的社会保险费
> 【答案】AB
> 【解析】C应收账款 D其他应付款

147

产等遭受意外损失而应向有关保险公司收取的赔款等；应收的出租包装物租金；应向职工收取的各种垫付款项，如为职工垫付的水电费，应由职工负担的医药费、房租费等；存出保证金，如租入包装物支付的押金；其他各种应收、暂付款项。

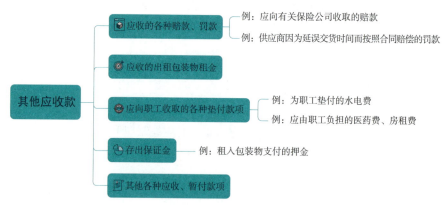

图 3-7　其他应收款的分类

【判断题】企业应向保险公司收取的财产损失赔款，应通过"其他应收款"科目核算。
【答案】√
【解析】略。

为了反映和监督其他应收款的增减变动及其结存情况，企业应当设置"其他应收款"科目进行核算。"其他应收款"科目的借方登记其他应收款的增加，贷方登记其他应收款的收回，期末余额一般在借方，反映企业尚未收回的其他应收款项。"其他应收款"科目应当按照对方单位（或个人）设置明细科目进行核算。

其他应收款

借方	贷方
①发生的各种其他应收款项	①收回的其他各种应收款项
尚未收回的其他应收款项	

企业发生各种其他应收款项时，应借记"其他应收款"科目，贷记"库存现金""银行存款""固定资产清理"等科目。收回其他各种应收款项时，借记"库存现金""银行存款""应付职工薪酬"等科目，贷记"其他应收款"科目。

（1）发生各种其他应收款项。
　　借：其他应收款
　　　　贷：库存现金/银行存款/固定资产清理等
（2）收回其他各种应收款项。
　　借：库存现金/银行存款/应付职工薪酬等
　　　　贷：其他应收款

【例 3-3-8】华兴公司以银行存款替职工张某垫付应由其个人负担的住院费等 2 500 元，拟从其应发工资中扣回。

（1）垫付时。

借：其他应收款——张某	2 500
贷：银行存款	2 500

（2）扣款时。

借：应付职工薪酬	2 500
贷：其他应收款——张某	2 500

📢 注意：以下项目不应该用"其他应收款"科目核算
①销售方销售代垫的运费（应用"应收账款"科目核算）。
②应付出的租金、收的押金（应用"其他应付款"科目核算）。

六、应收款项减值

企业的各项应收款项，可能因债务人拒付、破产、死亡等信用缺失原因而部分或全部无法收回。这类无法收回的应收款项通常称为坏账。企业因坏账而遭受的损失称为坏账损失。应收款项减值有两种核算方法，即直接转销法和备抵法。

📢 注意：我国《企业会计准则》规定，应收款项减值的核算应采用备抵法；《小企业会计准则》规定，应收款项减值采用直接转销法。

实务链接

什么是《小企业会计准则》？

《企业会计制度》应用范围更加广泛，适用于除金融保险企业以外的所有符合条件的大、中型企业。而《小企业会计准则》适用于《中小企业划型标准》所规定小企业，其具有经营规模较小、经济业务相对简单等特点。《小企业会计准则》遵循《企业会计准则——基本准则》的基本思想，相当于一个"简化版"的准则规范，设置会计科目较少，对账务处理进行了简化处理。

真题链接

【初级会计师考试真题·单选题】2019年年初，某企业"坏账准备"科目贷方余额为10万元，当期实际发生坏账损失5万元。经减值测试，2019年年末"坏账准备"科目应保持的贷方余额为16万元。不考虑其他因素，年末该企业应计提坏账准备的金额是（　）万元。
A.11　　B.6
C.16　　D.1
【答案】A
【解析】应计提金额=16-(10-5)=11（万元）。

（一）直接转销法

采用直接转销法时，日常核算中应收款项可能发生的坏账损失不进行会计处理，只有在实际发生坏账时，才作为坏账损失计入当期损益。

小企业应收及预付款项符合下列条件之一的，减除可收回的金额后确认的无法收回的应收及预付款项，作为坏账损失。

（1）债务人依法宣告破产、关闭、解散、被撤销，或者被依法注销、吊销营业执照，其清算财产不足清偿的。

（2）债务人死亡，或者依法被宣告失踪、死亡，其财产或者遗产不足清偿的。

（3）债务人逾期3年以上未清偿，且有确凿证据证明其已无力清偿债务的。

（4）与债务人达成债务重组协议或法院批准破产重整计划后，无法追偿的。

（5）然灾害、战争等不可抗力导致无法收回的。

（6）国务院财政、税务主管部门规定的其他条件。

坏账损失的账务处理如下。

按照《小企业会计准则》的规定确认应收账款实际发生的坏账损失，应当按照可收回的金额，借记"银行存款"等科目，按照其账面余额，贷记"应收账款"等科目，按照其差额，借记"营业外支出——坏账损失"科目。

借：银行存款
　　营业外支出——坏账损失
　贷：应收账款

【例3-3-9】某小企业20×3年发生的一笔150 000元应收账款，因债务人发生流动性障碍而长期未能收回，于20×3年末经催收收回50 000元，其余款项确实无法收回，确认为坏账。

该小企业在20×3年末应编制如下会计分录。

借：银行存款　　　　　　　　　　　　　　　　　50 000
　　营业外支出——坏账损失　　　　　　　　　　100 000
　　　贷：应收账款　　　　　　　　　　　　　　　　　　150 000

直接转销法的优点是账务处理简单，将坏账损失在实际发生时确认为损失，符合其偶发性特征和小企业经营管理的特点。其缺点是不符合权责发生制会计基础，也与资产定义存在一定的冲突。在这种方法下，只有坏账实际发生时，才将其确认为当期损益，导致资产和各期损益不实；另外，在资产负债表上，应收账款是按账面余额而不是按账面价值反映，这在一定程度上高估了期末应收款项。

（二）备抵法

备抵法是采用一定的方法按期确定预期信用损失计入当期损益，作为坏账准备，待坏账损失实际发生时，冲销已计提的坏账准备和相应的应收款项。采用这种方法，需要对预期信用损失进行复杂的评估和判断，履行预期信用损失的确定程序。

1. 预期信用损失的概念

预期信用损失，是指以发生违约的风险为权重的金融工具信用损失的加权平均值。信用损失，是指企业按照实际利率折现的、根据合同应收的所有合同现金流量与预期收取的所有现金流量的差额。

2. 预期信用损失的确定方法

企业对于《企业会计准则第14号——收入》规范的交易形成且不含重大融资成分的应收款项，始终按照相当于整个存续期内预期信用损失的金额计量其损失准备。

信用风险自初始确认后是否显著增加的判断如下。

（1）企业应通过比较应收款项在初始确认时所确定的预计存续期内的违约概率与该工具在资产负债表日所确定的预计存续期内的违约概率，来判定金融工具信用风险是否显著增加。

（2）如果企业确定应收款项在资产负债表日只具有较低的信用风险，可以假设该应收款项的信用风险自初始确认后并未显著增加。通常情况下，如果逾期超过30日，则表明应收款项的信用风险已经显著增加。除非企业在无须付出不必要的额外成本或努力的情况下即可获得合理且有依据的信息，证明即使逾期超过30日，信用风险自初始确认后仍未显著增加。

（3）在确定信用风险自初始确认后是否显著增加时，企业应考虑无须付出不必要的额外成本或努力即可获得的合理且有依据的信息，包括前瞻性信息。

（4）对于应收款项，若企业在单项应收款项层面无法以合理成本获得关于信用风险显著增加的充分证据，而在组合的基础上评估信用风险是否显著增加是可行的，企业应按照应收款项的类型、信用风险评级、初始确认日期、剩余合同期限为共同风险特征，对应收账款进行分组并以组合为基础考虑评估信用风险是否显著增加。

在确定信用风险自初始确认后是否显著增加时，企业应考虑的具体信息如下。

（1）债务人未能按合同到期日支付款项的情况；

（2）已发生的或预期的债务人的外部或内部信用评级的严重恶化；

（3）已发生的或预期的债务人经营成果的严重恶化；

（4）现存的或预期的技术、市场、经济或法律环境变化，并将对债务人对本企业的还款能力产生重大不利影响。

考虑到应收款项的流动性特征，在企业实务中通常按照应收款项的账面余额和预计可收回金额的差额确定预计信用减值损失，即按照在应收款项初始确认时所确定的预计存续期内的违约概率与该应收款项在资产负债表中所确定的预计存续期内的违约概率，来判定应收款项信用风险是否显著增加。

划重点

考虑到应收款项的流动性特征，在企业实务中通常按照应收款项的账面余额和预计可收回金额的差额确定预计信用减值损失。

> 注意：应收款项坏账准备可以分项分类计算确定，也可以以组合为基础计算确定（表3-5、表3-6）。

表3-5 应收款项坏账准备分项分类计算举例

万元

客户名称	账面余额/万元	预期信用损失率/%	坏账准备/万元
甲公司	200	10	20
乙公司	50	5	2.5
丙公司	74	1	0.74
丁公司	100	0.5	0.5

表3-6 应收款项坏账准备以组合为基础计算举例

万元

账期	账面余额/万元	预期信用损失率/%	坏账准备/万元
2个月以内	60	0.5	0.3
3~6个月	150	2	3
7~12个月	120	5	6
1~2年	100	10	10
3~5年	45	20	9

3. 坏账准备的账务处理

企业应当设置"坏账准备"科目，核算应收款项的坏账准备计提、转销等事项。"坏账准备"科目的贷方登记当期计提的坏账准备、收回已转销的应收账款而恢复的坏账准备，借方登记实际发生的坏账损失金额和冲减的坏账准备金额，期末贷方余额反映企业已计提但尚未转销的坏账准备。

> **划重点**
> 应收账款的账面价值="应收账款"科目的账户余额－"坏账准备"科目的账户余额

坏账准备	
借方	贷方
①实际发生的坏账损失 ②冲减多提的坏账准备	①当期计提的坏账准备 ②收回已转销的应收账款 尚未转销的坏账准备

坏账准备可按以下公式计算：

当期应计提的坏账准备＝当期按应收款项计算的坏账准备金额－（或＋）"坏账准备"科目的贷方（或借方）余额

1）计提坏账准备

企业计提坏账准备时，按照应收款项应减记的金额，借记"信用减值损失——计提的坏账准备"科目，贷记"坏账准备"科目。冲减多计提的坏账准备时，借记"坏账准备"科目，贷记"信用减值损失——计提的坏账准备"科目。

（1）计提坏账。

借：信用减值损失——计提的坏账准备
　　贷：坏账准备

> **真题链接**
> 【初级会计师考试真题·单选题】下列各项中，企业计提坏账准备应计入的会计科目是（　）。
> A."资产减值损失"
> B."管理费用"
> C."营业外支出"
> D."信用减值损失"
> 【答案】D
> 【解析】相关账务处理如下：
> 借：信用减值损失
> 　　贷：坏账准备

（2）冲减多提坏账。

借：坏账准备
贷：信用减值损失——计提的坏账准备

【例3-3-10】20×2年12月31日，华兴公司应收丙公司的账款余额为1 000 000元。华兴公司根据《企业会计准则》确定应计提坏账准备的金额为100 000元。华兴公司应编制如下会计分录。

借：信用减值损失——计提的坏账准备　　　　　　　　　　　　　　100 000
　　贷：坏账准备　　　　　　　　　　　　　　　　　　　　　　　　　　　100 000

2）转销坏账

企业确实无法收回的应收款项按管理权限报经批准后作为坏账转销时，应当冲减已计提的坏账准备。企业实际发生坏账损失时，借记"坏账准备"科目，贷记"应收账款""其他应收款"等科目。

借：坏账准备
贷：应收账款/其他应收款

【例3-3-11】20×3年6月，华兴公司应收丙公司的销货款实际发生坏账损失30 000元。华兴公司应编制如下会计分录。

借：坏账准备　　　　　　　　　　　　　　　　　　　　　　　　　　30 000
　　贷：应收账款　　　　　　　　　　　　　　　　　　　　　　　　　　　　30 000

【例3-3-12】假设华兴公司20×3年12月31日应收丙公司的账款余额为1 200 000元，华兴公司根据预计信用减值损失对该应收账款应计提120 000元坏账准备，即20×3年12月31日华兴公司"坏账准备"科目的贷方余额应为120 000元。计提坏账准备前，"坏账准备"科目的实际余额为贷方70 000元（100 000-30 000），因此，本年年末应计提的坏账准备金额为50 000元（120 000-70 000）。华兴公司应编制如下会计分录。

借：信用减值损失——计提的坏账准备　　　　　　　　　　　　　　　50 000
　　贷：坏账准备　　　　　　　　　　　　　　　　　　　　　　　　　　　　50 000

3）收回已确认坏账并转销应收款项

已确认并转销的应收款项以后又收回的，应当按照实际收到的金额增加坏账准备的账面余额。已确认并转销的应收款项以后又收回的，应先恢复客户声誉，借记"应收账款""其他应收款"等科目，贷记"坏账准备"科目；同时，借记"银行存款"科目，贷记"应收账款""其他应收款"等科目。

借：应收账款等
贷：坏账准备
借：坏账准备
贷：应收账款等

【例3-3-13】20×4年6月15日，华兴公司收回20×3年已做坏账转销的应收账款30 000元，存入银行。华兴公司应编制如下会计分录。

借：应收账款　　　　　　　　　　　　　　　　　　　　　　　　　　30 000
　　贷：坏账准备　　　　　　　　　　　　　　　　　　　　　　　　　　　　30 000
借：银行存款　　　　　　　　　　　　　　　　　　　　　　　　　　30 000
　　贷：应收账款　　　　　　　　　　　　　　　　　　　　　　　　　　　　30 000

备抵法账务处理总结如下（图3-8）。

（1）优点。备抵法更加符合权责发生制和会计谨慎性要求。
①预计不能收回的应收款项作为坏账损失及时计入费用，避免企业的虚盈实亏。
②在报表上列示应收账款净额，使报表阅读者能了解企业真实的财务状况。
③使应收账款实际占用资金接近实际，有利于加快企业资金周转，提高经济效益。

> **划重点**
>
> 作为转销的应收款项以后又收回的，为什么要先恢复应收账款？
>
> 如果直接做收款分录，不能体现这笔款是收回的以前的坏账，所以要先进行应收账款的恢复。

> **真题链接**
>
> 【初级会计师考试真题·单选题】20××年1月1日，"坏账准备——应收账款"科目明细贷方余额为8万元，当期实际发生坏账损失5万元，经减值测试，12月31日"坏账准备——应收账款"科目应有贷方余额16万元，当期应计提"坏账准备——应收账款"科目的金额是（　　）万元。
> A.3　　B.8
> C.13　　D.16
> 【答案】C
> 【解析】应计提金额=16-（8-5）=13（万元）。

④在利润表中作为营业利润项目列示，有利于落实企业管理者的经营责任，有利于企业外部利益相关者如实评价企业的经营业绩，作出谨慎的决策。

（2）缺点。预期信用损失的估计需要考虑的因素众多，且有部分估计因素带有一定的主观性，对会计职业判断的要求较高，可能导致预期信用损失的确定不够准确、客观；此外，预期信用减值损失影响各期营业利润金额的计算与确定，客观存在企业管理者平滑利润进行盈余管理，甚至利润操纵与舞弊的可能性，增加了会计职业风险以及注册会计师的审计难度和审计风险，同时，也增加了政府和行业的会计监管难度和风险，这对会计制度的制定者、执行者和监管者等提出了更高的要求。

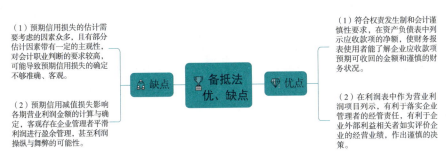

图3-8　备抵法的优、缺点

【单选题】20×3年年初，某企业"坏账准备"科目贷方余额为8万元，当期实际发生坏账损失3万元。经减值测试，20×3年年末"坏账准备"科目应保持的贷方余额为10万元。不考虑其他因素，该企业年末应计提坏账准备的金额为（　　）万元。

A. 10　　　　B. 5　　　　C. 3　　　　D. 2

【答案】B

【解析】计提坏账准备前，"坏账准备"科目的贷方余额=8-3=5（万元）。该企业年末应计提的坏账准备="坏账准备"科目年末应有余额－计提坏账准备前"坏账准备"科目的贷方余额=10-5=5（万元）。

会计分录如下。

借：坏账准备　　　　　　　　　　　　　　　　　　　　　　　50 000
　　贷：应收账款等　　　　　　　　　　　　　　　　　　　　　50 000

【业务解析】

业务1，华兴公司持有的上述票据到期，收回票面金额271 200元存入银行。华兴公司应编制如下会计分录。

借：应收账款　　　　　　　　　　　　　　　　　　　　　　271 200
　　贷：主营业务收入　　　　　　　　　　　　　　　　　　　240 000
　　　　应交税费——应交增值税（销项税额）　　　　　　　　31 200
借：应收票据　　　　　　　　　　　　　　　　　　　　　　271 200
　　贷：应收账款　　　　　　　　　　　　　　　　　　　　　271 200
借：银行存款　　　　　　　　　　　　　　　　　　　　　2 712 000
　　贷：应收票据　　　　　　　　　　　　　　　　　　　　　271 200

业务2。

（1）预付价款时。

借：预付账款——顺达公司　　　　　　　　　　　　　　　　　2 400
　　贷：银行存款　　　　　　　　　　　　　　　　　　　　　　2 400

（2）收到顺达公司发来材料，验收无误，以银行存款结清余款31 500元。华兴公司应编制如下会计分录。

  借：原材料   30 000
    应交税费——应交增值税（进项税额） 6 500
   贷：预付账款——顺达公司   36 500
  借：预付账款——顺达公司   31 500
   贷：银行存款   31 500

业务3。
  借：应收股利——丙上市公司   10 000
   贷：投资收益——丙上市公司   10 000
收到股利并存入银行。
  借：其他货币资金——存出投资款   10 000
   贷：应收股利——丙上市公司   10 000

业务4。
  借：其他应收款——李某   3 000
   贷：库存现金   3 000

业务5。
华兴公司以银行存款替职工王某垫付医疗费。
（1）垫付款时。
  借：其他应收款——刘某   2 000
   贷：银行存款   2 000
（2）扣款时。
  借：应付职工薪酬   2 000
   贷：其他应收款——刘某   2 000

【拓展训练】

业务1. 20×3年12月1日，华兴公司向顺达公司（为增值税一般纳税人）销售一批产品，价款为300 000元。20×3年12月15日，华兴公司收到顺达公司寄来的一张期限为5个月的银行承兑汇票，面值为339 000元。20×4年5月15，华兴公司持有的上述票据到期，收回票面金额339 000元，存入银行。

业务2. 华兴公司持有丙公司股票，作为交易性金融资产进行管理和核算。20×3年5月1日，丙上市公司宣告发放上一年度的现金股利35 000元。假设不考虑相关税费。20×3年5月29日，华兴公司收到丙公司发放的现金股利并存入银行（假设不考虑相关税费）。

业务3. 华兴公司向乙公司租入包装物一批，以银行存款向乙公司支付包装物押金10 000元。华兴公司仓库失火造成材料毁损8 000元，按保险合同规定，应由保险公司赔偿损失5 000元，赔款尚未收到。

业务4. 20×2年12月31日，华兴公司应收A公司的账款余额为500 000元，华兴公司根据企业会计准则确定应计提坏账准备的金额为50 000元。20×3年4月，华兴公司应收A公司的销货款实际发生坏账损失10 000元。20×3年5月20日，华兴公司收回4月已作坏账转销的应收账款10 000元送存银行。

任务：做出以上业务的账务处理。

【归纳总结】

经济业务		会计处理
应收票据	因销售商品、提供服务而取得	借：应收票据 　贷：主营业务收入 　　　应交税费——应交增值税（销项税额）
	赊销商品	借：应收账款 　贷：主营业务收入 　　　应交税费——应交增值税（销项税额）
	债务人抵偿前欠货款	借：应收票据 　贷：应收账款
	到期收回票款	借：银行存款 　贷：应收票据
	到期无法收回票款	借：应收账款 　贷：应收票据
应收账款	赊销商品时	借：应收账款 　贷：主营业务收入 　　　应交税费——应交增值税（销项税额） 借：主营业务成本 　贷：库存商品
	代垫运杂费等	借：应收账款 　贷：银行存款
	收回应收账款	借：银行存款 　贷：应收账款
	改用商业汇票结算	借：应收票据 　贷：应收账款
应收股利	交易性金融资产应收股利	借：应收股利 　贷：投资收益
	长期股权投资成本法下应收股利	借：应收股利 　贷：投资收益
	长期股权投资权益法下应收股利	借：应收股利 　贷：长期股权投资——损益调整
其他应收款	发生各种其他应收款项	借：其他应收款 　贷：库存现金、银行存款、固定资产清理
	收回其他各种应收款项	借：库存现金/银行存款/应付职工薪酬 　贷：其他应收款
坏账业务处理	计提坏账准备时	借：信用减值损失 　贷：坏账准备
	冲减多计提的坏账准备时	借：坏账准备 　贷：信用减值损失
	实际发生坏账损失时（也称"转销坏账"）	借：坏账准备 　贷：应收账款
	确认并转销坏账的应收账款又重新收回时	（1）借：应收账款 　　贷：坏账准备 （2）借：银行存款 　　贷：应收账款

项目四

存货业务核算

【典型业务】

20×3年6月,华兴公司发生以下A材料收发业务。

业务1.6月3日,向康达有限责任公司购买A材料8 000件,单价为160元/件,增值税专用发票上注明货款为1 280 000元,增值税税额为166 400元,材料全部验收入库,签发支票支付全部货款。

业务2.6月3日,生产车间为生产领用A材料7 000件(其中:甲产品2 000件、乙产品5 000件)。

业务3.6月9日,向康达有限责任公司采购A材料1 000件,单价为162元/件,增值税专用发票上注明货款为162 000元,增值税税额为21 060元,款项以银行存款付讫,材料尚未验收入库。

业务4.6月19日,向康达有限责任公司购买的A材料运到,但其中有10件因质量不符合要求退货,其余990件验收入库。

任务:根据以上业务,做出相关账务处理。

【知识链接】

一、存货概述

(一)存货的管理

存货,是指企业在日常活动中持有以备出售的产品或商品、处在生产过程中的在产品、在生产过程或提供劳务过程中储备的材料或物料等(图3-9)。企业持有存货的最终目的是销售,包括可供直接销售的商品和需要经过进一步加工后销售的原材料、在产品等,以及在生产经营管理过程中使用的包装物和低值易耗品等。

存货概述

> 注意:存货是流动资产中流动性较小的一项重要资产,具有品种繁多、品质各异、存放方式和地点多样、时效性强、占用资金多、管理难度大、要求高等特点。

> 拓展:存货质量高低、周转快慢对企业现金流有非常重要的影响,加强存货管理对企业来说至关重要。
> 按照财务管理相关理论的观点,存货不属于速动资产。在计算"速动比率"这一指标的过程中,需要用流动资产减去存货后的金额作为分子。

图 3-9 存货的分类

（二）存货的核算内容

存货必须在符合定义的前提下，同时具备与该存货有关的经济利益很可能流入企业和该存货的成本能够可靠地计量两个条件，才能予以确认。企业的存货通常包括各类材料、在产品、半成品、产成品、商品以及周转材料、委托代销商品等。

（1）原材料。原材料是指企业在生产过程中经过加工改变其形态或性质并构成产品主要实体的各种原料及主要材料、辅助材料、外购半成品（外购件）、修理用备件（备品备件）、包装材料、燃料等。

（2）在产品。在产品是指企业正在制造尚未完工的生产物，包括正在各个生产工序加工的产品和已加工完毕但尚未检验或已检验但尚未办理入库手续的产品。

（3）半成品。半成品是指经过一定生产过程并已检验合格，交付半成品仓库保管，但尚未制造完工，仍需进一步加工的中间产品。

（4）产成品。产成品是指企业已经完成全部生产过程并已验收入库，可以按照合同规定的条件送交订货单位，或者可以作为商品对外销售的产品。企业接受来料加工制造的代制品和为外单位加工修理的代修品，制造和修理完成验收入库后，应视同企业的产成品。

（5）商品。商品是指商品流通企业外购或委托加工完成，验收入库，用于销售的各种商品。

（6）周转材料。周转材料包括包装物和低值易耗品。包装物是指为包装本企业的商品而储存的各种包装容器，如桶、箱、瓶、坛、袋等。其主要作用是盛装、装潢产品或商品。低值易耗品是指不能作为固定资产核算的各种用具物品，如各种工具、管理用具、玻璃器皿、劳动保护用品以及在经营过程中周转使用的容器等。其特点是单位价值较低，或使用期限相对于固定资产较短，在使用过程中保持其原有实物形态基本不变。

解难点

速动比率＝速动资产/流动负债。

速动资产是指可以快速转换成现金或已属于现金形式的资产，存货从耗用到出售到最终收现需要一定时间，所以不包含在速动资产中。

真题链接

【初级会计师考试真题·多选题】下列各项中，构成企业存货的有（　　）。
A．委托代销商品
B．工程物资
C．在产品
D．低值易耗品
【答案】ACD
【解析】存货包括各种材料、在产品（选项C）、半成品、产成品、商品及包装物、低值易耗品（选项D）、委托代销商品（选项A）等。选项B，工程物资是非流动资产，不属于企业的存货。

注意：以下项目不属于存货。
（1）工程物资不属于存货。
（2）已做销售处理但购买方尚未提货的存货，不属于销售方的存货（属于购买方的存货）。
（3）接受来料加工的原材料不属于企业存货。
（4）受托代销商品不属于企业存货。

【判断题】委托加工物资和受托代销商品都属于企业存货的核算范围。（　　）
【答案】×
【解析】委托加工物资属于企业存货，受托代销商品不属于企业存货。

二、存货的初始计量

企业取得存货应当按照成本计量。存货成本包括采购成本、加工成本和其他成本以及自制存货成本等。

（一）存货的采购成本

企业的外购存货主要包括原材料和商品。存货的采购成本，包括购买价款、相关税费、运输费、装卸费、保险费以及其他可归属于存货采购成本的费用（图3-10）。

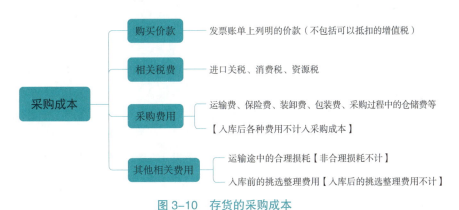

图3-10 存货的采购成本

（1）存货的购买价款，是指企业购入的材料或商品的发票账单上列明的价款，但不包括按照规定可以抵扣的增值税进项税额。

（2）存货的相关税费，是指企业购买存货发生的进口关税、消费税、资源税和不能抵扣的增值税进项税额以及相应的教育费附加等应计入存货采购成本的税费

（3）其他可归属于存货采购成本的费用，是指采购成本中除上述各项以外的可归属于存货采购的费用，如在存货采购过程中发生的仓储费、包装费、运输途中的合理损耗、入库前的挑选整理费用（包括挑选整理中发生的费用支出和挑选整理过程中所发生的数量损耗，并扣除回收的边脚废料价值，对数量的损耗会影响单位成本）等。运输途中的合理损耗，是指商品在运输过程中，由于商品性质、自然条件及技术设备等因素所发生的自然的或不可避免的损耗。例如，散装物品在运输过程中的自然散落以及易挥发液体和易升华气体产品在运输过程中的自然挥发和升华等。

另外，对于超市、贸易公司等商品流通企业来说，其在采购商品过程中发生的运输费、装卸费、保险费以及其他可归属于存货采购成本的费用等进货费用，应当计入所购商品成本。企业也可以对这部分成本先进行归集，期末根据所购商品存销情况进行分摊。对于已作商品的进货费用，计入当期主营业务成本；对于未售商品的进货费用，计入期末存货成本。企业采购商品的进货费用金额较小的，可以在发生时直接计入当期销售费用（图3-11）。

> **真题链接**
>
> 【初级会计师考试真题·多选题】材料的采购成本包括（　　）。
> A．运输中的合理损耗
> B．入库前的挑选整理费用
> C．购买材料的价款
> D．运杂费
> 【答案】ACD
>
> 【初级会计师考试真题·多选题】下列各项中，企业应计入外购存货采购成本的有（　　）。
> A．入库后的挑选整理费用
> B．材料购买价款（不含增值税）
> C．享受的商业折扣
> D．采购过程中发生的仓储费用
> 【答案】BD

> **真题链接**
>
> 【初级会计师考试真题·单选题】某企业为增值税一般纳税人，在20××年9月购入一批原材料，增值税专用发票上注明的价款为50万元，增值税税额为6.5万元，款项全部支付。另以银行存款支付装卸费0.3万元（不考虑增值税），入库前发生挑选整理费用0.2万元，运输途中发生合理损耗0.1万元。不考虑其他因素，该批原材料的入账成本为（　　）万元。
> A．50.5　　B．57
> C．50.6　　D．50.1
> 【答案】A
> 【解析】入账成本＝50＋0.3＋0.2＝50.5（万元），合理损耗0.1万元，是发生的总成本50.5中的一部分，不用从总成本中剔除，即合理损耗计入成本。

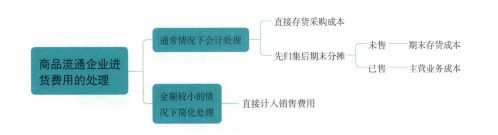

图3-11 商品流通企业进货费用的处理

【判断题】对于商品流通企业而言，企业采购商品的进货费用金额较小的，可以在发生时直接计入当期销售费用。（　　）

【答案】√

> 拓展：按照《小企业会计准则》的规定，小企业（批发业、零售业）在购买商品过程中发生的费用（包括运输费、装卸费、包装费、保险费、运输途中的合理损耗和入库前的挑选整理费用等），计入"销售费用"科目核算。

【多选题】下列各项中，企业应计入外购存货采购成本的有（　　）。

A. 入库后的挑选整理费用
B. 材料购买价款（不含增值税）
C. 企业垫付的运费
D. 采购过程中发生的仓储费用

【答案】BD

【解析】入库前后的挑选整理费用需要计入采购成本，A选项不对；企业垫付的运费计入应收账款，但是不应计入采购成本，C选项不对。

【单选题】益合公司为增值税小规模纳税人，本月采购一批原材料，买价为30 000元，增值税为3 900元，运输途中的合理损耗为10件，入库前发生挑选整理费用900元，企业该批原材料的入账价值为（　　）元。

A. 33 900　　　　B. 30 000　　　　C. 34 800　　　　D. 34 790

【答案】C

【解析】对于小规模纳税人，增值税要计入采购成本，运输途中的合理损耗和入库前的挑选整理费用计入采购原材料的成本，益合公司该批原材料的入账价值＝33 900+900＝34 800（元）。

> **划重点**
> 制造费用一般指的是企业各个生产单位（车间等）为组织和管理生产所发生的各项费用，包括企业生产部门（车间等）发生的水电费、固定资产折旧、无形资产摊销、车间管理人员的职工薪酬等。

（二）加工取得存货的成本

企业通过进一步加工取得的存货，主要包括产成品、在产品、半成品、委托加工物资等，其成本由采购成本、加工成本两部分构成（图3-12）。

（1）存货的加工成本，是指在存货的加工过程中发生的追加费用，包括直接人工以及按照一定方法分配的制造费用。其中，直接人工是指企业在生产产品的过程中发生的直接从事产品生产人员的职工薪酬，制造费用是指企业为生产产品发生的各项间接费用。

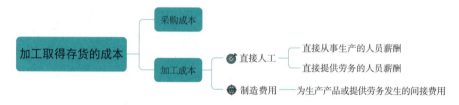

图 3-12　加工取得存货的成本

（2）企业委托外单位加工完成的存货，包括加工后的原材料、包装物、低值易耗品、半成品、产成品等，其成本包括实际耗用的原材料或者半成品、加工费、装卸费、保险费、委托加工的往返运输费等费用以及按规定应计入存货成本的税费（图3-13）。

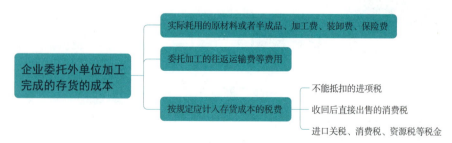

图 3-13　企业委托外单位加工完成的存货的成本

（三）存货的其他成本

存货的其他成本，是指除采购成本、加工成本以外的，使存货达到目前场所和状态所发生的其他支出。为特定客户设计产品所发生的、可直接确定的产品设计费用应计入存货的成本，但是企业设计产品发生的设计费用通常应计入当期损益（图3-14）。

图3-14 产品设计费用

> **解难点**
> 什么是不能抵扣的进项税？
> 如果企业是一般纳税人，①用于简易计税方法计税项目、免征增值税项目、集体福利或者个人消费的购进货物、劳务、服务、无形资产和不动产；②非正常损失的购进货物，以及相关的劳务和交通运输服务；③非正常损失的在产品、产成品所耗用的购进货物（不包括固定资产）、劳务和交通运输服务，以上情况下就算取得了进项税票也不能抵扣。
> 如果购买方是小规模纳税人，根据规定小规模纳税人不得抵扣增值税进项税额，那么增值税的金额将计入存货成本。

（四）企业自制存货的成本

企业自制的存货，包括自制原材料、自制包装物、自制低值易耗品、自制半成品及库存商品等，其成本包括直接材料、直接人工和制造费用等各项实际支出（图3-15）。

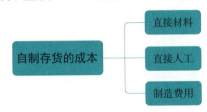

图3-15 自制存货的成本

（五）不应计入存货成本的费用

下列费用不应计入存货成本，而应在其发生时计入当期损益（图3-16）。

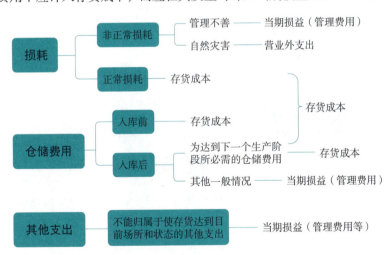

图3-16 不应计入存货成本的费用

（1）非正常消耗的直接材料、直接人工和制造费用，应在发生时计入当期损益，不应计入存货成本。比如，由于自然灾害而发生的直接材料、直接人工和制造费用，不应计入存货成本，而应确认为当期损益。

> 📢 **注意**：正常消耗的直接材料、直接人工和制造费用，应在发生时计入存货成本。

（2）企业在存货采购入库后发生的仓储费用，应在发生时计入当期损益。

> 🔗 **真题链接**
> 【初级会计师考试真题·多选题】关于存货成本，表述正确的有（ ）。
> A. 商品流通企业采购商品的进货费用金额较小的，可以不计入存货成本
> B. 委托加工物资发生的加工费用应计入委托加工物资成本
> C. 商品流通企业发生的进货费用先进行归集的，期末未售商品分摊的进货费用计入存货成本
> D. 企业为特定客户设计的产品直接发生的设计费用应计入产品成本
> 【答案】ABCD

> 注意：在生产过程中为达到下一个生产阶段所必需的仓储费用应计入存货成本。例如，某酒类产品生产企业为使生产的酒达到规定的产品质量标准而必须发生的仓储费用，应计入酒的成本，而不应计入当期损益。

（3）不能归属于使存货达到目前场所和状态的其他支出，应在发生时计入当期损益，不得计入存货成本。

【多选题】企业应计入存货成本的有（　　）。

A. 存货加工过程中发生的直接成本

B. 原材料运输途中发生的合理损耗

C. 为特定客户设计产品所发生的、可直接确定的设计费用

D. 自制存货发生的直接材料、直接人工和制造费用

【答案】ABCD

【解析】全部正确。

三、发出存货的计价方法

（一）发出存货计价方法的管理

解难点

拓展：按照《小企业会计准则》的规定，小企业应当采用先进先出法、加权平均法或者个别计价法确定发出存货的实际成本

企业发出存货的计价方法直接影响发出存货成本、结存存货成本和经营成果的计算结果，选择并采用合理科学的计价方法是合理、准确地计算成本和经营成果的基础。企业应当根据各类存货的实物流转方式、存货的性质、企业管理的要求等实际情况，合理地选择发出存货成本的计算方法，以合理确定当期发出存货的成本。对于性质和用途相同的存货，应当采用相同的成本计价方法确定发出存货的成本。企业发出的存货可以按实际成本核算，也可以按计划成本核算。如采用计划成本核算，会计期末应调整为实际成本。在实际成本核算方式下，企业应当采用的发出存货成本的计价方法有个别计价法、先进先出法、月末一次加权平均法和移动加权平均法（图3-17）。按照《小企业会计准则》的规定，小企业应当采用先进先出法、加权平均法或者个别计价法确定发出存货的实际成本。

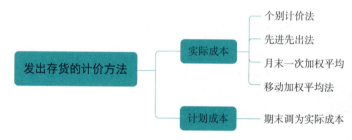

图3-17　发出存货的计价方法

> **实务链接**
>
> 在企业实务中，企业发出的存货可以按实际成本核算，也可以按计划成本核算。企业开展成本计算之前，要先确定采用哪一种成本核算方法。计价方法一经选用，不得随意变更。
>
> 纳税人可以自行改变成本的计算方法，但必须在年度纳税申报时附报改变计算方法的情况，说明改变计算方法的合理原因。纳税人在年度纳税申报时，未说明计算方法变更的原因、不能提供有关资料，或虽说明原因但变更没有合理的经营和会计核算需要，以及改变计算方法前后衔接不合理、存在计算错误的，税务机关应对纳税人由于改变计算方法而减少的应纳税所得额进行纳税调整，并补征税款。
>
> 总体来说，无论是一般企业还是小企业，计价方法一经选用，不得随意变更。

（二）个别计价法

个别计价法是假设存货具体项目的实物流转与成本流转一致，按照各种存货逐一辨认各批发出存货和期末存货所属的购进批别或生产批别，分别按其购入或生产时所确定的单位成本计算各批发出存货和期末存货成本的方法。在这种方法下，把每一种存货的实际成本作为计算发出存货成本和期末存货成本的基础。

优、缺点：个别计价法的成本计算准确，符合实际情况，但在存货收发频繁的情况下，其发出成本分辨的工作量较大。

适用范围：通常适用于一般不能替代使用的存货、为特定项目专门购入或制造的存货以及提供的劳务，如珠宝、名画等贵重物品。

【例 3-4-1】20×3 年 5 月，华兴公司 A 材料的收入、发出及购进单位成本见表 3-7。

表 3-7 A 材料购销明细账（个别计价法）

日期		摘要	收入			发出			结存		
月	日		数量/件	单价/（元·件$^{-1}$）	金额/元	数量/件	单价/（元·件$^{-1}$）	金额/元	数量/件	单价/（元·件$^{-1}$）	金额/元
5	1	期初余额							100	100	10 000
5	5	购入	80	120	9 600				100 80	100 120	10 000 9 600
5	10	耗用				70 80	100 120	7 000 9 600	30	100	3 000
5	15	购入	300	150	45 000				30 300	100 150	3 000 45 000
5	20	耗用				20	150	3 000	30 280	100 150	3 000 42 000
5	25	购入	100	160	16 000				30 280 100	100 150 160	3 000 42 000 16 000
5	28	耗用				10 200	100 150	1 000 30 000	20 80 100	100 150 160	2 000 12 000 16 000
5	31	本期合计	480		70 600	380	—	50 600	20 80 100	100 150 160	2 000 12 000 16 000

假设经过具体辨认，本期发出存货的单位成本如下：5 月 10 日发出的 150 件存货中，70 件系期初结存存货，单位成本为 100 元/件，另外 80 件为 5 月 5 日购入存货，单位成本为 120 元/件；5 月 20 日发出的 20 件存货系 5 月 15 日购入，单位成本为 120 元/件；5 月 28 日发出的 210 件存货中，10 件为期初结余存货单位成本为 100 元/件，200 件为 5 月 25 日购入，单位成本为 150 元/件。按照个别计价法，华兴公司 5 月 A 材料收入、发出与结存情况见表 3-7。

从表 3-7 可知，华兴公司本期发出存货成本及期末结存存货成本如下。

本期发出存货成本 =（70×100+80×120）+（20×150）+（10×100+200×150）=50 600（元）

期末结存存货成本 =20×100+80×150+100×160=30 000（元）

或

期末结存存货成本 = 期初结存存货成本 + 本期收入存货成本 − 本期发出存货成本
=100×100+（80×120+300×150+100×160）−50 600=10 000+70 600−50 600=30 000（元）

（三）先进先出法

先进先出法，是指以先购入的存货应先发出（销售或耗用）的存货实物流动假设为前提，对发出存货进行计价的一种方法。采用这种方法，先购入的存货成本在后购入存货成本之前转出，据此确定发出存货和期末存货的成本。具体方法是：收入存货时，逐笔登记收入存货的数量、单价和金额；发出存货时，按照先进先出的原则逐笔登记存货的发出成本和结存金额。

优、缺点：先进先出法可以随时结转存货发出成本，但较烦琐，如果存货收发业务较多，且存货单价不稳定，其工作量较大。

> 注意：在物价持续上升时，期末存货成本接近市价，而发出成本偏低，会高估企业当期利润库存存货价值；反之，会低估企业存货价值和当期利润。

真题链接

【初级会计师考试真题·单选题】某企业采用先进先出法核算发出存货成本。20××年11月期初结存M材料100千克，每千克实际成本为30元；11日购入M材料260千克，每千克实际成本为23元；21日发出M材料240千克。不考虑其他因素，该企业发出M材料的成本为（ ）元。
A.5 986.67　　B.7 200
C.5 520　　　　D.6 220
【答案】D
【解析】21日发出材料的成本 =100×30+140×23=6 220（元）。

【例3-4-2】华兴公司日常账面记录显示，A材料期初结存存货为10 000元（100×100），本期购入存货3批，按先后顺序分别为：9 600元（80×120）、45 000元（300×150）、16 000元（100×160），见表3-8。

表3-8　A材料购销明细账（先进先出法）

日期		摘要	收入			发出			结存		
月	日		数量/件	单价/(元·件$^{-1}$)	金额/元	数量/件	单价/(元·件$^{-1}$)	金额/元	数量/件	单价/(元·件$^{-1}$)	金额/元
5	1	期初余额							100	100	10 000
5	5	购入	80	120	9 600				100 80	100 120	10 000 9 600
5	10	耗用				100 50	100 120	10 000 6 000	30	120	3 600
5	15	购入	300	150	45 000				30 300	120 150	3 600 45 000
5	20	耗用				20	120	2 400	10 300	120 150	1 200 45 000
5	25	购入	100	160	16 000				10 300 100	120 150 160	1 200 45 000 16 000
5	28	耗用				10 200	120 150	1 200 30 000	100 100	150 160	15 000 16 000
5	31	本期合计	480		70 600	380	—	49 600	100 100	150 160	15 000 16 000

本期发出存货成本和期末结存存货成本分别如下。

本期发出存货成本=(100×100+50×120)+(20×120)+[10×120+(200×150)]=49 600(元)

期末结存存货成本=100×150+100×160=31 000(元)

或

期末结存存货成本=期初结存存货成本+本期收入存货成本-本期发出存货成本=100×100+(80×120+300×150+100×160)-49 600=10 000+70 600-49 600=31 000元。

【单选题】存货发出计价采用先进先出法,8月1日结存100件,单位成本为8元,4日发出50件,5日购入200件,单位成本为10元,15日发出100件,8月15日发出实际成本( )元。

A. 400　　B. 1 000　　C. 820　　D. 900

【答案】D

【解析】8月15日发出的存货为50×8+50×10=900(元)

(四)月末一次加权平均法

月末一次加权平均法是指以本月全部进货数量加上月初存货数量作为权数,去除本月全部进货成本加上月初存货成本,计算出存货的加权平均单位成本,以此为基础计算本月发出存货的成本和期末结存存货成本的一种方法。计算公式如下。

存货单位成本=[月初结存存货成本+(本月各批进货的实际单位成本×本月各批进货的数量)]/(月初结存存货的数量+本月各批进货数量之和)

本月发出存货的成本=本月发出存货的数量×存货单位成本

本月月末结存存货成本=月末结存存货的数量×存货单位成本

或

本月月末结存存货成本=月初结存存货成本+本月收入存货成本-本月发出存货成本

优、缺点:采用月末一次加权平均法只在月末一次计算加权平均单价,可以简化成本计算工作,但由于月末一次计算加权平均单价和发出存货成本,不便于存货成本的日常管理与控制。

【例3-4-3】假设华兴公司采用月末一次加权平均法核算存货,根据表3-9,5月A材料的平均单位成本计算如下。

> **真题链接**
>
> 【初级会计师考试真题·单选题】某企业采用月末一次加权平均法核算发出材料成本。20××年6月1日结存乙材料200件,单位成本为35元,6月10日购入乙材料400件,单位成本为40元,6月20日购入乙材料400件,单位成本为45元。当月发出乙材料600件。不考虑其他因素,该企业6月发出乙材料的成本为( )。
>
> A. 24 600　B. 25 000
> C. 26 000　D. 23 000
>
> 【答案】A
>
> 【解析】该企业6月发出乙材料的成本=(200×35+400×40+400×45)÷(200+400+400)×600=24 600(元)。

表3-9 A材料购销明细账(月末一次加权平均法)

日期		摘要	收入			发出			结存		
月	日		数量/件	单价/(元·件⁻¹)	金额/元	数量/件	单价/(元·件⁻¹)	金额/元	数量/件	单价/(元·件⁻¹)	金额/元
5	1	期初余额							100	100	10 000
5	5	购入	80	120	9 600				100 80	100 120	10 000 9 600
5	10	耗用				150			30		
5	15	购入	300	150	45 000				330		
5	20	耗用				20			310		
5	25	购入	100	160	16 000				410		
5	28	耗用				210			200		
5	31	本期合计	480		70 600	380	—	49 600	200		

5月A材料的平均单位成本=(月初结存存货成本+本月收入存货成本之和)/(月初结存存货数量+本月收入存货数量之和)=(100×100+80×120+300×150+100×160)/(100+80+300+100)=80 600/580=138.97(元/件)

则5月1日商品的发出成本与期末结存成本分别如下。

5月A材料的发出成本=380×138.97=52 808.6(元)

5月A材料的期末结存成本=月初结存存货成本+本月收入存货成本–本月发出存货成本=(100×100+80×120+300×150+100×160)–52 808.6=80 600–52 808.6=27 791.4(元)

> 注意,由于在计算单位成本时可能存在除不尽的情况,所以在计算月末结存成本时一般采用"月末结存存货成本=月初结存存货成本+本月收入存货成本–本月发出存货成本"计算确定的金额。

从表3-9中可以看出,采用月末一次加权平均法,A材料的平均单位成本从期初的100元/千克变为期末的138.97元/千克;采用月末一次加权平均法得出的本期发出存货成本和期末结存存货成本分别为52 808.6元和27 791.4元。

(五)移动加权平均法

移动加权平均法是指以每次进货的成本加上原有结存存货的成本的合计额,除以每次进货数量加上原有结存存货的数量的合计数,据以计算加权平均单位成本,作为在下次进货前计算各次发出存货成本依据的一种方法。

计算公式如下。

存货单位成本=(原有结存存货成本+本次进货的成本)/(原有结存存货数量+本次进货数量)

本次发出存货成本=本次发出存货数量×本次发货前存货的单位成本

本月月末结存存货成本=月末结存存货的数量×本月月末存货单位成本

或

本月月末结存存货成本=月初结存存货成本+本月收入存货成本–本月发出存货成本

优、缺点:采用移动加权平均法能够使企业管理层及时了解存货的结存情况,计算的平均单位成本以及发出和结存的存货成本比较客观,但由于每次收货都要计算一次平均单位成本,计算工作量较大。

适用范围:对收发货较频繁的企业不太适用。

> 注意:在当前会计电算化普及应用的情况下,存货收发频繁与否已经不再是移动加权平均法的限制。

【例3-4-4】假设华兴公司采用移动加权平均法核算存货,根据表3-10、表3-11,5月A材料各平均单位成本计算如下。

5月5日购入存货后的平均单位成本=(100×100+80×120)/(100+80)=108.0×149.61=31 418.1(元)

本月月末库存存货成本=月末库存存货的数量×本月月末存货单位成本=200×149.61=29 922(元)

5月15日购入存货后的平均单位成本=(19 600–16 333.5+300×150)/(30+300)=146.26(元)

5月25日购入存货后的平均单位成本=(48 266.5–2 925.2+100×160)/(310+100)=149.61(元)

表 3-10 A材料购销明细账（移动加权平均法）

日期		摘要	收入			发出			结存		
月	日		数量/件	单价/（元·件$^{-1}$）	金额/元	数量/件	单价/（元·件$^{-1}$）	金额/元	数量/件	单价/（元·件$^{-1}$）	金额/元
5	1	期初余额							100	100	10 000
5	5	购入	80	120	9 600				100 80	100 120	10 000 9 600
5	10	耗用				150			30		
5	15	购入	300	150	45 000				330		
5	20	耗用				20			310		
5	25	购入	100	160	16 000				410		
5	28	耗用				210			200		
5	31	本期合计	480		70 600	380	—	49 600	200		

表 3-11 A材料购销明细账（移动加权平均法）

日期		摘要	收入			发出			结存		
月	日		数量/件	单价/（元·件$^{-1}$）	金额/元	数量/件	单价/（元·件$^{-1}$）	金额/元	数量/件	单价/（元·件$^{-1}$）	金额/元
5	1	期初余额							100	100	10 000
5	5	购入	80	120	9 600				180	108.89	19 600
5	10	耗用				150	108.89	16 333.5	30	108.89	3 266.5
5	15	购入	300	150	45 000				330	146.26	48 266.5
5	20	耗用				20	146.26	2 925.2	310	146.26	
5	25	购入	100	160	16 000				410	149.61	61 341.3
5	28	耗用				210	149.61	31 418.1	200	149.62	29 923.2
5	31	本期合计	480 480		70 600 70 600	380 380		56 851.8 50 676.8	200 200		29 923.2

本次发出存货成本 = 本次发出存货数量 × 本次发货前存货的单位成本

5月10日销售存货的成本 =150×108.89=16 333.5（元）

5月20日销售存货的成本 =20×146.26=2 925.2（元）

5月28日销售存货的成本 =21（元）

计算单位成本时遇到除不尽的情况，那么采用上面公式计算获得的销售成本或库存成本就会有尾差。此时，往往采用倒挤的方法进行计算。

本月月末结存存货成本 = 月初结存存货成本 + 本月收入存货成本 – 本月发出存货成本 = 100×100+（80×120+300×150+100×160）–（16 333.5+2 925.2+31 418.1）=10 000+70 600-50 676.8=29 923.2（元）

从表 3-10、表 3-11 可以看出，采用移动加权平均法，A材料的平均单位成本从期初的

100元/件变为期中的108.89元/件、146.26元/件,再变成期末的149.61元/件;采用移动加权平均法得出的本期发出存货成本和期末结存存货成本分别为50 676.8元和29 923.2元。

综合以上4种方法的举例可以看出,企业采用不同发出存货的计价方法导致最终企业发出材料成本和结存材料成本计算结果各不相同。用个别计价法、先进先出法、月末一次加权平均法和移动加权平均法所计算的发出存货成本分别为50 600元、49 600元、52 808.6元和50 676.8元。

可以看出,不同存货计价方法的经济后果可能存在差异。在物价上涨的周期中,由于企业进货单位成本不断上升,采用先进先出法,导致发出存货成本较低,计算的利润额最高,采用月末一次加权平均法计算的利润额最低。企业应在国家统一会计制度规定范围内尽可能选择发出存货成本偏高的计价方法,以使企业利益相关者特别是股东作出谨慎的经济决策。

四、原材料

原材料的日常收入、发出及结存可以采用实际成本核算,也可以采用计划成本核算。采用实际成本核算,对于材料的收入、发出及结存,无论总分类核算还是明细分类核算,均按照实际成本计价,不存在成本差异的计算与结转等问题,具有方法简单、核算程序简便易行等优点;但是采用实际成本核算,日常不能直接反映材料成本的节约或超支情况,不便于对材料等及时实施监督管理,不便于反映和考核材料物资采购、储存及其耗用等业务对经营成果的影响。因此,这种方法通常适用于材料收发业务较少、监督管理要求不高的企业。在会计实务工作中,对于材料收发业务较多、监督管理复杂且要求较高、计划成本资料较为健全、准确的企业,一般可以采用计划成本进行材料收入、发出的核算。

(一)采用实际成本核算

1. 会计科目的设置

企业采用实际成本核算,主要应设置的会计科目有"原材料""在途物资""应付账款"等。"原材料"科目核算企业库存各种材料的收入、发出与结存情况,借方登记入库材料的实际成本,贷方登记发出材料的实际成本,期末余额在借方,反映企业库存材料的实际成本。"原材料"科目应按照材料的保管地点(仓库)、材料的类别、品种和规格等设置明细科目进行明细核算。

原材料采购实际成本法

【初级会计师考试真题·单选题】 某企业为增值税一般纳税人,购买原材料取得增值税专用发票上注明的价款为10 000元,增值税税额为1 300元(已经税务机关认证),款项以银行本票结算。不考虑其他因素,下列各项中,关于该企业购买原材料会计处理正确的是( )。
A. 借:原材料 10 000
　　应交税费——应交增值税(进项税额) 1 300
　　贷:其他货币资金——银行本票 11 300
B. 借:原材料 11 300
　　贷:其他货币资金——银行本票 11 300
C. 借:原材料 10 000
　　应交税费——应交增值税(进项税额) 1 300
　　贷:银行存款 11 300
D. 借:原材料 10 000
　　应交税费——应交增值税(进项税额) 1 300
　　贷:应付票据 11 300
【答案】A

原材料

借方	贷方
①入库材料的实际成本	①发出材料的实际成本
库存材料的实际成本	

"在途物资"科目核算企业采用实际成本(进价)进行日常核算,价款已付,尚未验收入库的各种物资(即在途物资)的采购成本,借方登记企业购入的在途物资的实际成本,贷方登记验收入库的在途物资的实际成本,期末余额在借方,反映企业在途物资的采购成本。"在途物资"科目应按照供应单位和物资品种设置明细科目进行明细核算。

在途物资

借方	贷方
①企业购入的在途物资的实际成本	①验收入库的在途物资的实际成本
在途物资的采购成本	

"应付账款"科目核算企业因购买材料、商品或接受劳务等经营活动应支付的款项,贷方登记企业因购入材料、商品或接受劳务等尚未支付的款项,借方登记支付的应付账款,期末余额一般在贷方,反映企业尚未支付的应付账款。"应付账款"科目应按照债权人设置明细科目进行明细核算。

应付账款——债权人名称

借方	贷方
①支付的款项	①尚未支付的款项
	尚未支付的应付账款

2. 原材料的账务处理

1）购入材料

购入材料的不同情形如图 3-18 所示。

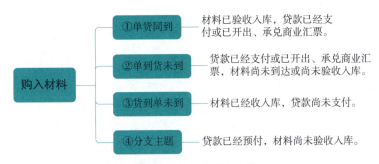

图 3-18 购入材料的不同情形

（1）材料已验收入库，货款已经支付或已开出、承兑商业汇票。

材料已验收入库，因此，应通过"原材料"科目核算，对于增值税专用发票上注明的可抵扣的进项税额，应借记"应交税费——应交增值税（进项税额）"科目。

借：原材料
　　应交税费——应交增值税（进项税额）
　贷：银行存款 / 银行汇票 / 应付票据

【例 3-4-5】华兴公司购入 A 材料一批，增值税专用发票上注明的价款为 200 000 元，增值税税额为 26 000 元，款项已付讫，材料已验收入库。华兴公司为增值税一般纳税人，采用实际成本进行材料日常核算，应编制如下会计分录。

借：原材料——A 材料　　　　　　　　　　　　　　　　　　　200 000
　　应交税费——应交增值税（进项税额）　　　　　　　　　　 26 000
　贷：银行存款　　　　　　　　　　　　　　　　　　　　　　2 260 000

华兴公司持银行汇票 135 600 元购入 B 材料一批，增值税专用发票上注明的价款为 120 000 元，增值税税额为 15 600 元，材料已验收入库。华兴公司为增值税一般纳税人，采用实际成本进行材料日常核算，应编制如下会计分录。

借：原材料——B 材料　　　　　　　　　　　　　　　　　　　120 000
　　应交税费——应交增值税（进项税额）　　　　　　　　　　 15 600
　贷：其他货币资金——银行汇票　　　　　　　　　　　　　　135 600

（2）货款已经支付或已开出、承兑商业汇票，材料尚未到达或尚未验收入库。

已经付款或已开出、承兑商业汇票，但材料尚未到达或尚未验收入库的采购业务，应通过"在途物资"科目核算；待材料到达、入库后，再根据收料单，由"在途物资"科目转入"原材料"科目核算。

真题链接

【初级会计师考试真题·判断题】已验收入库，但至月末尚未收到增值税扣税凭证的赊购货物，应按照合同协议价格计算增值税进项税额暂估入账。

【答案】×

借：在途物资
　　应交税费——应交增值税（进项税额）
　　　贷：银行存款
借：原材料
　　　贷：在途物资

【例3-4-6】华兴公司采用汇兑结算方式购入C材料一批，发票及账单已收到，取得的增值税专用发票上注明的价款为400 000元，增值税税额为52 000元，材料尚未到达。华兴公司为增值税一般纳税人，采用实际成本进行材料日常核算，应编制如下会计分录。

借：在途物资　　　　　　　　　　　　　　　　　　　　　400 000
　　应交税费——应交增值税（进项税额）　　　　　　　　 52 000
　　　贷：银行存款　　　　　　　　　　　　　　　　　　　　　　452 000

材料已收到，并验收入库。

借：原材料——C材料　　　　　　　　　　　　　　　　　 400 000
　　　贷：在途物资　　　　　　　　　　　　　　　　　　　　　　400 000

（3）材料已经验收入库，货款尚未支付。

借：原材料
　　应交税费——应交增值税（进项税额）
　　　贷：应付账款

【例3-4-7】华兴公司采用托收承付结算方式购入D材料一批，增值税专用发票上注明的价款为250 000元，增值税税额为32 500元。银行转来的结算凭证已到，款项尚未支付，材料已验收入库。华兴公司为增值税一般纳税人，采用实际成本进行材料日常核算，应编制如下会计分录。

借：原材料——D材料　　　　　　　　　　　　　　　　　 250 000
　　应交税费——应交增值税（进项税额）　　　　　　　　 32 500
　　　贷：应付账款　　　　　　　　　　　　　　　　　　　　　　282 500

特殊情况下，企业采购材料已经入库，但月底发票账单仍然没收到。在这种情况下，发票账单未到，难以确定实际成本，期末应按照暂估价值先入账，在下月初，用红字冲销原暂估入账金额，待收到发票账单后再按照实际金额记账，即对于材料已到达并已验收入库，但发票账单等结算凭证未到，货款尚未支付的采购业务，应于期末按材料的暂估价值，借记"原材料"科目，贷记"应付账款——暂估应付账款"科目。下月初，用红字冲销原暂估入账金额，以便下月付款或开出、承兑商业汇票后，按正常程序，借记"原材料""应交税费——应交增值税（进项税额）"科目，贷记"银行存款"或"应付票据"等科目。

（1）本月底。

借：原材料
　　　贷：应付账款——暂估应付账款

（2）下月初，用红字冲销原暂估入账金额。

借：原材料
　　　贷：应付账款——暂估应付账款

【例3-4-8】华兴公司20×3年4月购入E材料一批，材料已验收入库，月末发票账单尚未收到，也无法确定其实际成本，暂估价值为100 000元。华兴公司为增值税一般纳税人，采用实际成本进行材料日常核算，应编制如下会计分录。

借：原材料——E材料　　　　　　　　　　　　　　　　　 100 000
　　　贷：应付账款——暂估应付账款　　　　　　　　　　　　　　100 000

【例3-4-9】承接上例，上述购入的材料在5月收到发票账单，增值税专用发票上注明

> **解难点**
> 如果发生采购的次月末该发票账单仍未收到，应该怎样做账务处理呢？按照会计准则要求，次月底继续暂估入账，再次月初用红字冲销。收到发票账单后据实入账。

的价款为100 000元，增值税税额为13 000元，已用银行存款付讫。华兴公司应编制如下会计分录。

  借：原材料——E材料   100 000
    应交税费——应交增值税（进项税额）   13 000
    贷：银行存款   113 000

（4）货款已经预付，材料尚未验收入库。

【例3-4-10】华兴公司为增值税一般纳税人，根据与木材厂的购销合同，华兴公司为购买M材料向该木材厂预付400 000元价款的30%，计120 000元，已通过汇兑方式汇出。假设该木材厂为增值税一般纳税人，华兴公司所购为加工木材，非原木，华兴公司采用实际成本进行材料日常核算，应编制如下会计分录。

  借：预付账款——××木材厂   120 000
    贷：银行存款   120 000

【例3-4-11】华兴公司收到木材厂发运来的M材料并验收入库，取得的增值税专用发票上注明的价款为400 000元，增值税税额为52 000元，所欠款项以银行存款付讫。华兴公司应编制如下会计分录。

（1）材料入库时。

  借：原材料——M材料   400 000
    应交税费——应交增值税（进项税额）   52 000
    贷：预付账款   452 000

（2）补付货款时。

  借：预付账款   332 000
    贷：银行存款   332 000

2）发出材料

企业采用实际成本核算发出材料的成本，主要有以下几种情形：①生产、经营管理领用材料，企业按照领用材料的用途和实际成本，借记"生产成本""制造费用""销售费用""管理费用"等科目，贷记"原材料"科目；②出售材料结转成本，按出售材料的实际成本，借记"其他业务成本"科目，贷记"原材料"科目；③发出委托外单位加工的材料，按出售材料的实际成本，借记"委托加工物资"科目，贷记"原材料"科目。

  借：生产成本/制造费用/销售费用/管理费用/其他业务成本/委托加工物资
    贷：原材料

> 注意：企业采用实际成本计算材料日常核算的发出材料的实际成本，可以采用先进先出法、月末一次加权平均法、移动加权平均法或个别计价法计算确定。

【例3-4-12】华兴公司库存材料采用实际成本法核算20×3年7月1日结存N材料1 000件，每件进价为150元。7月N材料入库和出库情况如下。

（1）7月5日，入库500件，每件进价为160元。
（2）7月15日，生产车间领用900件。
（3）7月20日，入库1 000件，每件进价为180元。
（4）7月25日，生产车间领用1 200件。
（1）假设该材料采用先进先出法计算，则N材料发出和结存成本计算结果如下。

7月15日，发出材料（生产车间领用）900件成本=900×150=135 000（元）

7月25日，发出材料（生产车间领用）1 200件成本=100×150+500×160+600×180=203 000（元）

7月发出N材料成本合计= 135 000+203 000=338 000（元）

7月结存N材料成本合计 =400×180=7 200（元）

华兴公司根据计算结果应编制如下会计分录。

① 7月15日发出N材料时。

借：生产成本——基本生产成本　　　　　　　　　　　　　　135 000
　　贷：原材料——N材料　　　　　　　　　　　　　　　　　　　　　135 000

② 7月25日发出N材料时。

借：生产成本——基本生产成本　　　　　　　　　　　　　　203 000
　　贷：原材料——N材料　　　　　　　　　　　　　　　　　　　　　203 000

（2）假设该材料采用月末一次加权平均法，则N材料发出和结存成本计算结果如下。

N材料平均单位成本 =（1 000×150+500×160+1 000×180）/（1 000+500+1 000）=41 000/2 500=164（元/件）

本月发出N材料的成本 =2 100×164=344 400（元）

月末结存N材料的成本 =400×164=65 600（元）

7月31日结转3月发出N材料成本应编制如下会计分录。

借：生产成本——基本生产成本　　　　　　　　　　　　　　344 400
　　贷：原材料——N材料　　　　　　　　　　　　　　　　　　　　　344 400

（3）假设该材料采用月末一次加权平均法，则N材料发出和结存成本计算结果如下。

① 7月5日，材料入库后N材料的平均单位成本 =（1 000×150+500×160）/（1 000+5 000）=23 000/1 500=153.33（元）。

② 7月15日，生产车间领用900件成本 =900×153.33=137 997（元）。

③ 7月20日，材料入库后N材料的平均单位成本 =（1 000×150+500×160−900×153.33+1 000×180）/（600+1 000）=272 003/1 600=170（元）。

④ 7月25日，生产车间领用1 200件成本 =1 200×170=204 000（元）。

N材料月末结存成本 =1 000×150+500×160−900×153.33+1 000×180−1 200×170=68 003（元），本月发出存货成本合计为431 997元（137 997+204 000）。

应编制如下会计分录。

① 7月15日发出B材料时。

借：生产成本——基本生产成本　　　　　　　　　　　　　　137 997
　　贷：原材料——B材料　　　　　　　　　　　　　　　　　　　　　137 997

② 3月25日发出B材料时。

借：生产成本——基本生产成本　　　　　　　　　　　　　　204 000
　　贷：原材料——B材料　　　　　　　　　　　　　　　　　　　　　204 000

企业各生产单位及有关部门领用的材料具有种类多、业务频繁等特点。为了简化核算，企业可以在月末根据"领料单"或"限额领料单"中有关领料的单位、部门等加以归类，编制"发料凭证汇总表"，据以编制记账凭证，登记入账。

> 注意：发出材料实际成本的确定，可以由企业从上述个别计价法、先进先出法、月末一次加权平均法、移动加权平均法等方法中选择。计价方法一经确定，不得随意变更。如需变更，应在附注中予以说明。

【例3-4-13】华兴公司为增值税一般纳税人，根据"发料凭证汇总表"的记录，1月基本生产车间领用C材料800 000元，辅助生产车间领用长材料100 000元，车间管理部门领用长材料7 000元，销售机构领用长材料1 000元，行政管理部门领用长材料9 000元，共计

917 000 元。华兴公司采用实际成本进行材料日常核算,应编制如下会计分录。

借:生产成本——基本生产成本　　　　　　　　　800 000
　　　　　——辅助生产成本　　　　　　　　　100 000
　　制造费用　　　　　　　　　　　　　　　　　7 000
　　销售费用　　　　　　　　　　　　　　　　　1 000
　　管理费用　　　　　　　　　　　　　　　　　9 000
　　贷:原材料——C 材料　　　　　　　　　　　　　917 000

(二)采用计划成本核算

1. 原材料核算应设置的会计科目

采用计划成本核算材料时,材料的收入、发出及结存,无论是总分类核算还是明细分类核算,均按照计划成本计价。企业应设置的会计科目有"原材料""材料采购""材料成本差异"等。材料实际成本与计划成本的差异,通过"材料成本差异"科目核算。月末,计算本月发出材料应负担的成本差异并进行分摊,根据领用材料的用途计入相关资产的成本或者当期损益,从而将发出材料的计划成本调整为实际成本。

采用计划成本核算材料,"原材料"科目的借方登记入库材料的计划成本;贷方登记发出材料的计划成本;期末余额在借方,反映企业库存材料的计划成本。"材料采购"科目的借方登记采购材料的实际成本,贷方登记入库材料的计划成本。借方金额大于贷方金额表示超支,从"材料采购"科目的贷方转入"材料成本差异"科目的借方;贷方金额大于借方金额表示节约,从"材料采购"科目的借方转入"材料成本差异"科目的贷方;期末余额在借方,反映企业在途材料的实际采购成本(图 3-19)。

原材料采购计划成本法

图 3-19 "材料采购"科目

"材料成本差异"科目反映企业已入库各种材料的实际成本与计划成本的差异,借方登记超支差异及发出材料应负担的节约差异,贷方登记节约差异及发出材料应负担的超支差异。期末如为借方余额,反映企业库存材料的实际成本大于计划成本的差异(即超支差异);如为贷方余额,反映企业库存材料实际成本小于计划成本的差异(即节约差异)(图 3-20)。

> 拓展:小企业也可以在"原材料""周转材料"等科目下设置"成本差异"明细科目进行材料成本差异的核算。本书如非特别说明,均以《企业会计准则》相关规定为准。

图 3-20 "材料成本差异"科目

材料成本差异	
借方	贷方
①入库超支差异	①入库节约差异
②发出材料应负担的节约	②发出材料应负担的超支差异
超支	节约

2. 原材料的账务处理

1）购入材料

（1）货款已经支付，同时材料验收入库。

【例3-4-14】顺达公司为增值税一般纳税人，购入D材料一批，增值税专用发票上注明的价款为1 000 000元，增值税税额为13 000元，发票账单已收到，计划成本为1 050 000元，材料已验收入库，全部款项以银行存款支付。顺达公司采用计划成本进行材料日常核算，应编制如下会计分录。

借：材料采购——D材料　　　　　　　　　　　　　　　　1 000 000
　　应交税费——应交增值税（进项税额）　　　　　　　　　130 000
　　贷：银行存款　　　　　　　　　　　　　　　　　　　　　　1 130 000

同时：

借：原材料——D材料　　　　　　　　　　　　　　　　　1 050 000
　　贷：材料采购——D材料　　　　　　　　　　　　　　　　　1 050 000

结转材料成本差异：

借：材料采购——D材料　　　　　　　　　　　　　　　　　50 000
　　贷：材料成本差异——D材料　　　　　　　　　　　　　　　50 000

在本例中，D材料的实际成本为1 000 000元，计划成本为1 050 000元，实际成本小于计划成本50 000元（为节约差异），应记入"材料成本差异"科目的贷方。需要说明的是，实务中"材料成本差异"科目既可以逐笔结转，也可以月末一次结转在计划成本法下，购入的材料无论是否验收入库，都要先通过"材料采购"科目进行核算以反映企业所购材料的实际成本，从而与"原材料"科目比较，计算确定材料成本差异。

（2）货款已经支付，材料尚未验收入库。

【例3-4-15】顺达公司为增值税一般纳税人，采用汇兑结算方式购入E材料一批，增值税专用发票上注明的价款为200 000元，增值税税额为26 000元，发票账单已收到，计划成本为198 000元，材料尚未入库，款项已用银行存款支付。顺达公司采用计划成本进行材料日常核算，应编制如下会计分录。

借：材料采购——E材料　　　　　　　　　　　　　　　　　200 000
　　应交税费——应交增值税（进项税额）　　　　　　　　　　26 000
　　贷：银行存款　　　　　　　　　　　　　　　　　　　　　　226 000

（3）货款尚未支付，材料已经验收入库。

【例3-4-16】顺达公司为增值税一般纳税人，采用商业承兑汇票支付方式购入F材料一批，增值税专用发票上注明的价款为300 000元，增值税税额为39 000元，发票账单已收到，计划成本为290 000元，材料已验收入库。顺达公司采用计划成本进行材料日常核算，应编制如下会计分录。

借：材料采购——F材料　　　　　　　　　　　　　　　　　300 000
　　应交税费——应交增值税（进项税额）　　　　　　　　　　39 000
　　贷：应付票据　　　　　　　　　　　　　　　　　　　　　　339 000

同时：
借：原材料——F 材料　　　　　　　　　　　　　　　　　290 000
　　贷：材料采购——F 材料　　　　　　　　　　　　　　　　290 000
借：材料成本差异——F 材料　　　　　　　　　　　　　　　10 000
　　贷：材料采购——F 材料　　　　　　　　　　　　　　　　10 000

在本例中，F 材料的实际成本为 300 000 元，计划成本为 290 000 元，实际成本大于计划成本 10 000 元（为超支差异），应记入"材料成本差异"科目的借方。

【例 3-4-17】顺达公司为增值税一般纳税人，购入 G 材料一批，材料已验收入库，发票账单未到，月末应按照计划成本 350 000 元估价入账。顺达公司采用计划成本进行材料日常核算，应编制如下会计分录。

借：原材料——G 材料　　　　　　　　　　　　　　　　　350 000
　　贷：应付账款——暂估应付账款　　　　　　　　　　　　　350 000

下月月初，用红字冲销原暂估入账金额。

借：原材料——G 材料　　　　　　　　　　　　　　　　　350 000
　　贷：应付账款——暂估应付账款　　　　　　　　　　　　　350 000

在这种情况下，对于尚未收到发票账单的收料凭证，月末应按计划成本暂估入账，借记"原材料"等科目，贷记"应付账款——暂估应付账款"科目，下月初用红字予以冲回，借记"原材料"科目（红字），贷记"应付账款——暂估应付账款"科目（红字）。

①本月末。
借：原材料
　　贷：应付账款——暂估应付账款

②下月初。
借：原材料（红字）
　　贷：应付账款——暂估应付账款（红字）

或做相反分录：
借：应付账款——暂估应付账款
　　贷：原材料

企业购入验收入库的材料按计划成本，借记"原材料"科目，贷记"材料采购"科目，按实际成本大于计划成本的差异，借记"材料成本差异"科目，贷记"材料采购"科目；按实际成本小于计划成本的差异，借记"材料采购"科目，贷记"材料成本差异"科目。在实务中，企业也可以集中在月末一次性对本月已付款或已开出并承兑商业汇票的入库材料汇总核算，在记入"原材料"科目的同时结转材料成本差异。

2）发出材料

在企业采用计划成本对材料进行日常核算的情况下，企业发出材料同样主要有以下几种情形：①生产、经营管理领用材料，企业按照领用材料的用途和计划成本，借记"生产成本""制造费用""销售费用""管理费用"等科目，贷记"原材料"科目；②出售材料结转成本，按出售材料计划成本，借记"其他业务成本"科目，贷记"原材料"科目；③发出委托外单位加工的材料，按发出委托加工材料计划成本借记"委托加工物资"科目，贷记"原材料"科目。

 实务链接

"发料凭证汇总表"的使用

在实务中，为了简化核算，企业平时发出原材料不编制会计分录，通常在月末根据领料单等编制"发料凭证汇总表"结转发出材料的计划成本，按计划成本分别计入"生产成本""制造费用""销售费用""管理费用""其他业务成本""委托加工物资"等科目，贷记"原材料"科目，同时结转材料成本差异。

借：生产成本（计划成本）
　　制造费用（计划成本）
　　管理费用（计划成本）
　　其他业务成本（计划成本）
　　委托加工物资等（计划成本）
　贷：原材料（计划成本）

【例 3-4-18】顺达公司为增值税一般纳税人，根据"发料凭证汇总表"的记录，某月 N 材料的消耗（计划成本）为：基本生产车间领用 500 000 元，辅助生产车间领用 60 000 元，车间管理部门领用 25 000 元，企业行政管理部门领用 50 000 元。顺达公司采用计划成本进行材料日常核算，应编制如下会计分录。

借：生产成本——基本生产成本　　　　　　　　　　　　　　　　500 000
　　　　　　——辅助生产成本　　　　　　　　　　　　　　　　 60 000
　　制造费用　　　　　　　　　　　　　　　　　　　　　　　　 25 000
　　管理费用　　　　　　　　　　　　　　　　　　　　　　　　 50 000
　贷：原材料——N 材料　　　　　　　　　　　　　　　　　　　635 000

根据《企业会计准则第 1 号——存货》的规定，企业日常采用计划成本核算的，发出的材料成本应由计划成本调整为实际成本，通过"材料成本差异"科目进行结转，按照所发出材料的用途，分别计入"生产成本""制造费用""销售费用""管理费用""其他业务成本""委托加工物资"等科目。

根据《企业会计准则第 1 号——存货》的规定，企业日常采用计划成本核算的，发出的材料成本应由计划成本调整为实际成本，通过"材料成本差异"科目进行结转，按照所发出材料的用途，分别计入"生产成本""制造费用""销售费用""管理费用""其他业务成本""委托加工物资"等科目。

（1）超支。
借：生产成本等（实际成本 = 计划成本 + 超支差异）
　贷：原材料（计划成本）
　　　材料成本差异（结转超支差）
（2）节约。
借：生产成本等（实际成本 = 计划成本 – 节约差异）
　　材料成本差异（结转节约差）
　贷：原材料（计划成本）

> 注意：发出材料应负担的成本差异应当按期（月）分摊，不得在季末或年末一次计算。年度终了，企业应对材料成本差异率进行核实调整。

材料成本差异率的计算公式如下。
本月材料成本差异率 =（月初结存材料的成本差异 + 本月验收入库材料的成本差异）/（月初结存材料的计划成本 + 本月验收入库材料的计划成本）× 100%
本月发出材料应负担的成本差异 = 本月发出材料的计划成本 × 本月材料成本差异率。

> 注意：如果企业的材料成本差异率各期之间是比较均衡的，也可以采用期初材料成本差异率分摊本期的材料成本差异。

期初材料成本差异率 = 期初结存材料的成本差异 / 期初结存材料的计划成本 × 100%

发出材料应负担的成本差异 = 发出材料的计划成本 × 期初材料成本差异率

结存材料实际成本

= 结存材料的计划成本 + 结存材料的成本差异

= 结存材料的计划成本 ×（1+ 材料成本差异率）

或 = 期初材料实际成本 + 入库材料实际成本 – 发出材料实际成本

【判断题】企业采用计划成本核算存货，如果材料成本差异率在各期之间较为均衡，则可以直接采用期初材料成本差异率分摊本期的材料成本差异。（　　）

【答案】√

【解析】如果企业的材料成本差异率各期之间是比较均衡的，也可以采用期初材料成本差异率分摊本期的材料成本差异。

【例3-4-19】承接【例3-4-14】和【例3-4-18】，顺达公司为增值税一般纳税人，某月初结存N材料的计划成本为200 000元，成本差异为超支20 000元；当月入库N材料的计划成本为1 000 000元，成本差异为节约50 000元，则

　　　　材料成本差异率=（20 000–50 000）/（200 000+1 000 000）×100%=2.5%

结转发出材料的成本差异，顺达公司应编制如下会计分录。

（1）基本车间材料成本差异 =500 000 × 2.5%=12 500（元）

　　　基本车间实际成本 =500 000 ×（1+2.5%）=512 500（元）

（2）辅助车间材料成本差异 =60 000 × 2.5%=1 500（元）

　　　辅助车间实际成本 =60 000 ×（1+2.5%）=601 500（元）

（3）车间管理部门材料成本差异 =25 000 × 2.5%=625（元）

　　　车间管理部门实际成本 =25 000 ×（1+2.5%）=25 625（元）

（4）行政管理部门材料成本差异 =50 000 × 2.5%=1 250（元）

　　　行政管理部门实际成本 =50 000 ×（1+2.5%）=51 250（元）

借：材料成本差异——N材料　　　　　　　　　　　　　15 875

　　贷：生产成本——基本生产成本　　　　　　　　　　　　12 500

　　　　　　　　——辅助生产成本　　　　　　　　　　　　1 500

　　　　制造费用　　　　　　　　　　　　　　　　　　　　625

　　　　管理费用　　　　　　　　　　　　　　　　　　　　1 250

【单选题】某企业采用计划成本进行材料的日常核算。月初结存材料的计划成本为100万元，成本差异为超支20万元。当月购入材料一批，实际成本为216万元，计划成本为200万元。当月领用材料的计划成本为100万元，当月领用材料应负担的材料成本差异为（　　）万元。

A. 超支16　　　　B. 节约16　　　　C. 超支12　　　　D. 节约20

【答案】C

【解析】材料成本差异率=（20+216–200）/（100+200）×100%=12%。发出材料的成本差异 =100 ×（1+12%）=12（万元）。

【判断题】企业采用计划成本进行材料日常核算时，月末发出材料分摊的超支成本差异，应计入"材料成本差异"科目的借方。

【答案】×

【解析】"材料成本差异"科目，借方登记超支差异及发出材料应负担的节约差异，贷方登记节约差异及发出材料应负担的超支差异。

五、周转材料

周转材料，是指企业能够多次使用，不符合固定资产的定义，逐渐转移其价值但仍保持原有形态的材料物品。企业的周转材料包括包装物和低值易耗品，以及小企业（建筑业）的

> 真题链接
>
> 【初级会计师考试真题·判断题】企业销售商品领用单独计价包装物的实际成本应计入销售费用。（　　）
> 【答案】×
> 【解析】销售商品领用单独计价包装物的实际成本应计入其他业务成本。

钢模板、木模板、脚手架等。

（一）包装物

1. 包装物的内容

包装物，是指为了包装商品而储备的各种包装容器，如桶、箱、瓶、坛、袋、罐等（图3-21）。具体包括：①生产过程中用于包装产品，作为产品组成部分的包装物；②随同商品出售而不单独计价的包装物；③随同商品出售且单独计价的包装物；④出租或出借给购买单位使用的包装物。

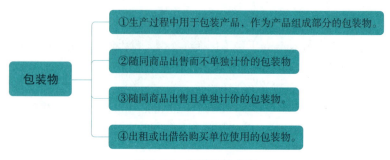

图 3-21　包装物的内容

2. 包装物的账务处理

为了反映和监督包装物的增减变动及其价值损耗、结存等情况，企业应当设置"周转材料——包装物"科目进行核算，借方登记包装物的增加，贷方登记包装物的减少，期末余额在借方，反映企业期末结存包装物的金额。

周转材料——包装物	
借方	贷方
①增加的包装物	①减少的包装物
期末结存包装物的金额	

对于生产领用包装物，应根据领用包装物的实际成本或计划成本，借记"生产成本"科目，贷记"周转材料——包装物""材料成本差异"（采用计划成本核算时使用该科目）等科目。随同商品出售而不单独计价的包装物，应于包装物发出时，按其实际成本计入销售费用，借记"销售费用"科目，贷记"周转材料——包装物"等科目。随同商品出售且单独计价的包装物，一方面应反映其销售收入，计入"其他业务收入"科目的贷方；另一方面应反映其实际销售成本，计入"其他业务成本"科目的借方。多次使用的包装物应当根据预计使用次数分次进行摊销。

> 注意：如果按计划成本核算，在发出存货时应同时结转应负担的材料成本差异。

1）生产领用包装物

生产领用包装物，应按照领用包装物的实际成本，借记"生产成本"科目，按照领用包装物的计划成本，贷记"周转材料——包装物"科目，按照其差额，借记或贷记"材料成本差异"科目。

借：生产成本
　　材料成本差异
　贷：周转材料——包装物

华兴公司为增值税一般纳税人，对包装物采用计划成本核算，某月生产产品领用包装物的计划成本为 30 000 元，材料成本差异率为 –2.5%。华兴公司应编制如下会计分录。

借：生产成本　　　　　　　　　　　　　　　　　　22 500
　　材料成本差异　　　　　　　　　　　　　　　　　　750
　　贷：周转材料——包装物　　　　　　　　　　　　　　　30 000

2）随同商品出售的包装物

随同商品出售的包装物具体包括两种情形，其账务处理不尽相同。

（1）随同商品出售而不单独计价的包装物，应按其实际成本计入销售费用，借记"销售费用"科目，按其计划成本，贷记"周转材料——包装物"科目，按其差额，借记或贷记"材料成本差异"科目。

借：销售费用
　　贷：周转材料——包装物

华兴公司为增值税一般纳税人，对包装物采用计划成本核算，某月销售商品领用不单独计价包装物的计划成本为 20 000 元，材料成本差异率为 4%。华兴公司应编制如下会计分录。

借：销售费用　　　　　　　　　　　　　　　　　　　20 800
　　贷：周转材料——包装物　　　　　　　　　　　　　　　20 000
　　　　材料成本差异　　　　　　　　　　　　　　　　　　800

上例中，借记"销售费用"科目反映由于销售商品领用不单独计价包装物而增加的销售费用，其金额为所领用包装物的实际成本；由于采用计划成本核算包装物，贷记"周转材料"科目，反映由于销售商品领用而减少的包装物的计划成本，销售商品领用不单独计价包装物的实际成本与计划成本的差异即材料成本差异，通过"材料成本差异"科目进行反映。

如果采用实际成本核算包装物，则"销售费用"科目和"周转材料"科目均反映包装物的实际成本。

（2）随同商品出售且单独计价的包装物，按照实际取得的金额，借记"银行存款"等科目，按照其销售收入，贷记"其他业务收入"科目，按照增值税专用发票上注明的增值税销项税额，贷记"应交税费——应交增值税（销项税额）"科目；同时结转所销售包装物的成本，应按其实际成本计入其他业务成本，借"其他业务成本"科目，按其计划成本，贷记"周转材料——包装物"科目，按其差额，借记或贷记"材料成本差异"科目。

①确认收入。

借：银行存款等
　　贷：其他业务收入
　　　　应交税费——应交增值税（销项税额）

②结转成本。

借：其他业务成本
　　贷：周转材料——包装物

【判断题】企业销售商品领用单独计价的包装物的实际成本计入销售费用。

【答案】×

【解析】随同商品出售且单独计价的包装物一方面应反映其销售收入，计入"其他业务收入"科目的贷方；另一方面应反映其实际销售成本，计入"其他业务成本"科目的借方。

【例 3-4-20】华兴公司为增值税一般纳税人，对包装物采用计划成本核算，某月销售商品领用单独计价包装物的计划成本为 45 000 元，销售收入为 50 000 元，开具的增值税专用发票上注明的增值税税额为 6 500 元，款项已存入银行。该包装物的材料成本差异率为 5%。华兴公司应编制如下会计分录。

真题链接

【初级会计师考试真题·单选题】下列各项中，随同商品出售而不单独计价的包装物，应按其实际成本计入的会计科目是（　　）。

A."管理费用"
B."其他业务成本"
C."营业外支出"
D."销售费用"

【答案】D

【解析】随同商品出售而不单独计价的包装物，成本计入"销售费用"科目。

（1）出售单独计价包装物时。

借：银行存款 56 500
　　贷：其他业务收入 6 500
　　　　应交税费——应交增值税（销项税额） 50 000

（2）结转所售单独计价包装物的成本时。

借：其他业务成本 47 250
　　贷：周转材料——包装物 45 000
　　　　材料成本差异 2 250

3）出租或出借包装物

有时企业因销售产品，将包装物以出租或出借的形式，租给或借给客户暂时使用，并与客户约定在一定时间内收回包装物。

（1）出租或出借包装物的发出。

企业出租、出借包装物时，应根据包装物出库等凭证列明的金额，借记"周转材料——包装物——出租包装物（或出借包装物）"科目，贷记"周转材料——包装物——库存包装物"科目。包装物如按计划成本计价，还应同时结转材料成本差异。

借：周转材料——包装物——出租包装物/出借包装物
　　贷：周转材料——包装物——库存包装物

（2）出租或出借包装物的押金和租金。

为了保证及时返还和承担妥善保管包装物的经管责任，企业出租或出借包装物时，一般应向客户收取一定数额的押金，即存入保证金，归还包装物时将押金退还客户。收取包装物押金时，借记"库存现金""银行存款"等科目，贷记"其他应付款——存入保证金"科目；退还押金时，编制相反的会计分录。

①收取押金。

借：银行存款/库存现金
　　贷：其他应付款——存入保证金

②退还押金。

借：其他应付款——存入保证金
　　贷：银行存款/库存现金

出租包装物是企业（专门经营包装物租赁的除外）的一项其他业务活动，为短期租赁和低价值租赁业务。出租期间，企业按约定收取的包装物租金，应计入其他业务收入，借记"库存现金""银行存款""其他应收款"等科目，贷记"其他业务收入"科目。

借：银行存款/库存现金/其他应收款
　　贷：其他业务收入
　　　　应交税费——增值税（销项税额）

（3）出租或出借包装物发生的相关费用。

出租或出借包装物发生的相关费用包括两个方面：①包装物的摊销费用；②包装物的维修费用。

企业按照规定的摊销方法，对包装物进行摊销时，借记"其他业务成本"（出租包装物）、"销售费用"（出借包装物）科目，贷记"周转材料——包装物——包装物摊销"科目。

借：其他业务成本（出租包装物）
　　销售费用（出借包装物）
　　贷：周转材料——包装物——包装物摊销

企业确认应由其负担的包装物修理费用等支出时，借记"其他业务成本"（出租包装物）、"销售费用"（出借包装物）科目，贷记"库存现金""银行存款""原材料""应付职工薪酬"

等科目。

借：其他业务成本（出租包装物）
　　销售费用（出借包装物）
　　贷：银行存款／库存现金／原材料／应付职工薪酬

【单选题】下列各项中，关于包装物的会计处理表述正确的有（　　）。
A. 随同商品出售而不单独计价的包装物，按实际成本计入其他业务成本
B. 随同商品出售且单独计价的包装物，按实际成本计入销售费用
C. 出租或出借包装物的摊销费用统一计入其他业务成本
D. 出租的包装物发生的修理费用，按实际支出计入其他业务成本
【答案】D
【解析】随同商品出售而不单独计价的包装物，按实际成本计入销售费用；随同商品出售且单独计价的包装物，按实际成本计入其他业务成本，选项A、B错误。出租包装物的摊销费用计入其他业务成本，出借包装物的摊销费用统一计入销售费用，选项C错误。

> **真题链接**
>
> 【初级会计师考试真题·多选题】下列各项中，关于发出包装物的会计处理表述正确的有（　　）。
> A. 生产领用作为产品组成部分的包装物成本直接计入"生产成本"科目
> B. 随同商品出售且单独计价的包装物成本计入"其他业务成本"科目
> C. 生产车间一般耗用包装物摊销额计入"制造费用"科目
> D. 随同商品出售而不单独计价的包装物成本计入"销售费用"科目
> 【答案】ABCD

（二）低值易耗品

1. 低值易耗品的内容

低值易耗品一般划分为一般工具、专用工具、替换设备、管理用具、劳动保护用品和其他用具等。

> 注意：低值易耗品具有"低值"和"易耗"两个特点。
> （1）低值：可能使用年限大于1年，但由于低值，不确认为固定资产；
> （2）易耗：一般使用年限在1年以内。

低值易耗品

2. 低值易耗品的账务处理

为了反映和监督低值易耗品的增减变动及其结存情况，企业应当设置"周转材料——低值易耗品"科目，借方登记低值易耗品的增加，贷方登记低值易耗品的减少，期末余额在借方，通常反映企业期末结存低值易耗品的金额。

周转材料——低值易耗品

借方	贷方
①增加的低值易耗品	①减少的低值易耗品
期末结存低值易耗品的金额	

低值易耗品等企业的周转材料符合存货的定义和条件的，按照使用次数分次计入成本费用。金额较小的，可在领用时一次计入成本费用。

分次摊销法，是指低值易耗品在领用时摊销其账面价值的单次平均摊销额。分次摊销法适用于可供多次反复使用的低值易耗品。在采用分次摊销法的情况下，需要单独设置"周转材料——低值易耗品——在库""周转材料——低值易耗品——在用""周转材料——低值易耗品——摊销"明细科目。其中，"周转材料——低值易耗品——摊销"明细科目为"周转材料——低值易耗品——在用"明细科目的备抵科目，核算使用中低值易耗品的累计摊销额。设置"在库""在用""摊销"三级明细科目核算有利于明确低值易耗品的库存保管、领用和耗费等相关部门的经管责任，有利于保护低值易耗品的安全，提高会计核算的真实性、准确性、完整性。

注意：为加强实物管理，分次摊销法下企业应当在备查簿中采用分次摊销法摊销低值易耗品。

一次摊销法与分次摊销法的对比见表3-12。

表3-12 一次摊销法与分次摊销法的对比

对比	一次摊销法	分次摊销法
核算特点	领用时一次计入成本费用	按使用次数分次计入成本费用
适用范围	金额较小（价值较低）	可供多次反复使用的低值易耗品
账户设置	周转材料——低值易耗品	周转材料——低值易耗品 　　　　　——在库 　　　　　——在用 　　　　　——摊销
账务处理	借：制造费用/管理费用 　贷：周转材料——低值易耗品	（1）领用时："在库"科目转入"在用"科目； （2）每次摊销："摊销"科目； （3）结转摊销："在用"科目与"摊销"科目相互抵消

【例3-4-21】华兴公司为增值税一般纳税人，对低值易耗品采用实际成本核算，20×3年5月基本生产车间领用专用工具一批，实际成本为5 000元，不符合固定资产的定义，采用分次摊销法进行摊销。该专用工具的估计使用次数为5次。华兴公司应编制如下会计分录。

（1）领用专用工具时。

借：周转材料——低值易耗品——在用　　　　　　　　　　　　　　　5 000
　　贷：周转材料——低值易耗品——在库　　　　　　　　　　　　　　5 000

（2）第一次摊销其价值的1/5。

借：制造费用　　　　　　　　　　　　　　　　　　　　　　　　　　1 000
　　贷：周转材料——低值易耗品——摊销　　　　　　　　　　　　　　1 000

（3）第二次、第三次和第四次分别摊销其价值的1/5。

借：制造费用　　　　　　　　　　　　　　　　　　　　　　　　　　1 000
　　贷：周转材料——低值易耗品——摊销　　　　　　　　　　　　　　1 000

（4）最后一次摊销时。

借：制造费用　　　　　　　　　　　　　　　　　　　　　　　　　　1 000
　　贷：周转材料——低值易耗品——摊销　　　　　　　　　　　　　　1 000

同时核销在用低值易耗品，注销使用部门的经管责任。

借：周转材料——低值易耗品——摊销　　　　　　　　　　　　　　　5 000
　　贷：周转材料——低值易耗品——在用　　　　　　　　　　　　　　5 000

【例3-4-22】华兴公司对低值易耗品采用计划成本核算，某月基本生产车间领用专用工具一批，实际成本为5 200元，计划成本为5 000元，不符合固定资产的定义，采用分次摊销法进行摊销。该专用工具的估计使用次数为5次，该专用工具的材料成本差异率为4%。华兴公司应编制如下会计分录。

（1）领用专用工具时。

借：周转材料——低值易耗品——在用　　　　　　　　　　　　　　　5 000
　　贷：周转材料——低值易耗品——在库　　　　　　　　　　　　　　5 000

（2）第一次摊销其价值的1/5。

借：制造费用　　　　　　　　　　　　　　　　　　　　　　　40
　　贷：周转材料——低值易耗品——摊销　　　　　　　　　　　　　1 000

同时：

借：制造费用　　　　　　　　　　　　　　　　　　　　　　　40
　　贷：材料成本差异——低值易耗品　　　　　　　　　　　　　　　1 000

（3）第二次、第三次和第四次分别摊销其价值的1/5。

借：制造费用　　　　　　　　　　　　　　　　　　　　　　1 000
　　贷：周转材料——低值易耗品——摊销　　　　　　　　　　　　　1 000

同时：

借：制造费用　　　　　　　　　　　　　　　　　　　　　　　40
　　贷：材料成本差异——低值易耗品　　　　　　　　　　　　　　　　40

（4）第五次摊销剩余价值并结转低值易耗品"摊销"和"在用"明细科目。

借：制造费用　　　　　　　　　　　　　　　　　　　　　　1 000
　　贷：周转材料——低值易耗品——摊销　　　　　　　　　　　　　1 000

结转材料成本差异。

借：制造费用　　　　　　　　　　　　　　　　　　　　　　　40
　　贷：材料成本差异——低值易耗品　　　　　　　　　　　　　　　　40

结转低值易耗品"摊销"和"在用"明细科目。

借：周转材料——低值易耗品——摊销　　　　　　　　　　　　　5 000
　　贷：周转材料——低值易耗品——在用　　　　　　　　　　　　　5 000

> 注意：
> （1）领用低值易耗品时，应在"周转材料——低值易耗品"明细科目中进行结转，由"在库"转入"在用"明细科目。
> （2）每次对低值易耗品按照计划成本摊销的同时，应结转相应的材料成本差异，将领用低值易耗品的计划成本调整为实际成本。
> （3）最后一次摊销时，"在用"低值易耗品已经全部摊销完毕，需要将"周转材料——低值易耗品"明细科目中的"摊销"明细科目的贷方余额与"在用"明细科目的借方余额进行相互抵销，结平"周转材料——低值易耗品"明细科目的余额。

> 真题链接
> 【初级会计师考试真题·多选题】下列各项中，企业应通过"周转材料"科目核算的有（　　）。
> A. 购入用于出租/出借的包装物
> B. 为维修设备采购的价值较低的专用工具
> C. 为行政管理部门购买的低值易耗品
> D. 在建工程购入的专项材料
> 【答案】ABC
> 【解析】企业的周转材料包括包装物和低值易耗品。作为存货核算和管理的低值易耗品，一般划分为一般工具、专用工具、替换设备、管理用具、劳动保护用品和其他用具等。选项D应计入工程物资。

【判断题】对于金额较小的低值易耗品，可在领用时一次确认成本费用。（　　）

【答案】√

【解析】

【单选题】下列各项中，关于低值易耗品的会计处理表述正确的有（　　）。

A. 多次使用的包装物应根据使用次数分次进行摊销

B. 金额较小的低值易耗品可在领用时一次确认成本费用

C. 低值易耗品核算时设置"在库""在用""摊销"三级明细科目有利于明确保管、领用和耗费等相关部门的经管责任。

D. 为了加强实物管理，分次摊销法下企业应当在备查簿中采用分次摊销法摊销低值易耗品。

【答案】ABCD

【解析】全部正确。

六、委托加工物资

委托加工物资，是指企业委托外单位加工的各种材料、商品等物资。与材料或商品销售不同，委托加工材料发出后，其保管地点发生位移，但仍属于企业存货范畴。经过加工，材料或商品的实物形态、性能和使用价值将发生变化，在加工过程中需要消耗其他材料，发生加工费、税费等加工成本。

企业委托外单位加工物资的成本包括加工中实际耗用物资的成本、支付的加工费用及应负担的运杂费、支付的税费等（图3-22）。委托加工物资核算内容主要包括拨付加工物资、支付加工费用和税金、收回加工物资和剩余物资等。

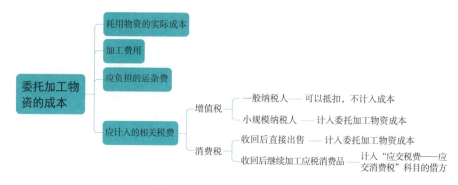

图 3-22　委托加工物资的成本

> 注意：需要交纳消费税的委托加工物资，由受托方代收代缴的消费税，加工收回后用于直接销售的，按规定计税时不准予扣除，计入加工物资的成本，借记"委托加工物资"科目；收回后用于继续加工的，按规定不属于直接出售的，在计税时准予扣除，借记"应交税费——应交消费税"科目（图3-23）。

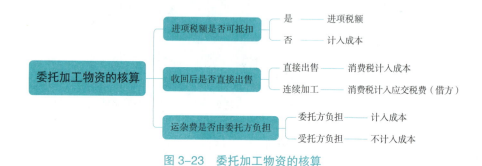

图 3-23　委托加工物资的核算

为了反映和监督委托加工物资的增减变动及其结存情况，企业应当设置"委托加工物资"科目，借方登记委托加工物资的实际成本，贷方登记加工完成验收入库的物资的实际成本和剩余物资的实际成本，期末余额在借方，反映企业尚未完工的委托加工物资的实际成本等。本科目应按照加工合同、受托加工单位以及加工物资的品种等进行明细核算。

委托加工物资	
借方	贷方
委托加工物资的实际成本	加工完成验收入库的物资的实际成本
	剩余物资的实际成本
尚未完工的委托加工物资的实际成本	

> 注意：委托加工物资也可以采用计划成本或售价进行核算，其方法与库存商品相关业务会计处理基本相同。

【单选题】某企业委托外单位加工一批应税货物，该批货物收回后用于直接出售，则委托加工物资成本包括（　　）。

A. 受托方代扣代缴的消费税
B. 支付的材料的增值税
C. 支付的物资加工费
D. 增值税

【答案】AC
【解析】略。

（一）发出物资

借：委托加工物资
　　贷：原材料

> 注意：企业向外单位发出加工物资，采用计划成本或售价核算的，应同时结转材料成本差异或商品进销差价，贷记或借记"材料成本差异"科目，或借记"商品进销差价"科目。

借：委托加工物资
　　材料成本差异/商品进销差价（或贷方）
　　贷：原材料

【例3-4-23】华兴公司对材料和委托加工物资采用计划成本核算，某月委托某量具厂加工一批量具，发出材料的计划成本为50 000元，材料成本差异率为4%。华兴公司应编制如下会计分录。

借：委托加工物资　　　　　　　　　　　　　　　　　　52 000
　　贷：原材料　　　　　　　　　　　　　　　　　　　　50 000
　　　　材料成本差异　　　　　　　　　　　　　　　　　2 000

（二）支付加工费、运费等

借：委托加工物资
　　应交税费——应交增值税（进项）
　　贷：银行存款/应付账款

【例3-4-24】华兴公司以银行存款支付加工物资的加工费用2 500元，增值税税额为325元，运费为500元，增值税专用发票上注明的增值税税额为45元。华兴公司应编制如下会计分录。

借：委托加工物资　　　　　　　　　　　　　　　　　　　　500
　　应交税费——应交增值税（进项税额）　　　　　　　　　　45
　　贷：银行存款　　　　　　　　　　　　　　　　　　　　　545
借：委托加工物资　　　　　　　　　　　　　　　　　　2 500
　　应交税费——增（进）　　　　　　　　　　　　　　　325
　　贷：银行存款　　　　　　　　　　　　　　　　　　2 825

企业向外单位发出加工物资支付的运费，一是计入委托加工物资的成本，借记"委托加

收回后用于直接销售	收回后用于继续加工
借记"加工物资的成本"科目	借记"应交税费——应交增值税"科目

工物资"科目；二是将支付的、可抵扣的增值税进项税额计入"应交税费——应交增值税（进项税额）"科目单独核算。

（三）加工完成验收入库

借：原材料/周转材料/库存商品等
　　贷：委托加工物资

上两例中，加工完成的委托加工物资的实际成本为55 000元［（52 000+500+2 500）］，计划成本为50 000元，成本差异为5 000元，计入"材料成本差异"科目的贷方（检查）。

> 注意：还要考虑委托方是否采用计划成本核算，如果采用实际成本核算，则不需要结转材料成本差异；如果采用计划成本核算，需要结转材料成本差异。

七、库存商品

（一）库存商品的内容

库存商品，是指企业完成全部生产过程并已验收入库、合乎标准规格和技术条件，可以按照合同规定的条件送交订货单位，或可以作为商品对外销售的产品以及外购或委托加工完成验收入库用于销售的各种商品。

库存商品具体包括库存产成品、外购商品、存放在门市部准备出售的商品、发出展览的商品、寄存在外的商品、接受来料加工制造的代制品和为外单位加工修理的代修品等。

> 注意：已完成销售手续，但购买单位在月末未提取的产品，不应作为企业的库存商品，而应作为代管商品处理，单独设置"代管商品"备查簿进行登记。

【单选题】下列各项中，应该用库存商品核算的是（　　）。
A. 接受外来材料的代制品
B. 寄存在外销售的商品
C. 为外单位加工代修品
D. 已完成销售手续，但客户未领取的商品
【答案】ABC
【解析】已完成销售手续，但客户未领取的商品应作为代管商品处理，单独设置"代管商品"备查簿进行登记。

为了反映和监督库存商品的增减变动及其结存情况，企业应当设置"库存商品"科目，借方登记验收入库的库存商品成本，贷方登记发出的库存商品成本，期末余额在借方，反映各种库存商品的实际成本。"库存商品"科目应按库存商品的种类、品种和规格设置明细科目进行核算。

库存商品

借方	贷方
①验收入库的库存商品成本	①发出的库存商品成本
库存商品的实际成本	

（二）库存商品的账务处理

库存商品的账务处理如图3-24所示。

图 3-24 库存商品的账务处理

1. 验收入库商品

对于库存商品采用实际成本核算的企业,当产品完成生产并验收入库时,应按实际成本,借记"库存商品"科目,贷记"生产成本——基本生产成本"科目。

借:库存商品
　　贷:生产成本——基本生产成本

【例 3-4-25】华兴公司"商品入库汇总表"记载,20×3 年 12 月已验收入库电脑桌 500 台,实际单位成本为 500 元,共计 250 000 元;升降桌 100 台,实际单位成本为 1 000 元,共计 100 000 元。华兴公司应编制如下会计分录。

借:库存商品——电脑桌　　　　　　　　　　　　　　　250 000
　　　　　　——升降桌　　　　　　　　　　　　　　　100 000
　　贷:生产成本——基本生产成本——电脑桌　　　　　　250 000
　　　　　　　　　　　　　　　　——升降桌　　　　　　100 000

2. 发出商品

企业销售产成品按规定确认收入的同时,应计算、结转与收入相关的产成品成本。产成品销售成本的计算与结转,通常是在期(月)末进行。采用实际成本进行产成品日常核算的,应根据本期(月)销售产品数量及其相应的单位生产成本计算确定本期产品销售成本总额,借记"主营业务成本"科目,贷记"库存商品"科目。

借:主营业务成本
　　贷:库存商品

【例 3-4-26】华兴公司月末汇总的发出商品中,当月已实现销售的电脑桌 400 台、升降桌 50 台。该月采用加权平均法计算电脑桌产品实际单位成本 5 000 元,升降桌实际单位成本为 1 000 元。结转销售成本应编制如下会计分录。

借:主营业务成本　　　　　　　　　　　　　　　　　2 050 000
　　贷:库存商品——电脑桌　　　　　　　　　　　　　2 000 000
　　　　　　　　——升降桌 　　　　　　　50 000

由于商品流通企业的特殊性质,其发出商品的核算除采用上述方法外,还可以采用毛利率法和售价金额核算法进行核算。

1)毛利率法

毛利率法,是指根据本期销售净额乘以上期实际(或本期计划)毛利率匡算本期销售毛利,并据以计算发出存货和期末存货成本的一种方法(图 3-25)。其计算方法如下:

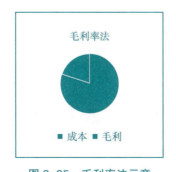

图 3-25 毛利率法示意

> **真题链接**
>
> 【初级会计师考试真题·多选题】下列各项中,企业应通过"库存商品"科目核算的有( )。
> A.存放在门市部准备出售的商品
> B.已完成销售手续,但购买方在月末尚未提取的产品
> C.发出展览的商品
> D.接受来料加工制造的代制品
> 【答案】ACD
> 【解析】库存商品具体包括库存产成品、外购商品、存放在门市部准备出售的商品(选项 A)、发出展览的商品(选项 C)、寄存在外的商品、接受来料加工制造的代制品(选项 D)和为外单位加工修理的代修品等。
> 选项 B,已完成销售手续,但购买方尚未提取的产品控制权已经转移,不属于企业的存货。

> **解难点**
>
> 什么是商品流通企业?
> 商品流通企业是通过低价格购进商品、高价格出售商品的方式实现商品进销差价,以此弥补企业的各项费用和支出,而取得利润的企业。其最大的特点不从事产品生产,购进和销售是完成商品流通的关键业务。其经典代表为超市和贸易公司等。

> **解难点**
> 成本＋毛利＝销售额
> 成本率＋毛利率＝1
> 成本率＝成本／销售额
> 毛利率＝毛利／销售额

毛利率＝销售毛利／销售额×100%
销售净额＝商品销售收入－销售退回与折让
销售毛利＝销售净额×毛利率
销售成本＝销售净额－销售毛利
期末存货成本＝期初存货成本＋本期购货成本－本期销售成本

这一方法是商品流通企业，尤其是商业批发企业常用的计算本期商品销售成本和期末库存商品成本的方法。

商品流通企业由于经营商品的品种繁多，分品种计算商品成本的工作量较大，在企业同类商品的毛利率差异不大的情况下，采用该计价方法既能减轻工作量，又能满足销售毛利管理的需要。

【例3-4-27】某商场采用毛利率法进行核算。20×3年6月1日，办公用品库存余额为2 000 000元，本月购进1 000 000元，本月销售收入为4 000 000元，上季度该类商品毛利率为40%。本月已销商品和月末库存商品的成本计算如下：

销售毛利＝4 000 000×40%＝1 600 000（元）
本月销售成本＝4 000 000－1 600 000＝2 400 000（元）
月末库存商品成本＝2 000 000＋1 000 000－2 400 000＝600 000（元）

2）售价金额核算法

售价金额核算法，是指平时商品的购入、加工收回、销售均按售价记账，售价与进价的差额通过"商品进销差价"科目核算，期末计算进销差价率和本期已销售商品应分摊的进销差价，据以调整本期销售成本的一种方法。计算公式如下：

商品进销差价率＝（期初库存商品进销差价＋本期购入商品进销差价）/（期初库存商品售价＋本期购入商品售价）×100%

本期销售商品应分摊的商品进销差价＝本期商品销售收入×商品进销差价率

本期销售商品的成本＝本期商品销售收入－本期销售商品应分摊的商品进销差价期末结存商品的成本＝期初库存商品的进价成本＋本期购进商品的进价成本－本期销售商品的成本

如果企业的商品进销差价率各期比较均衡，也可以采用上期商品进销差价率分摊本期的商品进销差价。年度终了，应对商品进销差价进行核实调整。

企业购入商品采用售价金额核算，按入库商品的售价，借记"库存商品"科目，按商品进价，贷记"银行存款""在途物资""委托加工物资"等科目，按商品售价与进价的差额，贷记"商品进销差价"等科目。

对外销售发出商品时，按售价结转销售成本，借记"主营业务成本"科目，贷记"库存商品"科目。期（月）末分摊已销商品的进销差价，借记"商品进销差价"科目，贷记"主营业务成本"科目。

对于从事商品流通业务的企业（如百货公司、超市等），由于其经营的商品种类、品种、规格等繁多，对库存和货架陈列商品的管控要求高，采用售价金额核算法既可以满足按商品零售价格明码标价的要求，又便于加强库存和陈列商品的实物负责制管理。因此，零售业实务中广泛采用这一方法。

【例3-4-28】某商场为增值税一般纳税人，库存商品采用售价金额核算法核算与管理。20×3年2月，期初库存商品的进价成本总额为4 500 000元，售价总额为6 000 000元；本月购进商品的进价成本总额为3 000 000元，售价总额为4 000 000元；本月实现销售收入共计5 000 000元。有关会计处理如下。

（1）按入库商品的售价，借记"库存商品"科目，按商品进价，贷记"银行存款"科目，按商品售价与进价的差额，贷记"商品进销差价"等科目。编制如下会计分录。

借：库存商品　　　　　　　　　　　　　　　　　　　4 000 000

> **真题链接**
> 【初级会计师考试真题·单选题】某企业采用毛利率法对库存商品进行核，20××年4月1日，"库存商品"科目期初余额为150万元，本月购进商品一批，采购成本为250万元，本月实现商品销售收入300万元。上季度该类商品的实际毛利率为20%。不考虑其他因素，该企业本月末"库存商品"科目的期末余额为（　　）万元。
> A．160　　B．100
> C．80　　　D．110
> 【答案】A
> 【解析】毛利＝300×20%＝60（万元）；本期销售成本＝300－60＝240（万元）；月末库存商品成本＝150+250－240＝160（万元）。

> **真题链接**
> 【初级会计师考试真题·多选题】下列各项中，关于库存商品售价金额核算法的表述正确的有（　　）。
> A．商品售价与进价的差额通过"商品进销差价"科目核算
> B．期末需根据已销商品应分摊的进销差价调整本期销售成本
> C．库存商品入库时按售价记账
> D．库存商品销售时按进价结转销售成本
> 【答案】ABC
> 【解析】库存商品销售时按售价结转销售成本，选项D错误。

应交税费——应交增值税（进项税额）	390 000
贷：银行存款	3 390 000
商品进销差价	1 000 000

（2）确认本月商品销售收入，编制如下会计分录。

借：银行存款	5 650 000
贷：主营业务收入	5 000 000
应交税费——应交增值税（销项税额）	650 000

同时，按售价结转销售成本，注销柜台的商品经管责任，编制如下会计录。

借：主营业务成本	5 000 000
贷：库存商品	5 000 000

（3）月末，计算销售商品应分摊商品进销差价。

商品进销差价率 =（1 500 000+1 000 000）/（6 000 000+4 000 000）×100%=25%

已销商品应分摊的商品进销差价 =5 000 000×25%=1 250 000（元）

本期销售商品的实际成本 =5 000 000−125 000=3 750 000（元）

期末结存商品的实际成本 =4 500 000+3 000 000−3 750 000=3 750 000（元）

将平时按售价结转的销售成本调整为实际成本，编制如下会计分录。

借：商品进销差价	1 250 000
贷：主营业务成本	1 250 000

调整后本月实际的商品销售成本为 3 750 000 元。

八、消耗性生物资产

（一）消耗性生物资产的确认与计量

生物资产，是指农业活动所涉及的活的动物或植物。生物资产分为消耗性生物资产、生产性生物资产和公益性生物资产，本部分介绍消耗性生物资产的会计处理。

消耗性生物资产，是指企业（农、林、牧、渔业）生长中的大田作物、蔬菜、用材林以及存栏待售的牲畜等，如玉米和小麦等庄稼、用材林、存栏待售的牲畜、养殖的鱼等。

1. 消耗性生物资产的成本确定

企业自行栽培、营造、繁殖或养殖的消耗性生物资产的成本，应当按照下列规定确定。

（1）自行栽培的大田作物和蔬菜的成本包括：在收获前耗用的种子、肥料、农药等材料费，人工费和应分摊的间接费用。

（2）自行营造的林木类消耗性生物资产的成本包括：郁闭前发生的造林费、抚育费、营林设施费、良种试验费、调查设计费和应分摊的间接费用。

（3）自行繁殖的育肥畜的成本包括：出售前发生的饲料费、人工费和应分摊的间接费用。

（4）水产养殖的动物和植物的成本包括：在出售或入库前耗用的苗种、饲料、肥料等材料费，人工费和应分摊的间接费用。

2. 主要会计科目设置

（1）"消耗性生物资产"科目。设置"消耗性生物资产"科目核算企业（农、林、牧、渔业）持有的消耗性生物资产的实际成本，借方登记消耗性生物资产的增加金额，贷方登记销售消耗性生物资产的减少金额，期末借方余额反映企业（农、林、牧、渔业）消耗性生物资产的实际成本。本科目应按照消耗性生物资产的种类、群别等进行明细核算。

消耗性生物资产

借方	贷方
①消耗性生物资产的增加金额	①销售消耗性生物资产的减少金额
消耗性生物资产的实际成本	

（2）"农产品"科目。设置"农产品"科目核算企业（农、林、牧、渔业）消耗性生物资产收获的农产品。

农产品

借方	贷方
①收获的农产品的增加 农产品的实际成本	①收获的农产品的减少

（二）消耗性生物资产的账务处理

（1）外购的消耗性生物资产，按照应计入消耗性生物资产成本的金额，借记"消耗性生物资产"科目，贷记"银行存款""应付账款"等科目。

（2）自行栽培的大田作物和蔬菜，应按照收获前发生的必要支出，借记"消耗性生物资产"科目，贷记"银行存款"等科目。自行营造的林木类消耗性生物资产，应按照郁闭前发生的必要支出，借定"消耗性生物资产"科目，贷记"银行存款"等科目。自行繁殖的育肥畜、水产养殖的动植物，应按照出售前发生的必要支出，借记"消耗性生物资产"科目，贷记"银行存款"等科目。

（3）择伐、间伐或抚育更新性质采伐而补植林木类消耗性生物资产发生的后续支出，借记"消耗性生物资产"科目，贷记"银行存款"等科目。

（4）林木类消耗性生物资产达到郁闭后发生的管护费用等后续支出，借记"管理费用"科目，贷记"银行存款"等科目。

（5）农业生产过程中发生的应归属于消耗性生物资产的费用，按照应分配的金额，借记"消耗性生物资产"科目，贷记"生产成本"科目。

（6）消耗性生物资产收获为农产品时，应按照其账面余额，借记"农产品"科目，贷记"消耗性生物资产"科目。

（7）出售消耗性生物资产或农产品，应按照实际收到的金额，借记"银行存款"等科目，贷记"主营业务收入"等科目。按照其账面余额，借记"主营业务成本"等科目，

【例3-4-29】青山公司为一家林业有限责任公司。20×3年8月，发生森林管护费用共计30 000元，其中，本月应付人员薪酬26 000元，仓库领用库存肥料2 000元，管护设备折旧4 000元。管护总面积为2 000公顷，其中，作为用材林的杨树林共计1 500公顷，已郁闭的占60%，其余的尚未郁闭；作为水土保持林的松树林共计600公顷，全部已郁闭。管护费用按照森林面积比例分配。

计算过程如下：

未郁闭杨树林应分配共同费用的比例 =1 500×（1-60%）/2 000=0.3

已郁闭杨树林应分配共同费用的比例 =1 500×60%/2 000=0.45

已郁闭松树林应分配共同费用的比例 =500/2 000=0.25

未郁闭杨树林应分配的共同费用 =30 000×0.3=9 000（元）

已郁闭杨树林应分配的共同费用 =30 000×0.45=13 500（元）

已郁闭松树林应分配的共同费用 =30 000×0.25=7 500（元）

青山公司应编制如下会计分录。

借：消耗性生物资产——用材林（杨树林）	9 000
管理费用	26 000
贷：应付职工薪酬	20 000
原材料	2 000
累计折旧	4 000

（8）企业至少应当于每年年度终了对消耗性生物资产进行检查，有确凿证据表明遭受自然灾害、病虫害、动物疫病侵袭或市场需求变化等原因，使消耗性生物资产的可变现净值低于其账面价值的，应当按照可变现净值低于账面价值的差额，计提生物资产跌价准备，并计入当期损益。可变现净值应当分别按照存货减值的办法确定。

消耗性生物资产减值的影响因素已经消失的，减记金额应当予以恢复，并在原已计提的跌价准备金额内转回，转回的金额计入当期损益。

【单选题】择伐、间伐或抚育更新性质采伐而补植林木类消耗性生物资产发生的后续支出，计入的会计科目是（ ）。

A."生产成本"　　　　　　　　　B."消耗性生物资产"
C."管理费用"　　　　　　　　　D."销售费用"

【答案】B

【解析】择伐、间伐或抚育更新性质采伐而补植林木类消耗性生物资产发生的后续支出，借记"消耗性生物资产"科目，贷记"银行存款"等科目。

九、存货清查

存货清查

存货清查，是指通过对存货的实地盘点，确定存货的实有数量，并与账面结存数核对，从而确定存货实存数与账面结存数是否相符的一种专门方法。

由于存货种类繁多、收发频繁，在日常收发过程中可能发生计量错误、计算错误、自然损耗，还可能发生损坏变质等情况，造成账实不符，形成存货的盘盈、盘亏。对于存货的盘盈、盘亏，应填写存货盘点报告（如实存账存对比表），及时查明原因，按照规定程序报批处理。

为了反映和监督企业在财产清查中查明的各种存货的盘盈、盘亏和毁损情况，企业应当设置"待处理财产损溢"科目，借方登记存货的盘亏、毁损金额及盘盈的转销金额，贷方登记存货的盘盈金额及盘亏的转销金额。企业清查的各种存货损溢，应在期末结账前处理完毕，期末处理后，"待处理财产损溢"科目应无余额。

（一）存货盘盈的账务处理

企业发生存货盘盈时，借记"原材料""库存商品"等科目，贷记"待处理财产损溢"科目；按管理权限报经批准后，借记"待处理财产损溢"科目，贷记"管理费用"科目。

【例3-4-30】华兴公司在财产清查中盘盈J材料1 000千克，实际单位成本为60元，经查属于材料收发计量方面的错误。华兴公司应编制如下会计分录。

（1）批准处理前。

借：原材料　　　　　　　　　　　　　　　　　　　　　　　60 000
　　贷：待处理财产损溢　　　　　　　　　　　　　　　　　　　　60 000

（2）批准处理后。

借：待处理财产损溢　　　　　　　　　　　　　　　　　　　60 000
　　贷：管理费用　　　　　　　　　　　　　　　　　　　　　　　60 000

（二）存货盘亏及毁损的账务处理

存货清查知识讲解

企业发生存货盘亏及毁损时，借记"待处理财产损溢"科目，贷记"原材料""库存商品"等科目。在按管理权限报经批准后应做如下账务处理：对于入库的残料价值，计入"原材料"等科目；对于应由保险公司和过失人的赔款，计入"其他应收款"科目；扣除残料价值和应由保险公司、过失人赔款后的净损失，属于一般经营损失的部分，计入"管理费用"科目，属于非常损失的部分，计入"营业外支出"等科目。

【例3-4-31】华兴公司在财产清查中发现毁损某材料50 000元，相关增值税专用发票上注明的增值税税额为6 500元。经查属于材料保管员的过失造,按规定由其个人赔偿10 000元。华兴公司应编制如下会计分录。

（1）批准处理前。

借：待处理财产损溢　　　　　　　　　　　　　　　　　565 000
　　贷：原材料　　　　　　　　　　　　　　　　　　　　　　50 000
　　　　应交税费——应交增值税（进项税额转出）　　　　　　6 500

（2）批准处理后。

①由过失人赔款部分。

借：其他应收款　　　　　　　　　　　　　　　　　　　10 000
　　贷：待处理财产损溢　　　　　　　　　　　　　　　　　　10 000

②材料毁损净损失。

借：管理费用　　　　　　　　　　　　　　　　　　　　555 000
　　贷：待处理财产损溢　　　　　　　　　　　　　　　　　　555 000

【例3-4-32】华兴公司为增值税一般纳税人。台风造成一批库存材料毁损,实际成本为70 000元,相关增值税专用发票上注明的增值税税额为9 100元。根据保险合同的约定,应由保险公司赔偿50 000元。华兴公司应编制如下会计分录。

（1）批准处理前。

借：待处理财产损溢　　　　　　　　　　　　　　　　　70 000
　　贷：原材料　　　　　　　　　　　　　　　　　　　　　　70 000

（2）批准处理后。

借：其他应收款　　　　　　　　　　　　　　　　　　　50 000
　　营业外支出——非常损失　　　　　　　　　　　　　　20 000
　　贷：待处理财产损溢　　　　　　　　　　　　　　　　　　70 000

小企业存货发生毁损,按取得的处置收入、可收回的责任人赔偿和保险赔款,扣除其成本、相关税费后的净额,应当计入营业外支出或营业外收入。发生的存货盘盈,按实现的收益计入营业外收入;发生的存货盘亏损失应当计入营业外支出。

十、存货减值

在会计期末,存货应当按照成本与可变现净值孰低进行计量。

（一）存货跌价准备的计提和转回

资产负债表日存货应当按照成本与可变现净值孰低计量,其中,成本是指期末存货的实际成本,如企业在存货成本的日常核算中采用计划成本法、售价金额核算法等简化核算方法,则成本为经调整后的实际成本可变现净值是指在日常活动中,存货的估计售价减去至完工时估计将要发生的成本、估计的销售费用以及估计的相关税费后的金额。可变现净值的特征表现为存货的预计未来净现金流量,而不是存货的售价或合同价。

当存货成本低于可变现净值时,存货按成本计价;当存货成本高于可变现净值时,存货按可变现净值计价,表明存货可能发生跌价损失,应在存货销售之前确认跌价损失,计入当期损益,并相应减少存货的账面价值。以前减记存货价值的影响因素已经消失的,减记的金额应当予以恢复,并在原已计提的存货跌价准备金额内转回,转回的金额计入当期损益。

（二）存货跌价准备的账务处理

为了反映和监督存货跌价准备的计提、转回和转销情况,企业应当设置"存货跌价准备"科目,贷方登记计提的存货跌价准备金额;借方登记实际发生的存货跌价损失金额和转回的

微课扫一扫
存货减值

划重点

可变现净值是会计五大计量属性之一,指在日常活动中,以预计售价减去进一步加工成本和预计销售费用以及相关税费后的净值。在可变现净值计量下,资产按照其正常对外销售所能收到现金或者现金等价物的金额扣减该资产至完工时估计将要发生的成本、估计的销售费用以及相关税费后的金额计量。简单来说,可变现净值就是资产现在变现能拿到的现金净额。

微课扫一扫
存货期末计价

存货跌价准备金额,期末余额一般在贷方,反映企业已计提,但尚未转销的存货跌价准备。

当存货成本高于其可变现净值时,企业应当按照存货可变现净值低于账面价值的差额,借记"资产减值损失——计提的存货跌价准备"科目,贷记"存货跌价准备"科目。

借:资产减值损失——计提的存货跌价准备
　　贷:存货跌价准备

转销已计提的存货跌价准备金额时,按《企业会计准则》允许恢复增加的金额,借记"存货跌价准备"科目,贷记"资产减值损失——计提的存货跌价准备"科目。

借:存货跌价准备
　　贷:资产减值损失——计提的存货跌价准备

企业结转存货销售成本时,对于已计提存货跌价准备的,应当一并结转,同时调整销售成本,借记"存货跌价准备"科目,贷记"主营业务成本""其他业务成本"等科目。

【例3-4-33】20×3年12月31日,华兴公司A商品的账面余额(成本)为50 000元。由于市场价格下跌,预计可变现净值为480 000元,由此应计提的存货跌价准备为20 000元(500 000–480 000)。假定A商品以前未计提存货跌价准备。华兴公司应编制如下会计分录。

借:资产减值损失——计提的存货跌价准备　　　　　　　　　　20 000
　　贷:存货跌价准备　　　　　　　　　　　　　　　　　　　　20 000

【例3-4-34】20×4年6月30日,A商品的账面余额(成本)为500 000元,已计提存货跌价准备金额为20 000元。市场价格有所上升,使A商品的预计可变现净值为488 000元。华兴公司应编制如下会计分录。

A商品的账面余额(成本)=500 000元。

A商品的预计可变现净值=488 000元。

存货跌价准备科目的贷方余额=500 000—488 000=12 000(元)。

应转回金额=20 000–12 000=8 000(元)。

借:存货跌价准备　　　　　　　　　　　　　　　　　　　　　　8 000
　　贷:资产减值损失——计提的存货跌价准备　　　　　　　　　8 000

(1)假设20×4年6月30日,A商品的账面余额(成本)为500 000元,已计提存货跌价准备金额仍然为20 000元。市场价格持续上升,A商品的预计可变现净值为495 000元,则应转回的存货跌价准备为15 000元。

(2)假设20×4年6月30日,A商品的账面余额(成本)为500 000元,已计提存货跌价准备金额仍然为20 000元。市场价格持续上升,使A商品的预计可变现净值为500 000元,则应转回的存货跌价准备为20 000元,则应转回的存货跌价准备为20 000元。

(3)假设20×4年6月30日,A商品的账面余额(成本)为500 000元,已计提存货跌价准备金额仍然为20 000元。由于市场价格持续上升,A商品的预计可变现净值为510 000元,则应转回的存货跌价准备为20 000元。此种情况下,A商品的预计可变现净值为510 000元,高于成本500 000元,但由于之前已计提的存货跌价准备为20 000元,因此,应在原已计提的存货跌价准备金额范围内转回,而不得超出该金额。

注意: 在资产负债表日,为生产而持有的材料等,用其生产的产成品的可变现净值高于成本的,该材料仍然应当按照成本计价;材料价格的下降表明产成品的可变现净值低于成本的,该材料应当按照可变现净值计价,也就是说,材料存货在期末通常按照成本计量,只有企业用其生产的产成品发生了跌价,并且该跌价是由材料本身的价格下跌所引发的,才需要考虑计算材料存货的可变现净值,然后将该材料的可变现净值与成本进行比较,从而确定材料存货是否发生了跌价问题。

法理园地

根据《企业会计准则第1号——存货》的规定,在资产负债表日,为生产而持有的材料等,用其生产的产成品的可变现净值高于成本的,该材料仍然应当按照成本计量;材料价格的下降表明产成品的可变现净值低于成本的,该材料应当按照可变现净值计价。也就是说,材料存货在期末通常按照成本计价,除非企业用其生产的产成品发生了跌价,并且该跌价是由材料本身的价格下跌所引发的,才需要考虑计算材料存货的可变现净值,然后将该材料的可变现净值与成本进行比较,从而确定材料存货是否发生了跌价问题。

划重点

存货跌价准备的转回通常是存货的价格回升,减记金额应当予以恢复,但这个恢复的金额是有限度的,以原已计提的存货跌价准备金额为上限,即转回的金额以计提的存货跌价准备的余额为限,转回后存货余额不能超过存货原成本金额。

【业务解析】

借：在途物资——A 材料	1 280 000
应交税费——应交增值税（增值税）	166 400
贷：银行存款	1 446 400
借：原材料	1 280 000
贷：在途物资	1 280 000
借：生产成本——甲产品	320 000
生产成本——乙产品	800 000
贷：原材料	1 120 000
借：银行存款	200 000
贷：其他业务收入	200 000
借：主营业务成本	166 400
贷：原材料	166 400
借：待处理财产损益	18 080
贷：原材料	16 000
应交税费——应交增值税（进项税额转出）	2 080
借：管理费用	18 080
贷：待处理财产损益	18 080

【拓展训练】

业务 1. 顺达公司为增值税一般纳税人，材料按计划成本计价核算。甲材料计划单位成本为每公斤 100 元。该企业 20×3 年 6 月份有关资料如下。

（1）6 月 1 日，"原材料"账户月初余额为 400 000 元，"材料成本差异"账户月初贷方余额为 5 000 元，"材料采购"账户月初借方余额为 106 000 元（上述账户核算的均为甲材料）。

（2）6 月 5 日，上月已付款的甲材料 1 000 公斤如数收到并验收入库。

（3）6 月 15 日，从外地 A 公司购入甲材料 5 060 公斤，增值税专用发票注明的材料价款为 500 000 元，增值税税额为 65 000 元，企业已用银行存款支付上述款项，材料尚未到达。

（4）6 月 25 日，收到 6 月 15 日购入的材料。

（5）4 月 30 日，汇总本月发料凭证，本月共发出甲材料 4 800 公斤，全部用于产品生产。

任务：根据上述业务编制相关的会计分录，并计算本月材料成本差异率、本月发出材料应负担的成本差异及月末库存材料的实际成本。

业务 2. 顺达公司本月发生有关包装物的经济业务如下。

（1）领用新的包装物 12 000 元用于出租，出租时收到押金 2 000 元，租金收入为 25 000 元。

（2）收回租赁期已满的 B 包装物 1 200 元，将押金 1 600 元退回。

任务：根据上述业务编制相关的会计分录。

业务 3. 纽因特公司 20×3 年 9 月与 M 公司签订销售合同：由纽因特公司于 20×4 年 1 月向 M 公司销售笔记本电脑 10 000 台，每台 6 000 元。

20×3 年 12 月 31 日，大华公司库存笔记本电脑 12 000 台，单位成本为 5 800 元。20×3 年 12 月 31 日，市场销售价格为每台 5 500 元，预计销售税费均为每台 500 元。

纽因特公司于 20×4 年 1 月 8 日向 M 公司销售笔记本电脑 10 000 台，每台 6 000 元。4 月 6 日销售笔记本电脑 100 台，市场销售价格为每台 5 500 元。货款均已收到。假设纽因特公司为增值税一般纳税人，适用的增值税税率为 13%。

任务：根据上述业务编制计提存货跌价准备会计分录，并列示计算过程。

【归纳总结】

存货发出计价

个别计价法	假设前提	实物流转与成本流转一致
	计算方法	按照各种存货逐一辨认各批发出存货和期末存货所属的购进批别或生产批别，分别按其购入或生产时所确定的单位成本计算各批发出存货和期末存货成本
	优、缺点	计算准确，符合实际情况；存货收发频繁时，工作量较大
	适用情况	适用于单项金额重大/贵重存货
先进先出法	假设前提	先购入的存货应先发出（用于销售或耗用）
	计算方法	收入存货时，逐笔登记收入存货的数量、单价和金额；发出存货时，按照先购进先出的原则逐笔登记存货的发出成本和结存金额
	优、缺点	可以随时结转存货发出成本；收发业务频繁时工作量较大
	适用情况	适用于保质期较短的货物
月末一次加权平均法	计算方法	存货单位成本＝[月初结存存货成本＋∑（本月各批进货的实际单位成本×本月各批进货的数量）]／（月初结存存货数量＋本月各批进货数量之和） 本月发出存货成本＝本月发出存货数量×存货单位成本 本月末结存存货成本＝本月末结存存货数量×存货单位成本 或：本月末结存存货成本＝月初结存存货成本＋本月购入存货成本－本月发出存货成本
	优、缺点	可以简化成本计算工作；不能及时了解存货结存情况
	适用情况	适用于存货数量多，品种相似度高的企业
移动加权平均	具体计算过程	每次存货入库后重新计算单位成本：存货单位成本＝（原有结存存货成本＋本次进货的成本）÷（原有结存存货数量＋本次进货数量） 本次发出存货成本＝本次发出存货数量×本次发货前存货的单位成本 本月末结存存货成本＝本月末结存存货的数量×本月末结存存货单位成本 或：本月末结存存货成本＝月初结存存货成本＋本月收入存货成本－本月发出存货成本
	优、缺点	可及时了解存货的结存情况，计算的平均单位成本以及发出和结存的存货成本比较客观；计算工作量较大
	适用情况	适用于货物数量繁多，品种类似的企业

原材料的账务处理

经济业务	会计处理
单货同到	借：材料采购（实际成本） 　　应交税费——应交增值税（进项税额） 　贷：银行存款（或其他货币资金、应付票据、应付账款等） 借：原材料（计划成本） 　　材料成本差异（超支差异） 　贷：材料采购（实际成本） 　　材料成本差异（节约差异）

续表

经济业务	会计处理
单到货 未到	借：材料采购（实际成本） 　　　应交税费——应交增值税（进项税额） 　　贷：银行存款（或其他货币资金、应付票据、应付账款等） 借：原材料（计划成本） 　　　材料成本差异（超支差异） 　　贷：材料采购（实际成本） 　　　　材料成本差异（节约差异）
货到单 未到	借：原材料（计划成本） 　　贷：应付账款——暂估应付账款 月末按计划成本暂估入账，下月初用红字冲回

周转材料——包装物

业务情形		会计处理
生产领用包装物		借：生产成本 　　贷：周转材料——包装物
随同商品出售	不单独计价	借：销售费用 　　贷：周转材料——包装物
	单独计价	（1）确认收入时。 借：银行存款等 　　贷：其他业务收入 　　　　应交税费——应交增值税（销项税额） （2）结转成本时： 借：其他业务成本 　　贷：周转材料——包装物
出租包装物 （短期租赁和低 价值租赁业务）	发出包装物	借：周转材料——包装物——出租包装物 　　贷：周转材料——包装物——库存包装物
	收取租金，并摊销 成本时	（1）收取租金时。 借：库存现金、银行存款、其他应收款等 　　贷：其他业务收入 　　　　应交税费——应交增值税（销项税额） （2）摊销成本时。 借：其他业务成本 　　贷：周转材料——包装物——包装物摊销
	发生修理费用等 支出时	借：其他业务成本 　　贷：库存现金、银行存款、原材料等
出借包装物	发出时	借：周转材料——包装物——出借包装物 　　贷：周转材料——包装物——库存包装物
	收取押金时	借：库存现金、银行存款等 　　贷：其他他应付款——存入保证金
	进行摊销时	借：销售费用 　　贷：周转材料——包装物——包装物摊销
	发生修理费用时	借：销售费用 　　贷：库存现金、银行存款、原材料等

周转材料——低值易耗品

经济业务	会计处理	

一次摊销	金额较小的可在领用时一次计入成本费用,并在备查簿中进行登记。
	借:制造费用等(实际成本)
	  贷:周转材料——低值易耗品(计划成本)
	    材料成本差异(或借方)	

分次摊销	购入时	借:周转材料——低值易耗品——在库 贷:银行存款等
	领用时	借:周转材料——低值易耗品——在用 贷:周转材料——低值易耗品——在库

	摊销时	(1)每次领用时。
		借:制造费用等
		  贷:周转材料——低值易耗品——摊销
		(2)最后一次摊销的同时。
		借:周转材料——低值易耗品——摊销
		  贷:周转材料——低值易耗品——在用

委托加工物资的账务处理

经济业务	会计处理	

发给外单位加工的物资	借:委托加工物资
	  贷:原材料等
	    材料成本差异(或借方)	

支付加工费用和运杂费等	借:委托加工物资
	  应交税费——应交增值税(进项税额)
	  贷:银行存款等	

委托加工物资由受托方代收代缴消费税	收回后用于直接销售	(1)由受托方代收代缴的消费税。
		借:委托加工物资
		  贷:银行存款等
		(2)完工后收回委托加工物资时。
		借:库存商品
		  贷:委托加工物资
		(3)销售产品时。
		借:银行存款等
		  贷:主营业务收入
		    应交税费——应交增值税(销项税额)
		借:主营业务成本
		  贷:库存商品

	收回后用于再加工应税消费品	(1)受托方代收代缴的消费税。
		借:应交税费——应交消费税
		  贷:银行存款等
		(2)完工后收回委托加工物资时。
		借:原材料等
		  贷:委托加工物资
		(3)最终产品销售时。
		借:税金及附加
		  贷:应交税费——应交消费税
		根据计算情况补交"应交税费——应交消费税"的借贷差额即可。
		借:应交税费——应交消费税
		  贷:银行存款

库存商品

经济业务	会计处理
验收入库商品	借：库存商品 　　贷：生产成本——基本生产成本
发出（销售）商品	借：银行存款等 　　贷：主营业务收入 　　　　应交税费——应交增值税（销项税额） 借：主营业务成本 　　贷：库存商品

商品流通企业

方法	计算方法
毛利率法	毛利率＝销售毛利÷销售净额×100% 销售净额＝商品销售收入－销售退回与折让 销售毛利＝销售净额×毛利率 销售成本＝销售净额－销售毛利 期末存货成本＝期初存货成本＋本期购货成本－本期销售成本
售价金额核算法	商品进销差价率＝（期初库存商品进销差价＋本期购入商品进销差价）/（期初库存商品售价＋本期购入商品售价）×100% 本期销售商品应分摊的商品进销差价＝本期商品销售收入×商品进销差价率 本期销售商品的成本＝本期商品销售收入－本期销售商品应分摊的商品进销差价 期末结存商品的成本＝期初库存商品的进价成本＋本期购进商品的进价成本－本期销售商品的成本＝（期初库存商品进销差价＋本期购入商品进价－本期商品销售收入）×（1－商品进销差价率）

消耗性生物资产

经济业务	会计处理
外购的消耗性生物资产	借：消耗性生物资产 　　贷：银行存款等
农：收获前发生的必要支出 林：郁闭前发生的必要支出 牧、渔：出售前发生的必要支出	
择伐、间伐或抚育更新性质采伐而补植林木类消耗性生物资产发生的后续支出	
林木类消耗性生物资产达到郁闭后发生的管护费用等后续支出	借：管理费用 　　贷：银行存款等
农业生产过程中发生的应归属于消耗性生物资产的费用	按照应分配的金额： 借：消耗性生物资产（应分配的金额） 　　贷：生产成本（应分配的金额）

续表

经济业务	会计处理
收获为农产品时	按照账面余额： 借：农产品（账面余额） 　　贷：消耗性生物资产（账面余额）
出售消耗性生物资产或农产品时	借：银行存款等 　　贷：主营业务收入等 同时： 借：主营业务成本等 　　贷：消耗性生物资产/农产品

存货清查

存货清查	批准前	批准后
盘盈	借：原材料、库存商品等 　　贷：待处理财产损溢	借：待处理财产损溢 　　贷：管理费用
盘亏	借：待处理财产损溢 　　贷：原材料、库存商品等 　　　　应交税费——应交增值税（进项税额） 注意：管理不善等原因造成的一般经营损失，需要转出进项税额，自然灾害等非常损失不需要转出进项税额	借：原材料等（残料回收） 　　其他应收款（过失人或保险公司赔偿） 　　管理费用（一般经营损失） 　　营业外支出等（非常损失） 　　贷：待处理财产损溢

存货减值

经济业务	账务处理
计提减值准备	当期应计提的存货跌价准备=（存货成本-可变现净值）-存货跌价准备已有贷方余额>0 借：资产减值损失 　　贷：存货跌价准备
转回减值准备	当期应计提的存货跌价准备=（存货成本-可变现净值）-存货跌价准备已有贷方余额<0 借：存货跌价准备 　　贷：资产减值损失

项目五

长期股权投资业务核算

【典型业务】

华兴公司和正大公司为非同一控制下的两家独立公司。20×3年发生以下经济业务。

业务1. 20×3年1月1日,华兴公司以其拥有的一台专用设备对正大公司投资,取得其60%的股权,采用成本法核算。该固定资产原值为8 000 000元,已累计计提折旧2 000 000元,已计提减值准备200 000元,投资日该固定资产的公允价值为6 000 000元。20×1年1月1日,正大公司的可辨认净资产公允价值为10 000 000元。假设不考虑相关税费等其他因素的影响。

业务2. 20×3年,正大公司实现净利润1 000 000元。

业务3. 20×4年4月1日,正大公司宣告分配现金股利600 000元,并于5月24日发放了全部股利。

任务:根据以上业务做出正确的账务处理。

【知识链接】

一、长期投资概述

(一)长期投资的管理

长期投资,是指企业投资期限在1年(含1年)以上的对外投资。企业应正确记录和反映各项投资所发生的成本和损益,加强企业长期投资的会计核算和监督,在促进企业落实投资经管责任、合理控制投资规模、有效管控投资风险等方面具有重要的作用和意义。

> 注意:长期投资的优点是投资期限长、稳定性和收益性相对较高;其缺点是投资种类和投资的具体目的多种多样、投资金额较高、资金占用时间长、资金周转慢、资金调度困难、投资风险高等。

(二)长期投资的内容

企业的长期投资包括债权投资、其他债权投资、长期股权投资、其他权益工具投资等对外投资。

(1)债权投资。债权投资,是指以摊余成本计量的金融资产中的债权投资,如企业投资普通债券。通常可能符合本金加利息的合同现金流量的、以摊余成本计量的金融资产按照《小

《企业会计准则》的相关规定归类为长期债券投资进行核算和管理，即小企业准备长期（在1年以上）持有的债券投资。

（2）其他债权投资。既以收取合同现金流量为目标，又以某个特定日期出售该金融资产为目标管理的金融资产投资，其性质属于以公允价值计量且其变动计入其他综合收益的金融资产。

（3）长期股权投资。按照《企业会计准则》的相关规定，根据投资方在股权投资后对被投资单位能够施加影响的程度，长期股权投资分为应当按照金融工具准则进行核算和应当按照长期股权投资准则进行核算两种情况。其中，按照长期股权投资准则规范的股权投资，是根据投资方在获取投资后能够对被投资单位施加影响程度划分确定的，包括对联营企业、合营企业和子公司的投资，除此之外的股权投资划分为金融工具准则范围的以公允价值计量且其变动计入当期损益的金融资产进行核算与管理。

（4）其他权益工具投资。按照金融工具会计准则的规定，以公允价值计量且其变动计入其他综合收益的金融资产包括权益投资和债权投资。其中，权益投资中除投资于普通股以外的各种权益金融工具投资分类为其他权益工具投资，如对优先股的投资等。

【单选题】下列各项不属于长期投资的是（　　）。

A. 债权投资
B. 交易性金融资产
C. 长期股权投资
D. 其他债权投资

【答案】B

【解析】交易性金融资产主要是指企业为了近期内出售而持有的金融资产，如企业以赚取差价为目的从二级市场购入的股票、债券、基金等，不属于长期投资。

二、债权投资

（一）债权投资的确认与计量

企业取得符合债权投资定义的金融资产应确认为债权投资，取得时应当将购买价款和相关税费作为成本进行计量。实际支付价款中包含的已到付息期但尚未领取的债券利息，应当单独确认为应收利息，不计入债权投资的成本，持有期间的摊余成本应当以其初始确认金额扣除已偿还的本金、加上或减去采用实际利率法将该初始确认金额与到期日金额的差额进行摊销形成的累计摊销额、扣除计提的累计信用减值准备计算确定。在持有期间发生的应收利息（实际利率法下考虑溢、折价摊销等利息调整后）应当确认为投资收益。处置债权投资，处置价款扣除其账面余额、相关税费后的净额，应当计入投资收益。预期发生信用减值损失的还应计提债权投资减值准备。

债权投资的后续计量分为实际利率法和直线法两种。实际利率法，是指计算金融资产的摊余成本以及将利息收入分摊计入各会计期间的方法。直线法，是指债券投资的折价或者溢价在债券存续期间于确认相关债券利息收入时进行摊销的方法。

实际利率法的优点是债权投资后续确认与计量时考虑市场实际利率的波动影响，计量与确认的摊余成本和投资收益比较准确，其缺点是市场实际利息率的计算确定及相应的会计处理较为复杂。

（二）债权投资的账务处理

为了反映和监督企业以摊余成本计量的债权投资业务，企业应当设置"债权投资"科目。

解难点

实际利率法又称为"实际利息法"，其利息费用按实际利率乘以期初债券账面价值计算，按实际利率计算的利息费用与按票面利率计算的应计利息的差额，即本期摊销的溢价或折价。

实际利率法是采用实际利率未摊销溢/折价，其实溢/折价的摊销额是倒挤出来的，计算方法如下。

利息费用＝期初债券的账面价值 × 实际利率

期初债券的账面价值=面值+尚未摊销的溢价或（-尚未摊销的折价）

如果是到期一次还本付息债券，计提的利息会增加债券的账面价值，在计算的时候是要减去的。

按照面值计算的应计利息＝面值 × 票面利率

划重点

直线法 VS 实际利率法

实际利率法较直线法而言更为准确。实际利率法的优点是债权投资后续确认与计量时考虑市场实际利率的波动影响，计量与确认的摊余成本和投资收益比较准确，其缺点是市场实际利息率的计算确定及相应的会计处理较为复杂。直线法下会计处理简便易行，其缺点是债权投资后续计量与确认时不考虑市场实际利率的波动影响，使摊余成本和投资收益的确认与计量不够准确。

债权投资	
借方	贷方
①增加	①减少
余额	

该科目应设置"债权投资——成本"科目核算债券投资的面值;设置"债权投资——利息调整"科目核算其面值与实际支付的购买价款和相关税费的差额,以及实际利率法下后续计量的折价或者溢价摊销额;设置"债权投资——应计利息"科目核算一次还本付息债券投资按票面利率计算确定的应收未收的利息(表3-13)。

表3-13 "债权投资"科目

一级科目	二级科目
债权投资	成本
	利息调整
	应计利息

设置"投资收益"科目核算债权投资实际获得的债权投资的利息收入。分期确认利息收入时,借记"债权投资——应计利息"科目,借记或贷记"债权投资——利息调整"科目,贷记"投资收益"科目。

借:债权投资——应计利息
　　债权投资——利息调整(倒挤或贷方)
　贷:投资收益

设置"应收利息"科目核算债权投资的分期付息、一次还本债券投资的应按票面利率计算确定的应收未收的利息。分期确认利息收入时,借记"应收利息"科目,借记或贷记"债权投资——利息调整"科目,贷记"投资收益"科目。

借:应收利息
　　债权投资——利息调整(倒挤或贷方)
　贷:投资收益

小企业应当设置"长期债券投资"科目核算小企业准备长期(在1年以上)持有的债券投资。该科目应按照债券种类和被投资单位,分别设置"面值""溢折价""应计利息"等明细科目进行明细核算。

【例3-5-1】华兴公司为一家小企业。20×3年7月1日,从二级市场购入顺达公司债券,支付价款合计550 000元(含已宣告但尚未领取的利息10 000元),另支付交易费用10 000元。该债券面值为500 000元,剩余期限为2年,票面年利率为4%,每半年付息一次,合同现金流量特征仅为本金和以偿付本金金额为基础的利息的支付。华兴公司准备持有至到期,分类为长期债券投资进行核算与管理。假设不考虑增值税等其他因素,华兴公司的账务处理如下。

(1)20×3年7月,购入顺达公司债券。

借:长期债券投资——面值　　　　　　　　　　　　　500 000
　　　　　　　——溢折价　　　　　　　　　　　　　 10 000
　　应收利息　　　　　　　　　　　　　　　　　　　 10 000
　贷:银行存款　　　　　　　　　　　　　　　　　　　　　　520 000

其中:交易费用10 000元在"长期债券投资——溢折价"明细科目进行核算,在以后确认投资收益时采用直线法摊销。

(2)20×3年7月20日,收到20×3年上半年利息10 000元。

借：银行存款 10 000
　　贷：应收利息 10 000

（3）20×3年12月31日，20×4年6月30日、12月31日及20×5年6月30日，分别确认投资收益。

每半年应收利息=500 000×4%/2=10 000（元）；溢折价摊销=10 000/4=2 500（元）。

借：应收利息 10 000
　　贷：长期债券投资——溢折价 2 500
　　　　投资收益 7 500

（4）20×3年12月31日，20×4年6月30日、12月31日及20×5年6月30日，分别收到各半年的应收利息。

借：银行存款 10 000
　　贷：应收利息 10 000

（5）20×5年7月5日，收到半年利息及本金合计510 000元。

借：银行存款 510 000
　　贷：长期债券投资——面值 500 000
　　　　应收利息 10 000

三、长期股权投资

（一）长期股权投资的确认与计量

按照企业会计准则的相关规定，长期股权投资的确认与计量的范围包括投资方能够对被投资单位实施控制的权益性投资，即对子公司的投资；投资方与其他合营方一同对被投资单位实施共同控制且对被投资单位净资产享有权利的权益性投资，即对合营企业的投资；投资方对被投资单位具有重大影响的权益性投资，即对联营企业的投资（表3-14）。

表3-14　长期股权投资的分类和控制程度

计量范围	分类	控制程度
长期股权投资	对子公司的投资	控制
	对合营企业的投资	共同控制
	对联营企业的投资	重大影响

1. 长期股权投资的初始计量

1）以合并方式取得的长期股权投资

同一控制下企业合并形成的长期股权投资，合并方以支付现金、转让非现金资产或承担债务方式作为合并对价的，应在合并日按取得被合并方所有者权益在最终控制方合并财务报表中的账面价值的份额作为初始投资成本计量。非同一控制下企业合并形成的长期股权投资，购买方以支付现金、转让非现金资产或承担债务方式等作为合并对价的，按照确定的企业合并成本进行初始计量；购买方以发行权益性证券作为合并对价的应在购买日按照发行的权益性证券的公允价值作为初始投资成本计量；企业为企业合并发生的审计、法律服务、评估咨询等中介费用以及其他相关管理费用应作为当期损益计入管理费用。

【判断题】企业为企业合并发生的审计费用以及其他相关管理费用应计入初始投资成本。（　）

【答案】×

【解析】企业为企业合并发生的审计、法律服务、评估咨询等中介费用以及其他相关管理费用应作为当期损益计入管理费用。

2）以非合并方式取得的长期股权投资

以支付现金、非现金资产等其他方式取得的长期股权投资，应按现金、非现金货币性资产的公允价值作为初始投资成本计量；以发行权益性证券取得的长期股权投资应当按照发行的权益性证券的公允价值作为初始投资成本。

3）小企业的长期股权投资应当按照成本进行计量

以支付现金取得的长期股权投资，应当按照购买价款和相关税费作为成本进行计量。

3. 长期股权投资的后续计量

长期股权投资在进行后续计量时有成本法和权益法两种处理方法。

（1）成本法，是指长期股权投资日常核算按投资成本计价的一种方法。其特点是，除追加投资或收回投资外，长期股权投资的账面价值一般应当保持不变，除取得投资时实际支付的价款或对价中包含的已宣告但尚未发放的现金股利或利润外，投资企业应当按照被投资单位宣告发放的现金股利或利润中应享有的份额确认投资收益。

> **解难点**
> 与一般企业一样，小企业取得长期股权投资时实际支付价款中包含的已宣告但尚未发放的现金股利，应当单独确认为应收股利，不计入长期股权投资的成本。

> 注意：成本法的适用范围为投资方能够对被投资单位实施控制的长期股权投资。另外，按照小企业会计准则的规定，长期股权投资应当采用成本法进行会计处理。

（2）权益法，是指取得长期股权投资以初始投资成本计价，后续根据投资企业享有被投资单位所有者权益份额的变动相应对其投资的账面价值进行调整的一种方法。其特点是，长期股权投资的账面价值随被投资单位所有者权益的变动而变动，在股权持有期间，长期股权投资的账面价值与享有被投资单位所有者权益的份额对应。

《企业会计准则》规定，投资方对联营企业和合营企业的长期股权投资应当采用权益法核算。

（二）长期股权投资的账务处理

为了如实反映和监督长期股权投资的取得、持有、处置等业务活动，企业应设置"长期股权投资"科目。借方登记取得股权时的实际投资成本或享有被投资单位权益的增加金额；贷方登记享有被投资单位权益的减少金额或股权投资处置的成本；期末余额在借方，反映企业持有的长期股权投资的价值。权益法下，"长期股权投资"科目还应当分别设置"投资成本""损益调整""其他权益变动"等明细科目进行明细核算（表3-15）。

> **真题链接**
> 【初级会计师考试真题·多选题】下列适用于权益法进行核算的是（ ）。
> A. 企业持有的对其子公司的投资
> B. 企业持有的对被投资单位具有重大影响的投资
> C. 企业对合营单位的投资
> D. 企业持有的准备近期出售赚取差价的投资
> 【解析】企业会计准则规定，投资方对联营企业和合营企业的长期股权投资应当采用权益法核算。
> 【答案】BC

表3-15 "长期股权投资"科目

一级科目	二级科目
长期股权投资	投资成本
	损益调整
	其他权益变动

1. 企业合并形成长期股权投资的账务处理

1）同一控制下企业合并形成的长期股权投资

同一控制下企业合并的实质是集团内部资产的重新配置与账面调拨，仅涉及集团内部企业间资产和所有者权益的变动，不具有商业实质，不应产生经营性损益和非经营性损益。

（1）合并方以支付现金、转让非现金资产或承担债务方式作为合并对价的，应在合并日按取得被合并方所有者权益在最终控制方合并财务报表中的账面价值的份额，借记"长期股权投资"科目（投资成本），按支付的合并对价的账面价值，贷记或借记有关资产、负债科目，按其差额,贷记"资本公积——资本溢价或股本溢价"科目;如为借方差额,借记"资本公积——资本溢价或股本溢价"科目,资本公积(资本溢价或股本溢价)不足冲减的,应依次借记"盈余公积""利润分配——未分配利润"科目。

【例3-5-2】华兴公司和顺达公司为同一母公司最终控制下的两家公司。20×3年6月30日,华兴公司向其母公司支付现金2 100 000元,取得母公司拥有的顺达公司100%的股权,于当日起能够对顺达公司实施控制。合并后顺达公司仍维持其独立法人地位继续经营。20×3年6月3日,母公司合并报表中顺达公司的净资产账面价值为2 000 000元。在华兴公司、顺达公司合并前采用的会计政策相同。假设不考虑相关税费等其他因素的影响。

合并日,华兴公司应做如下账务处理。

借:长期股权投资　　　　　　　　　　　　　　　　　2 000 000
　　资本公积——股本溢价　　　　　　　　　　　　　　100 000
　　贷:银行存款　　　　　　　　　　　　　　　　　　　2 100 000

本例中,华兴公司和顺达公司为同一母公司最终控制下的两家公司,华兴公司取得的长期股权投资应按应享有母公司合并财务报表中的顺达公司账面价值的份额计算确定。

(2)合并方以发行权益性证券作为合并对价的,应当在合并日按照被合并方所有者权益在最终控制方合并财务报表中的账面价值的份额,借记"长期股权投资"科目(投资成本),按照发行股份的面值总额,贷记"股本"科目,按其差额,贷记"资本公积——资本溢价或股本溢价"科目;如为借方差额,借记"资本公积——资本溢价或股本溢价"科目,资本公积(资本溢价或股本溢价)不足冲减的,应依次借记"盈余公积""利润分配——未分配利润"科目。

【例3-5-3】华兴公司和顺达公司为同一母公司最终控制下的两家公司,20×3年8月30日,假设华兴公司向其母公司发行10 000 000股普通股(每股面值为1元,每股公允价值为6.5元),取得母公司拥有的顺达公司100%的股权,于当日起能够对顺达公司实施控制。合并后顺达公司仍维持其独立法人地位继续经营。20×3年6月30日,母公司合并报表中顺达公司的净资产账面价值为60 000 000元。华兴公司、顺达公司合并前采用的会计政策相同。假设不考虑相关税费等其他因素的影响。

合并日,华兴公司应做如下账务处理。

借:长期股权投资——顺达公司　　　　　　　　　　　60 000 000
　　贷:股本　　　　　　　　　　　　　　　　　　　　10 000 000
　　　　资本公积——股本溢价　　　　　　　　　　　　50 000 000

本例中,华兴公司和顺达公司为同一母公司最终控制下的两家公司,华兴公司取得长期股权投资和发行股票的价值不应按照股票的市场公允价值(每股6.5元)计算确定,而应按照合并财务报表中的顺达公司账面价值中应享有的份额计算确定。

2)非同一控制下企业合并形成的长期股权投资

非同一控制下企业合并的实质是不同市场主体间的产权交易,购买方如果以转让非现金资产方式作为对价,实质是转让或处置了非现金资产,具有商业实质性质,产生经营性或非经营性损益。

(1)购买方以支付现金、转让非现金资产或承担债务方式等作为合并对价的,应在购买时按照现金、非现金货币性资产的公允价值作为初始投资成本计算确定成本,借记"长期股权投资"科目(投资成本),按付出的合并对价的账面价值,贷记或借记有关资产、负债科目,按发生的直接相关费用(如资产处置费用),贷记"银行存款"等科目,按其差额,贷记"主营业务收入""资产处置损益""投资收益"等科目或借记"管理费用""资产处置损益""主营业务成本"等科目。

【例3-5-4】顺达公司和利新公司为非同一控制下的两家独立公司。20×3年8月30日,顺达公司以其拥有的固定资产对利新公司投资，取得利新公司75%的股权。该固定资产原值为10 000 000元，已累计计提折旧2 500 000元，已计提减值准备200 000元，投资日该固定资产的公允价值为7 500 000元。20×3年8月30日，利新公司的可辨认净资产公允价值为10 000 000元。假设不考虑相关税费等其他因素的影响。投资日，顺达公司应做账务处理如下。

借：长期股权投资——利新公司　　　　　　　　　　　　7 500 000
　　累计折旧　　　　　　　　　　　　　　　　　　　　2 500 000
　　固定资产减值准备　　　　　　　　　　　　　　　　　200 000
　　贷：固定资产　　　　　　　　　　　　　　　　　　10 000 000
　　　　资产处置损益　　　　　　　　　　　　　　　　　　200 000

本例中，长期股权投资成本应按非现金货币性资产的公允价值作为初始投资成本计量。

（2）购买方以发行权益性证券作为合并对价的，应在购买日按照发行的权益性证券的公允价值，借记长期股权投资"科目（投资成本），按照发行的权益性证券的面值总额，贷记"股本"科目，按其差额，贷记"资本公积——资本溢价或股本溢价"科目。企业为企业合并发生的审计、法律服务、评估咨询等中介费用以及其他相关管理费用，应当于发生时借记"管理费用"科目，贷记"银行存款"等科目。

【例3-5-5】 华兴公司和海昌公司为非同一控制下的两家独立公司。20×3年6月30日，华兴公司以发行普通股8 800 000股取得海昌公司有表决权的股份80%。该股票面值为每股1元，市场发行价格为5元。向证券承销机构支付股票发行相关税费440 000元。假设不考虑其他因素的影响。

购买日，华兴公司应做账务处理如下。

借：长期股权投资——海昌公司　　　　　　　　　　　44 000 000
　　贷：股本　　　　　　　　　　　　　　　　　　　8 800 000
　　　　资本公积——股本溢价　　　　　　　　　　　35 200 000

支付发行相关税费。

借：资本公积——股本溢价　　　　　　　　　　　　　　440 000
　　贷：银行存款　　　　　　　　　　　　　　　　　　440 000

2. 以非企业合并方式形成的长期股权投资

企业以非企业合并方式形成的长期股权投资，其实质是进行权益投资性质的商业交易。以支付现金、非现金资产等其他方式取得的长期股权投资，应按现金、非现金货币性资产的公允价值或按照非货币性资产交换或债务重组准则确定的初始投资成本，借记非企业合并方式形成的"长期股权投资"科目，贷记"银行存款"等科目，贷记或借记"资产处置损益"等处置非现金资产的相关科目。

【例3-5-6】 华兴公司和顺达公司为非同一控制下的两家独立公司。20×3年6月30日，华兴公司以支付现金2 000 000元取得顺达公司有表决权的股份20%。华兴公司准备长期持有。假设不考虑其他因素的影响。

购买日，华兴公司应做账务处理如下。

借：长期股权投资——顺达公司　　　　　　　　　　　2 000 000
　　贷：银行存款　　　　　　　　　　　　　　　　　2 000 000

3. 成本法下长期股权投资的会计处理

长期股权投资采用成本法核算的，应按被投资单位宣告发放的现金股利或利润中属于投资企业的部分，借记"应收股利"科目，贷记"投资收益"科目。

借：应收股利
　　贷：投资收益

【例3-5-7】 20×2年12月31日，顺达公司利润表显示当年实现净利润800 000元。

> **真题链接**
> 【多选题】下列各项中，能引起权益法核算的长期股权投资账面价值发生变动的有（　　）。
> A. 被投资单位实现净利润
> B. 被投资单位宣告发放股票股利
> C. 被投资单位宣告发放现金股利
> D. 被投资单位除净损益外的其他所有者权益变动
> 【答案】ACD
> 【解析】被投资单位宣告发放股票股利不影响被投资单位所有者权益的变动。

> **解难点**
> 按照《小企业会计准则》的规定，资产处置损益应分别借记"营业外支出"科目或贷记"营业外收入"科目。

20×3年3月1日，发布经股东会批准的利润决算报告，决定分配现金股利400 000元的利润分配方案，并于20×3年3月24日发放全部股利。

华兴公司对顺达公司的股权投资采用成本法核算，持股比例为20%，20×2年12月31日被投资方顺达公司当年实现净利润，华兴公司不需要做会计处理。20×3年3月24日，发布利润分配公告。华兴公司应编制如下会计分录。

  借：应收股利   80 000
    贷：投资收益   80 000

20×3年3月24日，收到顺达公司发放的股利，应编制如下会计分录。

  借：银行存款   80 000
    贷：应收股利   80 000

4. 权益法下长期股权投资的会计处理

企业的长期股权投资采用权益法核算的，应当分下列情况进行处理。

（1）被投资单位可辨认净资产公允价值发生变动的会计处理。长期股权投资的初始投资成本大于投资时应享有被投资单位可辨认净资产公允价值份额的，不调整已确认的初始投资成本；长期股权投资的初始投资成本小于投资时应享有被投资单位可辨认净资产公允价值份额的，应按其差额，借记"长期股权投资"科目（投资成本），贷记"营业外收入"科目。

（2）被投资单位实现盈利或发生亏损的会计处理。资产负债表日，企业应按被投资单位实现的净利润（以取得投资时被投资单位可辨认净资产的公允价值为基础计算）中企业享有的份额，借记"长期股权投资"科目（损益调整），贷记"投资收益"科目。被投资单位发生净亏损时做相反的会计分录。

  借：长期股权投资——损益调整
    贷：投资收益

> 📢 注意：被投资单位发生净亏损情况下应该贷记"长期股权投资"科目，但以"长期股权投资"科目的账面价值减记至零为限，还需要承担投资的损失。
> ①应将其他实质构成对被投资单位净投资的"长期应收款"等的账面价值减记至零为限；
> ②除按照以上步骤已确认的损失外，按照投资合同或协议约定将承担的损失，确认为预计负债；
> ③除上述情况仍未确认的应分担被投资单位的损失，应在账外备查登记；
> ④发生亏损的被投资单位以后实现净利润时，应按与上述相反的顺序进行处理。

【例3-5-8】20×3年3月5日，华兴公司持有丙公司发行在外的普通股7 000 000股，拥有丙公司25%的股份。经审计的年度利润表中当年实现净利润26 000 000元。华兴公司应确认投资收益6 500 000元（26 000 000×25%）。华兴公司应编制如下会计分录。

  借：长期股权投资——丙公司——损益调整   6 500 000
    贷：投资收益   6 500 000

被投资单位分配股利或利润的会计处理。取得长期股权投资后，被投资单位宣告发放现金股利或利润时，企业计算应分得的部分，借记"应收股利"科目，贷记"长期股权投资"科目（损益调整）。

  借：应收股利
    贷：长期股权投资——损益调整

> 注意：收到被投资单位发放的股票股利时不进行账务处理，但应在备查簿中登记。

发生亏损的被投资单位以后实现净利润时，企业计算应享的份额，如有未确认投资损失的，应先弥补未确认的投资损失，弥补损失后仍有余额的，依次借记"长期应收款"科目和"长期股权投资"科目（损益调整），贷记"投资收益"科目。

【例3-5-9】20×3年3月4日，春天公司经股东大会批准，宣告20×2年度现金股利分配方案为每股分配0.5元。华兴公司持有春天公司的股票50 000股，于20×3年3月24日收到春天公司发放的现金股利共计25 000元。不考虑所得税等相关因素的影响。

20×3年3月4日，华兴公司确认应分配的现金股利为25 000元（50 000×0.5），应编制如下会计分录。

借：应收股利　　　　　　　　　　　　　　　　　　　25 000
　　贷：长期股权投资——损益调整　　　　　　　　　　　25 000

20×3年3月24日，华兴公司收到现金股利，应编制如下会计分录。

借：银行存款　　　　　　　　　　　　　　　　　　　25 000
　　贷：应收股利　　　　　　　　　　　　　　　　　　25 000

被投资单位除净损益、利润分配以外的其他综合收益变动或所有者权益的其他变动，企业按持股比例计算应享有的份额，借记"长期股权投资"科目（其他综合收益或其他权益变动），贷记"其他综合收益"或"资本公积——其他资本公积"科目。

借：长期股权投资——其他综合收益或其他权益变动
　　贷：其他综合收益/资本公积——其他资本公积

5. 计提长期股权投资减值准备

在资产负债表日，企业根据资产减值相关要求确定长期股权投资发生减值的，按应减记的金额，借记"资产减值损失"科目，贷记"长期股权投资减值准备"科目。

借：资产减值损失
　　贷：长期股权投资减值准备

处置长期股权投资时，应同时结转已计提的长期股权投资减值准备。

【判断题】小企业发生长期股权投资减值损失采用直接转销法核算。（　　）

【答案】√

6. 处置长期股权投资的会计处理

处置长期股权投资时，应按实际收到的金额，借记"银行存款"等科目，原已计提减值准备的借记"长期股权投资减值准备"科目，按账面余额贷记"长期股权投资"科目，按尚未领取的现金股利或利润，贷记"应收股利"科目，按其差额贷记或借记"投资收益"科目。

借：银行存款
　　长期股权投资减值准备
　　贷：长期股权投资
　　　　应收股利
　　　　投资收益（或借方）

处置采用权益法核算的长期股权投资时，应当采用与被投资单位直接处置相关资产或负债相同的基础，对相关的其他综合收益进行会计处理。对于应转入当期损益的其他综合收益，应按结转的长期股权投资的投资成本比例结转原记入"其他综合收益"科目的金额，借记或贷记"其他综合收益"科目，贷记或借记"投资收益"科目。处置采用权益法核算的长期股权投资时，还应按结转的长期股权投资的投资成本比例结转原记入"资本公积——其他资本公积"科目的金额，借记或贷记"资本公积——其他资本公积"科目，贷记或借记"投资收益"科目。

解难点

小企业发生长期股权投资减值损失时采用直接转销法核算。根据《小企业会计准则》的规定确认实际发生的长期股权投资损失，应当按照可收回的金额，借记"银行存款"等科目，按照其账面余额，贷记"长期股权投资"科目，按照其差额，借记"营业外支出"科目。

借：银行存款（可收回的金额）
　　营业外支出（差额）
　　贷：长期股权投资（账面余额）

【业务解析】

（1）业务1。

借：长期股权投资——正大公司　　　　　　　　　6 000 000
　　累计折旧　　　　　　　　　　　　　　　　　2 000 000
　　固定资产减值准备　　　　　　　　　　　　　　200 000
　　贷：固定资产　　　　　　　　　　　　　　　8 000 000
　　　　资产处置损益　　　　　　　　　　　　　　200 000

（2）业务2。

20×3年12月31日被投资方正大公司当年实现净利润，华兴公司不需要做会计处理。

（3）业务3。

① 20×4年5月1日，正大公司宣告分配现金股利。

借：应收股利　　　　　　　　　　　　　　　　　　360 000
　　贷：投资收益　　　　　　　　　　　　　　　　360 000

② 20×4年5月24日，华兴公司收到正大公司发放的股利。

借：银行存款　　　　　　　　　　　　　　　　　　360 000
　　贷：应收股利　　　　　　　　　　　　　　　　360 000

【拓展训练】

顺达公司和东海公司为非同一控制下的两家独立公司。20×2年发生如下业务。

业务1. 20×2年1月1日，顺达公司以发行普通股4 000 000股取得东海公司40%的股权，该股票面值为每股1元，市场发行价格为5元，向证券承销机构支付股票发行相关税费200 000元。假设能够对东海公司施加重大影响，拟采用权益法核算。东海公司20×2年年初可辨认净资产公允价值为4 000万元，假设不考虑其他因素的影响。

业务2. 20×2年，东海公司实现净利润5 000 000元。

业务3. 20×2年年末，东海公司除净损益和利润分配以外的所有者权益其他变动额为700 000元。

任务：做出顺达公司以上业务的账务处理。

【归纳总结】

债权投资

经济业务	账务处理
取得时	借：债权投资——成本 　　　　　　——利息调整（或贷方） 　　应收利息/债权投资——应计利息 　贷：银行存款
分期确认利息收入时	借：债权投资——应计利息（到期一次还本付息） 　　应收利息（分次付息，一次还本） 　贷：投资收益 　　　债权投资——利息调整（或借方）
到期收回时	（1）分次付息、到期还本。 借：银行存款 　贷：应收利息 借：银行存款 　贷：债权投资——成本 （2）到期一次还本付息。 借：银行存款 　贷：债权投资——成本 　　　　　　——应计利息

长期股权投资

经济业务		会计处理
同一控制下的企业合并	合并方以支付的资产或承担债务金额为合并对价	借：长期股权投资 　　资本公积——资本溢价或股本溢价（差额，可贷方） 　　盈余公积（资本公积不足冲减时） 　　利润分配——未分配利润（资本公积和盈余公积不足冲减时） 　贷：银行存款等
	合并方以发行权益性证券作为合并对价	借：长期股权投资（合并日按照被合并方所有者权益在最终控制方合并财务报表中的账面价值的份额） 　　资本公积——资本溢价或股本溢价（差额，可贷方） 　　盈余公积（资本公积不足冲减时） 　　利润分配——未分配利润（资本公积和盈余公积不足冲减时）　可能为贷方余额 　贷：股本
非同一控制下企业合并形成的长期股权投资	购买方以支付现金、转让非现金资产或承担债务方式等作为合并对价的	借：长期股权投资 　　累计摊销 　　无形资产减值准备 　贷：银行存款/无形资产

续表

经济业务		会计处理
非同一控制下企业合并形成的长期股权投资	购买方以发行权益性证券作为合并对价的	借：长期股权投资（发行的权益性证券的公允价值） 　　贷：股本 　　　　资本公积——资本溢价或股本溢价（差额） 借：管理费用 　　贷：银行存款等
调整初始投资成本	成本法	不做账务处理（不调整）
	权益法下投资的初始投资成本小于投资时应享有被投资单位可辨认净资产公允价值份额	借：长期股权投资——成本 　　贷：营业外收入
被投资单位实现净利润或发生净亏损	成本法	不做账务处理（不调整）
	权益法	（1）实现净收益。 借：长期股权投资——损益调整 　　贷：投资收益 （2）发生亏损。 借：投资收益 　　贷：长期股权投资——损益调整 　　　　长期应收款 　　　　预计负债
被投资单位分配股利或利润的会计处理	成本法	借：应收股利 　　贷：投资收益
	权益法	借：应收股利 　　贷：长期股权投资——损益调整
	收到被投资单位发放的股票股利	不需要做账务处理，在备查簿中登记

项目六

投资性房地产业务核算

【典型业务】

华兴公司 20×3 年发生以下投资性房地产相关业务。

业务 1. 6 月 30 日,将一栋新建成的办公楼出租给顺达公司使用,已确认为投资性房地产,采用成本模式进行后续计量。假设这栋办公楼的成本为 360 000 元,按照直线法计提折旧,使用寿命为 20 年,预计净残值为零。按照经营租赁合同,顺达公司每月支付租金 50 000 元。

业务 2. 10 月 31 日,这栋办公楼发生减值迹象,经减值测试,其可收回金额为 340 000 元,以前未计提减值准备。

假设华兴公司投资性房地产采用直线法摊销。

任务:根据以上业务做出正确的账务处理。

【知识链接】

一、投资性房地产概述

(一)投资性房地产的概念

投资性房地产,是指为赚取租金或资本增值或两者兼有而持有的房地产,包括已出租的土地使用权、持有并准备增值后转让的土地使用权、已出租的建筑物。企业持有投资性房地产的目的主要为赚取租金和资本增值。资本增值,是指资产负债表日投资性房地产的价值减去转化或购置时的价值或价格后增加或损失的价值。

属于投资性房地产的项目主要如下。

(1)**已出租的土地使用权**。已出租的土地使用权,是指企业通过出让或转让方式取得并以经营租赁方式出租的土地使用权。对以经营租赁方式租入土地使用权再转租给其他单位的,不能确认为投资性房地产。

(2)**持有并准备增值后转让的土地使用权**。持有并准备增值后转让的土地使用权,是指企业通过出让或转让方式取得的并准备增值后转让的土地使用权。按照国家有关规定认定的闲置土地,不属于持有并准备增值后转让的土地使用权。

> **实务链接**
>
> 闲置土地,是指国有建设用地使用权人超过国有建设用地使用权有偿使用合同或者划拨决定书约定、规定的动工开发日,期满 1 年未动工开发的国有建设用地。已动工开

213

发但开发建设用地面积占应动工开发建设用地总面积不足 1/3 或者已投资额占总投资额不足 25%，中止开发建设满 1 年的国有建设用地，也可以认定为闲置土地。2009 年，国务院又发布了更为严格的《关于集约用地的通知》。该通知要求，对于土地闲置满 2 年的，将依法无偿收回、坚决无偿收回或者重新安排使用；对于土地闲置满一年不满 2 年的，开发商需按出让或划拨土地价款的 20% 缴纳土地闲置费。另外，国土资源部将对闲置土地征收增值地价。2012 年 5 月，国土资源部公布《闲置土地处置办法》，土地闲置 2 年可无偿收回。

（3）**已出租的建筑物**。已出租的建筑物，是指企业拥有产权并以经营租赁方式出租的房屋等建筑物，包括自行建造或开发活动完成后用于出租的建筑物。企业以经营租赁方式租入建筑物再转租的建筑物不属于投资性房地产。企业将建筑物出租，按租赁协议向承租人提供的相关辅助服务在整个协议中不重大的，如企业将办公楼出租并向承租人提供保安、维修等辅助服务，应当将该建筑物确认为投资性房地产。

真题链接

【初级会计师考试真题·多选题】下列各项中，应作为投资性房地产核算的有（　　）。
A. 已出租的土地使用权
B. 租入后再转租的建筑物
C. 持有并准备增值后转让的土地使用权
D. 出租给本企业职工居住的自建宿舍楼
【解析】租入后再转租的建筑物不属于企业资产，当然不能作为投资性房地产核算，选项 B 错误；出租给本企业职工的自建宿舍楼，作为自有固定资产核算，选项 D 错误。
【答案】AC

注意：目前《企业会计准则》规定的投资性房地产只有三类：已出租的土地使用权、已出租的建筑物、持有并准备增值后转让的土地使用权。

注意：如果某项房地产部分用于赚取租金或资本增值，部分用于生产商品、提供劳务或经营管理，则能够单独计量和出售的、用于赚取租金或资本增值的部分，应当确认为投资性房地产；不能够单独计量和出售的、用于赚取租金或资本增值的部分，不确认为投资性房地产。

企业自用房地产和作为存货的房地产不属于投资性房地产。如企业拥有并自行经营的旅馆饭店，其经营目的主要是通过提供客房服务赚取服务收入，该旅馆饭店不确认为投资性房地产。

【单选题】以下选项中，属于投资性房地产的是（　　）。
A. 根据国家有关规定认定的闲置土地
B. 企业拟于下月出租的土地
C. 企业通过出让方式取得并准备增值后转让的土地使用权
D. 企业拟将自用的办公楼重新装修后对外出租
【答案】C
【解析】选项 A，根据国家有关规定认定的闲置土地不属于投资性房地产；选项 B 和 D，企业计划用于出租但尚未出租的土地使用权和办公楼，不属于投资性房地产；选项 C，属于投资性房地产。

划重点

租赁开始日，即土地使用权、建筑物进入出租状态、开始赚取租金的日期；但对企业持有以备经营出租的空置建筑物，董事会或类似机构作出书面决议，明确表明将其用于经营出租且持有意图短期内不再发生变化的，即使尚未签订租赁协议，也应视为投资性房地产。

（二）投资性房地产的管理要求

投资性房地产是企业的一种经营性活动，经营方式主要是出租赚取租金和持有并准备增值后转让以获取资本增值。出租包括出租建筑物和土地使用权，其实质是在一定时期内让渡资产使用权的商业行为。加强投资性房地产的会计核算与监督管理，提供真实、完整、准确、及时、详尽的会计资料，对于落实投资性房地产经管责任、提高管理效率和投资效益、防范投资风险等具有十分重要的作用和意义。

二、投资性房地产的确认与计量

（一）投资性房地产的确认

1. 投资性房地产的确认条件

投资性房地产在符合其定义的前提下，同时满足下列条件的予以确认。

（1）与该投资性房地产有关的经济利益很可能流入企业，即有证据表明企业能够获取租金或资本增值，或两者兼而有之。

（2）该投资性房地产的成本能够可靠地计量。

2.投资性房地产的确认时点

（1）对已出租的土地使用权、已出租的建筑物，其作为投资性房地产的确认时点一般为租赁期开始日。

（2）对持有并准备增值后转让的土地使用权，其作为投资性房地产的确认时点为企业将自用土地使用权停止自用、准备增值后转让的日期。

（二）投资性房地产的计量

投资性房地产的计量分为成本模式和公允价值模式两种。

（1）**成本模式**，是指投资性房地产的初始计量和后续计量均采用实际成本进行核算，外购、自行建造等按照初始购置或自行建造的实际成本计量，后续发生符合资本化条件的支出计入账面成本，后续计量按照固定资产或无形资产的相关规定按期计提折旧或摊销，资产负债表日发生减值的计提减值准备。

（2）**公允价值模式**，是指投资性房地产初始计量采用实际成本核算，后续计量按照投资性房地产的公允价值进行计量。按《企业会计准则》的规定，只有存在确凿证据表明投资性房地产的公允价值能够持续可靠的取得，企业才可以采用公允价值模式进行后续计量。可靠证据是指投资性房地产所在地有活跃的房地产交易市场、企业能够从活跃的房地产交易市场上取得同类或类似房地产的市场价格及其他相关信息，从而对投资性房地产的公允价值作出合理的估计。企业一旦选择采用公允价值模式，就应当对其所有投资性房地产均采用公允价值模式进行后续计量。

两种模式的会计核算结果及其经济后果存在一定的差异。成本模式下会计核算结果的可靠性和可控性较高、会计处理比较简单、不同会计期间会计资料的可比性较强，便于监督管理；公允价值模式下取得公允价值的确凿证据相对较为困难，对会计职业判断的要求高，可能存在一定的企业自由裁量权，会计核算结果的可靠性和可控性较低、顺周期性较为明显、会计处理较为复杂烦琐、不同会计期间会计资料的可比性较差、对会计监督管理的要求很高，为此《企业会计准则》规定，企业通常应当采用成本模式对投资性房地产进行后续计量。

> **注意**：同一企业只能采用一种模式对所有投资性房地产进行后续计量，不得同时采用两种计量模式。
>
> 企业可以从成本模式变更为公允价值模式，若已采用公允价值模式则不得转为成本模式。

【判断题】企业通常应当采用成本模式对投资性房地产进行后续计量。（　）

【答案】√

【解析】企业通常应当采用成本模式对投资性房地产进行后续计量。只有存在确凿证据表明投资性房地产的公允价值能够持续可靠的取得，企业才可以采用公允价值模式进行后续计量。

（三）投资性房地产的会计科目设置

为了反映和监督投资性房地产的取得、计提折旧或摊销、公允价值变动和处置等情况，企业应按照成本模式和公允价值模式分别设置"投资性房地产"等会计科目（表3-16）。

投资性房地产

借方	贷方
①投资性房地产的增加	①投资性房地产的减少
实际持有投资性房地产价值	

真题链接

【初级会计师考试真题·单选题】20××年7月1日，甲公司将一项按照成本模式进行后续计量的投资性房地产转换为固定资产。该资产在转换前的账面原价为4 000万元，已计提折旧200万元，已计提减值准备100万元，转换日的公允价值为3 850万元，假设不考虑其他因素，在转换日甲公司应借记"固定资产"科目的金额为（　）万元。

A.3 700
B.3 800
C.3 850
D.4 000

【答案】D

【解析】成本模式下应该对应结转，在转换日甲公司应按转换前投资性房地产原价4 000万元作为转换后固定资产科目的金额。

215

投资性房地产累计折旧

借方	贷方
①当期结转的累计折旧	①当期计提的累计折旧
	累计折旧额

投资性房地产减值准备

借方	贷方
①当期减少的减值准备	①当期计提的减值准备
	减值准备的余额

公允价值变动损益

借方	贷方
①公允价值变动的减少额	①公允价值变动的增加额
	无余额

其他综合收益

借方	贷方
①其他综合收益的减少额	①其他综合收益的增加额
	其他综合收益余额

表3-16 会计科目设置

经济业务	会计科目	
	成本模式	公允价值模式
初始核算	投资性房地产	投资性房地产——成本
后续核算	投资性房地产累计折旧／投资性房地产累计摊销	投资性房地产——公允价值变动
		公允价值变动损益
		其他综合收益
	投资性房地产减值准备	不提减值准备
处置核算	其他业务收入	其他业务收入
	其他业务成本	其他业务成本

三、投资性房地产的账务处理

（一）取得投资性房地产的账务处理

企业取得投资性房地产，在成本模式下或公允价值模式下均应按照取得时的实际成本核算。

1. 外购的投资性房地产

企业外购的土地使用权和建筑物，按照取得时的实际成本进行初始计量，借记"投资性房地产"科目，贷记"银行存款"等科目，取得时的实际成本包括购买价款、相关税费和可直接归属于该资产的其他支出。

借：投资性房地产
　　贷：银行存款

【例 3-6-1】20×3 年 6 月 1 日,华兴公司与顺达公司签订经营租赁合同,约定将购买厂房 1 幢并出租给顺达公司,租赁期为 6 年。7 月 10 日,华兴公司实际购入厂房,支付价款共计 1 000 万元,当日将该栋写字楼出租顺达公司。假设不考虑相关税费及其他的因素影响。华兴企业应做账务处理如下。

借:投资性房地产——写字楼　　　　　　　　　　　　　10 000 000
　　贷:银行存款　　　　　　　　　　　　　　　　　　　　10 000 000

注意:企业购入的房地产,部分用于出租(或资本增值)、部分自用,用于出租(或资本增值)的部分应当予以单独确认的,应按照不同部分的公允价值占公允价值总额的比例将成本在不同部分之间进行分配。

2. 自行建造的投资性房地产

在成本模式下,自行建造的投资性房地产,其成本为建造该项资产达到预定可使用状态前发生的必要支出,包括土地开发费、建筑成本、安装成本、应予以资本化的借款费用、支付的其他费用和分摊的间接费用等。按照建造过程中发生的成本,借记"投资性房地产"科目,贷记"银行存款"等科目。

借:投资性房地产
　　贷:银行存款
　　　　在建工程等

【例 3-6-2】20×3 年 1 月,华兴公司购入一块使用年限为 50 年的土地,并在此土地上开始自行建造一幢办公楼。20×3 年 12 月,华兴公司预计厂房即将完工,与鸿雁公司签订了经营租赁合同,将办公楼 1~3 层租赁给鸿雁公司使用,合同约定于办公楼完工交付使用时开始租赁,租赁期为 5 年,每年年末支付租金 57.6 万元。20×4 年 1 月 5 日,办公楼建设完工,达到预定可使用状态并交付使用,已知办公楼实际造价成本为 240 万元,土地所有权的成本为 300 万元,已累计计提摊销 12 万元。华兴公司应做账务处理如下。

(1)办公楼实际建造成本转入投资性房地产。

借:投资性房地产——厂房　　　　　　　　　　　　　　2 400 000
　　贷:在建工程——厂房　　　　　　　　　　　　　　　　2 400 000

(2)为建造该办公楼使用的土地使用权转入投资性房地产。

借:投资性房地产——已出租土地使用权　　　　　　　　3 000 000
　　累计摊销　　　　　　　　　　　　　　　　　　　　　120 000
　　贷:无形资产——土地使用权　　　　　　　　　　　　　3 000 000
　　　　投资性房地产累计摊销　　　　　　　　　　　　　　120 000

注意:建造过程中发生的非正常性损失直接计入当期损益,不计入建造成本。

3. 自用房地产或存货转换为采用公允价值模式计量的投资性房地产

该项投资性房地产应当按照转换日的公允价值计量。转换日的公允价值小于原账面价值的,其差额计入当期损益(公允价值变动损益);转换日的公允价值大于原账面价值的,其差额作为其他综合收益核算。处置该项投资性房地产时,原计入其他综合收益的部分应当转入处置当期损益。

借:投资性房地产——成本等(公允价值)
　　公允价值变动损益(借方差额)
　　贷:开发产品等
　　　　其他综合收益(贷方差额)

（二）投资性房地产后续核算的账务处理

1. 采用成本模式对投资性房地产进行后续计量

在成本模式下，应当按照投资性房地产的实际成本进行计量，在持有期间比照固定资产或无形资产的相关规定计提折旧或摊销，按照收取的租金确认收入。

（1）计提折旧或摊销。

借：其他业务成本
　　贷：投资性房地产累计折旧（摊销）

（2）取得租金收入。

借：银行存款
　　贷：其他业务收入

存在减值迹象的，应当按照资产减值的相关规定进行处理。

【例3-6-3】 承接【例3-6-2】，华兴公司按月计提投资性房地产折旧和摊销。预计出租的办公楼使用寿命为20年，预计净残值为0；土地使用权按50年摊销，按照年限平均法计提折旧销。华兴公司应做账务处理如下。

解析：办公楼每月折旧=2 400 000/（20×12）=10 000（元）

土地使用权每月摊销=3 000 000/（50×12）=5 000（元）

租金收入=576 000/12=48 000（元）

（1）每月计提折旧和摊销。

借：其他业务成本——出租厂房折旧	10 000
——投资性房地产累计摊销	5 000
贷：投资性房地产累计折旧	10 000
投资性房地产累计摊销	5 000

（2）每月确认应收租金收入。

借：其他应收款——应收租金	48 000
贷：其他业务收入	48 000

2. 采用公允价值模式对投资性房地产进行后续计量

采用公允价值模式计量，企业应设置"投资性房地产——成本"科目和"投资性房地产——公允价值变动"科目及其"公允价值变动损益——投资性房地产"科目，分别核算投资性房地产的成本和后续计量公允价值变动及其由公允价值变动而产生的损益。

借：投资性房地产——公允价值变动
　　贷：公允价值变动损益——投资性房地产
　　　　（或相反的分录）

> **注意**：采用公允价值模式进行后续核算的投资性房地产不应计提折旧或摊销。

【例3-6-4】 承接【例3-6-1】，华兴公司购入价值1 000万元的厂房，与市场公允价值为相同金额。该厂房所在区域有活跃的房地产交易市场，且能够从房地产交易市场上获得市场报价。假设不考虑相关税费及其他因素。华兴公司采用公允价值模式对该项出租房地产进行后续核算。20×3年12月31日，该写字楼的公允价值为1 160万元。华兴公司应做账务处理如下。

（1）购入写字楼。

借：投资性房地产——成本	10 000 000
贷：银行存款	10 000 000

（2）20×3年12月31日，按照公允价值调整其账面价值。

借：投资性房地产——公允价值变动	1 600 000
贷：公允价值变动损益——投资性房地产	1 600 000

解难点

为什么公允价值变动损益的处理借方和贷方不同？

①有利于满足谨慎性要求，即费用不应少计、收入不应多计，使反映的净利润偏低；②有利于满足可靠性要求，即公允价值增值有客观确凿的证据，理应如实记账，转换日的公允价值大于原账面价值的差额属于未实现损益，作为其他综合收益计入利润表，但不增加净利润，这既满足了谨慎性要求，又满足了会计核算的有用性要求。

（三）投资性房地产处置的账务处理

企业出售、转让、报废投资性房地产或者发生投资性房地产毁损，应当将处置收入扣除其账面价值和相关税费后的金额计入当期损益。

借：银行存款
　　贷：其他业务收入
借：其他业务成本
　　投资性房地产累计折旧
　　贷：投资性房地产

【例3-6-5】华兴公司将一幢出租用房出售，取得收入2 000万元并存入银行。华兴公司采用成本模式计量，该幢出租房的账面原值为4 000万元，已计提折旧2 350万元。假设不考虑相关税费等其他因素。

借：银行存款　　　　　　　　　　　　　　　　　　　　　　2 000 000
　　贷：其他业务收入　　　　　　　　　　　　　　　　　　　　　2 000 000
借：其他业务成本　　　　　　　　　　　　　　　　　　　　1 650 000
　　投资性房地产累计折旧　　　　　　　　　　　　　　　　2 350 000
　　贷：投资性房地产　　　　　　　　　　　　　　　　　　　　　4 000 000

如果该投资性房地产按照公允模式进行后续计量，则结转成本时应综合考虑"投资性房地产——成本"和"投资性房地产——公允价值变动"两个明细科目。

借：银行存款
　　贷：其他业务收入
借：其他业务成本
　　投资性房地产——公允价值变动（或贷方）
　　贷：投资性房地产——成本

【业务解析】

（1）每月确认租金收入。

借：银行存款　　　　　　　　　　　　　　　　　　　　　　　　50 000
　　贷：其他业务收入　　　　　　　　　　　　　　　　　　　　　　　50 000

（2）每月计提的折旧额=360 000/（50×12）=1 500（元）。

借：其他业务成本　　　　　　　　　　　　　　　　　　　　　　 1 500
　　贷：投资性房地产累计折旧　　　　　　　　　　　　　　　　　　 1 500

（3）到12月31日，该投资性房地产的账面价值=360 000−1 500×5=352 500（元），大于可收回金额，应计提减值=352 500−340 000=12 500（元）。会计分录如下。

借：资产减值损失　　　　　　　　　　　　　　　　　　　　　　12 500
　　贷：投资性房地产减值准备　　　　　　　　　　　　　　　　　　12 500

【拓展训练】

20×2年3月20日，华兴公司购买了一块土地的使用权，购买价款为160 000元，支付相关手续费2 400元，款项全部以银行存款支付。购买后准备等其增值后予以转让，对该投资性房地产采用公允价值模式进行后续计量。4月30日经复核，该投资性房地产的公允价值为190 500元。10月31日，将该投资性房地产对外转让，取得的转让收入为200 000元，全部款项已经收到并存入银行（不考虑增值税因素）。

【归纳总结】

经济业务	会计处理	
	成本模式	公允价值模式
外购	借：投资性房地产 　贷：银行存款	借：投资性房地产——成本 　贷：银行存款
自行建造	借：投资性房地产 　贷：银行存款 　　　在建工程等	借：投资性房地产——成本 　贷：银行存款 　　　在建工程等
自用房地产或存货转换为投资性房地产	转为成本模式计量的投资性房地产： 借：投资性房地产 　贷：开发产品等	（1）转换日的公允价值小于原账面价值的差额计入当期损益。 借：投资性房地产——成本 　　累计折旧 　　固定资产减值准备 　　公允价值变动损益（借方差） 　贷：固定资产 （2）转换日的公允价值大于原账面价值。 借：投资性房地产——成本 　　累计折旧 　　固定资产减值准备 　贷：固定资产 　　　其他综合收益（贷方差）
计提折旧或摊销	借：其他业务成本 　贷：投资性房地产累计折旧（摊销）	不提
资产负债表日公允价值变动	不确认	借：投资性房地产——公允价值变动 　贷：公允价值变动损益
取得租金收入	借：银行存款 　贷：其他业务收入	借：银行存款 　贷：其他业务收入
处置投资性房地产	借：银行存款 　贷：其他业务收入 借：其他业务成本 　　投资性房地产累计折旧（摊销） 　　投资性房地产减值准备 　贷：投资性房地产	借：银行存款 　贷：其他业务收入 借：其他业务成本 　贷：投资性房地产——成本 　　　　　　　　　——公允价值变动 注："投资性房地产——公允价值变动"有可能在借方

项目七

固定资产业务核算

【典型业务】

华兴公司是专门从事办公家具生产与销售的一般纳税人。20×3年发生有关经济业务如下。

业务1：4月24日，购入一台不需要安装即可投入使用的生产设备，取得的增值税专用发票上注明的设备价款为240 000元，增值税税额为31 200元，另支付运杂费250元，款项以银行存款支付。该设备预计使用寿命为10年，预计净残值为250元，按照年限直线法计提折旧。根据相关法律的规定，该固定资产进项税可以抵扣。

业务2：6月15日，开始自建厂房一幢，购入为工程准备的各种物资500 000元，支付的增值税税额为85 000元，全部用于工程建设。领用本公司生产的水泥一批，实际成本为80 000元，税务部门确定的计税价格为100 000元，工程人员应计工资100 000元，以银行存款支付的其他费用30 000元。12月31日，该工程完工并达到预定可使用状态。

任务1：根据业务1做出该项设备入账的账务处理。

任务2：根据业务1做出该项设备每月计提折旧的账务处理。

任务3：根据业务2做出建造厂房的账务处理。

【知识链接】

一、固定资产的管理

（一）固定资产的概念和特征

固定资产，是指企业为生产商品、提供劳务或经营管理而持有的，且使用寿命超过一个会计年度的有形资产。固定资产必须同时具备以下两个特征。

（1）企业持有固定资产的目的是生产商品、提供劳务、出租或经营管理，而不是直接用于出售。

> 注意：此处所说的"出租"是指以经营租赁方式出租的机器设备等。

（2）企业使用固定资产的期限超过1个会计年度。该特征表明企业固定资产属于非流动资产，其给企业带来的收益期超过1年，能在1年以上的时间里为企业创造经济利益。

(二)固定资产的分类

根据不同的管理需要和核算要求以及不同的分类标准,可以对固定资产进行不同的分类。主要有以下几种分类方法。

1. 按经济用途分类

按固定资产的经济用途分类,可以将固定资产分为生产经营用固定资产和非生产经营用固定资产。

(1)生产用固定资产。参加生产过程或直接服务于生产过程的各种房屋、建筑物、机器设备、工具、仪器和运输设备等固定资产。

(2)非生产用固定资产。不直接服务于生产过程的各种固定资产,如作为职工宿舍等使用的房屋,公用事业、文化生活、卫生保健等使用的房屋、建筑物、设备和器具等。

> 拓展:按照固定资产的经济用途,可以归类反映和监督企业生产经营用固定资产和非生产经营用固定资产之间,以及生产经营用各类固定资产之间的组成和变化情况,借以考核和分析企业固定资产的利用情况,促使企业合理地配置固定资产,充分发挥其效用。

2. 综合分类

按固定资产的经济用途和使用情况等,可以把企业的固定资产划分为七大类。

(1)生产经营用固定资产;

(2)非生产经营用固定资产;

(3)租出固定资产(经营租赁租出);

(4)不需用固定资产;

(5)未使用固定资产;

(6)过去已经估价且单独入账的土地;

(7)租入固定资产(指企业除短期租赁和通过低价值资产租赁租入的固定资产,该资产在租赁期内应作为使用权资产进行核算与管理)。

> **解难点**
> 土地为什么可以作为固定资产核算?过去已经估价且单独入账的土地因征地而支付的补偿费,应计入与土地有关的房屋、建筑物的价值,不单独作为土地价值入账。企业取得的土地使用权,应作为无形资产管理和核算,不作为固定资产管理和核算。

(三)固定资产的管理要求

固定资产是企业生产经营管理过程中重要的劳动资料和物质基础,是固定资本的实物形态。企业应结合实际情况加强固定资产的监督管理,规范固定资产管理流程,明确固定资产的申请采购、验收、交付使用、处置报废等各环节的权、责、利,强化各有关部门及员工的职责、落实经管责任,保证固定资产会计核算资料的真实、准确、完整。防范固定资产更新改造不够、使用效能低下、维护不力、产能过剩,可能导致企业缺乏竞争力、资产价值贬损、安全事故频发或资源浪费等风险。具体要求主要如下。

(1)正确预测并确定固定资产的需要量和规模。

(2)严格划分资本性支出和收益性支出的界限,合理确认并准确计量固定资产的价值;坚持实质重于形式的原则,正确区分固定资产和在建工程。

(3)加强固定资产的日常管理。在日常管理过程中,企业应建立和健全固定资产的管理责任制度,严格固定资产的采购、验收、交付使用、出售、报废清理及定期盘点等制度,确保各项经办业务的各项原始凭证真实、准确、完整,提高固定资产的使用效率和效果。

(4)正确核算固定资产折旧和减值,及时准确地计提固定资产折旧,需要计提固定资产减值的应准确合理地识别固定资产减值迹象并按规定计提减值,确保固定资产及时更新改造。

二、固定资产核算的会计科目

为了反映和监督固定资产的取得、计提折旧和处置等情况，企业一般需要设置"固定资产""累计折旧""在建工程""工程物资""固定资产清理"等科目。

"固定资产"科目核算企业固定资产的原价，借方登记企业增加的固定资产原价，贷方登记企业减少的固定资产原价，期末借方余额反映企业期末固定资产的账面原价。

固定资产	
借方	贷方
①增加的固定资产原价	①减少的固定资产原价
企业期末固定资产的账面原价	

> **解难点**
> "累计折旧"科目属于"固定资产"的调整科目，所以累计折旧属于资产科目，但是由于它是固定资产的调整科目，所以具有负债的性质。

拓展：企业应当设置"固定资产登记簿"和"固定资产卡片"，按固定资产类别、使用部门对每项固定资产进行明细核算。

"累计折旧"科目属于固定资产的调整科目，核算企业固定资产的累计折旧，贷方登记企业计提的固定资产折旧，借方登记处置固定资产转出的累计折旧，期末贷方余额反映企业固定资产的累计折旧额。

累计折旧	
借方	贷方
①处置固定资产转出的累计折旧	①计提的固定资产折旧
	固定资产的累计折旧额

"在建工程"科目核算企业基建、更新改造等在建工程发生的支出，借方登记企业在建工程的各项实际支出，贷方登记完工工程转出的成本，期末借方余额反映企业尚未达到预定可使用状态的在建工程的成本。

在建工程	
借方	贷方
①增加的实际支出价	①完工工程转出的成本
尚未达到预定可使用状态的在建工程的成本	

"工程物资"科目核算企业为在建工程而准备的各种物资的实际成本，借方登记企业购入工程物资的成本，贷方登记领用工程物资的成本，期末借方余额反映企业为在建工程准备的各种物资的成本。

工程物资	
借方	贷方
①企业购入工程物资的成本	①领用工程物资的成本
为在建工程准备的各种物资的成本	

> **解难点**
> "工程物资"科目是一级科目，在资产负债表中填写固定资产价值时不需要考虑工程物资的价值。

"固定资产清理"科目核算企业因出售、报废、毁损、对外投资、非货币性资产交换、债务重组等原因转入清理的固定资产价值以及在清理过程中发生的清理费用和清理收益。该科目借方登记转出的固定资产账面价值、清理过程中应支付的相关税费及其他费用，贷方登记出售固定资产取得的价款、残料价值和变价收入。期末借方余额反映企业尚未清理完毕的固定资产清理净损失，期末如为贷方余额，则反映企业尚未清理完毕的固定资产清理净收益。固定资产净损益结转后，"固定资产清理"科目无余额。企业应当按照被清理的固定资产项目设置明细账，进行明细核算。

小窍门："固定资产清理"科目结构

固定资产清理	
借方	贷方
①固定资产转清理	①出售价款、保险公司赔款
②相关税费及其他费用	②残料价值和变价收入
尚未清理完毕的固定资产清理净损失	尚未清理完毕的固定资产清理净收益

此外，企业固定资产、在建工程、工程物资发生减值的，还应当设置"固定资产减值准备""在建工程减值准备""工程物资减值准备"等科目进行核算。

三、取得固定资产的账务处理

（一）外购固定资产

企业外购的固定资产，应按实际支付的购买价款、相关税费、使固定资产达到预定可使用状态前所发生的可归属于该项资产的运输费、装卸费、安装费和专业人员服务费等，作为固定资产的取得成本。其中，相关税费不包括按照现行增值税制度规定，可以从销项税额中抵扣的增值税进项税额。

企业作为一般纳税人，购入不需要安装的固定资产时，应按支付的购买价款、使固定资产达到预定可使用状态前所发生的可归属于该项资产的运输费、装卸费和专业人员服务费等，作为固定资产成本，借记"固定资产"科目，取得增值税专用发票、海关完税证明或公路发票等增值税扣税凭证，并经税务机关认证可以抵扣的，应按专用发票注明的增值税进项税额，借记"应交税费——应交增值税（进项税额）"科目，贷记"银行存款""应付账款"等科目。

借：固定资产
　　应交税费——应交增值税（进项税额）
　　贷：银行存款/应付账款

外购初始取得固定资产

真题链接

【初级会计师考试真题·单选题】某企业为增值税小规模纳税人，20××年4月1日购入一台不需要安装即可投入使用的设备，取得的增值税专用发票上注明的价款为40 000元，增值税税额为5 200元；支付运费300元，增值税税额为27元；全部款项以银行存款支付。该设备的入账价值为（　　）元。
A.40 300　　B.40 000
C.45 527　　D.45 500
【答案】C
【解析】对于小规模纳税人，增值税不可以抵扣，设备入账价值＝40 000+5 200+300+27=45 527（元）。

企业作为一般纳税人，购入需要安装的固定资产时，应在购入的固定资产取得成本的基础上加上安装调试成本作为入账成本。按照购入需要安装的固定资产的取得成本，借记"在建工程"科目，按购入固定资产时可抵扣的增值税进项税额，借记"应交税费——应交增值税（进项税额）"科目，贷记"银行存款""应付账款"等科目。

借：在建工程
　　应交税费——应交增值税（进项税额）
　　贷：银行存款/应付账款

按照发生的安装调试成本，借记"在建工程"科目，按取得的外部单位提供的增值税专用发票上注明的增值税进项税额，借记"应交税费——应交增值税（进项税额）"科目，贷记"银行存款"等科目。

外购固定资产知识讲解

借：在建工程
　　应交税费——应交增值税（进项税额）
　　贷：银行存款/应付账款

耗用了本单位的材料或人工的，按应承担的成本金额，借记"在建工程"科目，贷记"原材料""应付职工薪酬"等科目。

借：在建工程

    贷：原材料
        应付职工薪酬
   安装完成达到预定可使用状态时，由"在建工程"科目转入"固定资产"科目，借记"固定资产"科目，贷记"在建工程"科目。
    借：固定资产
        贷：在建工程
   企业作为小规模纳税人购入固定资产发生的增值税进项税额应计入固定资产成本，借记"固定资产"或"在建工程"科目，不通过"应交税费——应交增值税"科目核算。

> 注意：企业以一笔款项购入多项没有单独标价的固定资产，应将各项资产单独确认为固定资产，并按各项固定资产公允价值的比例对总成本进行分配，分别确定各项固定资产的成本。

【例3-7-1】华兴公司购入一台不需要安装即可投入使用的显示器，取得的增值税专用发票上注明的价款为20 000元，增值税税额为2 600元，另支付包装费并取得增值税专用发票，注明包装费为500元，税率为6%，增值税税额为30元，款项以银行存款支付。华兴公司为增值税一般纳税人，应编制如下会计分录。

    借：固定资产   20 500
        应交税费——应交增值税（进项税额）   2 630
        贷：银行存款   23 130

解析：购入固定资产的买价20 000元和发生的包装费500元，应该合并计入固定资产成本。

【例3-7-2】20×3年5月15日，华兴公司用银行存款购入一台需要安装的设备，取得的增值税专用发票上注明的价款为200 000元，增值税税额为26 000元，支付安装费并取得增值税专用发票，注明安装费为40 000元，税率为9%，增值税税额为3 600元。华兴公司为增值税一般纳税人，应编制如下会计分录。

（1）购入进行安装时。

    借：在建工程   200 000
        应交税费——应交增值税（进项税额）   26 000
        贷：银行存款   226 000

（2）支付安装费时。

    借：在建工程   40 000
        应交税费——应交增值税（进项税额）   3 600
        贷：银行存款   43 600

（3）设备安装完毕达到预定可使用状态交付使用时。

该设备的成本 = 200 000 + 40 000 = 240 000（元）

    借：固定资产   240 000
        贷：在建工程   240 000

【例3-7-3】发达公司为增值税小规模纳税人，在20×3年7月18日用银行存款购入一台不需要安装的设备，增值税专用发票上注明的价款为200 000元，增值税税额为26 000元，支付保险费30 000元，增值税税额为2 700元。7月21日，该设备达到预订可使用状态。发达公司应编制如下会计分录。

（1）7月18日购入设备时。

    借：在建工程   258 700
        贷：银行存款   258 700

（2）7月21日设备安装完毕达到预订可使用状态时。

借：固定资产 258 700
　　贷：在建工程 258 700

在本例中，由于发达公司为小规模纳税人，购入固定资产发生的增值税进项税额合计28 700元，不得从销项税额中抵扣，而应计入固定资产成本，记入"在建工程"科目的借方。

（二）建造固定资产

企业自行建造固定资产，应当按照建造该项资产达到预定可使用状态前所发生的必要支出，作为固定资产的成本。

企业自行建造固定资产，应先通过"在建工程"科目核算，工程达到预定可使用状态时，再从"在建工程"科目转入"固定资产"科目。企业自行建造固定资产，主要有自营和出包两种方式，由于采用的建设方式不同，其会计处理也不同。

1. 自营工程

自营工程，是指企业自行组织工程物资采购、自行组织施工人员施工的建筑工程和安装工程。购入工程物资时，按已认证的增值税专用发票上注明的价款，借记"工程物资"科目；按增值税专用发票上注明的增值税进项税额，借记"应交税费——应交增值税（进项税额）"科目，按实际支付或应付的金额，贷记"银行存款""应付账款"等科目；领用工程物资时，借记"在建工程"科目，贷记"工程物资"科目。在建工程领用本企业原材料时，借记"在建工程"科目，贷记"原材料"等科目。在建工程领用本企业生产的商品时，借记"在建工程"科目，贷记"库存商品"科目。自营工程发生的其他费用（如分配工程人员薪酬等），借记"在建工程"科目，贷记"银行存款""应付职工薪酬"等科目。自营工程达到预定可使用状态时，按其成本，借记"固定资产"科目，贷记"在建工程"科目。

【**例3-7-4**】泰兴公司为增值税一般纳税人，20×4年1月1日，自行建造一间库房，购入工程物资共计100 000元，增值税专用发票上注明的增值税税额为13 000元，全部用于库房建设。领用本企业生产的板材一批，实际成本为280 000元，应计工程人员薪酬150 000元。支付工程建设期间发生安装费，取得增值税专用发票上注明的安装费为10 000元，税率为9%，增值税税额为900元。12月31日，工程完工并达到预定可使用状态。泰兴公司应编制如下会计分录。

（1）购入工程物资时。

借：工程物资 100 000
　　应交税费——应交增值税（进项税额） 13 000
　　贷：银行存款 113 000

（2）工程领用全部工程物资时。

借：在建工程 100 000
　　贷：工程物资 100 000

（3）工程领用本企业生产的板材时。

借：在建工程 280 000
　　贷：库存商品 280 000

（4）分配工程人员薪酬。

借：在建工程 150 000
　　贷：应付职工薪酬 150 000

（5）支付工程发生的其他费用时。

借：在建工程 10 000
　　应交税费——应交增值税（进项税额） 900
　　贷：银行存款 10 900

自行建造固定资产

真题链接

【初级会计师考试真题·单选题】某增值税一般纳税人为自建仓库一幢购入一批工程物资，增值税专用发票上注明价款为200万元，增值税税额为26万元，已全部用于建造仓库；耗用库存原材料50万元，购入时的增值税税额为6.5万元；支付建筑工人工资30万元。不考虑其他因素，该仓库建造完成并达到预定可使用状态，其入账价值为（　　）万元。
A.306
B.280
C.312.5
D.230
【答案】B
【解析】根据税法规定，一般纳税人建造固定资产相关的增值税26万可以抵扣，该仓库入账价位=200+50+30=280（万元）。

自行建造固定资产知识讲解

（6）工程完工结转固定资产时。
转入固定资产的成本 =100 000+280 000+150 000+10 000=540 000（元）
借：固定资产　　　　　　　　　　　　　　　　　　　540 000
　　贷：在建工程　　　　　　　　　　　　　　　　　　540 000

2. 出包工程

出包工程，是指企业通过招标方式将工程项目发包给建造承包商，由建造承包商组织施工的建筑工程和安装工程。企业采用出包方式进行的固定资产工程，其具体支出主要由建造承包商核算，在这种方式下，"在建工程"科目主要反映企业与建造承包商办理工程价款结算的情况。企业支付给建造承包商的工程价款作为工程成本，主要通过"在建工程"等科目核算。

企业按合理估计的发包进度和合同规定向建造承包商结算进度款，并由对方开具增值税专用发票，按增值税专用发票上注明的价款，借记"在建工程"科目，按增值税专用发票上注明的增值税进项税额，借记"应交税费——应交增值税（进项税额）"科目，按应实际支付的金额，贷记"银行存款"科目。工程达到预定可使用状态时，按其成本，借记"固定资产"科目，贷记"在建工程"科目。

借：在建工程
　　应交税费——应交增值税（进项税额）
　　贷：银行存款
借：固定资产
　　贷：在建工程

【例3-7-5】华兴公司为增值税一般纳税人。20×4年3月1日，华兴公司将一幢厂房的建造工程出包给兴泰公司（增值税一般纳税人）承建，按合理估计的发包工程进度和合同规定向兴泰公司结算进度款并取得增值税专用发票，注明工程款为1 000 000元，税率为9%，增值税税额为90 000元。20×4年8月31日，工程完工后，收到兴泰公司有关工程结算单据和增值税专用发票，补付工程款并取得兴泰公司开具的增值税专用发票，注明工程款为500 000元，税率为9%，增值税税额为45 000元。工程完工并达到预定可使用状态。华兴公司应编制如下会计分录。

（1）按合理估计的发包工程进度和合同规定向兴泰公司结算进度款时。
借：在建工程　　　　　　　　　　　　　　　　　　1 000 000
　　应交税费——应交增值税（进项税额）　　　　　　　90 000
　　贷：银行存款　　　　　　　　　　　　　　　　　1 090 000
（2）补付工程款时。
借：在建工程　　　　　　　　　　　　　　　　　　　500 000
　　应交税费——应交增值税（进项税额）　　　　　　　45 000
　　贷：银行存款　　　　　　　　　　　　　　　　　　545 000
（3）工程完工并达到预定可使用状态时。
借：固定资产　　　　　　　　　　　　　　　　　　1 500 000
　　贷：在建工程　　　　　　　　　　　　　　　　　1 500 000

四、固定资产折旧

（一）固定资产折旧概述

企业应当在固定资产的使用寿命内，按照确定的方法对应计折旧额进行系统分摊。所谓应计折旧额，是指应当计提折旧的固定资产原价扣除其预计净残值后的金额，已计提减值准备的固定资产，还应扣除已计提的固定资产减值准备累计金额。企业应当根据固定资产的性

固定资产折旧

真题链接

【单选题】下列各项中影响固定资产折旧的因素有（　　）。
A. 固定资产原价
B. 固定资产的预计使用寿命
C. 固定资产预计净残值
D. 已计提的固定资产减值准备
【答案】ABCD
【解析】影响固定资产折旧的因素包括：固定资产原价、预计使用寿命、预计净残值和已计提的固定资产减值准备等。

微课扫一扫

固定资产折旧概述

质和使用情况，合理确定固定资产的使用寿命和预计净残值。固定资产的使用寿命、预计净残值一经确定，不得随意变更。

1. 影响固定资产折旧的主要因素

（1）固定资产原价，是指固定资产的成本。

（2）预计净残值，是指假定固定资产预计使用寿命已满并处于使用寿命终了时的预期状态，企业目前从该项资产处置中获得的扣除预计处置费用后的金额。

（3）固定资产减值准备，是指固定资产已计提的固定资产减值准备累计金额。

（4）固定资产的使用寿命，是指企业使用固定资产的预计期间，或者该固定资产所能生产产品或提供劳务的数量。企业确定固定资产使用寿命时，应当考虑下列因素：该项资产预计生产能力或实物产量；该项资产预计有形损耗，如设备使用中发生磨损、房屋建筑物受到自然侵蚀等；该项资产预计无形损耗，如新技术的出现使现有的资产技术水平相对陈旧、市场需求变化使产品过时等；法律或者类似规定对该项资产使用的限制。

2. 固定资产的折旧范围

除以下情况外，企业应当对所有固定资产计提折旧。

（1）已提足折旧仍继续使用的固定资产。

（2）单独计价入账的土地。

在确定计提折旧的范围时，还应注意以下几点。

解难点

为什么提足折旧的固定资产不再计提折旧？
在不考虑净残值的情况下，从固定资产价值来看，已提足折旧说明固定资产价值已经为0，再继续计提的话价值将为负数，显然不符合固定资产的定义。

（1）固定资产应当按月计提折旧，当月增加的固定资产，当月不计提折旧，从下月起计提折旧；当月减少的固定资产，当月仍计提折旧，从下月起不计提折旧。

> 拓展：①无形资产的摊销从增加当月开始计提，当月减少当月不计提。
> ②投资性房地产如果是"房"，那么折旧处理与固定资产一致；如果是"地"，那么摊销处理与无形资产一致。

（2）固定资产提足折旧后，不论能否继续使用，均不再计提折旧；提前报废的固定资产，也不再补提折旧。因此提足折旧，是指已经提足该项固定资产的应计折旧额。

（3）已达到预定可使用状态但尚未办理竣工决算的固定资产，应当按照估计价值确定其成本，并计提折旧。

解难点

会计政策，是指企业在会计确认、计量和报告中所采用的原则、基础和会计处理方法。企业采用的会计计量基础也属于会计政策。会计估计，是指企业对其结果不确定的交易或事项以最近可利用的信息为基础所作的判断。所以，固定资产使用寿命、预计净残值和折旧方法的改变应当作为会计估计变更进行会计处理。

> 注意：待办理竣工决算后，再按实际成本调整原来的暂估价值，但不需要调整已计提的折旧额。

3. 固定资产使用寿命、预计净残值和折旧方法的复核

企业至少应当于每年年度终了，对固定资产的使用寿命、预计净残值和折旧方法进行复核。使用寿命预计数与原先估计数有差异的，应当调整固定资产使用寿命。预计净残值数与原先估计数有差异的，应当调整预计净残值。与固定资产有关的经济利益预期实现方式有重大改变的，应当改变固定资产折旧方法。上述事项在报经股东大会或董事会、经理（厂长）会议或类似机构批准后，作为计提折旧的依据，并按照法律、行政法规等的规定报送有关各方备案。

> 拓展：固定资产使用寿命、预计净残值和折旧方法的改变应当作为会计估计变更进行会计处理。

（二）固定资产折旧方法

企业应当根据与固定资产有关的经济利益的预期实现方式，合理选择固定资产折旧方法。可选用的固定资产折旧方法包括年限平均法（又称直线法）、工作量法、双倍余额递减法和年数总和法等。

1. 年限平均法

采用年限平均法计提固定资产折旧，其特点是将固定资产的应计折旧额均衡地分摊到固定资产预计使用寿命内，采用这种方法计算的每期折旧额是相等的。

年限平均法的计算公式如下：

$$年折旧率 = (1-预计净残值率)/预计使用寿命（年）\times 100\%$$

$$月折旧率 = 年折旧率/12$$

$$月折旧额 = 固定资产原价 \times 月折旧率$$

【计算题】华兴公司有一幢办公楼，原价为 4 000 000 元，预计可使用 20 年，预计报废时的净残值率为 4%。该厂房的折旧率和折旧额为（　　）。

【答案】16 000 元

【解析】该厂房的折旧率和折旧额的计算如下：

$$年折旧率 = (1-4\%)/20 \times 100\% = 4.8\%$$

$$月折旧率 = 4.8\%/12 = 0.4\%$$

$$月折旧额 = 4\,000\,000 \times 0.4\% = 16\,000（元）$$

2. 工作量法

工作量法，是指根据实际工作量计算固定资产每期应计提折旧额的一种方法。

工作量法的基本计算公式如下：

$$单位工作量折旧额 = [固定资产原价 \times (1-预计净残值率)] \times 预计总工作量$$

$$某项固定资产月折旧额 = 该项固定资产当月工作量 \times 单位工作量折旧额$$

【计算题】华兴公司有一辆小汽车，原价为 200 000 元，预计总行驶里程为 500 000 千米，预计报废时的净残值率为 5%，本月行驶了 2 000 千米。该车辆的当月的折旧率和折旧额为（　　）。

【答案】760 元

【解析】该小汽车的折旧率和折旧额的计算如下：

$$单位里程折旧额 = 200\,000 \times (1-5\%)/500\,000 = 0.38（元/千米）$$

$$本月折旧额 = 2\,000 \times 0.38 = 760（元）$$

3. 双倍余额递减法

双倍余额递减法，是指在不考虑固定资产预计净残值的情况下，根据每期期初固定资产原价减去累计折旧后的余额和双倍的直线法折旧率计算固定资产折旧的一种方法。采用双倍余额递减法计提固定资产折旧，一般应在固定资产使用寿命到期前 2 年内，将固定资产账面净值扣除预计净残值后的余额平均摊销。

双倍余额递减法的计算公式如下：

$$年折旧率 = 2/预计使用寿命（年）\times 100\%$$

$$年折旧额 = 每个折旧年度年初固定资产账面净值 \times 年折旧率$$

$$月折旧额 = 年折旧额/12$$

> 注意：这里的折旧年度是指"以固定资产开始计提折旧的月份"为起始计算 1 个年度期间，如某公司某年 3 月取得某项固定资产，其折旧年度为"从当年 4 月至第二年 3 月期间"。

划重点

双倍余额递减法中，"双倍"是指直线法折旧率的双倍，每期折旧率不变；"余额"指的是每期期初固定资产原价减去累计折旧后的余额，每期余额递减，所以双倍余额递减法也是加速折旧方法之一。

真题链接

【初级会计师考试真题·单选题】某企业一台生产设备原价为 800 万元，预计净残值. 为 38.4 万元。

预计可使用 5 年，采用双倍余额递减法提折旧。至 20×× 年 12 月 31 日，该设备已使用 3 年，账面净值为 172.8 万元，未计提固定资产减值准备。不考虑其他因素，该设备次年全年应计提的折旧额为（　　）万元

A. 86.4　　B. 67.2
C. 53.76　　D. 69.12

【答案】B

【解析】应计提的折旧额 = (172.8 - 38.4)/2 = 67.2（万元）。

> 注意：各月折旧额应根据年折旧额除以12计算。

【计算题】华兴公司有一台中央空调，原价为500 000元，预计使用年限为5年，预计净残值为2 000元。按双倍余额递减法计提折旧，每年的折旧额为多少？

【答案与解析】该项固定资产的折旧率和折旧额的计算如下：

年折旧率 =2/5×100%=40%

第1年应计提的折旧额 =500 000×40%=200 000（元）

第2年应计提的折旧额 =（500 000-200 000）×40%=120 000（元）

第3年应计提的折旧额 =（500 000-200 000-120 000）×40%=72 000（元）

第4年应计提的折旧额 =[（500 000-200 000-120 000-72 000）-2 000]/2=54 000（元）

第5年应计提的折旧额 =[（1 500 000-200 000-120 000-72 000）-2 000]/2=54 000（元）

= 第四年各月折旧额 = 年折旧额/12。

采用这种方法，在固定资产使用到期前的最后两年之前，假定资产的年折旧率保持不变，固定资产账面净额逐年减少，固定资产使用早期计提折旧高，以后逐年递减，反映的会计处理结果比较稳健，有利于固定资产投入早期回收垫支的固定资金，加速资金周转和固定资产的更新，促进技术进步。

年数总和法

4. 年数总和法

年数总和法，是指将固定资产的原价减去预计净残值后的余额，乘以一个逐年递减的分数计算每年的折旧额，这个分数的分子为固定资产尚可使用寿命，分母为固定资产预计使用寿命逐年数字总和。

年数总和法的计算公式如下：

年折旧率=（预计使用寿命-已使用年限）/[预计使用寿命×（预计使用寿命+1）/2]×100%

或者：

年折旧率=尚可使用年限/预计使用寿命的年数总和×100%

年折旧额=（固定资产原价-预计净残值）×年折旧率

【计算题】华兴公司有一台机器设备，原价为1 000 000元，预计使用年限为5年，预计净残值为50 000元。按双倍余额递减法计提折旧，每年的折旧额为多少？

【答案与解析】该项固定资产的折旧率和折旧额的计算如下：

折旧率=尚可使用年限/预计使用年限的年数总和×100%

第一年的折旧率=5/（5+4+3+2+1）×100%=5/15=33%

第一年的折旧额=（1 000 000-50 000）×5/15=316 666.67（元）

第二年的折旧额=（1 000 000-50 000）×4/15×100%=253 333.33（元）

第三年的折旧额=（1 000 000-50 000）×3/15×100%=190 000（元）

第四年的折旧额=（1 000 000-50 000）×2/15×100%=126 666.67（元）

第五年的折旧额=（1 000 000-50 000）×1/15×100%=63 333.33（元）

> 注意：采用年数总和法计提固定资产折旧，各年中固定资产的原价减去预计净残值的余额始终保持不变，年折旧率逐年降低，折旧额逐年减少，逐年降低的幅度较双倍余额递减法有所减缓，会计处理结果比较稳健。

 真题链接

【初级会计师考试真题·单选题】下列各项中，企业计提专设销售机构的固定资产折旧应借记的会计科目是（　）
A."销售费用"
B."管理费用"
C."其他业务成本"
D."制造费用"
【答案】A
【解析】企业计提专设销售机构的固定资产折旧的会计分录如下：
借：销售费用
　　贷：累计折旧

（三）固定资产折旧的账务处理

固定资产应当按月计提折旧，计提的折旧应当记入"累计折旧"科目，根据固定资产的用途和受益对象性质计入相关资产的成本或者当期损益。

企业在自行建造固定资产的过程中使用的固定资产,其计提的折旧应计入在建工程成本;基本生产车间所使用的固定资产,其计提的折旧应计入制造费用;管理部门所使用的固定资产,其计提的折旧应计入管理费用;销售部门所使用的固定资产,其计提的折旧应计入销售费用;经营租出的固定资产,其计提的折旧应计入其他业务成本。

企业计提固定资产折旧时,借记"在建工程""制造费用""管理费用""销售费用""其他业务成本"等科目,贷记"累计折旧"科目。

借:在建工程
　　制造费用
　　管理费用
　　销售费用
　　其他业务成本
　贷:累计折旧

【例3-7-6】华兴公司为增值税一般纳税人,20×3年3月,管理部门、销售部门应分配的固定资产折旧额为:管理部门计提折旧280 000元,销售部门房计提折旧150 000元。另外,华兴公司当月新购置交付管理部门使用的机器设备一台,成本为850 000元,预计使用寿命为8年,预计净残值率为2%。华兴公司同类设备计提折旧采用年限平均法。华兴公司应进行账务处理如下。

借:管理费用　　　　　　　　　　　　　　　　　280 000
　　销售费用　　　　　　　　　　　　　　　　　150 000
　贷:累计折旧　　　　　　　　　　　　　　　　　　　　430 000

按照《企业会计准则》的要求,当月新购置交付使用的机器设备本月不计提折旧,下月开始计提折旧。本月计提的折旧费用中,对管理部门使用的固定资产计提的折旧额计入"管理费用"科目的借方,对销售部门使用的固定资产计提的折旧额,计入"销售费用"科目的借方,贷记累计折旧。

五、固定资产发生的后续支出

固定资产发生的后续支出,是指固定资产在使用过程中发生的更新改造支出、修理费用等。满足固定资产确认条件的,应当计入固定资产成本;如有被替换的部分,应同时将被替换部分的账面价值从该固定资产原账面价值中扣除;不满足固定资产确认条件的后续支出,应当在发生时计入当期损益。

借:营业外支出——非流动资产处置损失
　贷:在建工程

固定资产发生属于资本化的后续支出时,应当通过"在建工程"科目核算。固定资产发生属于资本化的后续支出时,企业应将该固定资产的原价、已计提的累计折旧和减值准备转销,将固定资产的账面价值转入在建工程,借记"在建工程""累计折旧""固定资产减值准备"等科目,贷记"固定资产"科目。

借:在建工程
　　累计折旧
　贷:固定资产

固定资产发生属于资本化的后续支出时,借记"在建工程"科目,发生后续支出取得增值税专用发票的,按增值税专用发票上注明的增值税进项税额,借记"应交税费——应交增值税(进项税额)"科目,按实际支付的金额,贷记"银行存款"等科目。发生后续支出的固定资产达到预定可使用状态时,借记"固定资产"科目,贷记"在建工程"科目。

借:在建工程

固定资产后续计量

固定资产后续计量知识讲解

　　　　应交税费——应交增值税（进项税额）
　　　　　贷：银行存款
　　　借：固定资产
　　　　　贷：在建工程

小窍门："固定资产清理"科目结构

固定资产清理	
借方	贷方
①固定资产转清理	①出售价款、残料价值和变价购入
②相关税费及其他费用	②保险公司赔款

📢 **注意**：企业行政管理部门或销售部门的固定资产支出不属于资本化后续支出。固定资产日常修理费用及其可抵扣的增值税进项税额，不应该计入"在建工程"科目，而应在发生时计入"管理费用""销售费用"及"应交税费——应交增值税（进项税额）"科目。

　　　借：管理费用/销售费用
　　　　　应交税费——应交增值税（进项税额）
　　　　　贷：银行存款

六、固定资产处置

　　固定资产处置，即固定资产的终止确认，包括固定资产的出售、报废、毁损、对外投资、非货币性资产交换、债务重组等。

　　企业在生产经营过程中，可能将不适用或不需用的固定资产对外出售转让，或因磨损、技术进步等原因对固定资产进行报废，或因遭受自然灾害而对毁损的固定资产进行处理。对于上述交易或事项，在进行会计处理时，应当按照规定程序办理有关手续，结转固定资产的账面价值，计算有关的清理收入、清理费用及残料价值等，清理完毕，结转固定资产清理损益。企业处置固定资产应通过"固定资产清理"科目核算，通常包括以下环节。

固定资产处置

（一）固定资产转入清理

　　企业因出售、报废、毁损、对外投资、非货币性资产交换、债务重组等转出的固定资产，按该项固定资产的账面价值，借记"固定资产清理"科目，按已计提的累计折旧，借记"累计折旧"科目，按已计提的减值准备，借记"固定资产减值准备"科目，按其账面原价，贷记"固定资产"科目。

　　　借：固定资产清理
　　　　　累计折旧
　　　　　固定资产减值准备
　　　　　贷：固定资产

固定资产处置

（二）结算清理费用等

　　在固定资产清理过程中，支付的清理费用及其可抵扣的增值税进项税额，借记"固定资产清理""应交税费——应交增值税（进项税额）"科目，贷记"银行存款"等科目。

　　　借：固定资产清理
　　　　　应交税费——应交增值税（进项税额）
　　　　　贷：银行存款等

（三）收回出售固定资产的价款、残料价值和变价收入等

　　收回出售固定资产的价款和税款，借记"银行存款"科目，按增值税专用发票上注明的价款，贷记"固定资产清理"科目，按增值税专用发票上注明的增值税销项税额，贷记"应交税费——应交增值税（销项税额）"科目。残料入库，按残料价值，借记"原材料"等科目，贷记"固定资产清理"科目。

借：银行存款
　　原材料等
　　　贷：固定资产清理
　　　　　应交税费——应交增值税（销项税额）

> 注意：残料入库情况下无增值税销项。

（四）确认应收责任单位（或个人）赔偿损失

应由保险公司或过失人赔偿的损失，借记"其他应收款"等科目，贷记"固定资产清理"科目。

借：其他应收款——责任单位（或个人姓名）
　　　贷：固定资产清理

（五）结转清理净损益

固定资产清理完成后，对清理净损益，应区分不同情况进行账务处理，因固定资产已丧失使用功能或因自然灾害发生毁损等原因而报废清理产生的利得或损失应计入营业外收支。属于生产经营期间正常报废清理产生的处理净损失，借记"营业外支出——非流动资产处置损失"科目，贷记"固定资产清理"科目。

借：营业外支出——非流动资产处置损失
　　　贷：固定资产清理

属于生产经营期间自然灾害等非正常原因造成的，借记"营业外支出——非常损失"科目，贷记"固定资产清理"科目；

借：营业外支出——非常损失
　　　贷：固定资产清理

如为净收益，借记"固定资产清理"科目，贷记"营业外收入——非流动资产处置利得"科目。

借：固定资产清理
　　　贷：营业外收入——非流动资产处置利得

因出售、转让等原因产生的固定资产处置利得或损失应计入资产处置收益。确认处置净损失，借记"资产处置损益"科目，贷记"固定资产清理"科目。

借：资产处置损益
　　　贷：固定资产清理

如为净收益，借记"固定资产清理"科目，贷记"资产处置损益"科目。

借：固定资产清理
　　　贷：资产处置损益

【例3-7-7】华兴公司为增值税一般纳税人。20×3年6月，华兴公司出售一台机器设备，（该设备系20×1年6月购入并投入使用），成本为800 000元，已计提折旧200 000元，未计提减值准备。收到出售价款100 000元，增值税税率为13%，增值税税额为13 000元，款项已存入银行。不考虑其他相关因素，华兴公司应进行账务处理如下。

（1）借：固定资产清理　　　　　　　　　　　　　　　　　　600 000
　　　累计折旧　　　　　　　　　　　　　　　　　　　　　200 000
　　　　贷：固定资产　　　　　　　　　　　　　　　　　　　　　800 000

(2)收到出售固定资产的价款和税款时。

借：银行存款　　　　　　　　　　　　　　　　　　　　　113 000
　　贷：固定资产清理　　　　　　　　　　　　　　　　　　　100 000
　　　　应交税费——应交增值税（销项税额）　　　　　　　　 13 000

(3)结转出售固定资产发生的损失时。

借：资产处置损益　　　　　　　　　　　　　　　　　　　　500 000
　　贷：固定资产清理　　　　　　　　　　　　　　　　　　　500 000

按照《企业会计准则》的要求，固定资产清理完毕时，"固定资产清理"科目借方余额为500 000元（600 000-100 000），属于处置净损失，应结转至"资产处置损益"科目的借方，结转后"固定资产清理"科目无余额。

七、固定资产清查

为了保证固定资产核算的真实性，充分挖掘企业现有固定资产的潜力，企业应当定期或者至少于每年年末对固定资产进行清查盘点。在固定资产清查过程中，如果发现盘盈、盘亏的固定资产，应当填制固定资产盘盈盘亏报告表。清查固定资产的损益，应当及时查明原因，并按照规定程序报批处理。

（一）固定资产的盘盈

企业在财产清查中盘盈的固定资产，应当作为重要的前期差错进行会计处理。企业在财产清查中盘盈的固定资产，在按管理权限报经批准处理前，应先通过"以前年度损益调整"科目核算。

以前年度损益调整

借方	贷方
调整减少以前年度利润	调整增加以后年度利润
	无余额

解难点

为什么盘盈要作为前期重大差错进行账务处理？

前期差错是指由于没有运用或错误运用下列两种信息，而对前期财务报表造成漏报或错报：编报前期财务报表时预期能够取得并加以考虑的可靠信息；前期财务报告批准报出时能够取得的可靠信息。将固定资产盘盈作为前期差错进行会计处理，是因为固定资产出现盘盈的可能性极小甚至不可能，如果企业出现固定资产的盘盈，必定是由于企业以前会计期间少计、漏计固定资产，故应当作为会计差错进行更正处理，这样也能在一定程度上控制人为调节利润的可能性

盘盈的固定资产，应按重置成本确定其入账价值，借记"固定资产"科目，贷记"以前年度损益调整"科目；由于以前年度损益调整而增加的所得税费用借记"以前年度损益调整"科目，贷记"应交税费——应交所得税"科目；将"以前年度损益调整"科目余额转入留存收益时借记"以前年度损益调整"科目，贷记"盈余公积""利润分配——未分配利润"科目。

借：固定资产（重置成本）
　　贷：以前年度损益调整
借：以前年度损益调整
　　贷：应交税费——应交所得税

批准后：

借：以前年度损益调整
　　贷：盈余公积
　　　　利润分配——未分配利润

注：盘盈固定资产应作为重要的前期差错进行会计处理。

（二）固定资产的盘亏

企业在财产清查中盘亏的固定资产，按照盘亏固定资产的账面价值，借记"待处理财产损溢"科目，按照已计提的累计折旧，借记"累计折旧"科目，按照已计提的减值准备，借

记"固定资产减值准备"科目,按照固定资产的原价,贷记"固定资产"科目。

借:待处理财产损益
　　累计折旧
　　固定资产减值准备
　　贷:固定资产
　　　　应交税费——应交增值税(进项税额转出)(自然灾害除外)

企业按照管理权限报经批准后处理时,按照可收取的保险赔偿或过失人赔偿,借记"其他应收款"科目,按照应计入营业外支出的金额,借记"营业外支出——盘亏损失"科目,贷记"待处理财产损益"科目。

借:其他应收款(保险赔款或过失人赔偿)
　　营业外支出——盘亏损失
　　贷:待处理财产损益

【例3-7-8】华兴公司为增值税一般纳税人,在12月进行财产清查时,发现短缺一台空调,原价为12 000元,已计提折旧2 000元,购入时增值税税额为1 560元。华兴公司应进行账务处理如下。

(1)盘亏固定资产时。

借:待处理财产损益	10 000
累计折旧	2 000
贷:固定资产	12 000

(2)转出不可抵扣的进项税额时。

借:待处理财产损益	1 300
贷:应交税费——应交增值税(进项税额转出)	1 300

(3)报经批准转销时。

借:营业外支出——盘亏损失	11 300
贷:待处理财产损益	11 300

按照《企业会计准则》的规定,购进货物及不动产发生非正常损失,其负担的进项税额不得抵扣,其中购进货物包括被确认为固定资产的货物。但是,如果盘亏的是固定资产,应按其账面净值(即固定资产原价－已计提折旧)乘以适用税率计算不可以抵扣的进项税额,据此,在本例中,该空调因盘亏,其购入时的增值税进项税额中不可从销项税额中抵扣的金额为1 300元[(12 000-2 000)×13%],应借记"待处理财产损益"科目,贷记"应交税费——应交增值税(进项税额转出)"科目。

八、固定资产减值

固定资产的初始入账价值为历史成本。固定资产使用年限较长,市场条件和经营环境的变化、科学技术的进步以及企业经营管理不善等原因,都可能导致固定资产创造未来经济利益的能力下降。因此,固定资产的真实价值有可能低于账面价值,在期末必须对固定资产减值损失进行确认。

固定资产在资产负债表日存在可能发生减值的迹象时,其可收回金额低于账面价值的,企业应当将该固定资产的账面价值减记至可收回金额,减记的金额确认为减值损失并计入当期损益,借记"资产减值损失——固定资产减值损失"科目,同时计提相应的资产减值准备,贷记"固定资产减值准备"科目。

借:资产减值损失
　　贷:固定资产减值准备

需要强调的是,根据《企业会计准则第8号——资产减值》的规定,企业固定资产减值

> 🔗 **真题链接**
>
> 【初级会计师考试真题·多选题】下列各项中,企业对固定资产会计处理表述正确的有( )
> A. 固定资产减值损失一经确认,在以后会计期间不得转回
> B. 达到预定可使用状态但尚未办理竣工决算的固定资产按估计价值计提折旧
> C. 专设销售机构固定资产的日常维护费用应计入管理费用
> D. 盘亏的固定资产当月应计提折旧
>
> 【答案】ABD
> 【解析】选项C错误,专设销售机构固定资产的日常维护费用应计入销售费用。

损失一经确认，在以后会计期间不得转回。

【单选题】20×3年12月31日，华兴公司的某设备存在可能发生减值的迹象。经计算，该设备的可收回金额为100万元，账面原价为150万元，已提折旧30万元，以前年度未对该设备计提减值准备。该固定资产20×3年12月31日应计提的减值准备金额为（　　）万元。

A. 50　　　　　B. 20　　　　　C. 0　　　　　D. 30

【答案】B

【解析】该固定资产20×3年12月31日应计提的减值准备金额=（150-30）-100=20（万元）。

【多选题】下列各项中，企业应在当月计提折旧的固定资产有（　　）。

A. 本月购建达到预定可使用状态的固定资产

B. 本月出售的固定资产

C. 已提足折旧本月继续使用的固定资产

D. 本月预期发生减值的使用中的固定资产

【答案】BD

【解析】根据《企业会计准则》的规定，当月增加的固定资产当月不计提折旧，从下月起计提折旧；当月减少的固定资产，当月仍计提折旧，从下月起不计提折旧。提足折旧后，不论能否继续使用，均不再计提折旧。

九、使用权资产的账务处理

（一）使用权资产的管理

使用权资产，是指承租人可在租赁期内使用租赁资产的权利。租赁作为企业融资的一种方式，具有还款方式灵活、融资期限长等特点，对于期望尽快实现技术更新升级要求的企业，可以在一定程度上缓解其短期资金压力，防范和化解资金链断裂风险等，具有积极作用。但是，租赁承租人通常面临租赁负债本金和高利息压力，以及租赁资产所引进的先进技术和设备存在技术的先进性、成熟程度，成熟的技术是否存在法律侵权等因素，进而引发技术风险、经营风险、自然灾害风险、政治政策风险、汇率风险等。因此，加强使用权资产核算与监督，防范并有效控制使用权资产风险，提高使用权资产使用效率，具有重要意义。

（二）使用权资产的账务处理

使用权资产的核算范围，为核算承租人除采用简化处理的短期租赁和低价值资产租赁外的所有租赁业务所取得的使用权资产。短期租赁，是指租赁期不超过12个月的租赁。包含购买选择权的租赁不属于短期租赁。低价值资产租赁，是指单项租赁资产为全新资产时价值较低的租赁（如笔记本电脑、普通办公家具等单价不超过10 000元，台式电脑等单价不超过5 000元等）。原租赁不属于低价值资产租赁而承租人转租或预期转租租赁资产的不属于低价值资产租赁。低价值资产租赁的判定仅与资产的绝对价值有关，不受承租人规模、性质或其他情况影响。对于短期租赁和低价值资产租赁，承租人可以选择不确认使用权资产和租赁负债。承租人应当将短期租赁和低价值资产租赁的租赁付款额，在租赁期内各个期间按照直线法或其他系统合理的方法计入相关资产成本或当期损益。

为了反映和监督使用权资产的取得、计提折旧和租赁期满处置等交易或事项，企业应设置"使用权资产""租赁负债""使用权资产累计折旧""使用权资产减值准备"等科目进行核算。

"使用权资产"科目核算企业使用权资产的成本，借方登记企业增加的使用权资产的成本，贷方登记企业减少的使用权资产的成本，期末借方余额反映企业期末使用权资产的成本余额。

企业应当设置"使用权资产登记簿"和"使用权资产卡片",按使用权资产类别、使用部门和每项使用权资产进行明细核算。

使用权资产	
借方	贷方
增加的使用权资产的成本	减少的使用权资产的成本
使用权资产的成本余额	

"使用权资产累计折旧"科目属于"使用权资产"科目的调整科目,核算企业使用权资产的累计折旧,贷方登记企业计提的使用权资产折旧,借方登记租赁合约到期日行使购买选择权转作固定资产的累计折旧,期末贷方余额反映企业使用权资产的累计折旧额。

使用权资产累计折旧	
借方	贷方
购买选择权转作固定资产的累计折旧	计提的使用权资产折旧
	使用权资产的累计折旧额

"租赁负债"科目核算租赁使用权资产形成尚未偿付的负债,贷方登记租赁负债的增加额,借方登记租赁负债的减少额,贷方余额为尚未偿付的租赁负债额。

租赁负债	
借方	贷方
负债的减少额	负债的增加额
	尚未偿付的租赁负债额

本科目应设置"租赁负债——租赁付款额"和"租赁负债——未确认融资费用"明细科目进行明细分类核算。在租赁期开始日,租赁负债应当按照租赁期开始日尚未支付的租赁付款额的现值进行初始计量,计入"租赁负债——租赁付款额"科目的贷方;计入"使用权资产"科目的使用权资产成本与计入"租赁负债——租赁付款额"科目的尚未支付租赁付款额现值的差额,计入"租赁负债——未确认融资费用"科目的借方。

在租赁期开始日后,承租人应当采用成本模式对使用权资产进行后续核算。

1. 使用权资产的初始计量及账务处理

使用权资产应当按照成本进行初始计量,其成本如下。

(1)租赁负债的初始计量金额。

(2)在租赁期开始日或之前支付的租赁付款额,存在租赁激励的,扣除已享受的租赁激励相关金额。租赁激励,是指出租人为达成租赁而向承租人提供的优惠,包括出租人向承租人支付的与租赁有关的款项、出租人为承租人偿付或承担的成本等。

(3)承租人发生的初始直接费用。初始直接费用,是指为达成租赁所发生的增量成本。增量成本,是指若企业不取得该租赁,则不会发生的成本。

(4)承租人为拆卸及移除租赁资产、复原租赁资产所在场地或将租赁资产恢复至租赁条款约定状态预计将发生的成本。

2. 使用权资产生的后续账务处理

根据《企业会计准则第21号——租赁》的相关规定,在租赁期开始日后,承租人应当采用成本模式对使用权资产进行后续计量。承租人应当参照固定资产有关折旧的规定,对使用权资产计提折旧。承租人能够合理确定租赁期届满时取得租赁资产所有权的,应当在租赁资产剩余使用寿命内计提折旧，无法合理确定租赁期届满时能够取得租赁资产所有权的，应在租赁期与租赁资产剩余使用寿命两者中较短的期间内计提折旧。承租人应当按照资产减值的有关规定，确定使用权资产是否发生减值，并对已识别的减值损失进行会计处理。

承租人应当按照固定的周期性利率计算租赁负债在租赁期内各期间的利息费用，并计入当期损益或相关资产成本。周期性利率，是指承租人对租赁负债进行初始计量时所采用的折现率或租赁合同发生变更而修订后的折现率。周期性利率的确定原则为，在计算租赁付款额的现值时，承租人应采用租赁内含利率作为折现率；无法确定租赁内含利率的，应当采用承租人增量借款利率作为折现率。租赁内含利率，是指使出租人的租赁收款额的现值与未担保余值的现值之和等于租赁资产公允价值与出租人的初始直接费用之和的利率。承租人增量借款利率，是指承租人在类似经济环境下为获得与使用权资产价值接近的资产，在类似期间以类似抵押条件借入资金须支付的利率。未担保余值，是指租赁资产余值中，出租人无法保证能够实现或仅由与出租人有关的一方予以担保的部分。

【业务解析】

（1）业务1。

借：固定资产　　　　　　　　　　　　　　　　　　　　　240 250
　　应交税费——应交增值税（进项税额）　　　　　　　　 31 200
　　贷：银行存款　　　　　　　　　　　　　　　　　　　　271 450

月折旧额=（240 250–250）/10/12=2 000（元）

借：制造费用　　　　　　　　　　　　　　　　　　　　　　2 000
　　贷：累计折旧　　　　　　　　　　　　　　　　　　　　 2 000

（2）业务2。

借：工程物资　　　　　　　　　　　　　　　　　　　　　500 000
　　应交税费——应交增值税（进项税额）　　　　　　　　 85 000
　　贷：银行存款　　　　　　　　　　　　　　　　　　　　585 000

借：在建工程　　　　　　　　　　　　　　　　　　　　　500 000
　　贷：工程物资　　　　　　　　　　　　　　　　　　　　500 000

借：在建工程　　　　　　　　　　　　　　　　　　　　　 80 000
　　贷：库存商品　　　　　　　　　　　　　　　　　　　　 80 000

借：在建工程　　　　　　　　　　　　　　　　　　　　　130 000
　　贷：应付职工薪酬　　　　　　　　　　　　　　　　　　100 000
　　　　银行存款　　　　　　　　　　　　　　　　　　　　 30 000

借：固定资产　　　　　　　　　　　　　　　　　　　　　710 000
　　贷：在建工程　　　　　　　　　　　　　　　　　　　　710 000

【拓展训练】

业务1. 20×3年1月1日，华兴公司向顺达公司（均为增值税一般纳税人）一次购进了3台不同型号且具有不同生产能力的设备A、B、C，取得的增值税专用发票上注明的价款为60 000 000元，增值税税额为7 800 000元，另支付包装费5 000元，全部款项以银行存款转账支付。假设设备A、B、C的公允价值分别为45 000 000元、3 850 000元和1 650 000元。

顺达公司现有一台设备由于性能原因等决定提前报废，原价为500 000元，已计提折旧450 000元，未计提减值准备。取得报废残值变价收入20 000元，增值税税额为2 600元。报废清理过程中发生自行清理费用3 500元。有关收入、支出均通过银行办理结算。不考虑其他相关因素。

业务2. 华兴公司与出租人顺达公司签订了一份办公楼租赁合同，约定每年的租赁付款额为50 000元，于每年年末支付；不可撤销租赁期为5年，合同约定在第5年年末，华兴公司有权选择以每年50 000元租金续租5年，也有权选择以1 000 000元的价格购买该办公楼。华兴公司无法确定租赁内含利率，可以确定其增量借款利率为5%。华兴公司在租赁开始时选择续租5年，即实际租赁期为10年。不考虑税费等相关因素。

华兴公司为获得该办公楼向前任租户支付款项15 000元，向促成此项租赁交易的房地产中介支付佣金5 000元。作为对华兴公司的激励，顺达公司同意补偿5 000元佣金。

任务：做出以上业务的账务处理。

【归纳总结】

固定资产后续计量

经济业务		会计处理
固定资产后续计量	固定资产转入改扩建时	借：在建工程 　　累计折旧 　　固定资产减值准备 　贷：固定资产
	发生改扩建工程支出时	借：在建工程 　　应交税费——应交增值税（进项税额） 　贷：银行存款等
	终止确认被替换部件时	（1）终止确认被替换部件。 借：营业外支出 　贷：在建工程（被替换部分的账面价值） （企业在处置被替换部分的过程中，可能获得变价收入和残料价值等，将其冲减营业外支出，不影响固定资产入账价值） （2）出售/回收被替换部件。 借：银行存款（变价收入） 　　原材料（残料价值） 　贷：营业外支出
	改扩建工程达到预定可使用状态时	借：固定资产 　贷：在建工程
固定资产清查	固定资产盘盈	应当作为重要的前期差错进行账务处理。 （1）批准前。 借：固定资产（重置成本） 　贷：以前年度损益调整 借：以前年度损益调整 　贷：应交税费——应交所得税 （2）批准后。 借：以前年度损益调整 　贷：盈余公积 　　利润分配——未分配利润
	固定资产盘亏	（1）批准前。 借：待处理财产损益 　　累计折旧 　　固定资产减值准备 　贷：固定资产 　　　应交税费——交增值税（进项税额转出）（自然灾害除外） （2）批准后。 借：其他应收款（保险赔款或过失人赔偿） 　　营业外支出——盘亏损失 　贷：待处理财产损益

项目八

生产性生物资产业务核算

 【典型业务】

梧桐公司在20×3年12月发生以下生产性生物资产业务。

梧桐公司自20×1年年初开始自行营造10亩苹果树,当年发生种苗费30 000元,平整土地和定植所需机械等设备折旧费为6 000元;自营造开始正常生产周期为6年。假设各年均匀发生抚育肥料及农药费400元、人工费5 000元、每年应分摊管护费用8 000元。20×1—20×6年,梧桐公司自行营造生产性生物资产达到预定生产经营目的。假设不考虑相关税费等其他因素。

要求:根据以上业务做出正确的账务处理。

【知识链接】

一、生产性生物资产概述

生产性生物资产,是指为产出农产品、提供劳务或出租等目的而持有的生物资产,包括经济林、薪炭林、产畜和役畜等。

(一)生产性生物资产的计量

(1)外购生产性生物资产的成本,包括购买价款、相关税费、运输费、保险费以及可直接归属于购买该资产的其他支出。

(2)自行营造或繁殖的生产性生物资产的成本,应当按照下列规定确定。

①自行营造的林木类生产性生物资产的成本,包括达到预定生产经营目的前发生的造林费、抚育费、营林设施费、良种试验费、调查设计费和应分摊的间接费用等必要支出。

②自行繁殖的产畜和役畜的成本,包括达到预定生产经营目的(成龄)前发生的饲料费、人工费和应分摊的间接费用等必要支出。达到预定生产经营目的,是指生产性生物资产进入正常生产期,可以多年连续稳定地产出农产品、提供劳务或出租。

(3)因择伐、间伐或抚育更新性质采伐而补植林木类生物资产发生的后续支出,应当计入林木类生物资产的成本。

 注意:生物资产在郁闭或达到预定生产经营目的后发生的管护、饲养费用等后续支出,应当计入当期损益。

解难点

郁闭是什么?
"郁闭"是林学的专业词汇,指的是林分中林木树冠彼此互相衔接的状态。

择伐是什么?
有选择性地对林分中部分适合和应该采伐的林木进行采伐。

间伐是什么?
在同龄林未成熟的林分中,定期伐去一部分生长不良的林木,促进保留木生长发育的一种营林措施。

（二）主要会计科目的设置

为了反映和监督生产性生物资产的生产、耗费、产出等情况，企业为要设置"生产性生物资产""生产性生物资产累计折旧""生物资产减值准备"等科目。

"生产性生物资产""生产性生物资产累计折旧"科目都属于资产类科目。

"生产性生物资产"科目核算企业（农、林、牧、渔业）持有的生产性生物资产的原价（成本），借方登记外购、自行营造的林木，自行繁殖的产畜和役畜等增加的生产性生物资产成本，贷方登记出售、报废、毁损、对外投资等减少的生产性生物资产原价（成本）。期末借方余额反映企业（农、林、牧、渔业）生产性生物资产的原价（成本）。本科目应按照"未成熟生产性生物资产"和"成熟生产性生物资产"分别对生物资产的种类、群别等进行明细核算。

生产性生物资产

借方	贷方
增加的生产性生物资产成本	减少的生产性生物资产原价
生产性生物资产的原价（成本）	

"生产性生物资产累计折旧"科目核算企业（农、林、牧、渔业）成熟生产性生物资产的累计折旧，贷方登记企业按月计提成熟生产性生物资产的折旧，借方登记处置生产性生物资产结转的生产性生物资产累计折旧。期末贷方余额反映企业成熟生产性生物资产的累计折旧额。本科目应按照生产性生物资产的种类、群别等进行明细核算。

生产性生物资产累计折旧

借方	贷方
结转的生产性生物资产累计折旧	按月计提成熟生产性生物资产的折旧
	成熟生产性生物资产的累计折旧额

二、生产性生物资产的账务处理

（一）生产性生物资产增加的账务处理

（1）企业外购的生产性生物资产，按照购买价款和相关税费，借记"生产性生物资产"科目，贷记"银行存款"等科目。涉及按照税法规定可抵扣的增值税进项税额的，借记"应交税费——应交增值税（进项税额）"科目。

借：生产性生物资产
　　应交税费——应交增值税（进项税额）
　　贷：银行存款

（2）自行营造的林木类生产性生物资产，按照达到预定生产经营目的前发生的造林费、抚育费、竹林设施费、良种试验费、调查设计费和应分摊的间接费用等必要支出，借记"生产性生物资产"科目（未成熟生产性生物资产），贷记"原材料""银行存款""应付利息"等科目。

借：生产性生物资产
　　贷：原材料
　　　　银行存款
　　　　应付利息

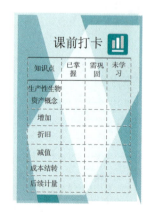

【例3-8-1】桃李公司自20×1年年初开始自行营造10亩桃树，当年发生种苗费200 000元，自营造开始正常生产周期为5年，假设各年均匀发生抚育肥料及农药费5 000元和人工费12 000元，做出相关账务处理。

会计分录如下。

① 20×1 年发生种苗费、平整土地费等费用。

借：生产性生物资产——未成熟生产性生物资产　　　　　　200 000
　　贷：原材料——种苗　　　　　　　　　　　　　　　　　　　　200 000

② 20×1—20×5 年每年发生种苗费、平整土地费等费用。

借：生产性生物资产——未成熟生产性生物资产　　　　　　170 000
　　贷：原材料——肥料及农药　　　　　　　　　　　　　　　　　5 000
　　　　应付职工薪酬　　　　　　　　　　　　　　　　　　　　　12 000

（3）自行繁殖的产畜和役畜，达到预定生产经营目的前发生的饲料费、人工费和应分摊的间接费用等必要支出，借记"生产性生物资产"科目（未成熟生产性生物资产），贷记"原材料""银行存款""应付利息"等科目。

借：生产性生物资产
　　贷：原材料
　　　　银行存款
　　　　应付利息

（4）未成熟生产性生物资产达到预定生产经营目的时，按照其账面余额，借记"生产性生物资产"科目（成熟生产性生物资产），贷记"生产性生物资产"科目（未成熟生产性生物资产）。

借：生产性生物资产——成熟生产性生物资产
　　贷：生产性生物资产——未成熟生产性生物资产

【例 3-8-2】20×1—20×5 年，桃李公司自行营造生产性生物资产达到预定生产经营目的，做出相关账务处理。

【解析】生产性生物资产成本总额 =200 000+170 000×5=870 000（元）。

桃李公司应编制如下会计分录。

借：生产性生物资产——成熟生产性生物资产　　　　　　　870 000
　　贷：生产性生物资产——未成熟生产性生物资产　　　　　　　　870 000

（5）育肥畜转为产畜或役畜，应当按照其账面余额，借记"生产性生物资产"科目，贷记"消耗性生物资产"科目。产畜或役畜淘汰转为育肥畜，应按照转群时其账面价值，借记"消耗性生物资产"科目，按照已计提的累计折旧，借记"生产性生物资产累计折旧"科目，按照其原价，贷记"生产性生物资产"科目（表 3-17）。

表 3-17　账务处理

育肥畜转为产畜或役畜	产畜或役畜淘汰转为育肥畜
借：生产性生物资产 　　贷：消耗性生物资产	借：消耗性生物资产 　　　生产性生物资产累计折旧 　　贷：生产性生物资产

（6）择伐、间伐或抚育更新等生产性采伐而补植林木类生产性生物资产发生的后续支出，借记"生产性生物资产"科目（未成熟生产性生物资产），贷记"银行存款"等科目。

借：生产性生物资产——未熟生产性生物资产
　　贷：银行存款

生产性生物资产发生的管护、饲养费用等后续支出，借记"管理费用"科目，贷记"银行存款"等科目。

借：管理费用

贷：银行存款

（二）生产性生物资产折旧的账务处理

　　企业对达到预定生产经营目的的生产性生物资产，应当按期计提折旧，并根据用途分别计入相关资产的成本或当期损益。

　　借：管理费用
　　　贷：生产性生物资产累计折旧

　　企业应当根据生产性生物资产的性质、使用情况和有关经济利益的预期实现方式，合理确定其使用寿命、预计净残值和折旧方法。可选用的折旧方法包括年限平均法、工作量法、产量法等。

> 注意：生产性生物资产的使用寿命、预计净残值和折旧方法一经确定，不得随意变更。

【判断题】税法规定，生物资产只能使用直线法进行折旧处理。（　）
【答案】√

　　企业确定生产性生物资产的使用寿命，应当考虑的因素包括：预计的产出能力或实物产量；预计的有形损耗，如产畜和役畜衰老、经济林老化等；预计的无形损耗，如新品种的出现使现有的生产性生物资产的产出能力和产出农产品的质量等相对下降、市场需求的变化使生产性生物资产产出的农产品相对过时等。

　　企业至少应当于每年年度终了对生产性生物资产的使用寿命、预计净残值和折旧方法进行复核。使用寿命或预计净残值的预期数与原先估计数有差异的，或者有关经济利益预期实现方式有重大改变的，应当作为会计估计变更，调整生产性生物资产的使用寿命或预计净残值或者改变折旧方法。

（三）生产性生物资产减值的账务处理

一般来说，非流动资产的已计提减值不允许转回，包括①长期股权投资；②成本模式后续计量的投资性房地产；③固定资产；④生产性生物资产；⑤油气资产；⑥无形资产；⑦商誉。

　　企业至少应当于每年年度终了对生产性生物资产进行检查，有确凿证据表明由于遭受自然灾害、病虫害、动物疫病侵袭或市场需求变化等原因，生产性生物资产的可收回金额低于其账面价值的，应当按照可收回金额低于账面价值的差额，计提生物资产减值准备，并计入当期损益。可收回金额应当按照资产减值的办法确定。生产性生物资产减值准备一经计提，不得转回。

　　借：资产减值损失
　　　贷：生物资产减值准备

【例3-8-3】20×4年，桃李公司对生产性生物资产进行检查发现，虫害导致桃林发生减值，该桃林原账面价为520 000元，可回收金额为480 000元，桃李公司应编制如下会计分录。

　　借：资产减值损失——生产性生物资产减值损失　　　40 000
　　　贷：生物资产减值准备　　　　　　　　　　　　　　　　40 000

【判断题】生产性生物资产减值准备一经计提，不得转回。（　）
【答案】√

（四）生产性生物资产成本结转

　　生产性生物资产收获的农产品成本，按照产出或采收过程中发生的材料费、人工费和应分摊的间接费用等必要支出计算确定，并采用加权平均法、个别计价法、蓄积量比例法、轮伐期年限法等方法，将其账面价值结转为农产品成本。

（五）生物资产后续计量的公允价值账务处理

根据规定，生物资产通常按照成本计量，但有确凿证据表明其公允价值能够持续可靠取得的除外。

【判断题】生物资产通常按照成本计量，但有确凿证据表明其公允价值能够持续可靠取得的可以采用公允价值计量。（　　）

【答案】√

【业务解析】

梧桐公司应编制如下会计分录。

业务1. 20×1年，发生种苗费、平整土地费等费用。

借：生产性生物资产——未成熟生产性生物资产　　　　　　　36 000
　　贷：原材料——种苗　　　　　　　　　　　　　　　　　　30 000
　　　　累计折旧　　　　　　　　　　　　　　　　　　　　　6 000

业务2. 20×1—20×6年，每年发生抚育肥料及农药费、人工费、应分摊管护费用。

借：生产性生物资产——未成熟生产性生物资产　　　　　　　13 400
　　贷：原材料——肥料及农药　　　　　　　　　　　　　　　400
　　　　应付职工薪酬　　　　　　　　　　　　　　　　　　　5 000
　　　　银行存款　　　　　　　　　　　　　　　　　　　　　8 000

业务3. 20×6年，梧桐公司自行营造生产性生物资产达到预定生产经营目的。

生产性生物资产成本总额 =36 000+13 400×6=116 400（元）。

借：生产性生物资产——成熟生产性生物资产　　　　　　　　116 400
　　贷：生产性生物资产——未成熟生产性生物资产　　　　　　116 400

划重点

采用公允价值计量的生物资产，应当同时满足下列两个条件：
（1）生物资产有活跃的交易市场。活跃的交易市场，是指同时具有下列特征的市场：
①市场内交易的对象具有同质性。
②可以随时找到自愿交易的买方和卖方。
③市场价格的信息是公开的。
（2）能够从交易市场上取得同类或类似生物资产的市场价格以及其他相关信息。

【拓展训练】

某企业建造一个采摘园，在20×3年年初自行营造10亩樱桃树。当年发生种苗费20 000元、平整土地所需机械作业费2 500元、肥料费5 000元、人工费6 000元。

（1）樱桃树3年后挂果。从20×3年起，年抚育发生化肥费7 000元、农药费1 000元、人工费1 500元、管护费20 000元。

（2）该樱桃树成长期为2年，即开始挂果至稳产成熟需要2年时间。成长期年抚育发生化肥农药费5 000元、人工费1 000元、管护费1 500元。该樱桃树从挂果时起，预期经济寿命为15年。

（3）成熟期后，年化肥农药费为3 500元、人工费为500元、其他管护费为200元（假设该樱桃树采用成本模式计量，使用年限平均法计提折旧，期满无残值）。

要求：做出以上业务的账务处理。

【归纳总结】

经济业务	会计处理
外购的生产性生物资产	借：生产性生物资产 　　应交税费——应交增值税（进项税额） 贷：银行存款
自行营造的林木类生产性生物资产	借：生产性生物资产——未成熟生产性生物资产 贷：原材料/银行存款/应付利息等
自行繁殖的产畜和役畜，达到预订生产经营目的前发生的饲料费、人工费和应分摊的间接费用等必要支出	
未成熟生产性生物资产达到预定生产经营目的时	借：生产性生物资产——成熟生产性生物资产 贷：生产性生物资产——未成熟生产性生物资产
育肥畜转为产畜或役畜	借：生产性生物资产 贷：消耗性生物资产
产畜或役畜淘汰转为育肥畜	借：消耗性生物资产 　　生产性生物资产累计折旧 贷：生产性生物资产
生产性生物资产的后续支出	（1）择伐、间伐或抚育更新等生产性采伐而补植林木类生产性生物资产发生的后续支出。 借：生产性生物资产——未成熟生产性生物资产 贷：银行存款 （2）发生的管护、饲养费用等的后续支出。 借：管理费用 贷：银行存款
生产性生物资产折旧	借：农业生产成本/管理费用 贷：生产性生物资产累计折旧
生产性生物资产减值	借：资产减值损失 贷：生物资产减值准备

项目九

无形资产业务核算

【典型业务】

华兴公司专门从事办公家具生产与销售，为增值税一般纳税人，目前主要生产甲、乙两种产品。20×3年11月30日无形资产数据见表3-18。

表3-18 无形资产数据

无形资产名称	购入日期	原值/元	预计使用年限/年
甲产品专利权Ⅰ	20×1.6.1	72 000.00	6
乙产品专利权Ⅰ	20×1.10.1	180 000.00	10
土地使用权	20×1.1.1	2 400 000.00	20

20×3年12月，发生以下无形资产业务。

业务1. 20×3年12月1日，向顺达公司购买一项与甲产品相关的专利技术Ⅱ，该专利技术买价为96 000元，预计使用8年，签发支票支付价款。

业务2. 20×3年12月1日，开始自行研发乙产品延伸产品专利技术，在研究阶段发生材料费用250 000元、人员工资100 000元、福利费20 000元、其他零星支出5 000元，开发阶段发生人员工资150 000元、福利费54 000元。12月26日，完成该专利技术的开发，并依法申请了专利，支付注册费12 000元、律师费24 000元，该专利技术预计使用10年。假设开发阶段的支出均满足资本化条件。

业务3. 20×3年12月1日，将甲产品专利技术Ⅰ出租，每月收取租金1 500元，出租当日收到12月租金。

业务4. 20×3年12月10日，将所持有的乙产品专利技术的所有权转让，原值为180 000元，累计摊销21 000元，售价为178 000元，款项已经收到并存入银行。

业务5. 20×3年12月底，计提当月无形资产摊销。

业务6. 20×3年12月31日，土地使用权预计可收回金额为1 600 000元。

任务：根据以上业务做出正确的账务处理。

【知识链接】

一、无形资产概述

（一）无形资产的概念和特征

无形资产，是指企业拥有或者控制的没有实物形态的可辨认非货币性资产。相比于其他

无形资产取得

资产，无形资产具有 3 个主要特征。

一是不具有实物形态。无形资产是不具有实物形态的非货币性资产，它不像固定资产、存货等有形资产，具有实物形体。正因为无形资产不具有实物形态，所以无形资产不存在期末盘点和清查。

二是具有可辨认性。

> **拓展**：资产满足下列条件之一的，符合无形资产定义中的可辨认性标准。

（1）能够从企业中分离或者划分出来，并能单独或者与相关合同、资产或负债一起，用于出售、转移、授予许可、租赁或者交换。商誉的存在无法与企业自身分离，不具有可辨认性，不属于无形资产，商誉是一项单独的非流动资产。

（2）源自合同性权力或其他法定权利，无论这些权利是否可以从企业或其他权利和义务中转移或者分离。

> **拓展**：商誉不具有可辨认性，所以商誉不属于无形资产。

三是属于非货币性长期资产。无形资产属于非货币性资产且能够在多个会计期间为企业带来经济利益。无形资产的使用年限在 1 年以上，其价值将在各个受益期间逐渐摊销。

法理园地

提供高质量的无形资产会计核算资料和会计信息，可防范和化解企业因无形资产权属不清、技术落后、缺乏核心技术、管理失当、存在巨大安全技术隐患等导致企业法律纠纷、缺乏可持续发展能力风险，并对引导创新决策、有效配置创新资源等方面有重要意义和作用。

> **实务链接**
>
> 无形资产是经济增长中的决定性因素。企业无形资产的规模和质量决定着创新型企业的技术水平、创新资源、创新能力和创新效率等核心竞争力和可持续发展能力。无形资产相对于有形资产，在保持增强企业持久经济利益流入方面越来越重要，对无形资产进行准确及时的确认与计量、提供高质量的无形资产会计核算资料和会计信息，可防范和化解企业无形资产权属不清、技术落后、缺乏核心技术、管理失当、存在重大技术安全隐患等导致企业法律纠纷、缺乏可持续发展能力的风险，并对引导创新决策、有效配置创新资源等方面具有重要意义和作用。

（二）无形资产的内容

无形资产主要包括专利权、非专利技术、商标权、著作权、特许经营权和土地使用权等。

1. 专利权

专利权，是指国家专利主管机关依法授予发明创造专利申请人对其发明创造在法定期限内所享有的专有权利，包括发明专利权、实用新型专利权和外观设计专利权。它给予持有者独家使用或者控制某项发明的特殊权利。《中华人民共和国专利法》（以下简称"《专利法》"）明确规定，专利人拥有的专利权受到国家法律保护。专利权是允许其持有者独家使用或控制的特权。但它并不保证一定能给持有者带来经济效益。如有的专利，可能会被另外更有经济价值的专利所淘汰等。因此，企业不应将其所拥有的一切专利权都予以资本化，作为无形资产管理和核算。一般而言，只有从外单位购入的专利或者自行开发并按法律程序申请取得的专利，才能作为无形资产管理和核算。这种专利可以降低成本，或者提高产品质量，或者将其转让出去能获得转让收入。

企业从外单位购入的专利权，应按实际支付的价款作为专利权的成本。企业自行开发并按法律程序申请取得的专利权，应按照《企业会计准则第 6 号——无形资产》确定的金额作为成本。企业自行开发并按法律程序申请取得的专利权，应按照达到预定用途满足资本化条

微课扫一扫

无形资产认识知识讲解

件的支出确定成本。

2. 非专利技术

非专利技术即专有技术，或技术秘密、技术诀窍，是指先进的、未公开的、未申请专利、可以带来经济效益的技术及诀窍。其主要内容包括：一是工业专有技术，即在生产上已经采用，仅限于少数人知道，不享有专利权或发明权的生产、装配、修理工艺或加工方法的技术知识；二是商业贸易专有技术，即具有保密性质的市场情报、原材料价格情报以及用户、竞争对象的情况和有关知识；三是管理专有技术，即生产组织的经营方式、管理方式、培训职工方法等保密知识。非专利技术并不是专利法的保护对象。专有技术所有人依靠自我保密的方式来维持其独占权，可以用于转让和投资。

3. 商标权

商标权，是指专门在某类指定的商品或产品上使用特定的名称或图案的权利。经商标局核准注册的商标为注册商标，包括商品商标、服务商标和集体商标、证明商标。商标注册人享有商标专用权，受法律保护。注册商标的有效期为 10 年，自核准注册之日起计算。注册商标有效期满，需要继续使用的，应当在期满前 6 个月内申请续展注册。

> 📢 注意：企业为宣传自创并已注册登记的商标而发生的相关费用，应在发生时直接计入当期损益：
>
> 企业如果购买他人的商标，一次性支出费用较大，可以将购入商标的价款的支付手续费及有关费用确认为商标权的成本。

4. 著作权

著作权又称版权，是指作者对其创作的文学、科学和艺术作品依法享有的某些特殊权利。著作权包括两方面的权利，即精神权利（人身权利）和经济权利（财产权利）。前者指作品署名、发表作品、确认作者身份、保护作品的完整性、修改已经发表的作品等各项权利，包括作品署名权、发表权、修改权和保护作品完整权；后者指以出版、表演、广播、展览、录制唱片、摄制影片等方式使用作品以及因授权他人使用作品而获得经济利益的权利。

解难点

并不是文学作品才有著作权，唱片、画作、配音作品都属于著作权的范畴。

5. 特许经营权

特许经营权又称特许权、专营权，是指企业在某一地区经营或销售某种特定商品的权利或一家企业接受另一家企业使用其商标、商号、技术秘密等的权利。特许经营权通常有两种形式，一种是由政府机构授权，准许企业使用或在一定地区享有经营某种业务的特权，如水、电、邮电通信等专营权，烟草专卖权等；另一种是企业间依照签订的合同，有限期或无限期地使用另一家企业的某些权利，如连锁店分店使用总店的名称等。

6. 土地使用权

土地使用权，是指国家准许某企业在一定期间内对国有土地享有开发、利用、经营的权利。根据我国土地管理法的规定，我国土地实行公有制，任何单位和个人不得侵占、买卖或者以其他形式非法转让。企业取得土地使用权的方式大致有行政划拨取得、外购取得（如以缴纳土地出让金的方式取得）及投资者投资取得等几种。

二、无形资产核算应设置的科目

为了反映（核算）和监督无形资产的取得、摊销和处置等情况，企业应设置"研发支出""管理费用""无形资产""累计摊销""无形资产减值准备""资产处置损益"和"营业外支出"等科目。

（一）"无形资产"科目

该科目核算企业持有的无形资产成本，借方登记取得无形资产的成本，贷方登记出售无形资产转出的无形资产账面余额，期末借方余额反映企业无形资产的成本。"无形资产"科目应当按照无形资产的项目设置明细科目进行核算。

解难点

无形资产的账面价值＝"无形资产"－"累计摊销"－"无形资产减值准备"

无形资产	
借方	贷方
取得无形资产的成本	转出的无形资产账面余额
企业持有无形资产的成本	

（二）"累计摊销"科目

该科目属于无形资产的调整科目，核算企业对使用寿命有限的无形资产计提的累计摊销，贷方登记企业计提的无形资产摊销，借方登记处置无形资产转出的累计摊销，期末贷方余额反映企业无形资产的累计摊销额。

累计摊销	
借方	贷方
转出的累计摊销	计提的无形资产摊销
	企业无形资产的累计摊销额

此外，企业无形资产发生减值的，还应当设置"无形资产减值准备"科目进行核算。

三、无形资产的账务处理

（一）无形资产的取得

无形资产应当按照成本进行初始计量。企业取得无形资产的主要方式有外购、自行研究开发等。取得的方式不同，其会计处理也有差别。

1. 外购无形资产

外购无形资产的成本，包括购买价款、相关税费以及直接归属于使该项资产达到预定用途所发生的其他支出。借记"无形资产""应交税费——应交增值税（进项税额）"科目，贷记"银行存款"科目等。

借：无形资产
　　应交税费——应交增值税（进项税额）
　　贷：银行存款

【例3-9-1】华兴公司为增值税一般纳税人，为提高生产效率购入专利一项，取得的增值税专用发票上注明的价款为800 000元，税率为6%，增值税税额为48 000元，以银行存款支付。华兴公司应编制如下会计分录。

借：无形资产——非专利技术　　　　　　　　　　　　　　　　800 000
　　应交税费——应交增值税（进项税额）　　　　　　　　　　 48 000
　　贷：银行存款　　　　　　　　　　　　　　　　　　　　　848 000

购买无形资产的价款超过正常信用条件延期付款，实际上具有融资性质的，无形资产的初始成本以购买价款的现值为基础。

2. 自行研究开发无形资产

企业内部研究开发项目所发生的支出应区分为研究阶段支出和开发阶段支出（图3-26）。

划重点

无形资产研发支出应该费用化还是资本化并不以"研究"和"开发"为界限，而是以"满足资本化条件"为界限。

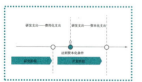

（1）无形资产研究阶段的支出，以及开发阶段不满足资本化条件的支出，应予以费用化，借记"研发支出——费用化支出"科目，贷记"原材料""银行存款""应付职工薪酬"等科目。期（月）末，应将"研发支出——费用化支出"科目归集的金额，转入"管理费用"科目，借记"管理费用"科目，贷记"研发支出——费用化支出"科目。

自行研发无形资产

借：研发支出——费用化支出
　　贷：原材料
　　　　银行存款
　　　　应付职工薪酬
借：管理费用
　　贷：研发支出——费用化支出

（2）无形资产开发阶段满足资本化条件的，应予以资本化，借记"研发支出——资本化支出"科目，贷记"原材料""银行存款""应付职工薪酬"等科目。达到预定用途形成无形资产的，应当按照"研发支出——资本化支出"科目的余额，借记"无形资产"科目，贷记"研发支出——资本化支出"科目。

借：研发支出——资本化支出
　　贷：原材料
　　　　银行存款
　　　　应付职工薪酬
借：无形资产
　　贷：研发支出——资本化支出

【例3-9-2】华兴公司研发部门自行研发技术一项，研发时间为20×3年1月1日—20×4年8月30日，其中研究阶段为20×3年1月1日—20×3年12月31日，发生研发支出合计1 200 000元，开发阶段为20×4年1月1日—20×4年8月30日，共发生开发支出1 800 000元。假设符合开发支出资本化的确认条件，取得的增值税专用发票上注明的增值税税额为234 000元，研发活动结束后申请专利一项。华兴公司应编制如下会计分录。

（1）研究阶段。
①发生研发支出。
借：研发支出——费用化支出　　　　　　　　　　　　　　　1 200 000
　　贷：银行存款等　　　　　　　　　　　　　　　　　　　　　1 200 000
②结转研发支出。
借：管理费用　　　　　　　　　　　　　　　　　　　　　　1 200 000
　　贷：研发支出——费用化支出　　　　　　　　　　　　　　　1 200 000
（2）开发阶段。
①发生研发支出。
借：研发支出——资本化支出　　　　　　　　　　　　　　　1 800 000
　　应交税费——应交增值税（进项税额）　　　　　　　　　　234 000
　　贷：银行存款等　　　　　　　　　　　　　　　　　　　　　2 034 000
②研发完成并形成无形资产。
借：无形资产　　　　　　　　　　　　　　　　　　　　　　1 800 000
　　贷：研发支出——资本化支出　　　　　　　　　　　　　　　1 800 000

📢 注意：如果无法可靠区分研究阶段的支出和开发阶段的支出，应将其所发生的研发支出全部费用化，计入"研发支出——费用化支出"科目，期末转入"管理费用"科目。

真题链接

【初级会计师考试真题·单选题】某公司自行研发非专利技术共发生支出460万元,其中:研究阶段发生支出160万元,开发阶段发生支出300万元,符合资本化条件的支出为180万元。不考虑其他因素,该研发活动应计入当期损益的金额为( )万元。
A.180 B.280
C.340 D.160
【答案】B

图3-26 研发支出

【单选题】华兴公司自行研发一项专利技术,共发生支出520万元,其中研究阶段发生支出300万元,开发阶段发生支出210万元,符合资本化条件的支出为200万元,另外有10万元无法可靠区分研究阶段的支出和开发阶段的支出。不考虑其他因素,该研发活动应计入无形资产成本的金额为( )万元。

A. 300   B. 280   C. 220   D. 200

【答案】D

【解析】无法可靠区分研究阶段的支出和开发阶段的支出,应将其所发生的研发支出全部费用化,计入当期损益,所以无形资产成本为开发阶段满足资本化条件的200万元。

(二)无形资产的摊销

企业应当于取得无形资产时分析判断其使用寿命。使用寿命有限的无形资产应进行摊销。使用寿命不确定的无形资产不应摊销。对于使用寿命有限的无形资产,通常将其残值视为零。对于使用寿命有限的无形资产,应当自可供使用(即其达到预定用途)当月起开始摊销,处置当月不再摊销。

无形资产摊销方法包括,年限平均法(即直线法)、生产总量法等。企业选择的无形资产的摊销方法,应当反映与该项无形资产有关的经济利益的预期实现方式。无法可靠确定预期实现方式的,应当采用直线法摊销。

企业应当按月对无形资产进行摊销。无形资产的摊销额一般应计入当期损益。企业自用的无形资产,其摊销额计入管理费用;出租的无形资产,其摊销额计入其他业务成本;某项无形资产包含的经济利益通过所生产的产品或其他资产实现的,其摊销额应当计入相关资产成本(例如车间使用的生产产品所使用的专利技术应计入制造费用)。

借:生产成本
　　制造费用
　　管理费用
　　其他业务成本
　　贷:累计摊销

划重点

使用寿命有限的无形资产净残值通常被视为零。

【例3-9-3】华兴公司购买的一项商标权,成本为180 000元,合同规定受益年限为15年,该公司采用年限平均法按月进行摊销。每月摊销时,华兴公司应做如下账务处理。

每月应摊销的金额=300 000/(15×12)=1 000(元)。

借:管理费用　　　　　　　　　　　　　　　　　　　　　　　1 000
　　贷:累计摊销　　　　　　　　　　　　　　　　　　　　　　　　1 000

> 📢 注意:无形资产属于企业出租的,其摊销金额应计入"其他业务成本"科目的借方。

【单选题】下列各项中,关于制造业企业计提无形资产摊销的会计处理表述正确的有( )。

A.使用寿命有限的无形资产处置当月不再摊销

B. 财务软件的摊销额计入管理费用
C. 管理用特许权的摊销额计入管理费用
D. 对外出租专利技术的摊销额计入其他业务成本

【答案】ABCD

（三）无形资产的期末计价

无形资产在资产负债表日存在可能发生减值的迹象时，其可收回金额低于账面价值的，企业应当将该无形资产的账面价值减记至可收回金额，减记的金额确认为减值损失，计入当期损益，同时计提相应的资产减值准备。按照应减记的金额，借记"资产减值损失——计提的无形资产减值准备"科目，贷记"无形资产减值准备"科目。

划重点

小技巧：非流动资产的减值准备一般不能转回，如固定资产减值准备、无形资产减值准备、投资性房地产减值准备等。

> 注意：无形资产减值损失一经确认，在以后会计期间不得转回。

（四）无形资产的处置

无形资产的处置，主要是指无形资产出售、报废、对外出租、对外捐赠等。

1. 无形资产出售

企业出售无形资产，应当将取得的价款与该无形资产账面价值及相关税费的差额计入当期损益（资产处置损益）（表3-19）。

无形资产期末计价与处置

【例3-9-4】华兴公司为增值税一般纳税人，其将购买的一项非专利技术转让给顺达公司，增值税专用发票注明价款为100 000元，增值税税额为6 000元，款项已收到并已存入银行。假设该非专利技术成本为68 000元，已摊销12 000元。华兴公司应编制如下会计分录。

```
借：银行存款                                    106 000
    累计摊销                                     12 000
    贷：无形资产                                 68 000
        应交税费——应交增值税（销项税额）          6 000
        资产处置损益                             44 000
```

无形资产期末计价与处置知识讲解

2. 无形资产报废

如果无形资产预期不能给企业带来经济利益，例如该无形资产已被其他新技术所替代，则应将其报废并予转销，其账面价值转作当期损益。

企业报废并转销无形资产时，应按已计提的累计摊销，借记"累计摊销"账户，按其账面余额（原值），贷记"无形资产"科目；按其差额，借记"营业外支出——处置非流动资产损失"科目。已计提减值准备的，还应同时结转减值准备（表3-19）。

表3-19 无形资产出售与报废

经济业务	出售	报废
账务处理	借：银行存款 　　累计摊销 　　无形资产减值准备 　贷：无形资产 　　　应交税费——应交增值税（销项税额） 　　　资产处置损益（倒挤或借方）	借：营业外支出 　　累计摊销 　　无形资产减值准备 　贷：无形资产

3. 无形资产出租

无形资产出租是指将所拥有的无形资产的使用权让渡给他人，并收取租金。让渡资产使用权,属于企业日常经营活动,因此相关所得应作为收入核算。根据营改增的政策规定,企业在持有无形资产期间,专利技术和非专利技术使用权的让渡及相关服务免征增值税,商标权和著作权的使用权让渡按 6% 的税率计算销项税额。

让渡无形资产使用权取得租金收入,借记"银行存款"等科目,贷记"其他业务收入"等科目。

借:银行存款等
　　贷:其他业务收入

摊销出租无形资产的成本或发生与出租有关的各种费用支出时,借记"其他业务成本"科目,贷记"累计摊销"科目。

借:其他业务成本
　　贷:累计摊销

(五)无形资产的减值

如果无形资产将来为企业创造的经济利益不足以补偿无形资产的成本(摊余成本),则说明无形资产发生了减值,具体表现为无形资产的账面价值高于其可回收金额。

在资产负债表日,无形资产存在可能发生减值迹象,且其可回收金额低于账面价值的,企业应当将该无形资产的账面价值减记至可回收金额,减记的金额确认为减值损失,计提相应的资产减值准备。

企业按照应减记的金额,借记"资产减值损失——无形资产减值损失"科目,贷记"无形资产减值准备"科目。

借:资产减值损失——无形资产减值损失
　　贷:无形资产减值准备

【例 3-9-5】 20×4 年 12 月 31 日,华兴公司一项非专利技术的账面价值为 620 000,剩余摊销年限为 5 年,经减值测试,该专利技术的可回收金额为 600 000 元,华兴公司应进行如下账务处理。

该非专利技术可回收金额低于其账面价值,应按其差额 20 000 元计提减值准备。

借:资产减值损失——无形资产减值损失　　　　　　　　　　20 000
　　贷:无形资产减值准备　　　　　　　　　　　　　　　　　　20 000

> **注意**:企业无形资产减值损失一经确认,在以后会计期间不得转回。

> **解难点**
>
> 可回收金额,是指资产的公允价值减去处置费用后的净额与资产预计未来现金流量的现值两者之间较高者,可回收金额通常在资产存在减值迹象时使用。

四、长期待摊费用

长期待摊费用,是指企业已经发生但应由本期和以后各期负担的分摊期限在 1 年以上的各项费用,如以租赁方式租入的使用权资产发生的改良支出等。

为了反映长期待摊费用的发生、摊销情况,企业应设置"长期待摊费用"科目,该科目借方登记发生的长期待摊费用,贷方登记摊销的长期待摊费用,期末借方余额反映企业尚未摊销完毕的长期待摊费用。

"长期待摊费用"科目按待摊费用项目进行明细核算。

> **划重点**
>
> 长期待摊费用虽然带有"费用"二字,但实际上它是一项资产。长期待摊费用当期发生消耗,未来时间内企业受益,符合资产的定义。

长期待摊费用同

借方	贷方
发生的长期待摊费用	摊销的长期待摊费用
	尚未摊销完毕的长期待摊费用

企业发生的长期待摊费用,借记"长期待摊费用"科目,确认当期可抵扣的增值税进项税额,借记"应交税费——应交增值税(进项税额)"科目,贷记"原材料""银行存款"等科目。摊销长期待摊费用,借记"管理费用"等科目,贷记"长期待摊费用"科目。

【业务解析】

华兴公司20×3年12月无形资产业务的账务处理如下。

(1)业务1。

借:无形资产——甲产品专利技术Ⅱ	96 000	
贷:银行存款		96 000

(2)业务2。

①研究阶段支出。

借:研发支出——费用化支出	375 000	
贷:原材料		250 000
应付职工薪酬——工资		100 000
——职工福利		20 000
银行存款		5 000

月末结转。

借:管理费用	375 000	
贷:研发支出——费用化支出		375 000

②开发阶段支出。

借:研发支出——资本化支出	204 000	
贷:应付职工薪酬——工资		150 000
——职工福利		54 000

申请注册专利。

借:无形资产——乙产品专利权Ⅱ	240 000	
贷:研发支出——资本化支出		204 000
银行存款		36 000

(3)业务3。

借:银行存款	1 500	
贷:其他业务收入		1 500
借:银行存款		
贷:累计摊销——甲产品专利技术Ⅰ		1 000

(4)业务4。

借:银行存款	178 000	
累计摊销——乙产品专利权Ⅰ	21 000	
贷:无形资产——乙产品专利权Ⅰ		180 000
资产处置损益		19 000

(5)业务5。

甲产品专利权Ⅰ摊销=72 000/6/12=1 000(元)

甲产品专利权Ⅱ摊销=96 000/8/12=1 000(元)

乙产品专利权Ⅱ摊销=240 000/10/12=2 000(元)

土地使用权摊销=2 400 000/20/12=10 000(元)

借：其他业务成本——甲产品专利技术Ⅰ　　　　　　　　　　　　　1 000
　　　生产成本——甲产品　　　　　　　　　　　　　　　　　　　1 000
　　　　　　　　——乙产品　　　　　　　　　　　　　　　　　　　2 000
　　　管理费用　　　　　　　　　　　　　　　　　　　　　　　　10 000
　　贷：累计摊销——甲产品专利权Ⅰ　　　　　　　　　　　　　　　1 000
　　　　　　　　　——甲产品专利权Ⅱ　　　　　　　　　　　　　　1 000
　　　　　　　　　——乙产品专利权Ⅱ　　　　　　　　　　　　　　2 000
　　　　　　　　　——土地使用权摊销　　　　　　　　　　　　　10 000

（6）业务6。
借：资产减值损失——计提的无形资产减值准备　　　　　　　　 440 000
　　贷：无形资产减值准备　　　　　　　　　　　　　　　　　　440 000

【拓展训练】

顺达公司20×1—20×3年无形资产业务有关的资料如下。

（1）20×1年12月1日，以银行存款300万元购入一项发明专利（不考虑相关税费）。该无形资产的预计使用年限为10年，采用直线法摊销该无形资产。

（2）20×2年12月31日，对该无形资产进行减值测试时，该无形资产的预计未来现金流量现值是190万元，公允价值减去处置费用后的金额为180万元。减值测试后该资产的使用年限不变。

（3）20×3年4月1日，将该无形资产对外出售，取得价款260万元并存入银行（不考虑相关税费）。

（4）20×3年5月1日，报废一项非专利技术，原价为12万元，报废当日已提折旧4万元，已提减值准备2万元。

任务：编制以上经济业务的相关会计分录。

【归纳总结】

无形资产

经济业务		会计处理
无形资产取得	外购取得	借：无形资产 　　应交税费——应交增值税（进项税额） 　贷：银行存款
	自行研究开发无形资产	研究阶段支出。 借：研发支出——费用化支出 　贷：应付职工薪酬 　　　原材料 　　　银行存款 月末结转。 借：管理费用 　贷：研发支出——费用化支出
		满足资本化的开发阶段支出。 借：研发支出——资本化支出 　贷：应付职工薪酬 　　　原材料 　　　银行存款 申请注册专利。 借：无形资产 　贷：研发支出——资本化支出 　　　银行存款
无形资产摊销	借：管理费用（自用） 　　销售费用（销售部门使用） 　　制造费用/生产成本（生产产品使用） 　　其他业务成本（经营出租） 　　研发支出等（为研发另一项无形资产而使用） 　贷：累计摊销	
无形资产处置	报废。 借：营业外支出——非流动资产处置损失 　　累计摊销 　　无形资产减值准备 　贷：无形资产	出售、转让。 借：银行存款 　　累计摊销 　　无形资产减值准备 　贷：无形资产 　　　应交税费——应交增值税（销项税额） 　　　资产处置损益（倒挤，可能借方）
无形资产减值	借：资产减值损失 　贷：无形资产减值准备	

【归纳总结】

固定资产与无形资产

项目	固定资产	无形资产
初始计量（自行建造/开发）	借：在建工程 　　贷：银行存款、应付职工薪酬等 借：固定资产 　　贷：在建工程	借：研发支出——资本化支出 　　贷：银行存款、应付职工薪酬等 借：无形资产 　　贷：研发支出——资本化支出
计提折旧/摊销的时点	达到预定可使用状态的次月	达到预定用途的当月
折旧方法	与所含经济利益预期实现方式有关	
计提折旧/摊销时的净残值	预计净残值一般不为零	预计净残值一般视为零
期末是否计提减值准备	期末考虑计提减值准备，一经计提不允许转回	期末考虑计提减值准备，一经计提不允许转回
处置	（1）因毁损、报废等原因。 借：营业外支出——非流动资产处置损失 　　贷：固定资产清理 借：营业外收入——非流动资产处置利得 　　贷：固定资产清理 （2）因出售、转让等原因。 借：资产处置损益 　　贷：固定资产清理 （如为净收益，做相反分录）	（1）报废。 借：营业外支出——非流动资产处置损失 　　累计摊销 　　无形资产减值准备 　　贷：无形资产 （2）出售、转让。 借：银行存款 　　累计摊销 　　无形资产减值准备 　　贷：无形资产 　　　　应交税费——应交增值税（销项税额） 　　　　资产处置损益（或借方）

【职场格言】

股市有风险，入市需谨慎

有人曾戏言，世界上有三件事情无法预测：①一大堆青蛙往哪跳；②少女的心事；③明天股市的涨跌。股票是一个放大镜，无限放大恐惧和贪婪，也是抗打击能力的训练场，像心电图一样的股价波动曲线预示着必须有一颗强大的心脏才能应对随时变动的股市。

时刻保持谨慎的态度，端正心态，理性投资。如果股票涨了，不必过于兴奋，因为能获得多少收益是依靠运气；如果股票跌了，要好好整理心情，继续学习专业知识。应该将把握市场的投资机会。应该将"股市有风险，入市需谨慎"牢记在心。只有积极认识风险、应对风险，多学勤思，谨慎投资，才有可能达到"入股不亏"的境界。

模块四
利润形成

导 语

算账算总账，谋利谋长远

企业经营业绩的考核一般以财务指标为主要标准，绝对数指标利润总额、净利润、相对数指标销售利润率、权益净利率、投资回报率等都是常用的考核指标。企业实务中经常用利润来衡量企业经营业绩、判断上市公司是否能够上市、考核经营管理人员是否尽职。作为管理人员的"成绩单"，利润情况也会在很大程度上影响年底奖金的发放，因此企业经营者为了提升经营业绩会有操纵利润的动机。利润操纵的负面影响不容小觑。在利润形成的过程中，不遵守准则，人为操纵利润，轻则损害企业形象、误导投资人和债权人决策、损害利益相关者的利益，重则危害经济社会健康发展，对信用社会的建设也会产生负面影响。

利润计算既简单又困难。作为财务人员，一定要严格遵守会计准则，提供高质量的财务报告，认真履行社会责任。对于财务造假高发领域，如货币资金、收入、存货、固定资产及在建工程、商誉、资产减值、金融工具、企业合并、关联方交易、会计差错、持续经营等高风险领域，要严格遵守会计相关法律法规，科学进行职业判断，同时保持对企业会计准则的持续学习的习惯，坚持做正确的事，做一名合格的会计人。

项目一

收入业务核算

4.1.1 收入的确认与计量

【典型业务】

华兴公司专门从事办公家具生产与销售,为增值税一般纳税人,目前主要生产甲、乙两种产品。20×3年12月相关收入业务如下。

业务1. 20×3年12月2日,华兴公司与顺达公司签订合同,发货给顺达公司。华兴公司获悉顺达公司出现财务困难,但是华兴公司认为顺达公司是暂时出现财务困难,之后经济会好转,并且顺达公司是合作了很长时间的老客户,所以还是决定将商品发给顺达公司。企业财务人员于发货当天确认收入。

业务2. 华兴公司与客户签订合同,向客户出售一套办公家具并提供安装服务。该套家具不含税交易价格为10万元,提供安装服务不含税交易价格为0.5万元。该套家具可以不经任何定制或改装而直接使用,不需要复杂安装,除华兴公司外,市场上还有其他家具厂也能提供此项安装服务。

业务3. 华兴公司为其客户生产一套办公家具,合同约定的价款为50万元,如果华兴公司不能在合同签订之日起的50天内竣工,则必须支付10万元罚款,该罚款从合同价款中扣除。华兴公司对合同结果的估计如下:家具按时交付的概率为90%,延期交付的概率为10%。假设上述金额不含增值税。

任务1:根据业务1,判定企业财务人员确认收入的操作是否正确。
任务2:根据业务2,判定合同中包含哪几项履约义务。
任务3:根据业务3,确定业务的交易价格是多少。

微课扫一扫

收入的确认与计量

【知识链接】

一、收入的概念和管理

(一)收入的概念

收入,是指企业在日常活动中形成的、会导致所有者权益增加的、与所有者投入资本无关的经济利益的总流入。日常活动,是指企业为完成其经营目标所从事的经常性活动以及与

划重点

企业处置固定资产或出售无形资产、接受捐赠、处置股权等属于企业非日常活动。

之相关的其他活动。

企业为获得市场地位、竞争优势而有其所从事的主要业务、主要产品和相应的经营模式。为了如实反映企业的业绩驱动因素、业绩变化是否符合行业发展状况等情况，按照企业主要经营业务等经常性经营活动实现的收入，通常将收入分为主营业务收入和其他业务收入。

> 拓展：制造业企业的产品销售收入是其主营业务收入；出售生产产品所用的材料，出租包装物、固定资产等租金收入则属于其他业务收入。

【多选题】下列各项中，工业企业应确认收入的有（　　）。
A. 出售生产用原材料
B. 获得债券利息收入
C. 接受投资者追加投资
D. 出租固定资产
【正确答案】AD
【答案解析】选项A，应确认其他业务收入选项；选项B，债券利息应计入"投资收益"科目，不属于收入的范畴；选项C，接受投资者追加投资应贷记"实收资本（或股本）""资本公积"科目，不确认收入；选项D，出租固定资产的租金收入，应计入"其他业务收入"科目，属于收入的范畴。

（二）收入的管理

企业加强收入核算与监督的目标是保证收入的真实性、完整性，保证销售折让、折扣等可变对价正确合理，保证客户信用管理和货款的及时足额收回，反映企业向客户转让商品的模式及其相应的销售政策和策略等销售决策的科学性、合理性。

收入核算和监督的基本要求是：确认收入的方式应当反映其向客户转让商品或提供服务的模式，收入的金额应当反映企业因转让商品或提供服务而预期有权收取的对价金额。通过收入确认和计量能进一步如实地反映企业的生产经营成果，准确核算企业实现的损益。

二、收入的确认与计量

按照《企业会计准则第14号——收入》（2017）的相关规定，收入确认和计量的基本步骤大致分为以下五步。

识别与客户订立的合同是确认交易是否有合同、合同的数量以及是新合同还是老合同。

（一）识别与客户订立的合同

合同，是指双方或多方之间订立的有法律约束力的权利义务的协议。合同有书面形式、口头形式以及其他形式。

> 注意：合同的存在是企业确认客户合同收入的前提，企业与客户之间的合同一经签订，企业即享有从客户取得与转移商品和服务对价的权利，同时负有向客户转移商品和服务的履约义务。

1. 收入确认的原则

企业应当在履行了合同中的履约义务，即在客户取得相关商品控制权时确认收入。取得相关商品控制权，是指客户能够主导该商品的使用并从中获得几乎全部经济利益，也包括有能力阻止其他方主导该商品的使用并从中获得经济利益。

取得商品控制权包括3个要素。一是客户必须拥有现时权利，能够主导该商品的使用并从中获得几乎全部经济利益,如果客户只能在未来的某一期间主导该商品的使用并从中获益,则表明其尚未取得该商品的控制权。二是客户有能力主导该商品的使用,即客户在其活动中有权使用该商品,或者能够允许或阻止其他方使用该商品。三是客户能够获得几乎全部的经济利益。商品的经济利益,是指商品的潜在现金流量,既包括现金流入的增加,也包括现金流出的减少。客户可以通过使用、消耗、出售、处置、交换、抵押或持有等多种方式直接或间接地获得商品的经济利益。

2. 收入确认的前提条件。

企业与客户之间的合同同时满足下列五项条件的,企业应当在客户取得相关商品控制权时确认收入。

(1)合同各方已批准该合同并承诺履行各自的义务。

划重点
合同各方已经在合同上签字盖章,说明合同各方已批准该合同并承诺履行各自的义务。

(2)该合同明确了合同各方与所转让商品相关的权利和义务。例如在一般商品销售中,购买方具有要求销售方履约发货的权利,销售方应按合同履行发货。

(3)该合同有明确的与所转让商品相关的支付条款。

解难点
从事相同业务经营的企业之间,为确保交易的顺利进行而发生的非货币性资产交换不具有商业实质,因此不应当确认收入(例如,两家天然气公司之间相互交换天然气,以便及时满足各自不同地点客户的需求)。

> **拓展**:支付条款是对货款支付的货币、金额、方式、支付时间的规定。

(4)该合同具有商业实质,即履行该合同将改变企业未来现金流量的风险、时间分布或金额。

(5)企业因向客户转让商品所有权取得的对价很可能收回。

> **注意**:对于对价收回可能性的判定,应当考虑客户到期时支付对价的能力和客户的信用风险。

(二)识别合同中的单项履约义务

微课扫一扫
收入确认的前提条件

履约义务,是指合同中企业向客户转让可明确区分商品或服务的承诺。企业应当将向客户转让可明确区分商品(或者商品的组合)的承诺以及向客户转让一系列实质相同且转让模式相同的、可明确区分商品的承诺作为单项履约义务。例如,企业与客户签订合同,向其销售产品并提供维修服务,该维修服务简单,除该企业外其他供应商也可以提供此类维修服务,该合同中销售商品和提供维修服务为两项单项履约义务。若该维修服务复杂且商品需要按客户定制要求生产,则合同中销售商品和提供维修服务合并为单项履约义务。

(三)确定交易价格

交易价格,是指企业因向客户转让商品而预期有权收取的对价金额,不包括企业代第三方收取的款项(如增值税)以及企业预期将退还给客户的款项。合同条款所承诺的对价,可能是固定金额、可变金额或两者兼有。

真题链接
【初级会计师考试真题·单选题】甲公司与乙公司签订合同,向乙公司销售E、F两种产品,不含增值税的合同总价款为3万元。E、F产品不含增值税的单独售价分别为2.2万元和1.1万元。该合同包含两项可明确区分的履约义务。不考虑其他因素,按照交易价格分摊原则,E产品应分摊的交易价格为( )万元。
A.2
B.2.2
C.1.1
D.1
『正确答案』A

> **注意**:企业与客户的合同中约定的对价金额可能是固定的,也可能因折扣、价格折让、返利、退款、奖励积分、激励措施、业绩奖金、索赔等因素而变化。

【例4-1-1】建兴工程有限公司(以下简称"建兴公司")为甲公司建造一栋办公楼,合同约定的价款为20 000 000元,6个月完工,固定造价为20 000 000元。假如双方约定,如果建兴公司提早20天完工,则甲公司将额外奖励建兴公司2 000 000元。建兴公司估计该工程提前20天完工的可能性为95%。假设不考虑增值税等因素。建兴公司该项业务的交易价格是多少？

本例中建兴公司估计该工程提前20天完工的可能性为95%，则预计有权收取的对价为22 000 000元，即交易价格为22 000 000元（固定金额20 000 000元和可变金额2 000 000元）。

（四）将交易价格分摊至各单项履约义务

当合同中包含两项或多项履约义务时，需要将交易价格分摊至各单项履约义务，分摊的方法是在合同开始日，按照各单项履约义务所承诺商品的单独售价（企业向客户单独销售商品的价格）的相对比例，将交易价格分摊至各单项履约义务。通过分摊交易价格，使企业分摊至各单项履约义务的交易价格能够反映其因向客户转让已承诺的相关商品而有权收取的对价金额。

【例4-1-2】华兴公司与东方公司签订合同，向其销售一批电脑桌、办公座椅，两类商品不含增值税的单独售价分别为60 000元、20 000元，合计为80 000元，不含增值税的合同总价款为68 000元。

华兴公司应按所售电脑桌、办公座椅单独售价的相对比例分摊计算各商品的交易价格：
电脑桌的交易价格 = 60 000 ÷ 80 000 × 68 000 = 51 000（元）
办公座椅的交易价格 = 20 000 ÷ 80 000 × 68 000 = 17 000（元）

（五）履行各单项履约义务时确认收入

企业将商品转移给客户，客户取得了相关商品的控制权，意味着企业履行了合同履约义务，此时，企业应确认收入。企业将商品控制权转移给客户，可能是在某一时段内（即履行履约义务的过程中）发生，也可能在某一时点（即履约义务完成时）发生。企业应当根据实际情况，首先判断履约义务是否满足在某一时段内履行的条件，如不满足，则该履约义务属于在某一时点履行的履约义务。

收入确认和计量的五个步骤中，第一步、第二步和第五步主要与收入的确认有关，第三步和第四步主要与收入的计量有关。

需要说明的是，一般而言，确认和计量任何一项合同收入应考虑全部五个步骤，但履行某些合同义务确认收入不一定都经过五个步骤，如企业按照第二步确定某项合同仅为单项履约义务，可以从第三步直接进入第五步确认收入，不需要第四步（分摊交易价格）。

【单选题】以下选项中对收入确认和计量的步骤表述不正确的有（   ）。
A. 应当先确定交易价格，再识别合同中的单项履约义务
B. 企业确认客户合同收入应以合同存在为前提
C. 若安装服务复杂且商品需要按客户定制要求生产，该合同中销售商品和提供安装服务应合并为单项履约义务
D. 交易价格不包括企业预期将退还给客户的款项
【答案】A
【解析】选项A错误，应该先识别合同中的单项履约义务，再确定交易价格。

> **划重点**
> 在一段时间内履行的履约义务，通过计量履约进度在一段时间内确认收入；在某一时点履行的履约义务，在客户获得商品控制权时确认收入。

> **真题链接**
> 【初级会计师考试真题·多选题】下列各项中，关于收入确认和计量表述正确的有（   ）。
> A. 企业识别合同中的单项履约义务
> B. 企业在履行各单项履约义务时确认收入
> C. 交易价格不包括企业预期将退还给客户的款项
> D. 企业确认客户合同收入应以合同存在为前提
> 【答案】ABCD

【业务解析】

任务1：收入确认的前提条件要求企业因向客户转让商品而有权取得的对价很可能收回。对于业务1这种情况，顺达公司出现财务困难，不能保证对价的收回，会计上是不满足收入确认条件的，所以不能确认收入，应将"库存商品"转入"发出商品"。

任务2：设备与安装服务彼此之间不会产生重大的影响，也不具有高度关联性，表明两者在合同中彼此可明确区分。因此，该项合同包含两项履约义务，即销售设备和提供安装服务。

任务 3：本业务中，华兴公司按时交付家具的概率为 90%，预计有权收取的对价为 50 万，因此确定该业务的交易价格为 50 万。

【拓展训练】

鸿雁公司与客户签订合同，向其销售 A、B、C 三件产品，不含增值税的合同总价款为 18 000 元。A、B、C 产品的不含增值税单独售价分别为 10 000 元、6 000 元和 4 000 元，合计 20 000 元。

任务：分别确认 A、B、C 产品的交易价格。

【归纳总结】

收入的确认与计量步骤

第一步，识别与客户订立的合同
（收入确认的前提）

第二步，识别合同中的单项履约义务
（分别确认、合并确认）

第三步，确定交易价格
（固定、可变或两者兼有）

第四步，将交易价格分摊至各单项履约义务
（单独售价的相对比例）

第五步，在履行各单项履约义务时确认收入
（时点、时段）

4.1.2 一般商品销售收入的账务处理

【典型业务】

华兴公司专门从事办公家具的生产与销售,为增值税一般纳税人,目前主要生产甲、乙两种产品。20×3年12月相关收入业务如下。

业务1.顺达公司开具代销手续费增值税专用发票给华兴公司,价款为3 000元,税额为180元。同时,顺达公司支付扣除手续费及其增值税额后的代销款给华兴公司,华兴公司收到款项并存入银行。

业务2.12月25日,华兴公司销售一批原材料给顺达公司,价税合计为5 650元,该批材料成本为4 000元,已提存货跌价准备1 000元。华兴公司收到款项并存入银行,顺达公司收到原材料并验收入库。

业务3.12月30日,因17号销售给顺达公司的5 000张办公桌存在严重质量问题,顺达公司将2 500张办公桌退回华兴公司。华兴公司同意退货,并按规定向客户开具了增值税专用发票(红字)。当日,华兴公司收到退回的办公桌。

任务:根据以上业务做出正确的账务处理。

【知识链接】

一、一般销售商品销售收入的确认

企业一般商品销售属于在某一时点履行的履约义务。对于在某一时点履行的履约义务,企业应当在客户取得相关商品控制权时点确认收入。在判断控制权是否转移时,企业应当综合考虑下列迹象。

在判断控制权是否转移时,某一个或某几个迹象并不能起决定性作用,企业应当根据合同约定和交易实质进行分析,综合判断商品的控制权是否已经转移给客户,从而确定收入确认的时点,确认收入。

(1)企业就该商品享有现时收款权利,即客户就该商品负有现时付款义务。例如,甲企业与乙企业签订销售商品合同,双方约定,乙企业在收到商品无误后20日内付款。乙企业收到甲企业开具的发票,商品验收入库后,能够自主确定商品的销售价格及商品的使用情况,此时甲企业享有收款权利,乙企业负有现时付款义务。

(2)企业已将该商品的法定所有权转移给客户,即客户已拥有该商品的法定所有权。例如,甲企业自乙企业购入一栋办公楼,甲企业向乙企业支付款项以后,乙企业协助甲企业办理了产权转移手续,甲企业取得房屋产权证,乙企业将该办公楼的法定所有权转移给甲企业。

(3)企业已将该商品实物转移给客户,即客户已占有该商品实物。例如,甲企业与客户乙企业签订交款提货合同,甲企业按照合同约定将商品送到乙企业指定的地点,乙企业验收合格后支付了相关款项,此时甲企业已将该商品实物转移给乙企业,即乙企业已占有该商品实物。

(4)企业已将该商品所有权上的主要风险和报酬转移给客户,即客户已取得该商品所有权上的主要风险和报酬。例如,乙企业将办公楼出售给甲企业,并办理完产权转移以后,该办公楼价格上涨或下跌带来的收益或损失全部属于甲企业,表明甲企业已取得该办公楼所有权上的主要风险和报酬。

(5)客户已接受该商品。例如,甲企业向客户销售为其定制生产的商品,客户收到并验收合格后办理入库手续,表明客户已接受该商品。

一般销售商品销售收入的确认

(6)其他表明客户已取得商品控制权的迹象。

【多选题】对于在某一时点履行的履约义务,企业应当在客户取得相关商品控制权时确认收入。下列各项中,属于企业在判断客户是否取得商品的控制权时应当考虑的迹象的有( )。

A. 客户已接受该商品
B. 客户已拥有该商品的法定所有权
C. 客户就该商品负有现时付款义务
D. 客户已占有该商品实物

【正确答案】ABCD

二、会计科目设置

企业为了核算一般商品销售收入,一般需要设置"主营业务收入""其他业务收入""主营业务成本""其他业务成本""合同资产"等科目。

"合同资产"科目核算企业已向客户转让商品而有权收取对价的权利,且该权利取决于时间流逝之外的其他因素(如履行合同中的其他履约义务)。该科目借方登记因已转让商品而有权收取的对价金额,贷方登记取得无条件收款权的金额,期末借方余额反映企业已向客户转让商品而有权收取的对价金额。该科目按合同进行明细核算。

合同资产	
借方	贷方
①因已转让商品而有权收取的对价金额	①取得无条件收款权的金额
企业已向客户转让商品而有权收取的对价金额	

🔗 真题链接

【初级会计师考试真题·单选题】下列各项中,属于制造业企业主营业务收入的是( )。
A. 销售原材料的收入
B. 出租包装物租金的收入
C. 出售生产设备的净收益
D. 销售产品收入
【答案】D

"主营业务收入"科目核算企业确认的销售商品、提供服务等主营业务的收入。该科目贷方登记企业主营业务活动实现的收入,借方登记期末转入"本年利润"科目的主营业务收入,结转后该科目应无余额。该科目可按主营业务的种类进行明细核算。

主营业务收入	
借方	贷方
①期末转入"本年利润"科目	①企业主营业务活动实现的收入

🔗 真题链接

【初级会计师考试真题·单选题】下列各项中,制造业企业应通过"其他业务收入"科目核算的是( )。
A. 销售原材料的收入
B. 处置固定资产的净收益
C. 出售无形资产的净收益
D. 接受来自非股东的现金捐赠利得
【答案】A

"其他业务收入"科目核算企业确认的除主营业务活动以外的其他经营活动实现的收入,包括出租固定资产、出租无形资产、出租包装物和商品、销售材料等实现的收入。该科目贷方登记企业其他业务活动实现的收入,借方登记期末转入"本年利润"科目的其他业务收入,结转后该科目应无余额。该科目可按其他业务的种类进行明细核算。

其他业务收入	
借方	贷方
①期末转入"本年利润"科目	①企业其他业务活动实现的收入

"主营业务成本"科目核算企业确认销售商品、提供服务等主营业务收入时应结转的成本。该科目借方登记企业应结转的主营业务成本,贷方登记期末转入"本年利润"科目的主营业务成本,结转后该科目应无余额。该科目可按主营业务的种类进行明细核算。

主营业务成本	
借方	贷方
①应结转的主营业务成本	①期末转入"本年利润"科目

"其他业务成本"科目核算企业确认的除主营业务活动以外的其他经营活动所形成的成本,包括出租固定资产的折旧额、出租无形资产的摊销额、出租包装物的成本或摊销额、销售材料的成本等。该科目借方登记企业应结转的其他业务成本,贷方登记期末转入"本年利润"科目的其他业务成本,结转后该科目应无余额。该科目可按其他业务的种类进行明细核算。

其他业务成本	
借方	贷方
①应结转的其他业务成本	①期末转入"本年利润"科目

三、一般销售商品销售收入的账务处理

(一)现金结算方式销售业务的账务处理

企业以现金结算方式对外销售商品,在客户取得相关商品控制权时点确认收入,按实际收到的款项,借记"库存现金""银行存款"等科目,按实现的收入贷记"主营业务收入"科目,按应交的增值税,贷记"应交税费——应交增值税(销项税额)"科目。

借:库存现金/银行存款等
　　贷:主营业务收入
　　　　应交税费——应交增值税(销项税额)

按照实际对外销售商品的成本,借记"主营业务成本"科目,如果对外销售商品存在尚未转销的存货跌价准备,还应当按照销售的份额,借记"存货跌价准备"科目,结转存货跌价准备,贷记"库存商品"科目。

借:主营业务成本
　　存货跌价准备
　　贷:库存商品

【例4-1-3】20×2年12月1日,华兴公司向南方公司销售商品一批,开具的增值税专用发票上注明售价为100 000元,增值税税额为13 000元。当日华兴公司收到南方公司支付的款项并存入银行。该批商品的实际成本为80 000元,该商品计提存货跌价准备为10 000元。12月4日,南方公司收到商品并验收入库。华兴公司应编制会计分录如下。

(1)确认收入。
借:银行存款　　　　　　　　　　　　　　　　　　　113 000
　　贷:主营业务收入　　　　　　　　　　　　　　　　100 000
　　　　应交税费——应交增值税(销项税项)　　　　　 13 000

(2)结转销售商品成本。
借:主营业务成本　　　　　　　　　　　　　　　　　 70 000
　　存货跌价准备　　　　　　　　　　　　　　　　　 10 000
　　贷:库存商品　　　　　　　　　　　　　　　　　　 80 000

(二)委托收款结算方式销售业务的账务处理

企业以委托收款结算方式对外销售商品,在其办妥委托收款手续且客户取得相关商品控制权时点确认收入,按应收的款项,借记"应收账款"科目,按实现的收入贷记"主营业务

🔗 **真题链接**

【初级会计师考试真题·单选题】20××年12月20日,某企业销售商品开出的增值税专用发票上注明的价款为100万元,增值税税额为13万元,全部款项已收存银行。该商品的成本为80万元,经核算相应的跌价准备金额为5万元。不考虑其他因素,该业务使企业2019年12月营业利润增加( )万元。
A.20　　B.25
C.30　　D.15
【答案】B

🔗 **真题链接**

【初级会计师考试真题·多选题】甲公司向乙公司销售一批商品,开出的增值税专用发票上注明价款为50 000元,增值税税额为6 500元,款项尚未收到;商品已经发出,并已向银行办妥托收手续。该批商品的成本为40 000元。不考虑其他因素,下列说法中正确的有( )。
A.主营业务成本增加40 000元
B.主营业务收入增加56 500元
C.主营业务收入增加50 000元
D.应收账款增加56 500元
【答案】ACD

收入"科目,按应交的增值税,贷记"应交税费——应交增值税(销项税额)"科目;

借:应收账款
　　贷:主营业务收入
　　　　应交税费——应交增值税(销项税额)

按照实际对外销售商品的成本,借记"主营业务成本"科目,如果对外销售商品存在尚未转销的存货减值准备,还应当按照销售的份额,借记"存货跌价准备"科目,结转存货跌价准备,贷记"库存商品"科目。

借:主营业务成本
　　存货跌价准备
　　贷:库存商品

在实际收到款项时,借记"银行存款"科目,贷记"应收账款"科目。

借:银行存款
　　贷:应收账款

【例4-1-4】20×2年12月3日,华兴公司向北方公司赊销一批商品,开具的增值税专用发票上注明售价为80 000元,增值税税额为10 400元。华兴公司以银行存款支付代垫运费,增值税普通发票上注明运费为3 000元,增值税税额为270元。北方公司收到商品并验收入库,华兴公司将委托收款凭证和债务证明提交开户银行,办妥托收手续。该批商品的实际成本为60 000元。12月9日,华兴公司收到收款通知。华兴公司应编制会计分录如下。

(1)确认收入。

借:应收账款——北方公司　　　　　　　　　　　　　　　　　93 670
　　贷:主营业务收入　　　　　　　　　　　　　　　　　　　　　80 000
　　　　应交税费——应交增值税(销项税项)　　　　　　　　　　10 400
　　　　银行存款　　　　　　　　　　　　　　　　　　　　　　　3 270

(2)结转销售商品成本。

借:主营业务成本　　　　　　　　　　　　　　　　　　　　　60 000
　　贷:库存商品　　　　　　　　　　　　　　　　　　　　　　　60 000

(3)收到款项。

借:银行存款　　　　　　　　　　　　　　　　　　　　　　　93 670
　　贷:应收账款——北方公司　　　　　　　　　　　　　　　　　93 670

(三)商业汇票结算方式销售业务的账务处理

企业以商业汇票结算方式对外销售商品,在收到商业汇票且客户取得相关商品控制权时点确认收入,按收到商业汇票的票面金额,借记"应收票据"科目,按实现的收入贷记"主营业务收入"科目,按应交的增值税,贷记"应交税费——应交增值税(销项税额)"科目。

借:应收票据
　　贷:主营业务收入
　　　　应交税费——应交增值税(销项税额)

按照实际对外销售商品的成本,借记"主营业务成本"科目,如果对外销售商品存在尚未转销的存货减值准备,还应当按照销售的份额,借记"存货跌价准备"科目,结转存货跌价准备,贷记"库存商品"科目。

借:主营业务成本
　　存货跌价准备
　　贷:库存商品

汇票到期收到款项时,借记"银行存款"科目,贷记"应收票据"科目。

> **划重点**
> 如果是商业承兑汇票,票据到期无法收回款项,需要将"应收票据"科目转入"应收账款"科目。

借：银行存款
　　贷：应收票据

【例4-1-5】 20×2年12月5日，华兴公司向顺达公司销售一批商品，开具的增值税专用发票上注明售价为200 000元，增值税税额为26 000元。华兴公司收到顺达公司开出的不带息银行承兑汇票一张，票面金额为226 000元，期限为6个月。该批商品成本为120 000元。顺达公司收到商品并验收入库。20×3年5月5日，票据到期，华兴公司收到款项。华兴公司应编制会计分录如下。

（1）确认收入。

借：应收票据——北方公司　　　　　　　　　　　　　　226 000
　　贷：主营业务收入　　　　　　　　　　　　　　　　　　200 000
　　　　应交税费——应交增值税（销项税项）　　　　　　　26 000

（2）结转销售商品成本。

借：主营业务成本　　　　　　　　　　　　　　　　　　120 000
　　贷：库存商品　　　　　　　　　　　　　　　　　　　　120 000

（3）票据到期。

借：银行存款　　　　　　　　　　　　　　　　　　　　226 000
　　贷：应收账款——北方公司　　　　　　　　　　　　　　226 000

（四）赊销方式销售业务的账务处理

企业以赊销方式对外销售商品，在客户取得相关商品控制权时点确认收入，按应收的款项，借记"应收账款"科目，按实现的收入贷记"主营业务收入"科目，按应交的增值税，贷记"应交税费——应交增值税（销项税额）"科目。需要注意的是，企业以赊销方式对外销售商品，在客户取得相关商品控制权时点确认收入，但未取得无条件收款权时，需要计入"合同资产"科目。

借：应收账款/合同资产
　　贷：主营业务收入
　　　　应交税费——应交增值税（销项税额）

按照实际对外销售商品的成本，借记"主营业务成本"科目，如果对外销售商品存在尚未转销的存货减值准备，还应当按照销售的份额，借记"存货跌价准备"科目，结转存货跌价准备，贷记"库存商品"科目。

借：主营业务成本
　　存货跌价准备
　　贷：库存商品

在实际收到款项时，借记"银行存款"科目，贷记"应收账款"科目。

借：银行存款
　　贷：应收账款

【例4-1-6】 20×2年12月12日，华兴公司向东方公司赊销一批商品，开具的增值税专用发票上注明售价为10 000元，增值税税额为1 300元，双方约定30日内支付货款。东方公司收到商品并验收入库。该批商品的实际成本为7 500元。

12月20日，华兴公司收到东方公司支付的货款11 300元并存入银行。华兴公司应编制如下会计分录。

（1）12月12日，确认收入，同时结转销售成本。

借：银行存款　　　　　　　　　　　　　　　　　　　　11 300
　　贷：主营业务收入　　　　　　　　　　　　　　　　　　10 000

> **划重点**
>
> 合同资产，是指企业将货物转让给客户，并有权收取对价的权利，这种权利不仅取决于时间的推移，还取决于其他因素。应收账款代表无条件收取合同对价的权利，而合同资产不是无条件收款项的权利。除了时间的推移，这一权利还取决于其他条件，比如履约义务执行情况等。

> **真题链接**
>
> 【初级会计师考试真题·多选题】甲公司向乙公司销售一批商品，开出的增值税专用发票上注明价款为50 000元，增值税税额为6 500元，款项尚未收到；商品已经发出，并已向银行办妥托收手续。该批商品的成本为40 000元。不考虑其他因素，下列说法中正确的有（　　）。
> A. 主营业务成本增加40 000元
> B. 主营业务收入增加56 500元
> C. 主营业务收入增加50 000元
> D. 应收账款增加56 500元
> 【答案】ACD

应交税费——应交增值税（销项税额）	1 300
借：主营业务成本	7 500
贷：库存商品	7 500

（2）12月20日，收到货款。

借：银行存款	11 300
贷：应收账款	11 300

【例4-1-7】20×2年12月15日，华兴公司与北方公司签订合同，向其销售A、B两种商品，A商品的单独售价为8 000元，B商品的单独售价为12 000元，合同价款为18 000元。合同约定，A商品于合同开始日交付，B商品在30天之后交付，当两种商品全部交付之后，华兴公司才有权收取18 000元的合同对价。上述价格均不包含增值税。A、B商品的实际成本分别为5 000元和8 000元。假设A商品和B商品分别构成单项履约义务，其控制权在交付时转移给北方公司。20×2年12月31日，华兴公司交付B商品，开具的增值税专用发票上注明售价为18 000元，增值税税额为2 340元。20×3年1月10日，华兴公司收到北方公司支付的货款并存入银行。

本例中华兴公司将A商品交付北方公司之后，与该商品相关的履约义务已经履行，但需要等到后续交付B商品时，才具有无条件收取合同对价的权利，因此，华兴公司应当将因交付A商品而有权收取的对价确认为合同资产，而不是应收账款。

华兴公司应先将交易价格18 000元分摊至A、B商品。

分摊至A商品的合同价款＝［8 000÷（8 000+12 000）］×18 000=7 200（元）

分摊至B商品的合同价款＝［12 000÷（8 000+12 000）］×18 000=10 800（元）

华兴公司应编制如下会计分录。

（1）12月15日，交付A商品。

借：合同资产	7 200
贷：主营业务收入	7 200
借：主营业务成本	5 000
贷：库存商品	5 000

（2）12月31日，交付B商品。

借：应收账款	20 340
贷：合同资产	7 200
主营业务收入	10 800
应交税费——应交增值税（销项税额）	2 340
借：主营业务成本	8 000
贷：库存商品	8 000

（3）收到货款。

借：银行存款	20 340
贷：应收账款	20 340

（五）发出商品业务的账务处理

企业按合同发出商品，合同约定客户只有在商品售出取得价款后才支付货款。企业向客户转让商品的对价未达到"很可能收回"收入确认条件。在发出商品时，企业不应确认收入，将发出商品的成本计入"发出商品"科目，借记"发出商品"科目，贷记"库存商品"科目。如已发出的商品被客户退回，应编制相反的会计分录。"发出商品"科目核算企业商品已发出但客户没有取得商品控制权的商品成本。

　借：发出商品

> **真题链接**
>
> 【初级会计师考试真题·单选题】企业已经发出但不符合收入确认条件的商品成本，应借记的科目是（　　）。
> A. "在途物资"
> B. "销售费用"
> C. "主营业务成本"
> D. "发出商品"
> 【答案】D

贷：库存商品

当收到货款或取得收取货款权利时，确认收入，借记"银行存款""应收账款"科目，贷记"主营业务收入"科目，贷记"应交税费——应交增值税（销项税额）"科目。

借：应收账款
  贷：主营业务收入
    应交税费——应交增值税（销项税额）

同时结转已销商品成本，借记"主营业务成本"科目，贷记"发出商品"科目。

借：主营业务成本
  贷：发出商品

发出商品核算

【例4-1-8】20×2年12月7日，华兴公司与顺达公司签订委托代销合同，华兴公司委托顺达公司销售商品2 000件，商品当日发出，每件成本为120元。合同约定顺达公司应按每件200元对外销售，华兴公司按不含增值税的销售价格的5%向顺达公司支付手续费。顺达公司不承担包销责任，没有售出的商品须退回华兴公司，同时，华兴公司也有权要求收回商品或将其销售给其他客户。20×2年12月31日，顺达公司实际对外销售1 000件商品，开出的增值税专用发票上注明的销售价款为200 000元，增值税税额为26 000元。12月31日，华兴公司收到顺达公司开具的代销清单和代销手续费增值税专用发票（增值税税率为6%），以及扣除代销手续费后的货款，华兴公司开具相应的增值税专用发票。华兴公司应编制如下会计分录。

（1）华兴公司发出商品。

借：发出商品	240 000
贷：库存商品	240 000

（2）华兴公司收到顺达公司开具的代销清单。

借：应收账款——顺达公司	226 000
贷：主营业务收入	200 000
应交税费——应交增值税（销项税额）	26 000
借：主营业务成本	120 000
贷：发出商品	120 000

（3）确认代销手续费。

借：销售费用	10 000
应交税费——应交增值税（进项税额）	600
贷：应收账款——顺达公司	10 600

（4）收到款项。

借：银行存款	215 400
贷：应收账款	215 400

（六）材料销售业务的账务处理

企业在日常活动中发生对外销售不需用的原材料、随同商品对外销售且单独计价的包装物等业务。企业销售原材料、包装物等存货取得收入的确认和计量原则比照商品销售。企业销售原材料、包装物等存货确认的收入作为其他业务收入处理，借记"应收账款"科目，按实现的收入贷记"其他业务收入"科目，按应交的增值税，贷记"应交税费——应交增值税（销项税额）"科目。

借：银行存款等
  贷：其他业务收入
    应交税费——应交增值税（销项税额）

按照实际对外销售材料的成本，借记"其他业务成本"科目，贷记"原材料""周转材料"

真题链接

【初级会计师考试真题·单选题】某企业为增值税一般纳税人，增值税税率为13%。本月销售一批材料，价款为5 876元（含增值税）。该批材料计划成本为4 200元，材料成本差异率为2%。不考虑其他因素，该企业销售材料应确认的损益为（　　）元。
A.916
B.1 084
C.1 676
D.1 760
【答案】A

等科目；如果企业采用计划成本法核算存货，还应将材料负担的材料成本差异一并结转，借记或贷记"材料成本差异"科目。

借：其他业务成本
　　材料成本差异（结转节约差异）
　贷：原材料/周转材料
　　　材料成本差异（结转超值差异）

【例4-1-9】华兴公司为增值税一般纳税人，对包装物采用计划成本核算。12月10日，销售商品领用单独计价包装物的计划成本为40 000元，销售收入为50 000元，增值税税额为8 000元，款项已存入银行。该包装物的材料成本差异率为-5%。

（1）出售单独计价包装物。

借：银行存款　　　　　　　　　　　　　　　　　　　　　　　58 000
　贷：其他业务收入　　　　　　　　　　　　　　　　　　　　　50 000
　　　应交税费——应交增值税（销项税额）　　　　　　　　　　 8 000

（2）结转所售单独计价包装物的成本。

借：其他业务成本　　　　　　　　　　　　　　　　　　　　　38 000
　　材料成本差异　　　　　　　　　　　　　　　　　　　　　 2 000
　贷：周转材料——包装物　　　　　　　　　　　　　　　　　　40 000

（七）销售退回业务的账务处理

销售退回，是指企业因售出商品在质量、规格等方面不符合销售合同规定条款的要求，客户要求企业予以退货。企业销售商品发生退货，表明企业履约义务的减少和客户商品控制权及其相关经济利益的丧失。未确认收入的商品发生退回时，应当按照退回的商品成本，借记"库存商品"科目，贷记"发出商品"科目。

借：库存商品
　贷：发出商品

> **真题链接**
>
> 【初级会计师考试真题·单选题】下列各项中，已确认销售成本的售出商品被退回，应借记的会计科目是（　　）。
> A. "发出商品"
> B. "主营业务成本"
> C. "销售费用"
> D. "库存商品"
> 【答案】D

已确认销售商品收入的售出商品发生销售退回的，除属于资产负债表日后事项的外，企业收到退回的商品时，应退回货款或冲减应收账款，并冲减主营业务收入和增值税销项税额，借记"主营业务收入""应交税费——应交增值税（销项税额）"等科目，贷记"银行存款""应收票据""应收账款"等科目。

借：主营业务收入
　　应交税费——应交增值税（销项税额）
　贷：银行存款/应收票据/银行存款等

收到退回商品验收入库，按照商品成本，借记"库存商品"科目，贷记"主营业务成本"科目。

借：库存商品
　贷：主营业务成本

【例4-1-10】20×2年12月10日，华兴公司销售一批商品，增值税专用发票上注明售价为500 000元，增值税税额为65 000元；客户收到该批商品并验收入库；当日收到客户支付的货款并存入银行。该批商品成本为400 000元。该项业务属于在某一时点履行的履约义务并确认销售收入。

20×2年12月20日，该批部分商品质量出现了严重问题，客户将该批商品的50%退回华兴公司。华兴公司同意退货，于退货当日支付了退货款，并按规定向客户开具了增值税专用发票（红字）。假设不考虑其他因素。华兴公司应编制如下会计分录。

（1）12月10日，确认收入。

借：应收账款	565 000	
贷：主营业务收入		500 000
应交税费——应交增值税（销项税额）		65 000

同时，结转销售商品成本：

借：主营业务成本	400 000	
贷：库存商品		400 000

（2）12月20日，商品的50%销售退回。

借：主营业务收入	250 000	
应交税费——应交增值税（销项税额）	32 500	
贷：银行存款		282 500
借：库存商品	200 000	
贷：主营业务成本		200 000

【业务解析】

（1）业务1。
①确认收入。

借：银行存款	56 500	
贷：主营业务收入		50 000
应交税费——应交增值税（销项税额）		6 500

②结转成本。

借：主营业务成本	40 000	
贷：库存商品		40 000

（2）业务2。
①确认收入。

借：应收账款	236 000	
贷：主营业务收入		200 000
应交税费——应交增值税（销项税额）		26 000
银行存款		10 000

②结转成本。

借：主营业务成本	120 000	
贷：库存商品		120 000

③收款。

借：银行存款	236 000	
贷：应收账款		236 000

（3）业务3。
确认收入。

借：应收票据	113 000	
贷：主营业务收入		100 000
应交税费——应交增值税（销项税额）		13 000
借：主营业务成本	75 000	
贷：库存商品		75 000

（4）业务4。
①确认收入。

借：应收账款 1 130 000
　　贷：主营业务收入 1 000 000
　　　　应交税费——应交增值税（销项税额） 130 000
②结转成本。
借：主营业务成本 600 000
　　贷：库存商品 600 000
③收款。
借：银行存款 1 130 000
　　贷：应收账款 1 130 000
（5）业务5。
①发出代销商品。
借：发出商品 30 000
　　贷：库存商品 30 000
②收到受托方代销清单。
借：应收账款 33 900
　　贷：主营业务收入 30 000
　　　　应交税费——应交增值税（销项税额） 3 900
借：主营业务成本 15 000
　　贷：发出商品 15 000
③收到受托方支付的货款。
借：银行存款 30 720
　　销售费用 3 000
　　应交税费——应交增值税（进项税额） 180
　　贷：应收账款 33 900
（6）业务6。
①销售材料：
借：银行存款 5 650
　　贷：其他业务收入 5 000
　　　　应交税费——应交增值税（销项税额） 650
②结转成本。
借：其他业务成本 3 000
　　存货跌价准备 1 000
　　贷：原材料 4 000
（7）业务7。
发生销售退回。
借：主营业务收入 500 000
　　应交税费——应交增值税（销项税额） 65 000
　　贷：银行存款 565 000
借：库存商品 300 000
　　贷：主营业务成本 300 000

【拓展训练】

鸿雁公司20×2年12月有关销售业务如下。

业务1.12月5日，鸿雁公司销售一批商品给宏发公司，售价为100万元，增值税税额为13万元，成本为80万元。当日，宏发公司将商品验收入库，款项未付。

业务2.12月10日，鸿雁于20×2年9月10日因销售商品收到的商业承兑汇票到期，由于对方资金周转困难，不能按期承兑。

业务3.12月15日，鸿雁公司委托润泽公司代销10套产品，每套售价为0.2万元，每套成本为0.1万元；鸿雁公司按售价的10%向润泽公司支付手续费。

截至12月底，润泽公司共销售商品5套，总售价为1万元。鸿雁公司收到润泽公司的代销清单，鸿雁公司开具增值税专用发票，发票注明价款为1万元，增值税税额为0.13万元。润泽公司开具代销手续费增值税专用发票给鸿雁公司，价款为0.1万元，税额为0.006万元。同时，润泽公司支付扣除手续费及其增值税额后的代销款给鸿雁公司，鸿雁公司收到款项并存入银行。

业务4.12月20日，鸿雁公司销售一批材料给北方公司，价款为0.678万元（含增值税）。该批材料计划成本为0.4万元，材料成本差异率为2%；北方公司将原材料验收入库，款项尚未支付。

业务5.12月25日，鸿雁公司5日销售给宏发公司的商品因商品质量问题，发生销售退回；鸿雁公司同意退货，并按规定向客户开具了增值税专用发票（红字）；当日，鸿雁公司收到退回的商品。

任务：做出以上业务的账务处理。

【归纳总结】

一般销售商品销售收入的账务处理

经济业务	会计处理
现金结算方式销售业务	（1）确认收入。 借：银行存款等 　　贷：主营业务收入 　　　　应交税费——应交增值税（销项税额） （2）结转成本。 借：主营业务成本 　　存货跌价准备 　　贷：库存商品
委托收款结算方式、赊销方式销售业务	（1）确认收入。 借：应收账款 　　贷：主营业务收入 　　　　应交税费——应交增值税（销项税额） （2）结转成本。 借：主营业务成本 　　存货跌价准备 　　贷：库存商品 （3）收款。 借：银行存款 　　贷：应收账款
商业汇票结算方式销售业务	（1）确认收入。 借：应收票据 　　贷：主营业务收入 　　　　应交税费——应交增值税（销项税额） （2）结转成本。 借：主营业务成本 　　存货跌价准备 　　贷：库存商品 （3）收款。 借：银行存款 　　贷：应收票据
发出商品业务	（1）不满足收入确认条件的销售业务。 借：发出商品 　　贷：库存商品 （2）委托代销业务。 ①发出代销商品时。 借：发出商品 　　贷：库存商品

续表

经济业务	会计处理
发出商品业务	②收到受托方代销清单时。 借：应收账款（卖多少，写多少） 　　贷：主营业务收入 　　　　应交税费——应交增值税（销项税额） 借：主营业务成本 　　贷：发出商品 ③收到受托方支付的货款时。 借：银行存款 　　销售费用（受托方收取的手续费） 　　应交税费——应交增值税（进项税额） 　　贷：应收账款
材料销售业务	（1）确认收入。 借：银行存款等 　　贷：其他业务收入 　　　　应交税费——应交增值税（销项税额） （2）结转成本。 借：其他业务成本 　　材料成本差异（结转节约差异） 　　贷：原材料/周转材料 　　　　材料成本差异（结转超支差异）
销售退回业务	（1）确认收入之前发生销售退回。 借：库存商品 　　贷：发出商品 （2）已确认销售收入且不属于资产负债表日后事项。 借：主营业务收入 　　应交税费——应交增值税（销项税额） 　　贷：银行存款/应收票据/银行存款等 借：库存商品 　　贷：主营业务成本

4.1.3 可变对价的账务处理

【典型业务】

20×2年12月,华兴公司与顺达公司相关收入业务如下。

业务1. 12月5日,华兴公司销售一批商品给顺达公司,售价为100 000元,增值税税额为13 000万元,成本为60 000元;当日,华兴公司确认收入并收取款项。

12月10日,货到后顺达公司发现商品质量不符合合同的要求,要求在价格上给予20%的折让。华兴公司同意并办妥了相关退款手续,开具了增值税专用发票(红字)。发生的销售折让允许扣减当期增值税销项税额。

业务2. 12月16日,华兴公司向顺达公司销售椅子2 000把,每件不含增值税销售价格为85元,成本为55元,由于顺达公司采购数量较多,华兴公司给予顺达公司10%的商业折扣,并收取了款项。

业务3. 12月17日,华兴公司销售产品给顺达公司,价款为200 000元,增值税税率为13%,成本为140 000元;顺达公司当日收到产品并验收入库,款项尚未支付。华兴公司给予顺达公司(2/10,N/30)的现金折扣,现金折扣不考虑增值税。华兴公司基于对顺达公司的了解,预计顺达公司10天内付款的概率为95%,10天后付款的概率为5%。对于现金折扣,华兴公司认为按照最可能发生金额能够更好地预测其有权获取的对价金额。12月22日,华兴公司收到了上述款项并存入银行。

业务4. 12月25日,宏发公司向顺达公司销售100套办公桌椅,每套价格为8 000元,合同价款合计为800 000元。每套桌椅的成本为5 000元。同时,宏发公司承诺,在未来3个月内,如果同类办公桌椅售价下降,则按照合同价格与最低售价的差额向顺达公司支付差价。宏发公司根据经验,预计未来3个月内,不降价的概率为50%,每套降价500元的概率为40%,每台降价1 000元的概率为10%。宏发公司认为期望值能够更好地预测其有权获取的对价金额。假设上述价格均不包含增值税,不考虑增值税等相关税费。

任务:根据以上业务作出正确账务处理。

【知识链接】

一、可变对价的管理

企业与客户的合同中约定的对价金额可能是固定的,也可能会因折扣、价格折让、返利、退款、奖励积分、激励措施、业绩奖金、索赔等因素而变化。此外,根据一项或多项事项的发生而收取不同对价金额的合同,也属于可变对价的情形。

若合同中存在可变对价,企业应当对计入交易价格的可变对价进行估计。企业应当按照期望值或最可能发生金额确定可变对价的最佳估计数。但是,企业不能在两种方法之间随意进行选择。期望值是按照各种可能发生的对价金额及相关概率计算确定的金额;最可能发生金额是一系列可能发生的对价金额中最可能发生的单一金额,即合同最可能产生的单一结果。

> 📢 注意:企业确定可变对价金额之后,计入交易价格的可变对价金额还应满足限制条件,即包含可变对价的交易价格,应当不超过在相关不确定性消除时,累计已确认的收入极可能不会发生重大转回的金额。

二、可变对价的账务处理

（一）存在销售折让的销售业务

销售折让，是指企业因售出商品质量不符合要求等原因而给予的售价上的减让。购买方取得商品后，如果发现质量瑕疵或规格等方面不符合要求，可能要求销售方在价格上给予一定的折让。

如果销售折让发生在确认销售收入之前，则应在确认销售收入时直接按扣除销售折让后的金额确认，借记"应收账款"等科目，贷记"主营业务收入"科目，贷记"应交税费——应交增值税（销项税额）"科目。

借：应收账款
　　贷：主营业务收入
　　　　应交税费——应交增值税（销项税额）

同时结转已销商品成本，借记"主营业务成本"科目，贷记"库存商品"科目。

借：主营业务成本
　　贷：库存商品

如果销售折让发生在确认销售收入之后，且不属于资产负债表日后事项的，应在销售折让发生时冲减当期销售商品收入，如果按规定允许冲减增值税税额，还应冲减已确认的增值税销项税额。借记"主营业务收入""应交税费——应交增值税（销项税额）"等科目，贷记"银行存款""应收票据""应收账款"等科目。

借：主营业务收入
　　应交税费——应交增值税（销项税额）
　　贷：银行存款等

划重点

注意区分销售折让与销售退回的账务处理。销售折让会冲减收入，但是销售成本不变；销售退回不仅要冲减收入，还要冲减成本。

微课扫一扫

销售折让

【例 4-1-11】20×2 年 12 月 1 日，华兴公司（增值税一般纳税人）销售一批商品给南方公司，售价为 200 000 元，增值税税额为 26 000 元，成本为 150 000 元。华兴公司已确认收入，款项未收。12 月 10 日，货到后南方公司发现商品质量不符合合同的要求，要求在价格上给予 10% 的折让。华兴公司同意并办妥了相关手续，开具了增值税专用发票（红字）。发生的销售折让允许扣减当期增值税销项税额。12 月 15 日，华兴公司实际收到款项。华兴公司应编制如下会计分录。

（1）销售实现，确认收入。

借：应收账款——南方公司	226 000
贷：主营业务收入	200 000
应交税费——应交增值税（销项税额）	26 000

结转成本。

借：主营业务成本	150 000
贷：库存商品	150 000

（2）发生销售折让。

借：主营业务收入	20 000
应交税费——应交增值税（销项税额）	2 600
贷：应收账款——南方公司	22 600

（3）实际收到款项。

借：银行存款	203 400
贷：应收账款	203 400

（二）存在商业折扣、现金折扣的销售业务

商业折扣，是指企业为促进商品销售而给予的价格扣除。例如，企业为鼓励客户多买商品，可能规定购买200件以上商品给予客户5%的折扣。此外，企业为了尽快出售一些残次、陈旧的商品，也可能降价（即打折）销售。商业折扣在销售前即已发生，并不构成最终成交价格的一部分，企业应当按照扣除商业折扣后的金额确定商品销售价格和销售商品收入金额。

【真题链接】

【初级会计师考试真题·单选题】某公司为增值税一般纳税人，销售商品适用的增值税税率为13%。20××年9月2日，该公司销售商品10 000件，每件不含税标价为50元。由于成批销售，该公司给予客户20%的商业折扣，并开具增值税专用发票。不考虑其他因素，下列各项中，该公司确认的营业收入为（　　）元。

A. 500 000
B. 400 000
C. 452 000
D. 565 000

【答案】B

【单选题】甲公司为增值税一般纳税人，在20×2年12月2日销售商品200件并开具增值税专用发票，每件商品的标价为1 000元（不含增值税），商品适用的增值税税率为13%。每件商品的实际成本为700元。由于成批销售，甲公司给予客户20%的商业折扣。商品于12月2日发出，客户于12月10日付款。该销售业务属于在某一时点履行的履约义务。不考虑其他因素。下列各项中，有关甲公司销售商品会计处理表述正确的是（　　）。

A. 确认主营业务收入160 000元
B. 确认财务费用40 000元
C. 确认主营业务成本112 000元
D. 确认应交税费——应交增值税（销项税额）26 000元

【答案】A

【解析】企业应当按照扣除商业折扣后的金额确定商品销售价格和销售商品收入金额。因此，当期收入=200×1 000×（1-20%）=160 000（元）。

现金折扣，是指债权人为鼓励债务人在规定的期限内付款而向债务人提供的债务扣除。现金折扣一般用符号"折扣率/付款期限"表示。例如，"2/10，1/20，N/30"表示：销货方允许客户最长的付款期限为30天，如果客户在10天内付款，销货方可按商品售价给予客户2%的折扣；如果客户在11~20天内付款，销货方可按商品售价给予客户1%的折扣；如果客户在21~30天内付款，将不能享受现金折扣。

划重点

企业应当按照扣除商业折扣后的期望值或最可能发生金额确认收入金额。

企业对外销售商品，在客户取得相关商品控制权时点确认收入，按照期望值或最可能发生金额确定收入金额，借记"应收账款"科目，按实现的收入贷记"主营业务收入"科目，按应交的增值税，贷记"应交税费——应交增值税（销项税额）"科目。

借：应收账款
　　贷：主营业务收入
　　　　应交税费——应交增值税（销项税额）

按照实际对外销售商品的成本，借记"主营业务成本"科目，贷记"库存商品"科目。

借：主营业务成本
　　贷：库存商品

在实际收到款项时，借记"银行存款"科目，贷记"应收账款"科目。

借：银行存款
　　贷：应收账款

微课扫一扫

现金折扣、商业折扣

【例4-1-12】12月15日，华兴公司销售产品给东方公司，不含税售价为1 000 000元，由于是成批销售，华兴公司给予东方公司10%的商业折扣，增值税税率为13%，成本为750 000元，已满足收入确认条件，款项尚未支付。华兴公司给予东方公司的现金折扣条件为2/10，1/20，N/30，计算现金折扣时不考虑增值税。根据经验，华兴公司预计东方公司10天内付款的概率为96%，10~20天内付款的概率为4%。对于现金折扣，华兴公司认为按照最可能发生金额能够更好地预测其有权获取的对价金额。12月20日，华兴公司收到上述款项并存入银行。

企业应当按照扣除商业折扣后的金额确定商品销售价格和销售商品收入金额。因此，商业折扣1 000 000×10%=100 000（元），直接从售价1 000 000元中扣除。

对于现金折扣，华兴公司认为按照最可能发生金额能够更好地预测其有权获取的对价金额。华兴公司确认收入的金额=（1 000 000-100 000）×（1-2%）=882 000（元）。

由于计算现金折扣不考虑增值税，所以增值税销项税额=900 000×13%=117 000（元）。

华兴公司应编制如下会计分录。

（1）12月15日，确认收入。

借：应收账款　　　　　　　　　　　　　　　　　　　　　　　　999 000
　　贷：主营业务收入　　　　　　　　　　　　　　　　　　　　　882 000
　　　　应交税费——应交增值税（销项税额）　　　　　　　　　　117 000

结转成本。

借：主营业务成本　　　　　　　　　　　　　　　　　　　　　　750 000
　　贷：库存商品　　　　　　　　　　　　　　　　　　　　　　　750 000

（2）12月20日，收到款项。

借：银行存款　　　　　　　　　　　　　　　　　　　　　　　　999 000
　　贷：应收账款　　　　　　　　　　　　　　　　　　　　　　　999 000

【例4-1-13】20×2年12月15，华兴公司向东方公司销售100件商品，每件价格为3 000元，合同价款合计为300 000元。每件商品成本为2 000元。同时，华兴公司承诺，在未来3个月内，如果同类商品售价下降，则按照合同价格与最低售价的差额向东方公司支付差价。华兴公司根据经验，预计未来3个月内，不降价的概率为60%；每件降价200元的概率为30%；每件降价500元的概率为10%。假设上述价格均不包含增值税，不考虑增值税等相关税费。华兴公司认为期望值能够更好地预测其有权获取的对价金额。假设不考虑有关"计入交易价格的可变对价金额的限制"要求。华兴公司应编制如下会计分录。

每件产品估计交易价格=3 000×60%+（3 000-200）×30%+（3 000-500）×10%=2 890（元）。

（1）确认收入。

借：应收账款——东方公司　　　　　　　　　　　　　　　　　　326 570
　　贷：主营业务收入　　　　　　　　　　　　　　　　　　　　　289 000
　　　　应交税费——应交增值税（销项税额）　　　　　　　　　　 37 570

（2）结转销售商品成本。

借：主营业务成本　　　　　　　　　　　　　　　　　　　　　　200 000
　　贷：库存商品　　　　　　　　　　　　　　　　　　　　　　　200 000

【业务解析】

（1）业务1。

①12月5日销售时。

借：银行存款　　　　　　　　　　　　　　　　　　　　　　　　113 000
　　贷：主营业务收入　　　　　　　　　　　　　　　　　　　　　100 000
　　　　应交税费——应交增值税（销项税额）　　　　　　　　　　 13 000

借：主营业务成本　　　　　　　　　　　　　　　　　　　　　　 60 000
　　贷：库存商品　　　　　　　　　　　　　　　　　　　　　　　 60 000

②12月10日发生折让时。

借：主营业务收入　　　　　　　　　　　　　　　　　　　　　　 20 000
　　应交税费——应交增值税（销项税额）　　　　　　　　　　　　 2 600
　　贷：银行存款　　　　　　　　　　　　　　　　　　　　　　　 22 600

（2）业务2，12月16日销售时。

借：银行存款　　　　　　　　　　　　　　　　　　　　　172 890
　　贷：主营业务收入　　　　　　　　　　　　　　　　　　　153 000
　　　　应交税费——应交增值税（销项税额）　　　　　　　　19 890
借：主营业务成本　　　　　　　　　　　　　　　　　　　　110 000
　　贷：库存商品　　　　　　　　　　　　　　　　　　　　　110 000

（3）业务3，对于现金折扣，华兴公司认为按照最可能发生金额能够更好地预测其有权获取的对价金额。

　　　　销售当日销售收入的金额=200 000×（1-2%）=196 000（元）
　　　　增值税金额=200 000×13%=26 000（元）

借：银行存款　　　　　　　　　　　　　　　　　　　　　　222 000
　　贷：主营业务收入　　　　　　　　　　　　　　　　　　　196 000
　　　　应交税费——应交增值税（销项税额）　　　　　　　　26 000
借：主营业务成本　　　　　　　　　　　　　　　　　　　　140 000
　　贷：库存商品　　　　　　　　　　　　　　　　　　　　　140 000

12月22日收款时。

借：银行存款　　　　　　　　　　　　　　　　　　　　　　222 000
　　贷：应收账款　　　　　　　　　　　　　　　　　　　　　222 000

（4）业务4，宏发公司认为期望值能够更好地预测其有权获取的对价金额。在该方法下，每套估计交易价格=（8 000-0）×50%+（8 000-500）×40%+（8 000-1 000）×10%=7 700（元）。

借：银行存款　　　　　　　　　　　　　　　　　　　　　　870 100
　　贷：主营业务收入　　　　　　　　　　　　　　　　　　　770 000
　　　　应交税费——应交增值税（销项税额）　　　　　　　　100 100
借：主营业务成本　　　　　　　　　　　　　　　　　　　　500 000
　　贷：库存商品　　　　　　　　　　　　　　　　　　　　　500 000

【拓展训练】

鸿雁公司20×2年12月有关销售业务如下。

业务1. 12月1日，鸿雁公司销售产品给润泽公司，不含税售价为400 000元，由于是成批销售，鸿雁公司给予润泽公司20%的商业折扣，增值税税率为13%，成本为260 000元，已满足收入确认条件，款项尚未收到。

业务2. 12月3日，鸿雁公司销售一批货物给东方公司，不含税售价为40 000元，鸿雁公司给予东方的现金折扣条件为2/10，1/20，N/30，计算现金折扣时考虑增值税。根据经验，鸿雁公司预计东方公司在10天内付款的概率为90%，10~20天内付款的概率为10%。对于现金折扣，鸿雁公司认为按照最可能发生金额能够更好地预测其有权获取的对价金额。

12月9日，鸿雁公司收到上述款项并存入银行。

业务3. 12月5日，鸿雁销售一批商品给南方公司，售价为200 000元，增值税税额为26 000万元，成本为130 000元，鸿雁公司未确认收入，货款未收。

12月10日，货到后南方公司发现商品质量不符合合同的要求，要求在价格上给予15%的折让。双方同意并办妥了相关手续。

业务4. 12月20日，鸿雁公司向南方公司销售200件产品，每件价格为6 000元，每件产品的成本为5 000元。同时，鸿雁公司承诺，在未来6个月内，如果同类产品售价下降，则按照合同价格与最低售价的差额向南方公司支付差价。鸿雁公司根据经验，预计未来6个月内，不降价的概率为50%，每件降价600元的概率为20%，每件降价800元的概率为20%，每件降价1 000元的概率为10%。假设上述价格均不包含增值税，不考虑增值税等相关税费。

任务：做出以上业务的账务处理。

【归纳总结】

可变对价的账务处理

经济业务	会计处理
存在销售折让的销售业务	（1）确认收入之前发生折让。 借：应收账款等 　　贷：主营业务收入（折让以后的金额） 　　　　应交税费——应交增值税（销项税额） 借：主营业务成本 　　贷：库存商品 （2）确认收入之后发生折让。 借：主营业务收入 　　应交税费——应交增值税（销项税额） 　　贷：银行存款等
存在商业折扣、现金折扣的销售业务	（1）确认收入。 借：应收账款 　　贷：主营业务收入（扣除商业折扣后的最佳估计值） 　　　　应交税费——应交增值税（销项税额） 借：主营业务成本 　　贷：库存商品 （2）收款。 借：银行存款 　　贷：应收账款

4.1.4 在某一时段内完成的销售收入的账务处理

【典型业务】

业务 1. 20×2 年 12 月,鸿达财务咨询公司(以下简称"鸿达公司")通过竞标赢得新客户东方公司,为取得与东方公司的合同,鸿达公司聘请外部律师进行尽职调查,支付相关费用 20 000 元,为投标而发生的差旅费为 10 000 元,支付销售人员佣金 60 000 元。鸿达公司预期这些支出未来均能够收回。此外,鸿达公司根据其年度销售目标、整体盈利情况及个人业绩等,向销售部门经理支付年度奖金 10 000 元。鸿达公司与东方公司的上述合同约定,东方公司每年向鸿达公司支付咨询费 1 200 000 元(不含税),增值税税率为 6%,服务期为 10 年。

业务 2. 润达公司是一家从事装修服务的公司,适用的增值税税率为 9%。20×2 年 12 月 1 日,鸿达公司与南方公司签订一项为期 3 个月的装修合同,装修价款为 1 000 000 元,增值税税额为 90 000 元,双方约定每月月末按完工进度支付价款。鸿达公司预计合同成本为 600 000 元。

20×2 年 12 月 31 日,经专业测量,润达公司确定该项装修服务的完工进度为 30%,南方公司按约定支付价款。润达公司已累计为该合同发生成本(装修人员薪酬)180 000 元,估计还将发生成本 420 000 元。

20×3 年 1 月 31 日,经专业测量,润达公司确定该项装修服务的完工进度为 80%,南方公司按约定支付价款。润达公司已累计为该合同发生成本(装修人员薪酬)480 000 元,估计还将发生成本 120 000 元。

20×3 年 2 月 28 日,装修完工,南方公司验收合格,按完工进度支付价款,同时支付对应的增值税款,润达公司已累计为该合同发生成本(装修人员薪酬)600 000 元。

假设该业务属于润达公司的主营业务;该装修服务构成单项履约义务并属于在某一时间段内履行的履约义务;润达公司按照实际测量的完工进度确定履约进度。

业务 3. 20×2 年 12 月 1 日,佳洁保洁有限公司(以下简称"佳洁公司")与南方公司签订协议,在未来一年内为南方公司提供保洁服务,合同总金额为 127 200 元,并预收服务费 127 200 元。该项业务对佳洁公司来说属于在某一时段内履行的履约义务。

任务:根据以上业务做出正确的账务处理。

【知识链接】

一、在某一时段内完成的商品销售收入的确认

在某一时段内完成的销售收入的确认

对于在某一时段内履行的履约义务,企业应当在该段时间内按照履约进度确认收入,履约进度不能合理确定的除外。

满足下列条件之一的,属于在某一时段内履行的履约义务。
(1)客户在企业履约的同时即取得并消耗企业履约所带来的经济利益。
(2)客户能够控制企业履约过程中在建的商品。
(3)企业履约过程中所产出的商品具有不可替代用途,且该企业在整个合同期间内有权就累计至今已完成的履约部分收取款项。

具有不可替代用途,是指因合同限制或实际可行性限制,企业不能轻易地将商品用于其他用途。有权就累计至今已完成的履约部分收取款项,是指在由于客户或其他方原因终止合同的情况下，企业有权就累计至今已完成的履约部分收取能够补偿其已发生成本和合理利润的款项，并且该权利具有法律约束力。

企业应当考虑商品的性质，采用实际测量的完工进度、评估已实现的结果、时间进度、已完工或交付的产品等产出指标，或采用投入的材料数量、花费的人工工时、机器工时、发生的成本和时间进度等投入指标确定恰当的履约进度，并且在确定履约进度时，应当扣除那些控制权尚未转移给客户的商品和服务。

通常，企业按照累计实际发生的成本占预计总成本的比例（即成本法）确定履约进度。累计实际发生的成本包括企业向客户转移商品过程中所发生的直接成本和间接成本，如直接人工、直接材料及其他与合同相关的成本。对于每一项履约义务，企业只能采用一种方法来确定其履约进度，并加以一贯运用。对于类似情况下的类似履约义务，企业应当采用相同的方法确定履约进度。

> **真题链接**
>
> 【初级会计师考试真题·单选题】20××年12月1日，甲公司与乙公司签订一份为期3个月的劳务合同，合同总价款为120万元（不含增值税），当日收到乙公司预付合同款30万元。截至月末该劳务合同的履约进度为40%，符合按履约进度确认收入的条件。不考虑其他因素，甲公司该年度12月应确认的劳务收入为（ ）万元。
> A.40　　　B.12
> C.30　　　D.48
> 【答案】D

$$履约进度 = \frac{累计实际发生的成本}{预计总成本} \times 100\%$$

资产负债表日，当履约进度能合理确定时，企业按照合同的交易价格总额乘以履约进度扣除以前会计期间累计已确认的收入后的金额，确认当期收入。

当期应确认的收入＝合同的交易价格总额×履约进度－以前会计期间累计已确认的收入

当期营业成本＝合同预计成本×履约进度－以前期间累计已确认的营业成本

当履约进度不能合理确定时，企业已经发生的成本预计能够得到补偿的，应当按照已经发生的成本金额确认收入，直到履约进度能够合理确定为止。

【单选题】甲企业于20×2年12月1日接受一项设备安装任务，安装期为6个月，合同总收入为300 000元，至年底实际发生安装费用为50 000元（假设均为安装人员薪酬），估计还将发生支出150 000元。假设该业务对甲企业来说属于在某一时段内履行的履约义务，甲企业按实际发生的成本占预计总成本的比例确定履约进度，则甲企业20×2年应确认的收入为（ ）元。

A. 50 000　　　B. 150 000　　　C. 200 000　　　D. 75 000

【正确答案】D

【答案解析】至20×2年年底，履约进度＝50 000/（50 000+150 000）×100%＝25%，则甲企业20×2年应确认的收入＝300 000×25%＝75 000（元）。

二、会计科目设置

（一）"合同取得成本"科目

"合同取得成本"科目核算企业取得合同发生的、预计能够收回的增量成本。企业为取得合同发生的增量成本预期能够收回的，应作为合同取得成本确认为一项资产。增量成本，是指企业不取得合同就不会发生的成本，也就是企业发生的与合同直接相关，但又不是所签订合同的对象或内容（如提供的服务）本身所直接发生的费用。如销售佣金，若预期可通过未来的相关服务收入予以补偿，该销售佣金（即增量成本）应在发生时确认为一项资产，即合同取得成本。

该科目借方登记发生的合同取得成本，贷方登记摊销的合同取得成本，期末借方余额反映企业尚未结转的合同取得成本。该科目可按合同进行明细核算。

> **划重点**
>
> 企业为取得合同发生的、除预期能够收回的增量成本之外的其他支出，如无论是否取得合同均会发生的差旅费、投标费、为准备投标资料发生的相关费用等，应当在发生时计入当期损益，除非这些支出明确由客户承担。

合同取得成本	
借方	贷方
①发生的合同取得成本	①期末转入"本年利润"科目

(二)"合同履约成本"科目

"合同履约成本"科目核算企业为履行当前或预期取得的合同所发生的、不属于其他《企业会计准则》规范范围且按照收入准则应当确认为一项资产的成本。

企业为履行合同可能发生各种成本,企业在确认收入的同时应当对这些成本进行分析,若不属于存货、固定资产、无形资产等规范范围且同时满足下列条件的,应当作为合同履约成本而确认为一项资产。

(1)该成本与一份当前或预期取得的合同直接相关(图4-1)。

①与合同直接相关的成本:直接人工(如直接向客户提供服务的人员工资、奖金等);直接材料(如为履行合同耗用的原材料、辅助材料等);制造费用或类似费用(如车间管理人员的职工薪酬、劳动保护费、固定资产折旧费及修理费等)。

②明确由客户承担的成本以及仅因该合同而发生的其他成本(如支付的设备使用费、生产工具和用具使用费、检验试验费等)。

(2)该成本增加了企业未来用于履行(包括持续履行)履约义务的资源。

(3)该成本预期能够收回。

企业应当在下列支出发生时,将其计入当期损益:一是管理费用,除非这些费用明确由客户承担;二是非正常消耗的直接材料、直接人工和制造费用(或类似费用),这些支出为履行合同发生,但未反映在合同价格中;三是与履约义务中已履行(包括已全部履行或部分履行)部分相关的支出,即该支出与企业过去的履约活动相关;四是无法在尚未履行的与已履行(或已部分履行)的履约义务之间区分的相关支出。

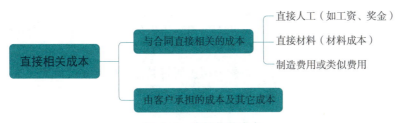

图4-1 直接相关成本

该科目借方登记发生的合同履约成本,贷方登记摊销的合同履约成本,期末借方余额反映企业尚未结转的合同履约成本。该科目可按合同分别设置"服务成本""工程施工"等明细科目进行明细核算。

(三)"合同负债"科目

"合同负债"科目核算企业已收或应收客户对价而应向客户转让商品的义务。该科目贷方登记企业在向客户转让商品之前,已经收到或已经取得无条件收取合同对价权利的金额;借方登记企业向客户转让商品时冲销的金额;期末贷方余额反映企业在向客户转让商品之前,已经收到的合同对价或已经取得的无条件收取合同对价权利的金额。该科目按合同进行明细核算。

合同负债	
借方	贷方
①企业向客户转让商品时冲销的金额	①向客户转让商品之前,已收无条件收取合同对价权利的金额

微课扫一扫

合同取得成本账务处理

真题链接

【初级会计师考试真题·判断题】企业为取得合同发生的增量成本预期能够收回的,应作为合同履约成本确认为一项资产。( )
【答案】×

划重点

对于尚未向客户履行转让商品的义务而已收或应收客户对价中的增值税部分,因不符合合同负债的定义,不应确认为合同负债。

297

此外，企业发生减值的，还应当设置"合同履约成本减值准备""合同取得成本减值准备""合同资产减值准备"等科目进行核算。

三、某一时段内完成的商品销售收入的账务处理

（一）合同取得成本及销售收入的账务处理

企业对已确认为资产的合同取得成本，应当采用与该资产相关的商品收入确认相同的基础进行摊销，计入当期损益。为了简化实务操作，该资产摊销期限不超过1年的，可以在发生时计入当期损益。

企业发生合同取得成本时，借记"合同取得成本"科目，贷记"银行存款""应付职工薪酬"等科目。

借：合同取得成本
  贷：银行存款
    应付职工薪酬

对合同取得成本进行摊销时，借记"销售费用"等科目，贷记"合同取得成本"科目。

借：销售费用
  贷：合同取得成本

> 🔗 **真题链接**
>
> 【初级会计师考试真题·单选题】甲公司为一家咨询服务提供商，中了一个向新客户提供咨询服务的标。甲公司为取得合同而发生的成本如下：①尽职调查的外部律师费7万元；②提交标书的差旅费8万元（客户不承担）；③销售人员佣金4万元。甲公司预期这些支出未来均能够收回。假设不考虑其他因素，甲公司应确认的合同取得成本为（　　）万元。
> A.12　　B.15
> C.4　　D.19
> 【答案】C

【例4-1-14】华兴公司通过竞标赢得新客户北方公司，为取得与北方公司的合同，华兴公司聘请外部律师进行尽职调查，支付相关费用25 000元，为投标而发生的差旅费为20 000元，支付销售人员佣金90 000元。华兴公司预期这些支出未来均能够收回。此外，华兴公司根据其年度销售目标、整体盈利情况及个人业绩等，向销售部门经理支付年度奖金20 000元。华兴公司与北方公司的上述合同约定，北方公司每年向华兴公司支付咨询费636 000元，服务期为5年。

在本例中，佣金属于增量成本，华兴公司应当将其作为合同取得成本确认为一项资产；律师尽职调查费、差旅费和年终奖不属于增量成本，应直接计入当期损益。

华兴公司的业务处理如下。

（1）支付与取得合同相关的费用。

借：合同取得成本　　　　　　　　　　　　　　　　　　　　　　　　90 000
  管理费用　　　　　　　　　　　　　　　　　　　　　　　　　　45 000
  贷：银行存款　　　　　　　　　　　　　　　　　　　　　　　　　　94 500

（2）每月确认收入，摊销佣金。

确认收入＝636 000÷（1+6%）÷12＝50 000（元）。

借：应收账款——北方公司　　　　　　　　　　　　　　　　　　　　53 000
  贷：主营业务收入　　　　　　　　　　　　　　　　　　　　　　　　50 000
    应交税费——应交增值税（销项税额）　　　　　　　　　　　　3 000

每月摊销合同取得成本＝90 000÷5÷12＝1 500（元）。

借：销售费用　　　　　　　　　　　　　　　　　　　　　　　　　　1 500
  贷：合同取得成本　　　　　　　　　　　　　　　　　　　　　　　　1 500

（3）确认销售部门经理年度奖金及发放。

借：销售费用　　　　　　　　　　　　　　　　　　　　　　　　　　20 000
  贷：应付职工薪酬　　　　　　　　　　　　　　　　　　　　　　　　20 000

借：应付职工薪酬　　　　　　　　　　　　　　　　　　　　　　　　20 000
  贷：银行存款　　　　　　　　　　　　　　　　　　　　　　　　　　20 000

（二）合同履约成本及销售收入的账务处理

企业对已确认为资产的合同履约成本，应当采用与该资产相关的商品收入确认相同的基础进行摊销，计入当期损益。

企业发生合同履约成本时，借记"合同履约成本"科目，贷记"银行存款""原材料""应付职工薪酬"等科目。

借：合同履约成本
　　贷：银行存款
　　　　原材料
　　　　应付职工薪酬等

对合同履约成本进行摊销时，借记"主营业务成本""其他业务成本"等科目，贷记"合同履约成本"科目。涉及增值税的，还应进行相应的处理。

借：主营业务成本／其他业成本
　　贷：合同履约成本

真题链接

【初级会计师考试真题·多选题】某公司经营一家健身俱乐部。20××年1月1日，与客户签订合同，并收取客户会费6 000元。客户可在未来12个月内享受健身服务，且没有次数限制。不考虑增值税等其他因素，下列各项中，该公司相关会计处理表述正确的有（　　）。
A.1月1日收到会费确认合同负债6 000元
B.1月1日收到会费确认预计负债6 000元
C.1月31日确认主营业务收入的金额为530元
D.1月31日确认主营业务收入的金额为500元
【答案】AD

【例4-1-15】建兴公司向南方公司提供安装中央空调的服务，合同总收入为200 000元，至年底已预收160 000元，实际发生安装费用90 000元（假设均为安装人员薪酬），估计还将发生安装费用30 000元。该项业务对建兴公司来说属于在某一时段内履行的履约义务，假设建兴公司按实际发生的成本占估计总成本的比例确定安装服务的履约进度。

建兴公司的账务处理如下。

实际成本占估计总成本的比例＝90 000／（90 000＋30 000）×100％＝75％。

截至本年年底应确认的收入＝200 000×75％＝150 000（元）。

（1）预收服务款。

借：银行存款	160 000
贷：合同负债	160 000

（2）实际发生成本。

借：合同履约成本	90 000
贷：应付职工薪酬	90 000

（3）年底确认收入并结转成本。

借：合同负债	159 000
贷：主营业务收入	150 000
应交税费——应交增值税（销项税额）	9 000
借：主营业务成本	90 000
贷：合同履约成本	90 000

【业务解析】

（1）业务1，鸿达公司因签订该客户合同而向销售人员支付的佣金属于取得合同发生的增量成本，应当将其作为合同取得成本确认为一项资产；鸿达公司聘请外部律师进行尽职调查发生的支出、为投标发生的差旅费以及向销售部门经理支付的年度奖金（不能直接归属于可识别的合同）不属于增量成本，应当于发生时直接计入当期损益。

①支付与取得合同相关费用。

借：合同取得成本	30 000
管理费用	45 000
贷：银行存款	85 000

②每月确认服务收入，摊销销售佣金。

每月服务收入 =240 000÷12=20 000（元）。

每月销售佣金摊销额 =30 000÷10÷12=250（元）。

借：应收账款	21 200	
贷：主营业务收入		20 000
应交税费——应交增值税（销项税额）		1 200
借：销售费用	250	
贷：合同取得成本		250

③确认销售部门经理奖金。

借：销售费用	20 000	
贷：应付职工薪酬		20 000

④发放销售部门经理奖金。

借：应付职工薪酬	20 000	
贷：银行存款		20 000

（2）业务2。

① 20×2年12月31日。

a.实际发生劳务成本。

借：合同履约成本	180 000	
贷：应付职工薪酬		180 000

b.确认劳务收入并结转劳务成本。

20×2年12月31日确认的劳务收入 =1 000 000×30%=300 000（元）。

借：银行存款	327 000	
贷：主营业务收入		300 000
应交税费——应交增值税（销项税额）		27 000
借：主营业务成本	180 000	
贷：合同履约成本		180 000

② 20×3年1月31日。

a.实际发生劳务成本。

借：合同履约成本	300 000	
贷：应付职工薪酬		300 000

b.确认劳务收入并结转劳务成本。

20×3年1月31日确认的劳务收入 =1 000 000×（80%−30%）=500 000（元）。

借：银行存款	545 000	
贷：主营业务收入		500 000
应交税费——应交增值税（销项税额）		45 000
借：主营业务成本	300 000	
贷：合同履约成本		300 000

③ 20×3年2月28日。

a.实际发生劳务成本。

借：合同履约成本	120 000	
贷：应付职工薪酬		120 000

b.确认劳务收入并结转劳务成本。

20×3年1月31日确认的劳务收入 =1 000 000×（100%−80%）=200 000（元）。

借：银行存款	218 000	

贷：主营业务收入	200 000
应交税费——应交增值税（销项税额）	18 000
借：主营业务成本	120 000
贷：合同履约成本	120 000

（3）业务3。

① 20×2年12月1日收到预收款。

借：银行存款	127 200
贷：合同负债	120 000
应交税费——待转销项税额	7 200

② 未来12个月，每月末确认收入，同时将对应的待转销项税额确认为销项税额。

借：合同负债	10 000
应交税费——待转销项税额	600
贷：主营业务收入	10 000
应交税费——应交增值税（销项税额）	600

【拓展训练】

宜家装饰有限公司（以下简称"宜家公司"）为增值税一般纳税人，装修服务适用增值税税率为9%。20×2年12月1日，宜家公司与东方公司签订一项为期3个月的装修合同，合同约定装修价款为200 000元，增值税税额为18 000元，装修费用每月末按完工进度支付。20×2年12月31日，经专业测量师测量后，确定该项劳务的完工程度为30%，东方公司按完工进度支付价款及相应的增值税款。截至20×2年12月31日，宜家公司为完成该合同累计发生劳务成本36 000元（假设均为装修人员薪酬），估计还将发生劳务成本84 000元。

20×3年1月31日，经专业测量师测量后，确定该项劳务的完工程度为80%；东方公司按完工进度支付价款，同时支付对应的增值税款。20×3年1月，为完成该合同发生劳务成本60 000元（假设均为装修人员薪酬），为完成该合同估计还将发生劳务成本24 000元。

20×3年2月28日，装修完工；东方公司验收合格，按完工进度支付价款，同时支付对应的增值税款。20×3年2月，为完成该合同发生劳务成本24 000元（假设均为装修人员薪酬）。

假设该业务属于宜家公司的主营业务，全部由其自行完成；该装修服务构成单项履约义务，并属于在某一时段内履行的履约义务；宜家公司按照实际测量的完工进度确定履约进度。

任务：做出以上业务的账务处理。

【归纳总结】

收入的确认与计量步骤

经济业务	会计处理
合同取得成本的账务处理	（1）支付与取得合同相关的费用。 借：合同取得成本 　　贷：银行存款 　　　　应付职工薪酬 （2）摊销佣金。 借：销售费用 　　贷：合同取得成本
合同履约成本的账务处理	（1）实际发生成本。 借：合同履约成本 　　贷：银行存款 　　　　原材料 　　　　应付职工薪酬等 （2）确认收入。 借：银行存款/合同负债 　　贷：主营业务收入 　　　　应交税费——应交增值税（销项税额） （3）摊销合同履约成本。 借：主营业务成本/其他业成本 　　贷：合同履约成本

项目二

费用业务核算

4.2.1 营业成本核算

【典型业务】

华兴公司专门从事办公家具生产与销售,为增值税一般纳税人,目前主要生产甲、乙两种产品。20×2年12月相关销售业务如下。

业务1. 12月5日,向南方公司销售一批家具,开出的增值税专用发票上注明的价款为60 000元,增值税税额为7 800元;该批商品的成本为40 000元;南方公司收到家具并验收入库,款项未支付。

业务2. 12月16日,向顺达公司销售一批原材料,价款为100 000元,增值税税额为13 000元;该批原材料的实际成本为80 000元;当日,顺达公司收到原材料并验收入库,款项通过银行转账支付。

业务3. 12月20日,销售一批包装物给东方公司,销售价款为50 000元,增值税税额为6 500元,款项已存入银行;该批包装物成本为36 000元;东方公司于当日将包装物验收入库。

业务4. 月末将营业成本转入"本年利润"科目。

任务:根据以上业务作出正确账务处理。

【知识链接】

费用包括企业日常活动所发生的经济利益的总流出,主要指企业为取得营业收入进行产品销售等营业活动所发生的营业成本、税金及附加和期间费用(图4-2)。费用应按照权责发生制确认,凡应属于本期发生的费用,不论其款项是否支付,均确认为本期费用;反之,不属于本期发生的费用,即使其款项已在本期支付,也不确认为本期费用。

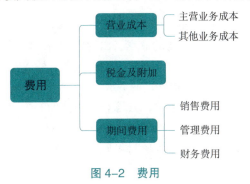

图4-2 费用

划重点

主营业务和其他业务是相对而言的,企业应当根据自身经营业务进行划分。如设备租赁业务,在以出租业务为主的租赁公司,属于公司的主营业务;而对于其他企业来说,属于其他业务。

主营业务成本核算

营业成本包括主营业务成本和其他业务成本,是指企业为生产产品、提供服务等发生的可归属于产品成本、服务成本等的费用。企业应当在确认销售商品收入、提供劳务收入等时,将已销售商品、已提供劳务的成本确认为主营业务成本或其他业务成本。

一、主营业务成本

主营业务成本,是指企业销售商品、提供劳务等经营性活动所发生的成本。企业一般在确认销售商品、提供劳务等主营业务收入时,或在月末,将已销售商品、已提供劳务的成本转入主营业务成本。

企业应当设置"主营业务成本"科目,按主营业务的种类进行明细核算,用于核算企业因销售商品、提供劳务或让渡资产使用权等日常活动而发生的实际成本,借记该科目,贷记"库存商品""合同履约成本"等科目。如果对外销售商品存在尚未转销的存货减值准备,还应当按照销售的份额,借记"存货跌价准备"科目,结转存货跌价准备。

借:主营业务成本
　　贷:库存商品
　　　　合同履约成本

期末,将主营业务成本的余额转入"本年利润"科目,借记"本年利润"科目,贷记该科目,结转后,"主营业务成本"科目无余额。

借:本年利润
　　贷:主营业务成本

【例4-2-1】20×2年12月10日,华兴公司销售商品给北方公司,开出的增值税专用发票上注明的价款为100 000元,增值税税额为13 000元,该商品成本为80 000元,已提存货跌价准备10 000元。当日,北方公司将商品验收入库,并支付了相关款项。华兴公司的账务处理如下。

(1)确认收入。

借:银行存款　　　　　　　　　　　　　　　　　　　　113 000
　　贷:主营业务收入　　　　　　　　　　　　　　　　　　100 000
　　　　应交税费——应交增值税(销项税额)　　　　　　　 13 000

(2)结转成本。

借:主营业务成本　　　　　　　　　　　　　　　　　　 70 000
　　存货跌价准备　　　　　　　　　　　　　　　　　　 10 000
　　贷:库存商品　　　　　　　　　　　　　　　　　　　 80 000

(3)月末结转成本。

借:本年利润　　　　　　　　　　　　　　　　　　　　 70 000
　　贷:主营业务成本　　　　　　　　　　　　　　　　　 70 000

二、其他业务成本

其他业务成本,是指企业确认的除主营业务活动以外的其他日常经营活动所发生的支出。其他业务成本包括销售原材料或包装物的成本、出租固定资产的折旧额、出租无形资产的摊销额、出租包装物的成本或摊销额等;投资性房地产出售时的成本以及采用成本模式计量投资性房地产的折旧额或摊销额,也构成其他业务成本。

企业应当设置"其他业务成本"科目,核算企业确认的除主营业务活动以外的其他日常经营活动所发生的支出。"其他业务成本"科目按其他业务成本的种类进行明细核算。企业发生的其他业务成本,借记本科目,贷记"原材料""周转材料""累计折旧""累计摊销""投资性房地产累计折旧"等科目。

借：其他业务成本
　　贷：原材料/周转材料
　　　　累计折旧/累计摊销
　　　　投资性房地产累计折旧/累计摊销

期末，"其他业务成本"科目余额转入"本年利润"科目，结转后，"其他业务成本"科目无余额。

借：本年利润
　　贷：其他业务成本

【多选题】下列各项中，属于制造业企业其他业务成本核算内容的有（　　）。
A. 随同商品出售而不单独计价的包装物成本
B. 出借包装物的摊销额
C. 随同商品出售且单独计价的包装物成本
D. 出租包装物的摊销额
【答案】CD
【解析】选项 A、B 计入销售费用。

【业务解析】

（1）业务1，销售家具。

借：应收账款	67 800
贷：主营业务收入	60 000
应交税费——应交增值税（销项税额）	7 800
借：主营业成本	40 000
贷：库存商品	40 000

（2）业务2，销售材料。

借：银行存款	113 000
贷：其他业务收入	100 000
应交税费——应交增值税（销项税额）	13 000
借：其他业务成本	80 000
贷：原材料	80 000

（3）业务3，销售包装物。

借：银行存款	565 00
贷：其他业务收入	50 000
应交税费——应交增值税（销项税额）	6 500
借：其他业务成本	36 000
贷：周转材料——包装物	36 000

（4）业务4，月末结转。

借：本年利润	40 000
贷：主营业务成本	40 000
借：本年利润	116 000
贷：其他业务成本	116 000

【拓展训练】

鸿雁公司20×2年12月有关销售业务如下。

业务1. 12月5日，因销售商品领用单独计价包装物，计划成本为40 000元，销售收入为50 000元，增值税税额为8 000元，款项已存入银行。该包装物的材料成本差异率为-5%。

业务2. 12月10日，向南方公司销售商品20 000件，单位售价为20元（不含增值税），单位成本为10元，给予南方公司10%的商业折扣；南方公司于销售当日收到商品并验收入库，款项通过银行转账支付。

业务3. 12月30日，将作为投资性房地产的一栋写字楼出售给北方公司，合同价款为10 000 000元，北方公司以银行存款支付。出售时，该栋写字楼的成本为8 000 000元，已计提折旧2 000 000元。

任务：做出以上业务销售当日及月末结转损益的账务处理。

【归纳总结】

营业成本的账务处理

经济业务	会计处理
主营业务成本核算	（1）结转销售成本等。 借：主营业务成本 　　贷：库存商品 　　　　合同履约成本 （2）期末，将主营业务成本余额转入"本年利润"科目。 借：本年利润 　　贷：主营业务成本
其他业务成本核算	（1）结转销售材料成本、计提出租包装物的成本、计提固定资产折旧额、计提无形资产摊销额等。 借：其他业务成本 　　贷：原材料 　　　　周转材料 　　　　累计折旧 　　　　累计摊销 　　　　投资性房地产累计折旧/累计摊销 （2）期末，将其他业务成本余额转入"本年利润"科目。 借：本年利润 　　贷：其他业务成本

4.2.2 税金及附加核算

【典型业务】

业务1. 20×2年12月31日，韵致公司计提当期消费税。当月销售自产的高档化妆品，价款为1 000 000元（不含增值税），消费税税率为15%，销售当期确认收入。20×3年1月7日，缴纳上述消费税。

业务2. 20×2年12月31日，华兴公司计提城市维护建设税和教育费附加，当月华兴公司实际缴纳增值税700 000元、消费税300 000元，城市维护建设税税率为7%，教育费附加征收率为3%。20×3年1月10日，缴纳上述城市维护建设税和教育费附加。

业务3. 20×2年12月31日，华兴公司计提房产税、城镇土地使用税、车船税和矿产资源补偿费分别为1 000 000元、600 000元、300 000元和100 000元。20×3年1月12日，缴纳上述税费。

任务：根据以上业务做出正确的账务处理。

【知识链接】

税金及附加，是指企业经营活动应负担的相关税费，包括消费税、城市维护建设税、教育费附加、资源税、房产税、城镇土地使用税、车船税、印花税、土地增值税等。

> 注意：只有房地产开发企业销售自行开发的不动产缴纳的土地增值税通过"税金及附加"科目核算；非房地产开发企业销售作为固定资产核算的不动产，缴纳的土地增值税通过"固定资产清理"科目核算，最终影响"资产处置损益"科目。

划重点
车辆购置税、契税、耕地占用税、烟叶税、关税等，直接计入资产成本，不通过"税金及附加"科目核算。

一、科目设置

企业应当设置"税金及附加"科目，核算企业经营活动发生的消费税、城市维护建设税、教育费附加、资源税、房产税、城镇土地使用税、车船税、印花税等相关税费。借方表示税金及附加金额的增加，贷方表示税金及附加金额的减少，期末余额转入"本年利润"科目，结转后无余额。

税金及附加的核算

税金及附加	
借方	贷方
①企业发生的相关税费的金额	①期末转入"本年利润"科目的金额
期末无余额	

二、账务处理

企业按规定计算确定的与经营活动相关的消费税、城市维护建设税、资源税、教育费附加、房产税、城镇土地使用税、车船税等税费，应借记"税金及附加"科目，贷记"应交税费"科目。

借：税金及附加

划重点
印花税、车辆购置税、契税、耕地占用税均不通过"应交税费"科目核算。

  贷：应交税费——应交消费税
      ——应交城市维护建设税
      ——应交教育费附加
      ——应交地方教育附加
      ——应交资源税
      ——应交土地增值税
      ——应交房产税
      ——应交车船税
      ——应交城镇土地使用税

  企业缴纳的印花税，不会发生应付未付税款的情况，不需要预计应纳税金额，于购买印花税票时，直接借记"税金及附加"科目，贷记"银行存款"科目。

借：税金及附加
  贷：银行存款等

  期末，应将"税金及附加"科目余额转入"本年利润"科目，结转后，"税金及附加"科目无余额。

借：本年利润
  贷：税金及附加

【例4-2-2】20×2年12月，华兴公司取得应纳消费税商品收入200 000元，该商品适用的消费税税率为30%。华兴公司12月应缴纳消费税的相关会计科目处理如下。

（1）计算应交消费税额。

消费税税额=200 000×30%=60 000（元）。

借：税金及附加   60 000
  贷：应交税费——应交消费税   60 000

（2）缴纳税费。

借：应交税费——应交消费税   60 000
  贷：银行存款   60 000

（3）期末结转。

借：本年利润   60 000
  贷：税金及附加   60 000

【例4-2-3】20×2年12月，华兴公司当月实际缴纳增值税500 000元，销售应税消费品实际缴纳消费税200 000元。华兴公司适用的城市维护建设税税率为7%，教育费附加征收率为3%，不考虑其他因素。华兴公司12月应缴纳城市维护建设税和教育费附加的相关会计科目处理如下。

（1）计算确认应交城市维护建设税和教育费附加。

城市维护建设税税额=（500 000+200 000）×7%=49 000（元）。

教育费附加=（500 000+200 000）×3%=21 000（元）。

借：税金及附加   70 000
  贷：应交税费——应交城市维护建设税   49 000
      ——应交教育费附加   21 000

（2）缴纳税费。

借：应交税费——应交城市维护建设税   49 000
    ——应交教育费附加   21 000
  贷：银行存款   70 000

（3）期末结转。

借：本年利润　　　　　　　　　　　　　　　　　　　　　　　70 000
　　贷：税金及附加　　　　　　　　　　　　　　　　　　　　　　　70 000

【单选题】20×2年12月，某公司发生相关税金及附加如下：城市维护建设税为3.5万元，教育费附加为1.5万元，房产税为20万元，契税为3万元，不考虑其他因素。20×2年12月利润表"税金及附加"项目本期金额为（　　）万元。
A. 27　　　　　B. 23　　　　　C. 25　　　　　D. 5
【答案】C
【解析】应记入"税金及附加"科目的金额 = 3.5+1.5+20 = 25（万元）。契税应当计入相关资产的成本，不计入"税金及附加"科目。

真题链接

【初级会计师考试真题·单选题】下列各项中，企业发生的相关税费应通过"税金及附加"科目核算的是（　　）。
A. 应代扣代缴的个人所得税
B. 应缴纳的企业所得税
C. 应缴纳的增值税
D. 应缴纳的城市维护建设税
【答案】D

【业务解析】

（1）业务1。
①计提消费税。
应交消税费 = 1 000 000×15% = 150 000（元）。
借：税金及附加　　　　　　　　　　　　　　　　　　　　　　150 000
　　贷：应交税费——应交消费税　　　　　　　　　　　　　　　　150 000
②实际缴纳。
借：应交税费——应交消费税　　　　　　　　　　　　　　　　150 000
　　贷：银行存款　　　　　　　　　　　　　　　　　　　　　　　150 000

（2）业务2。
①计提城市维护建设税和教育费附加。
借：税金及附加　　　　　　　　　　　　　　　　　　　　　　100 000
　　贷：应交税费——应交城市维护建设税　　　　　　　　　　　　70 000
　　　　　　　　——应交教育费附加　　　　　　　　　　　　　　30 000
②实际缴纳。
借：应交税费——应交城市维护建设税　　　　　　　　　　　　70 000
　　　　　　——应交教育费附加　　　　　　　　　　　　　　　30 000
　　贷：银行存款　　　　　　　　　　　　　　　　　　　　　　　100 000

（1）业务3。
①计提房产税、城镇土地使用税等。
借：税金及附加　　　　　　　　　　　　　　　　　　　　　2 000 000
　　贷：应交税费——应交房产税　　　　　　　　　　　　　　1 000 000
　　　　　　　　——应交城镇土地使用税　　　　　　　　　　　600 000
　　　　　　　　——应交车船税　　　　　　　　　　　　　　　300 000
　　　　　　　　——矿产资源补偿费　　　　　　　　　　　　　100 000
②实际缴纳。
借：应交税费——应交房产税　　　　　　　　　　　　　　　1 000 000
　　　　　　——应交城镇土地使用税　　　　　　　　　　　　600 000
　　　　　　——应交车船税　　　　　　　　　　　　　　　　300 000
　　　　　　——矿产资源补偿费　　　　　　　　　　　　　　100 000
　　贷：银行存款　　　　　　　　　　　　　　　　　　　　　2 000 000

【拓展训练】

业务 1. 20×2 年 12 月 20 日，韵致公司将所生产的高档化妆品用于发放职工福利，售价为 100 万元（不含增值税），成本为 80 万元，增值税税率为 13%，消费税税率为 15%。其中管理人员、生产工人、车间管理人员和销售人员各占 10%、20%、30% 和 40%。

业务 2. 20×2 年 12 月 31 日，北方公司计提本月房产税、城镇土地使用税、车船税分别为 100 万元、60 万元、40 万元。下月初用银行存款缴纳上述税款。

业务 3. 20×2 年 12 月 31 日，北方公司计提城市维护建设税和教育费附加；当月北方公司实际缴纳增值税 500 000 元、消费税 100 000 元，城市维护建设税税率为 7%，教育费附加征收率为 3%。下月初用银行存款缴纳上述税款。

任务：做出以上业务的账务处理。

【归纳总结】

税金及附加的账务处理

经济业务	会计处理
企业计提消费税、城市维护建设税等税费	借：税金及附加 　　贷：应交税费——应交消费税 　　　　　　　　——应交城市维护建设税 　　　　　　　　——应交教育费附加 　　　　　　　　——应交地方教育附加 　　　　　　　　——应交资源税 　　　　　　　　——应交土地增值税 　　　　　　　　——应交房产税 　　　　　　　　——应交车船税 　　　　　　　　——应交城镇土地使用税
缴纳印花税	借：税金及附加 　　贷：银行存款等
期末，将税金及附加余额转入"本年利润"科目	借：本年利润 　　贷：税金及附加

4.2.3 期间费用核算

【典型业务】

华兴公司专门从事办公家具生产与销售,为增值税一般纳税人,目前主要生产甲、乙两种产品。20×2年12月相关费用支出如下。

业务1.12月2日,采购办公用品一批,取得增值税专用发票,价款为10 000元,增值税税额为1 300元,用银行存款支付。

业务2.12月5日,因销售商品发生运费20 000元、增值税1 800元;发生保险费30 000元、增值税1 800元。以上款项均用银行存款支付。

业务3.12月15日,向银行支付业务结算手续费60元。

业务4.12月31日,计提销售人员工资薪酬120 000元,计提行政管理人员工资薪酬80 000元。

业务5.12月31日,计提行政办公大楼折旧费50 000元,销售部房屋折旧费6 000元。

业务6.月末将本月发生的管理费用、销售费用、财务费用,结转至"本年利润"科目。

任务:根据以上业务做出正确的账务处理。

【知识链接】

期间费用,是指企业日常活动发生的不能计入特定核算对象的成本,而应计入发生当期损益的费用,包括销售费用、管理费用和财务费用。

期间费用是企业日常活动中所发生的经济利益的流出,通常不计入特定的成本核算对象,这是因为期间费用是企业为组织和管理整个经营活动所发生的费用,与可以确定特定成本核算对象的材料采购、产成品生产等没有直接关系,所以于发生时直接计入当期损益。

一、销售费用

销售费用,是指企业在销售商品和材料、提供服务的过程中发生的各种费用,包括企业在销售商品的过程中发生的保险费、包装费、展览费、广告费、商品维修费、预计产品质量保证损失、运输费、装卸费等,以及为销售本企业商品而专设的销售机构(含销售网点、售后服务网点等)的职工薪酬、业务费、折旧费等经营费用。企业发生的与专设销售机构相关的固定资产修理费用等后续支出也属于销售费用。销售费用是与企业销售商品活动有关的费用,但不包括销售商品本身的成本,该成本属于主营业务成本。

企业应设置"销售费用"科目,核算销售费用的发生和结转情况。该科目借方登记企业所发生的各项销售费用,贷方登记期末转入"本年利润"科目的销售费用,结转后,"销售费用"科目应无余额。"销售费用"科目应按销售费用的费用项目进行明细核算。

划重点

随同商品出售而不单独计价的包装物成本、出借包装物的成本,应在发生时计入销售费用;委托代销商品所支付的手续费计入销售费用。

微课扫一扫

销售费用

销售费用	
借方	贷方
①经营中发生的销售费用金额	①转入"本年利润"科目的销售费用金额
期末无余额	

企业发生销售费用的有关支出时,借记"销售费用"科目,如果取得可抵扣的增值税发票,

还应借记"应交税费——应交增值税（进项税额）"科目，贷记"银行存款""应付职工薪酬"等科目。

借：销售费用
　　应交税费——应交增值税（进项税额）
　　贷：银行存款
　　　　应付职工薪酬
　　　　累计折旧

期末，应将"销售费用"科目余额转入"本年利润"科目，结转后，"销售费用"科目无余额。

借：本年利润
　　贷：销售费用

【例 4-2-4】20×2 年 12 月 15 日，华兴公司支付广告宣传费 20 000 元、增值税 1 200 元，取得增值税专用发票，款项以银行存款支付。华兴公司的账务处理如下。

（1）确认销售费用支出。

借：销售费用　　　　　　　　　　　　　　　　　　　　　　　20 000
　　应交税费——应交增值税（进项税额）　　　　　　　　　　 1 200
　　贷：银行存款　　　　　　　　　　　　　　　　　　　　　　21 200

（2）期末结转销售费用。

借：本年利润　　　　　　　　　　　　　　　　　　　　　　　20 000
　　贷：销售费用　　　　　　　　　　　　　　　　　　　　　　20 000

【多选题】下列各项中，企业应通过"销售费用"科目核算的有（　　）。
A. 专设的售后服务网点的人员工资
B. 销售商品发生的装卸费
C. 专设的销售网点的折旧费
D. 销售商品代垫的运杂费
【答案】ABC
【解析】选项 D，销售商品代垫的运杂费应计入"应收账款"科目。

> 真题链接
>
> 【初级会计师考试真题·单选题】下列各项中，企业应计入销售费用的是（　　）。
> A. 随同商品出售且单独计价的包装物成本
> B. 预计产品质量保证损失
> C. 因产品质量原因给予客户的销售折让
> D. 行政管理部门人员报销的差旅费
> 【答案】B

二、管理费用

管理费用，是指企业为组织和管理生产经营发生的各种费用，包括企业在筹建期间发生的开办费、董事会和行政管理部门在企业的经营管理中发生的以及应由企业统一负担的公司经费（包括行政管理部门职工薪酬、物料消耗、低值易耗品摊销、办公费和差旅费等）、行政管理部门负担的工会经费、董事会费（包括董事会成员津贴、会议费和差旅费等）、聘请中介机构费、咨询费（含顾问费）、诉讼费、业务招待费、技术转让费、研究费用等。企业行政管理部门发生的固定资产修理费用等后续支出，也作为管理费用核算。

企业应设置"管理费用"科目，核算管理费用的发生和结转情况。"管理费用"科目借方登记企业发生的各项管理费用，贷方登记期末转入"本年利润"科目的管理费用，结转后，"管理费用"科目应无余额。"管理费用"科目按管理费用的费用项目进行明细核算。商品流通企业管理费用不多的，可不设置"管理费用"科目，相关核算内容可并入"销售费用"科目核算。

> 划重点
>
> 不符合固定资产资本化后续支出条件的固定资产日常修理费用，在发生时应当按照受益对象计入当期损益或计入相关资产的成本。与存货的生产和加工相关的固定资产日常修理费用按照存货成本确定原则进行处理，行政管理部门、企业专设的销售机构等发生的固定资产日常修理费用按照功能分类计入管理费用或销售费用。

管理费用

借方	贷方
①经营中发生的管理费用金额	①转入"本年利润"科目的管理费用金额
期末无余额	

企业发生管理费用的有关支出时，借记"管理费用"科目，如果取得可抵扣的增值税发票，还应借记"应交税费——应交增值税（进项税额）"科目，贷记"银行存款""应付职工薪酬""累计折旧"等科目。

借：管理费用
　　应交税费——应交增值税（进项税额）
　　贷：银行存款
　　　　应付职工薪酬
　　　　累计折旧
　　　　累计摊销

期末，应将"管理费用"科目余额转入"本年利润"科目，结转后，"销售费用"科目无余额。

借：本年利润
　　贷：管理费用

【例 4-2-5】 20×2 年 12 月，华兴公司行政管理部门共发生费用 200 000 元，其中：管理人员薪酬合计 120 000 元，管理用设备折旧 50 000 元，报销管理人员差旅费 20 000 元，业务招待费 10 000 元，差旅费与业务招待费均以银行存款支付。华兴公司的账务处理如下。

（1）确认管理费用支出。

借：管理费用　　　　　　　　　　　　　　　　　　200 000
　　贷：银行存款　　　　　　　　　　　　　　　　　 30 000
　　　　应付职工薪酬　　　　　　　　　　　　　　　120 000
　　　　累计折旧　　　　　　　　　　　　　　　　　 50 000

（2）期末结转管理费用。

借：本年利润　　　　　　　　　　　　　　　　　　200 000
　　贷：管理费用　　　　　　　　　　　　　　　　　200 000

三、财务费用

财务费用，是指企业为筹集生产经营所需资金等而发生的筹资费用，包括利息支出（减利息收入）、汇兑损益以及相关的手续费等。

企业应设置"财务费用"科目，核算财务费用的发生和结转情况。"财务费用"科目借方登记企业发生的各项财务费用，贷方登记期末转入"本年利润"科目的财务费用，结转后，"财务费用"科目应无余额。"财务费用"科目应按财务费用的费用项目进行明细核算。

财务费用	
借方	贷方
①经营中发生的财务费用金额	①转入"本年利润"科目的财务费用金额
期末无余额	

企业计提应向金融机构支付的利息时，应当增加企业财务费用，借记"财务费用"科目，贷记"应付利息"；如果利息不需要计提，直接支付，则借记"财务费用"科目，贷记"银行存款"科目。

借：财务费用
　　贷：应付利息 / 银行存款

企业有闲余资金存放于银行，收到利息时，应当冲减企业财务费用，借记"银行存款"科目，贷记"财务费用"科目。

借：银行存款
　　贷：财务费用

真题链接

【初级会计师考试真题·单选题】20×× 年 12 月，某企业发生经济业务如下：计提行政办公大楼折旧 40 万元，支付会计师事务所审计费 50 万元，发生业务招待费 60 万元。不考虑其他因素，该企业该年度 2 月确认的管理费用金额为（　　）万元。
A.90　　B.100
C.50　　D.150
【答案】D

划重点

发行股票的手续费不通过"财务费用"科目核算。应当抵减"资本公积——股本溢价"科目，"资本公积——股本溢价"科目不足抵减的，应当继续冲减"盈余公积"科目。

企业在金融机构办理业务,支付手续费时,应当借记"财务费用"科目,贷记"银行存款"科目。

借:财务费用
　　贷:银行存款

期末,应将"财务费用"科目余额转入"本年利润"科目,结转后,"财务费用"科目无余额。

借:本年利润
　　贷:财务费用

【例4-2-6】20×2年12月,华兴公司计提短期借款利息50 000元,支付银行办理业务手续费200元,收到闲余资金利息1 500元,华兴公司的财务处理如下。

(1)计提短期借款利息。

借:财务费用　　　　　　　　　　　　　　　　　　　　　　　　　50 000
　　贷:应付利息　　　　　　　　　　　　　　　　　　　　　　　　50 000

(2)支付手续费。

借:财务费用　　　　　　　　　　　　　　　　　　　　　　　　　　200
　　贷:应付利息　　　　　　　　　　　　　　　　　　　　　　　　200

(3)收到利息。

借:银行存款　　　　　　　　　　　　　　　　　　　　　　　　　1 500
　　贷:财务费用　　　　　　　　　　　　　　　　　　　　　　　1 500

(4)期末结转。

借:本年利润　　　　　　　　　　　　　　　　　　　　　　　　　48 700
　　贷:财务费用　　　　　　　　　　　　　　　　　　　　　　　48 700

> 真题链接
>
> 【初级会计师考试真题·多选题】下列各项中,属于"财务费用"科目核算内容的有( )。
> A. 支付公开发行普通股的佣金
> B. 支付的银行承兑汇票手续费
> C. 确认的财务部门人员薪酬
> D. 确认的生产经营用短期借款利息费用
>
> 【答案】BD

【业务解析】

(1)业务1,采购办公用品。

借:管理费用　　　　　　　　　　　　　　　　　　　　　　　　　10 000
　　应交税费——应交增值税(进项税额)　　　　　　　　　　　　1 300
　　贷:银行存款　　　　　　　　　　　　　　　　　　　　　　　11 300

(2)业务2,支付运输费、保险费。

借:销售费用　　　　　　　　　　　　　　　　　　　　　　　　　50 000
　　应交税费——应交增值税(进项税额)　　　　　　　　　　　　3 600
　　贷:银行存款　　　　　　　　　　　　　　　　　　　　　　　53 600

(3)业务3,向银行支付业务结算手续费。

借:财务费用　　　　　　　　　　　　　　　　　　　　　　　　　　60
　　贷:银行存款　　　　　　　　　　　　　　　　　　　　　　　　60

(4)业务4,计提人员工资。

借:销售费用　　　　　　　　　　　　　　　　　　　　　　　　　120 000
　　管理费用　　　　　　　　　　　　　　　　　　　　　　　　　80 000
　　贷:应付职工薪酬　　　　　　　　　　　　　　　　　　　　　200 000

(5)业务5,计提折旧。

借:管理费用　　　　　　　　　　　　　　　　　　　　　　　　　50 000
　　销售费用　　　　　　　　　　　　　　　　　　　　　　　　　6 000
　　贷:累计折旧　　　　　　　　　　　　　　　　　　　　　　　56 000

（6）业务6，结转"管理费用"等。

借：本年利润　　　　　　　　　　　　　　　　　316 060
　　贷：管理费用　　　　　　　　　　　　　　　　140 000
　　　　销售费用　　　　　　　　　　　　　　　　176 000
　　　　财务费用　　　　　　　　　　　　　　　　　　　60

【拓展训练】

鸿雁公司20×2年12月有关费用支出业务如下。

业务1. 12月2日，因促销商品，发生广告费100 000元，增值税为6 000元，用银行存款支付。

业务2. 12月5日，行政管理部门用银行存款支付接待客户的住宿费和餐费，取得的增值税专用发票上注明的住宿费为12 000元，增值税税额为720元，取得的增值税普通发票上注明的餐费为2 000元，增值税税额为120元。

业务3. 12月30日，收到开户银行转来活期存款利息清单1 000元。

业务4. 12月31日，计提销售人员薪酬100 000元、销售部专用办公设备和房屋的折旧费50 000元、业务费70 000元（用银行存款支付）。

业务5. 月末将本月发生的管理费用、销售费用、财务费用结转至"本年利润"科目。

任务：做出以上业务的账务处理。

【归纳总结】

期间费用的账务处理

经济业务		会计处理
销售费用	销售商品及专设销售机构发生支出	借：销售费用 　　应交税费——应交增值税（进项税额） 贷：银行存款 　　应付职工薪酬 　　累计折旧
	期末，将销售费用余额转入"本年利润"科目	借：本年利润 贷：销售费用
管理费用	日常行政管理支出等	借：管理费用 　　应交税费——应交增值税（进项税额） 贷：银行存款 　　应付职工薪酬 　　累计折旧 　　累计摊销
	期末，将管理费用余额转入"本年利润"科目	借：本年利润 贷：管理费用
财务费用	计提利息	借：财务费用 贷：应付利息
	支付金融机构手续费	借：财务费用 贷：银行存款
	期末，将财务费用余额转入"本年利润"科目	借：本年利润 贷：财务费用

项目三

利润业务核算

4.3.1 利润核算

【典型业务】

华兴公司专门从事办公家具生产与销售,为增值税一般纳税人,目前主要生产甲、乙两种产品,所得税税率为25%。20×3年主要业务数据如下。

20×3年的销售商品收入为12 000 000元,销售商品成本为7 000 000元,销售过程中发生广告宣传费200 000元、管理人员工资300 000元、短期借款利息费用50 000元、债券投资收益300 000元、资产减值损失500 000元、公允价值变动损益800 000元(收益),因自然灾害发生固定资产毁损的净损失200 000元,因违约支付罚款150 000元,接受现金捐赠50 000元。假设当期无所得税调整项目。

任务1:根据业务计算华兴公司20×3年营业利润;
任务2:根据业务计算华兴公司20×3年利润总额;
任务3:根据业务计算华兴公司20×3年净利润。

【知识链接】

利润,是指企业在一定会计期间的经营成果,包括收入减去费用后的净额、直接计入当期损益的利得和损失等。利得,是指由企业非日常活动所形成的、会导致所有者权益增加的、与所有者投入资本无关的经济利益的流入。损失,是指由企业非日常活动所发生的、会导致所有者权益减少的、与向所有者分配利润无关的经济利益的流出。

划重点

小技巧:营业利润的计算公式可以通过排除法记忆,即除了营业外收支和所得税费用,其他损益类项目都应纳入营业利润的计算。

一、营业利润

营业利润,是指企业日常生产经营活动中所产生的利润,是企业最基本经营活动的成果。按照利润表的列报要求,营业利润的构成内容如下。

营业利润 = 营业收入 – 营业成本 – 税金及附加 – 销售费用 – 管理费用 – 研发费用 – 财务费用 + 其他收益 + 投资收益(– 投资损失)+ 净敞口套期收益(– 净敞口套期损失)+ 公允价值变动收益(– 公允价值变动损失)– 信用减值损失 – 资产减值损失 + 资产处置收益(– 资产处置损失)

利润核算

其中：

营业收入，是指企业经营业务所实现的收入总额，包括主营业务收入和其他业务收入；

营业成本，是指企业经营业务所发生的实际成本总额，包括主营业务成本和其他业务成本；

研发费用，是指企业计入管理费用的进行研究与开发过程中发生的费用化支出，以及计入管理费用的自行开发无形资产的摊销；

其他收益，主要是指与企业日常活动相关，除冲减相关成本费用以外的政府补助，以及其他应计入其他收益的内容；

投资收益（或损失），是指企业以各种方式对外投资所取得的收益（或损失）；

公允价值变动收益（或损失），是指企业交易性金融资产等公允价值变动形成的应计入当期损益的利得（或损失）；

信用减值损失，是指企业计提各项金融资产信用减值准备所确认的信用损失；

资产减值损失，是指企业计提有关资产减值准备所形成的损失；

资产处置收益（或损失）反映企业出售划分为持有待售的非流动资产（金融工具、长期股权投资和投资性房地产除外）或处置组（子公司和业务除外）时确认的处置利得或损失，以及处置未划分为持有待售的固定资产、在建工程、生产性生物资产及无形资产而产生的处置利得或损失，还包括非货币性资产交换中换出非流动资产产生的利得或损失。

真题链接

【初级会计师考试真题·单选题】某企业20××年发生经济业务如下：确认销售费用1 000万元，公允价值变动损失60万元，确认信用减值损失4万元，支付税收滞纳金26万元。不考虑其他因素，上述业务导致该企业该年度营业利润减少的金额为（　　）万元。
A.1 090　　B.1 064
C.1 086　　D.1 060
【答案】B

【单选题】下列各项中，影响营业利润的是（　　）。

A. 报废固定资产净损失

B. 税收罚款支出

C. 当期确认的所得税费用

D. 管理不善造成的库存现金短缺

【答案】D

【解析】选项A，计入营业外支出，不影响营业利润；选项B，计入营业外支出，不影响营业利润；选项C，计入所得税费用，不影响营业利润；选项D，计入管理费用，影响营业利润。

二、利润总额

利润总额，又称为税前利润，是营业利润加上营业外收入减去营业外支出后的金额，其计算公式如下：

利润总额＝营业利润＋营业外收入－营业外支出

划重点

小技巧：利润总额的计算公式可以通过排除法记忆，即除了所得税费用，其他损益类项目都应纳入利润总额的计算。

营业外收入，是指企业发生的与其日常活动无直接关系的各项利得。

营业外支出，是指企业发生的与其日常活动无直接关系的各项损失。

【多选题】下列各项中，引起企业当期利润总额增加的有（　　）。

A. 转回多计提的坏账准备

B. 出售单独计价的包装物收入

C. 银行存款的利息收入

D. 出售交易性金融资产取得的净收益

【答案】ABCD

【解析】选项A，冲减信用减值损失，增加利润总额；选项B，确认其他业务收入，增加利润总额；选项C，冲减财务费用，增加利润总额；选项D，确认投资收益，增加利润总额。

三、净利润

真题链接

【初级会计师考试真题·单选题】某公司20××年实现利润总额120万元，确认所得税费用30万元、其他综合收益税后净额8万元。不考虑其他因素，该公司该年实现的净利润为（　　）万元。
A.120　　B.128
C.90　　D.98
【答案】C

净利润，又称为税后利润，是利润总额扣除所得税费用后的净额，其计算公式如下：

净利润＝利润总额－所得税费用

其中，所得税费用是指企业确认的应从当期利润总额中扣除的所得税费用。

【例 4-2-7】 顺达公司 20×2 年发生的销售商品收入为 8 000 000 元，销售商品成本为 5 000 000 元，销售过程中发生广告宣传费用为 300 000 元、管理人员工资费用为 400 000 元、短期借款利息费用为 100 000 元、股票投资收益为 500 000 元、资产减值损失为 600 000 元、公允价值变动损益为 900 000 元（收益），因自然灾害发生固定资产的净损失为 200 000 元，因违约支付罚款 150 000 元，所得税费用为 662 500 元。求顺达公司 20×2 年的净利润。

营业利润 = 营业收入 − 营业成本 − 税金及附加 − 销售费用 − 管理费用 − 研发费用 − 财务费用 + 其他收益 + 投资收益（− 投资损失）+ 公允价值变动收益（− 公允价值变动损失）− 资产减值损失 + 资产处置收益（− 资产处置损失）

=8 000 000−5 000 000−300 000−400 000−100 000+500 000−600 000+900 000

=3 000 000（元）

利润总额 = 营业利润 + 营业外收入 − 营业外支出

=3 000 000−200 000−150 000

=2 650 000（元）

净利润 = 利润总额 − 所得税费用

=2 650 000−662 500

=1 987 500（元）

【单选题】 下列各项中，不影响净利润的是（　　）。

A. 固定资产盘盈

B. 转回已计提的坏账准备

C. 出租专利技术的摊销额

D. 确认应交的房产税

【答案】 A

【解析】 选项 A，计入"以前年度损益调整"科目；选项 B，冲减资产减值损失；选项 C，计入"其他业务成本"科目；选项 D，计入"税金及附加"科目。选项 B、C、D 都会影响净利润。

【业务解析】

20×2 年的销售商品收入为 12 000 000 元，销售商品成本为 7 000 000 元，销售过程中发生广告宣传费 200 000 元、管理人员工资 300 000 元、短期借款利息费用 50 000 元、债券投资收益 300 000 元、资产减值损失 500 000 元、公允价值变动损益 800 000 元（收益），因自然灾害发生固定资产毁损的净损失 200 000 元，因违约支付罚款 150 000 元，接受现金捐赠 50 000 元。

（1）任务 1。

营业利润 = 营业收入 − 营业成本 − 税金及附加 − 销售费用 − 管理费用 − 研发费用 − 财务费用 + 其他收益 + 投资收益（− 投资损失）+ 公允价值变动收益（− 公允价值变动损失）− 资产减值损失 + 资产处置收益（− 资产处置损失）

=12 000 000−7 000 000−200 000−300 000−50 000+300 000+800 000−500 000

=5 050 000（元）

（2）任务 2。

利润总额 = 营业利润 + 营业外收入 − 营业外支出

=5 050 000+50 000−200 000−150 000

=4 750 000（元）

（3）任务 3。

所得税费用=4 750 000×25%=1 187 500（元）
净利润＝利润总额－所得税费用
=4 750 000－1 187 500
=3 562 500（元）

【拓展训练】

鸿雁公司20×2年有关业务数据如下。

20×2年实现销售商品收入为8 000 000元，销售商品成本为3 500 000元，销售部门人员工资为150 000元，销售用房屋折旧为75 000元，管理人员工资为200 000元，取得利息收入10 000元，资产减值损失为400 000元，公允价值变动损益为500 000元（收益），出售固定资产净收益为200 000元，报废一项专利技术损失50 000元，接受现金捐赠30 000元。

任务1：根据业务计算鸿雁公司20×2年营业利润；
任务2：根据业务计算鸿雁公司20×2年利润总额；
任务3：根据业务计算鸿雁公司20×2年净利润。

【归纳总结】

利润的计算

净利润=利润总额 – 所得税费用

利润总额=营业利润 + 营业外收入 – 营业外支出其中

营业利润=营业收入 – 营业成本 – 税金及附加 – 销售费用 – 管理费用 – 研发费用 – 财务费用 + 其他收益 + 投资收益（ – 投资损失）+ 净敞口套期收益（ – 净敞口套期损失）+ 公允价值变动收益（ – 公允价值变动损失）– 信用减值损失 – 资产减值损失 + 资产处置收益（ – 资产处置损失）

4.3.2 营业外收支核算

【典型业务】

华兴公司专门从事办公家具生产与销售,为增值税一般纳税人,目前主要生产甲、乙两种产品。20×3年12月相关业务如下。

业务1.12月2日,无法查明原因的现金溢余10 000元,报经批准,计入当期损益。

业务2.12月5日,接受现金捐赠30 000元。

业务3.12月10日,收到顺达公司违约金40 000元,存入银行。

业务4.12月15日,因暴雪毁损一批材料,价值100 000元,获得保险公司赔偿80 000元,净损失转入当期损益。

业务5.12月20日,缴纳税收滞纳金22 000元。

业务6.12月30日,核销无法支付的应付账款20 000元。

业务7.12月31日,将本月"营业外收入"科目的余额转入"本年利润"科目。

业务8.12月31日,将本月"营业外支出"科目的余额转入"本年利润"科目。

任务:根据以上业务做出正确的账务处理。

【知识链接】

一、营业外收入

(一)营业外收入核算的内容

营业外收入,是指企业确认的与其日常活动无直接关系的各项利得。营业外收入并不是企业经营资金耗费所产生的,实际上是经济利益的净流入,不需要与有关的费用进行配比。营业外收入主要包括非流动资产毁损报废收益、与企业日常活动无关的政府补助、盘盈利得、捐赠利得等。

其中:

非流动资产毁损报废收益,是指因自然灾害等发生毁损、已丧失使用功能而报废非流动资产所产生的清理收益;

与企业日常活动无关的政府补助,是指企业从政府无偿取得货币性资产或非货币性资产,且与企业日常活动无关的利得;

盘盈利得,是指企业对现金等资产清查盘点时发生盘盈,报经批准后计入营业外收入的金额;

捐赠利得,是指企业接受捐赠产生的利得。

> 拓展:企业确实无法偿付的应付账款、企业经营活动中收取的各类违约金也通过营业外收入核算。

【多选题】下列各项中,企业应计入营业外收入的有(   )。

A. 收到外单位捐赠的防疫物资

解难点

对于存货的盘盈,报经批准后冲减管理费用;对于固定资产的盘盈,通过"以前年度损益调整"科目核算,报经批准后调整留存收益。

真题链接

【初级会计师考试真题·多选题】下列各项中,企业应通过"营业外收入"科目核算的有( )。
A. 盘盈周转材料
B. 转销确实无法清偿的应付账款
C. 转让商品使用权的使用费收入
D. 无法查明原因的现金溢余
【答案】BD

微课扫一扫

营业外收入

B. 对外出售机器设备的净收益
C. 出租无形资产的租金
D. 报废行政办公设备的净收益

【答案】AD

【解析】选项B，计入资产处置损益；选项C，计入其他业务收入。

（二）营业外收入的账务处理

> **划重点**
> 确认出售固定资产净收益时，借记"固定资产清理"科目，贷记"资产处置损益"科目。

企业应设置"营业外收入"科目，核算营业外收入的取得及结转情况。该科目贷方登记企业确认的营业外收入，借方登记期末将"营业外收入"科目余额转入"本年利润"科目的营业外收入，结转后，"营业外收入"科目无余额。"营业外收入"科目可按营业外收入项目进行明细核算。

营业外收入

借方	贷方
①转入"本年利润"科目的营业外收入金额	①经营中发生的营业外收入金额
	期末无余额

（1）企业确认处置非流动资产毁损报废收益时，借记"固定资产清理"科目，贷记"营业外收入"科目。

借：固定资产清理
　　贷：营业外收入

（2）企业确认库存现金盘盈利得时，借记"待处理财产损益"科目，贷记"营业外收入"科目。

借：待处理财产损益
　　贷：营业外收入

（3）企业确认捐赠利得或罚款利得时，借记"银行存款"等科目，贷记"营业外收入"科目。

借：银行存款
　　贷：营业外收入

（4）企业核销确实无法支付的应付账款时，借记"应付账款"科目，贷记"营业外收入"科目。

借：应付账款
　　贷：营业外收入

（5）期末，应将"营业外收入"科目余额转入"本年利润"科目，借记"营业外收入"科目，贷记"本年利润"科目。

借：营业外收入
　　贷：本年利润

【例4-2-8】20×2年12月，华兴公司发生如下业务。

（1）12月15日，将固定资产报废清理净收益6 000元转入营业外收入；
（2）12月16日，接受现金捐赠50 000元，存入银行；
（3）12月18日，盘盈现金200元，经批准转入营业外收入；
（4）12月31日，核销无法支付的应付账款30 000元。

华兴公司的账务处理如下。

（1）结转固定资产报废收益。

借：固定资产清理　　　　　　　　　　　　　　　　　　　　　　　6 000
　　贷：营业外收入　　　　　　　　　　　　　　　　　　　　　　6 000

（2）接收现金捐赠。

借：银行存款　　　　　　　　　　　　　　　　　　　50 000
　　贷：营业外收入　　　　　　　　　　　　　　　　　　　　50 000

（3）盘盈现金。

借：库存现金　　　　　　　　　　　　　　　　　　　　200
　　贷：待处理财产损益　　　　　　　　　　　　　　　　　　200

借：待处理财产损益　　　　　　　　　　　　　　　　　200
　　贷：营业外收入　　　　　　　　　　　　　　　　　　　　200

（4）核销应付账款。

借：应付账款　　　　　　　　　　　　　　　　　　　30 000
　　贷：营业外收入　　　　　　　　　　　　　　　　　　　　30 000

（5）期末结转营业外收入。

借：营业外收入　　　　　　　　　　　　　　　　　　86 200
　　贷：本年利润　　　　　　　　　　　　　　　　　　　　　86 200

二、营业外支出

（一）营业外支出的核算内容

营业外支出，是指企业发生的与其日常活动无直接关系的各项损失，主要包括非流动资产毁损报废损失、捐赠支出、盘亏损失、非常损失、罚款支出等。

其中：

非流动资产毁损报废损失，是指因自然灾害等发生毁损、已丧失使用功能而报废非流动资产所产生的清理损失；

捐赠支出，是指企业对外进行捐赠发生的支出；

非常损失，是指企业对于客观因素（如自然灾害等）造成的损失，扣除保险公司赔偿后应计入营业外支出的净损失；

盘亏损失，主要指对于财产清查盘点中盘亏的资产，查明原因并报经批准计入营业外支出的损失；

> **划重点**
> 确认出借固定资产净损失时，借记"资产处置损益"科目，贷记"固定资产清理"科目。

> 📢 注意：固定资产盘亏损失计入营业外支出。库存现金的盘亏损失，无法查明原因的部分，计入管理费用。存货的盘亏损失，属于一般经营损失的部分，计入管理费用；属于非常损失的部分，计入营业外支出。

罚款支出，是指企业支付的行政罚款、税务罚款，以及其他违反法律法规、合同协议等而支付的罚款、违约金、赔偿金等支出。

（二）营业外支出的账务处理

企业应设置"营业外支出"科目，核算营业外支出的发生及结转情况。该科目借方登记确认的营业外支出，贷方登记期末将"营业外支出"科目余额转入"本年利润"科目的营业外支出，结转后"营业外支出"科目无余额。"营业外支出"科目可按营业外支出项目进行明细核算。

营业外支出

借方	贷方
①经营中发生的营业外支出金额	①转入"本年利润"科目的营业外支出金额
期末无余额	

（1）企业确认处置固定资产毁损报废损失时，借记"营业外支出"科目，贷记"固定资产清理"等科目。

借：营业外支出
　　贷：固定资产清理

（2）企业确认处置无形资产毁损报废损失时，借记"营业外支出""累计摊销"等科目，贷记"无形资产"科目。

借：累计摊销
　　无形资产减值准备
　　营业外支出
　　贷：无形资产

（3）确认罚款支出计入营业外支出时，借记"营业外支出"科目，贷记"库存现金"等科目。

借：营业外支出
　　贷：库存现金

（4）企业固定资产、存货等发生非常损失，结转净损失时，借记"营业外支出"科目，贷记"待处理财产损益"等科目。

借：营业外支出
　　贷：待处理财产损溢

（5）期末，应将"营业外支出"科目余额转入"本年利润"科目，借记"本年利润"科目，贷记"营业外支出"科目。

借：本年利润
　　贷：营业外支出

【例4-2-9】20×2年12月，华兴公司发生如下业务。

（1）12月10日，报废一项非专利技术，该专利技术原值200 000元，已摊销190 000元，已提减值准备5 000元；

（2）12月16日，因违约向客户支付违约金20 000元，用银行存款付讫；

（3）12月18日，因暴雪毁损一批原材料，该批原材料实际成本为50 000元，增值税为6 500元。

华兴公司的账务处理如下。

（1）报废专利技术。

借：累计摊销　　　　　　　　　　　　　　　　　　　190 000
　　无形资产减值准备　　　　　　　　　　　　　　　　5 000
　　营业外支出　　　　　　　　　　　　　　　　　　　5 000
　　贷：无形资产　　　　　　　　　　　　　　　　　　　　200 000

（2）支付违约金。

借：营业外支出　　　　　　　　　　　　　　　　　　20 000
　　贷：银行存款　　　　　　　　　　　　　　　　　　　　20 000

（3）确认原材料毁损损失。

借：待处理财产损溢　　　　　　　　　　　　　　　　50 000
　　贷：原材料　　　　　　　　　　　　　　　　　　　　　50 000

借：营业外支出　　　　　　　　　　　　　　　　　　50 000
　　贷：待处理财产损溢　　　　　　　　　　　　　　　　　50 000

（4）期末结转营业外支出。

借：本年利润　　　　　　　　　　　　　　　　　　　75 000
　　贷：营业外支出　　　　　　　　　　　　　　　　　　　75 000

> 真题链接
>
> 【初级会计师考试真题·单选题】下列各项中，应通过"营业外支出"科目核算的是（　　）。
> A.确认的专利权减值损失
> B.原材料因管理不善盘亏净损失
> C.闲置设备出售净损失
> D.仓库因自然灾害毁损净损失
> 【答案】D

> 真题链接
>
> 【初级会计师考试真题·单选题】下列各项中，企业应确认为营业外支出的是（　　）。
> A.购进材料定额内的合理损耗
> B.核销确实无法收回的应收款项
> C.对外捐赠发生的支出
> D.支付银行承兑汇票手续费
> 【答案】C

【多选题】下列各项中，企业应确认为营业外支出的有（　　）。
A. 采购原材料途中发生的合理损耗
B. 发生的公益性捐赠支出
C. 盘亏固定资产确认的净损失
D. 因违反环保法规发生的罚款支出
【答案】BCD
【解析】选项 A，计入原材料的成本。

【业务解析】

（1）业务 1。
①发现现金盘盈。
借：库存现金　　　　　　　　　　　　　　　　　　10 000
　　　贷：待处理财产损益　　　　　　　　　　　　　　10 000
②经批准转入营业外收入。
借：待处理财产损益　　　　　　　　　　　　　　　10 000
　　　贷：营业外收入　　　　　　　　　　　　　　　　10 000
（2）业务 2，接受现金捐赠。
借：银行存款　　　　　　　　　　　　　　　　　　30 000
　　　贷：营业外收入　　　　　　　　　　　　　　　　30 000
（3）业务 3，收到违约金。
借：银行存款　　　　　　　　　　　　　　　　　　40 000
　　　贷：营业外收入　　　　　　　　　　　　　　　　40 000
（4）业务 4。
①发生原材料自然灾害损失。
借：待处理财产损溢　　　　　　　　　　　　　　　100 000
　　　贷：原材料　　　　　　　　　　　　　　　　　　100 000
②批准处理。
借：其他应收款　　　　　　　　　　　　　　　　　80 000
　　　营业外支出　　　　　　　　　　　　　　　　　20 000
　　　贷：待处理财产损益　　　　　　　　　　　　　　100 000
（5）业务 5，缴纳税收滞纳金。
借：营业外支出　　　　　　　　　　　　　　　　　22 000
　　　贷：银行存款　　　　　　　　　　　　　　　　　22 000
（6）业务 6，核销无法支付的应付账款。
借：应付账款　　　　　　　　　　　　　　　　　　20 000
　　　贷：营业外收入　　　　　　　　　　　　　　　　20 000
（7）业务 7，将本月"营业外收入"科目的余额转入"本年利润"科目。
借：营业外收入　　　　　　　　　　　　　　　　　100 000
　　　贷：本年利润　　　　　　　　　　　　　　　　　100 000
（8）业务 8，将本月"营业外支出"科目的余额转入"本年利润"科目。
借：本年利润　　　　　　　　　　　　　　　　　　42 000
　　　贷：营业外支出　　　　　　　　　　　　　　　　42 000

【拓展训练】

鸿雁公司20×2年12月有关业务如下。

业务1. 12月3日，无法查明原因的现金溢余20 000元，报经批准，计入当期损益。

业务2. 12月5日，对外捐赠50 000元。

业务3. 12月10日，收到东方公司违约金60 000元，存入银行。

业务4. 12月15日，报废一项专利技术，原价为100 000元，已提累计摊销90 000元，已提减值准备5 000元。

业务5. 12月31日，盘亏机器设备一台，原价为600 000元，已提折旧250 000元，已提减值准备20 000元。

业务6. 12月31日，将本月"营业外收入"科目的余额转入"本年利润"科目。

业务7. 12月31日，将本月"营业外支出"科目的余额转入"本年利润"科目。

任务：做出以上业务的账务处理。

【归纳总结】

营业外收支的账务处理

	经济业务	会计处理
营业外收入	确认固定资产毁损报废收益	借：固定资产清理 　贷：营业外收入
	现金盘盈	借：库存现金 　贷：待处理财产损益 借：待处理财产损益 　贷：营业外收入
	捐赠利得/罚款利得	借：银行存款 　贷：营业外收入
	核销确实无法支付的应付账款	借：应付账款 　贷：营业外收入
	期末，将营业外收入余额转入"本年利润"科目	借：营业外收入 　贷：本年利润
营业外支出	确认固定资产报废损失	借：营业外支出 　贷：固定资产清理
	确认无形资产报废损失	借：累计摊销 　　无形资产减值准备 　　营业外支出 　贷：无形资产
	非常损失	借：营业外支出 　贷：待处理财产损益等
	捐赠支出/罚款支出	借：营业外支出 　贷：银行存款
	期末，将营业外支出余额转入"本年利润"科目	借：本年利润 　贷：营业外支出

4.3.3 所得税费用核算

【典型业务】

业务1. 华兴公司20×3年度税前会计利润为1 900 000元,所得税税率为25%。全年实发工资1 000 000元、职工福利费200 000元、工会经费30 000元、职工教育经费100 000元。经查,华兴公司当年营业外支出中有90 000元为税收滞纳罚金,国债利息收入为80 000元。假设华兴公司全年无其他纳税调整因素。

业务2. 北方公司递延所得税资产20×3年初借方余额为350 000元,年末借方余额为500 000元;递延所得税负债年初贷方余额为100 000元,年末贷方余额为200 000元。已知北方公司当期所得税为500 000元。

任务1:根据业务1,计算当期应交所得税额。
任务2:根据业务2,计算当期所得税费用,并做出账务处理。

【知识链接】

企业的所得税费用包括当期所得税和递延所得税两部分(图4-3)。其中,当期所得税是指当期应交所得税。递延所得税包括递延所得税资产和递延所得税负债。递延所得税资产是指以未来期间很可能取得用来抵扣可抵扣暂时性差异的应纳税所得额为限确认的一项资产。递延所得税负债是指根据应纳税暂时性差异计算的未来期间应付所得税的金额。

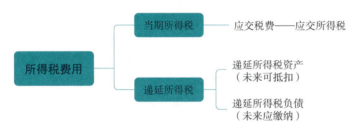

图4-3 所得税费用

一、应交所得税

应交所得税,是指企业按照企业所得税法规定计算确定的针对当期发生的交易和事项,应缴纳给税务部门的所得税金额,即当期应交所得税。应纳税所得额是在企业税前会计利润(即利润总额)的基础上调整确定的,计算公式如下:

应纳税所得额=税前会计利润+纳税调整增加额-纳税调整减少额

纳税调整增加额主要包括企业所得税法规定允许扣除项目中,企业已计入当期费用但超过税法规定扣除标准的金额(如超过企业所得税法规定标准的职工福利费、工会经费、职工教育经费、业务招待费、公益性捐赠支出、广告费和业务宣传费等),以及企业已计入当期损失但企业所得税法规定不允许扣除项目的金额(如税收滞纳金、罚金、罚款等)(图4-4)。

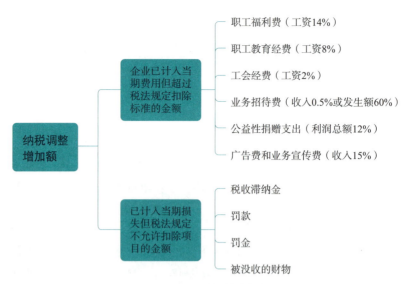

图 4-4 纳税调整增加额

划重点

违反国家有关法律、法规规定的罚款、罚金和被没收的财物不得税前扣除。

合同违约金、银行罚息、法院判决由企业承担的诉讼费可以税前据实扣除。

纳税调整减少额主要包括按企业所得税法规定允许弥补的亏损和准予免税的项目，如前5年内的未弥补亏损，国债利息收入以及符合条件的居民企业之间的股息、红利等权益性投资收益等（图4-5）。

图 4-5 纳税调整减少额

应交所得税的计算公式如下：

应交所得税=应纳税所得额×适用税率

真题链接

【初级会计师考试真题·单选题】某企业20××年全年利润总额为6 035万元，当年实现国债利息收入45万元，缴纳的税收滞纳金为10万元，所得税税率为25%。不考虑其他因素，该企业该年度所得税费用为（ ）万元。
A.1 500　　B.1 517.5
C.1 508.75　D.1 495
【答案】A

【例4-2-10】顺达公司20×2年度税前会计利润为2 000 000元，所得税税率为25%。全年实现收入10 000 000元，发生业务招待费80 000元；实发工资1 000 000元、职工福利费200 000元、工会经费30 000元。经查，顺达公司期初未弥补亏损金额为500 000元（假设均为上年度亏损）。企业发生的职工福利费支出、工会经费，分别不超过工资薪金总额14%、2%的部分准予扣除。假设顺达公司全年无其他纳税调整因素。

本例中，根据企业所得税法的规定，企业计算应纳税所得额时，可以扣除的业务招待费的金额为80 000×60%=48 000（元）与10 000 000×0.6%=60 000（元）两者中的较小者，因此当期业务招待费可抵扣金额为48 000元。

当期可扣除工资金额=1 000 000（元）。

可扣除职工福利费=1 000 000×14%=140 000（元）。

可扣除工会经费=1 000 000×2%=20 000（元）。

纳税调整增加额=（80 000−48 000）+（200 000−140 000）+（30 000−20 000）
=102 000（元）。

纳税调整减少额=500 000（元）。

应纳税所得额=2 000 000+102 000−500 000
=1 602 000（元）。

当期应交所得税额=1 602 000×25%=400 500（元）。

【多选题】某制造业企业发生的下列业务中，需调整增加企业应纳税所得额的项目有（ ）。

A.已计入投资收益的国库券利息收入

B. 超过税法规定的扣除标准，但已计入当期费用的业务招待费
C. 支付并已计入当期损失的各种税收滞纳金
D. 未超标的广告费支出

【答案】BC

【解析】选项A，会计上计入投资收益，但是税法上并不需要交纳所得税，应调减应纳税所得额；选项D，未超标的广告费直接按照实际发生数额在税前扣除即可，不需要进行纳税调整。

二、所得税费用的账务处理

根据《企业会计准则》的规定，企业计算确定的当期所得税和递延所得税之和，即应从当期利润总额中扣除的所得税费用。

$$所得税费用 = 当期所得税 + 递延所得税$$

其中：

递延所得税 =（递延所得税负债的期末余额 – 递延所得税负债的期初余额）–（递延所得税资产的期末余额 – 递延所得税资产的期初余额）

企业应设置"所得税费用"科目，核算企业所得税费用的确认及其结转情况。借方登记企业所得税费用的增加，贷方登记期末将"所得税费用"科目余额转入"本年利润"科目的所得税费用，结转后"所得税费用"科目无余额。

所得税费用	
借方	贷方
①期末计提所得税费用的金额	①转入"本年利润"科目的所得税费用金额
期末无余额	

期末，企业计算出所得税费用及应交所得税额以后，借记"所得税费用"科目，当期如果有递延所得税资产增加或递延所得税负债减少，还应当借记"递延所得税资产"或"递延所得税负债"科目；贷记"应交税费——应交所得税"科目。当期如果出现递延所得税资产减少或递延所得税负债增加，还应当贷记"递延所得税资产"或"递延所得税负债"科目。

借：所得税费用
　　递延所得税资产（或贷方）
　贷：应交税费——应交所得税
　　　递延所得税负债（或借方）

期末，企业应将"所得税费用"科目的余额转入"本年利润"科目，借记"本年利润"科目，贷记"所得税费用"科目，结转后，"所得税费用"科目应无余额。

借：本年利润
　贷：所得税费用

【例4-2-11】海昌公司20×2年度实现的利润总额为6 000 000元，应纳税所得额为4 800 000元，本年递延所得税负债增加100 000元，适用的所得税税率为25%。不考虑其他因素。海昌公司的账务处理如下。

（1）确认当期所得税费用。

当期应交所得税额 = 4 800 000 × 25% = 1 200 000（元）。

所得税费用 = 当期所得税 + 递延所得税 = 1 200 000 + 100 000 = 1 300 000（元）。

借：所得税费用　　　　　　　　　　　　　　　　1 300 000
　贷：应交税费——应交所得税　　　　　　　　　　　1 200 000
　　　递延所得税负债　　　　　　　　　　　　　　　　100 000

> **真题链接**
>
> 【初级会计师考试真题·单选题】某企业适用的所得税税率为25%。2018年度利润总额为3 000万元，应纳税所得额为3 200万元，递延所得税资产增加160万元，递延所得税负债增加80万元。不考虑其他因素，该企业2018年度应确认的所得税费用为（　　）万元。
>
> A.720　　B.670
> C.830　　D.880
>
> 【答案】A

（2）期末结转所得税费用。

借：本年利润　　　　　　　　　　　　　　　　　　　　　　　　　1 300 000
　　贷：所得税费用　　　　　　　　　　　　　　　　　　　　　　　　1 300 000

【业务解析】

任务1，企业所得税法规定，企业发生的合理的工资、薪金支出准予据实扣除；企业发生的职工福利费支出，不超过工资、薪金总额14%的部分准予扣除；企业缴纳的工会经费，不超过工资、薪金总额2%的部分准予扣除；除国务院财政、税务主管部门另有规定外，企业发生的职工教育经费支出，不超过工资、薪金总额8%的部分准予扣除，超过部分准予结转以后纳税年度扣除。

本任务中，按企业所得税法规定，企业在计算当期应纳税所得额时，可以扣除金额如下。

工资、薪金支出=1 000 000（元）。

职工福利费支出=1 000 000×14%=140 000（元）。

工会经费支出=1 000 000×2%=20 000（元）。

职工教育经费支出=1 000 000×8%=80 000（元）。

不得扣除金额如下。

已计入当期营业外支出，但按企业所得税法规定不允许扣除的税收滞纳金=90 000（元）。

应纳税所得额=税前会计利润+纳税调整增加额－纳税调整减少额
=1 900 000+（200 000–140 000）+（30 000–20 000）+（100 000–80 000）+90 000–80 000=2 000 000（元）。

当期应交所得税额=2 000 000×25%=500 000（元）。

任务2，递延所得税=（递延所得税负债期末余额－递延所得税负债期初余额）－（递延所得税资产期末余额－递延所得税资产期初余额）
=（200 000–100 000）－（500 000–350 000）
=–50 000（元）。

所得税费用=当期所得税+递延所得税
=500 000–50 000=450 000（元）。

确认所得税费用时的会计分录如下。

借：所得税费用　　　　　　　　　　　　　　　　　　　　　　　　450 000
　　递延所得税资产　　　　　　　　　　　　　　　　　　　　　　　150 000
　　贷：应交税费——应交所得税　　　　　　　　　　　　　　　　　500 000
　　　　递延所得税负债　　　　　　　　　　　　　　　　　　　　　100 000

【拓展训练】

业务1. 鸿雁公司20×2年12月年度利润总额（税前会计利润）为25 000 000元，所得税税率为25%。鸿雁公司全年实发工资、薪金为2 000 000元，职工福利费300 000元，工会经费60 000元，职工教育经费250 000元。经查，公司当年营业外支出中有120 000元为税收滞纳罚金。假设公司全年无其他纳税调整因素。

业务2. 东方公司20×2年当期所得税为6 500 000元，递延所得税负债年初数为550 000元，年末数为660 000元，递延所得税资产年初数为400 000元，年末数为460 000元。不考虑其他因素。

任务1：根据业务1，计算当期应交所得税额。

任务2：根据业务2，计算当期所得税费用，并做出账务处理。

【归纳总结】

所得税费用的账务处理

经济业务	会计处理
计提所得税费用	借：所得税费用 　　递延所得税资产（或贷方） 贷：应交税费——应交所得税 　　递延所得税负债（或借方）
将所得税费用结转入"本年利润"科目	借：本年利润 贷：所得税费用

4.3.4 利润结转与分配

【典型业务】

华兴公司 20×3 年有关损益类科目在年末结账前的余额见表 4-1（该企业采用表结法年末一次性结转损益类科目，所得税税率为 25%）。

表 4-1　科目余额表

万元

科目名称	贷方余额	科目名称	借方余额
主营业务收入	600	主营业务成本	420
其他业务收入	400	其他业务成本	280
公允价值变动损益	50	税金及附加	100
投资收益	200	销售费用	80
资产处置损益	150	管理费用	120
其他收益	80	财务费用	30
营业外收入	20	资产减值损失	20
—	—	营业外支出	10

任务：根据以上业务做出正确的账务处理。

利润结转

【知识链接】

一、本年利润的结转方法

会计期末，结转本年利润的方法有表结法和账结法两种。

（一）表结法

表结法下，各损益类科目每月末只需结计出本月发生额和月末累计余额，不结转到"本年利润"科目，只有在年末时才将全年累计余额结转计入"本年利润"科目，但每月末要将损益类科目的本月发生额合计数填入利润表的"本月数"栏，同时将本月末累计余额填入利润表的"本年累计数"栏，通过利润表计算反映各期的利润（或亏损）。

> 注意：表结法下，年中损益类科目无须结转计入"本年利润"科目，从而减少了转账环节和工作量，同时并不影响利润表的编制及有关损益指标的利用。

（二）账结法

账结法下，每月末均需编制转账凭证，将在账上结计出的各损益类科目的余额结转计入"本年利润"科目。结转后"本年利润"科目的本月余额反映当月实现的利润或发生的亏损，

划重点

表结法：月末不转各项损益，年末转。

账结法：每月结转各项损益。

"本年利润"科目的本年余额反映本年累计实现的利润或发生的亏损。

> 注意：账结法在各月均可通过"本年利润"科目提供当月及本年累计的利润（或亏损）额，但增加了转账环节和工作量。

【多选题】下列各项中，关于本年利润结转方法表述正确的有（　　）。
A. 采用表结法，减少了"本年利润"科目的结转环节和工作量
B. 采用表结法，每月末应将各损益类科目的余额结转计入"本年利润"科目
C. 采用账结法，每月末应将各损益类科目的余额结转计入"本年利润"科目
D. 采用账结法，增加了"本年利润"科目的转账环节和工作量
【答案】ACD
【解析】采用表结法，各损益类科目每月只需结计出本月发生额和月末累计余额，不结转计入"本年利润"科目。而采用账结法，每月末均需编制转账凭证，将在账上结计出的各损益类科目的余额结转计入"本年利润"科目。

二、结转本年利润的会计处理

企业应设置"本年利润"科目，核算企业本年度实现的净利润（或发生的净亏损）。

会计期末，企业应将"主营业务收入""其他业务收入""其他收益""营业外收入"等科目的余额以及"投资收益""公允价值变动损益""资产处置损益"科目的净收益的余额分别转入"本年利润"科目的贷方。

借：主营业务收入
　　其他业务收入
　　营业外收入
　　投资收益（净收益）
　　公允价值变动损益（净收益）
　　资产处置损益（净收益）
　贷：本年利润

将"主营业务成本""其他业务成本""税金及附加""销售费用""管理费用""财务费用""信用减值损失""资产减值损失""营业外支出""所得税费用"等科目的余额以及"投资收益""公允价值变动损益""资产处置损益"科目的净损失的余额分别转入"本年利润"科目的借方。

解难点
制造费用不是费用类科目，月末一般结转入"生产成本"科目。

借：本年利润
　贷：主营业务成本
　　　其他业务成本
　　　营业外支出
　　　销售费用
　　　管理费用
　　　财务费用
　　　投资收益（净损失）
　　　公允价值变动损益（净损失）
　　　资产处置损益（净损失）

划重点
分别将收益利得与费用损失转入"本年利润"科目后，"本年利润"科目如为贷方余额，表示当年实现的净利润；如为借方余额，表示当年发生的净亏损。

年度终了，企业还应将"本年利润"科目的本年累计余额转入"利润分配——未分配利润"科目。如"本年利润"为贷方余额，借记"本年利润"科目，贷记"利润分配——未分配利润"科目。

借：本年利润
　　贷：利润分配——未分配利润

如为借方余额，做相反的会计分录，借记"利润分配——未分配利润"科目，贷记"本年利润"科目。结转后，"本年利润"科目应无余额。

借：利润分配——未分配利润
　　贷：本年利润

【例4-2-12】顺达公司20×2年有关损益类科目在年末结账前的余额见表4-2（该企业采用表结法年末一次性结转损益类科目，所得税税率为25%）。

表4-2　科目余额表

元

科目名称	贷方余额	科目名称	借方余额
主营业务收入	800 000	主营业务成本	420 000
其他业务收入	200 000	其他业务成本	140 000
公允价值变动损益	100 000	税金及附加	20 000
投资收益	60 000	销售费用	30 000
营业外收入	80 000	管理费用	50 000
—	—	财务费用	20 000
—	—	资产处置损益	10 000

期末顺达公司的账务处理如下。

（1）结转各项收入、利得类科目。

借：主营业务收入　　　　　　　　　　　　　　　　800 000
　　其他业务收入　　　　　　　　　　　　　　　　200 000
　　公允价值变动损益　　　　　　　　　　　　　　100 000
　　投资收益　　　　　　　　　　　　　　　　　　 60 000
　　营业外收入　　　　　　　　　　　　　　　　　 80 000
　　贷：本年利润　　　　　　　　　　　　　　　 1 240 000

（2）结转各项费用、损失类科目。

借：本年利润　　　　　　　　　　　　　　　　　　690 000
　　贷：主营业务成本　　　　　　　　　　　　　　420 000
　　　　其他业务成本　　　　　　　　　　　　　　140 000
　　　　税金及附加　　　　　　　　　　　　　　　 20 000
　　　　销售费用　　　　　　　　　　　　　　　　 30 000
　　　　管理费用　　　　　　　　　　　　　　　　 50 000
　　　　财务费用　　　　　　　　　　　　　　　　 20 000
　　　　资产处置损益　　　　　　　　　　　　　　 10 000

（3）假设顺达公司20×2年度不存在所得税纳税调整因素。

应交所得税 = 550 000 × 25% = 137 500（元）。

①确认所得税费用。

借：所得税费用　　　　　　　　　　　　　　　　　137 500
　　贷：应交税费——应交所得税　　　　　　　　　137 500

②结转所得税费用。

> **真题链接**
>
> 【初级会计师考试真题·单选题】下列各项中，关于本年利润结转方法表述正确的是（　　）。
> A. 采用表结法，增加了"本年利润"科目的结转环节和工作量
> B. 采用表结法，每月末应将各损益类科目的余额结转计入"本年利润"科目
> C. 采用账结法，每月末应将各损益类科目的余额结转计入"本年利润"科目
> D. 采用账结法，减少了"本年利润"科目的结转环节和工作量
> 【答案】C

借：本年利润 137 500
　　贷：所得税费用 137 500
（4）将"本年利润"科目年末余额转入"利润分配——未分配利润"科目。
借：本年利润 412 500
　　贷：利润分配——未分配利润 412 500

【业务解析】

（1）结转各项收入、利得类科目。
借：主营业务收入 600
　　其他业务收入 400
　　公允价值变动损益 50
　　投资收益 200
　　资产处置损益 150
　　其他收益 80
　　营业外收入 20
　　贷：本年利润 1 500
（2）结转各项费用、损失类科目。
借：本年利润 1 060
　　贷：主营业务成本 420
　　　　其他业务成本 280
　　　　税金及附加 100
　　　　销售费用 80
　　　　管理费用 120
　　　　财务费用 30
　　　　资产减值损失 20
　　　　营业外支出 10
（3）假设华兴公司20×2年度不存在所得税纳税调整因素。
应交所得税＝440×25%＝110（万元）。
①确认所得税费用。
借：所得税费用 110
　　贷：应交税费——应交所得税 110
②结转所得税费用。
借：本年利润 110
　　贷：所得税费用 110
（4）将"本年利润"科目年末余额转入"利润分配——未分配利润"科目。
借：本年利润 330
　　贷：利润分配——未分配利润 330

【拓展训练】

鸿雁公司20×2年12月有关损益类科目的年末余额见表4-3（该企业采用表结法年末一次结转损益类科目，所得税税率为25%）。

表 4-3 科目余额表

万元

科目名称	借或贷	结账前余额
主营业务收入	贷	600
其他业务收入	贷	70
其他收益	贷	15
投资收益	贷	100
营业外收入	贷	5
主营业务成本	借	400
其他业务成本	借	40
税金及附加	借	8
销售费用	借	50
管理费用	借	77
财务费用	借	30
营业外支出	借	25

任务：做出鸿雁公司期末结账的账务处理。

【归纳总结】

本年利润的账务处理

经济业务	会计处理
结转各项收入、利得类科目	借：主营业务收入 　　其他业务收入 　　营业外收入 　　投资收益 　　公允价值变动损益等 　贷：本年利润 （如为借方余额，做相反的会计分录）
结转各项费用、损失类科目	借：本年利润 　贷：主营业务成本 　　　其他业务成本 　　　营业外支出 　　　销售费用 　　　管理费用 　　　财务费用等
计提并结转所得税费用	（1）计算所得税费用。 借：所得税费用 　贷：应交税费——应交所得税 （2）将所得税费用结转入"本年利润"科目。 借：本年利润 　贷：所得税费用
结转"本年利润"科目余额	借：本年利润 　贷：利润分配——未分配利润

【职场格言】

计提坏账对利润的影响

先来看一则财经新闻。

"据路透社报道，中国四大行本周陆续发布年报。随着经济增长放缓和银行坏账增加，四大行今年或将延续近十年来的不良盈利态势，年收益增长陷入长期停滞。金融危机后，四大行的利润增长即陷入停滞，金融危机时期四大行为响应政府的刺激政策而大量放贷，如今经济增长放缓，过去投放大量贷款的行业产能过剩，四大行的利润增长进一步受到拖累，贷款违约的风险大大增加。但四大行的坏账准备计提比率今年或将下降。往常，各银行的坏账准备至少为坏账总额的150%，去年年底整体上调至180%，但如今或将回落。有四大行员工称，降低坏账准备计提比率是一个迅速拉高利润的方法。"[①]

如何理解"降低坏账准备计提比率是一个迅速拉高利润的方法"这句话呢？

从会计原理的角度来看，计提坏账准备会导致"信用减值损失"增加，反之降低坏账准备计提比率必然会导致"信用减值损失"减少，在收入不变的情况下最终导致利润的大幅上升。在实践中，有个别企业通过故意

---

① 资料来源：财政部国际财经中心网站 http://iefi.mof.gov.cn/pdlb/wmkzg/201603/t20160330_1930395.html。

多计提坏账减少当年利润，以抬高以后年度的利润；也有个别企业通过少提坏账，以便完成当年的利润指标。作为一个会计人，必须严格遵守相关规定并且保持应有的职业谨慎性，结合债务单位的实际财务状况和现金流量等相关信息对坏账予以合理估计，最大限度地发挥职业判断力。

模块五 报表编制

> **导 语**
>
> ### 人生就是一张资产负债表
>
> 如果把每个人的一生用会计语言描述出来会是怎样的呢？
>
> 你本人是一项资产、负债和权益的结合体。判断人生所得的不是资产，而是资产减掉负债的剩余，那才是我们的真实权益。生活是持续经营，父母是我们一出生就获得的原始资产，父母含辛茹苦地养育我们，对我们进行投资，相应地，我们也迎来一项长期负债，它叫作责任，因为我们享受着父母的无私的爱，未来我们也要为父母付出，陪伴、照顾父母，做父母的依靠。资产和负债、权益总是如影随形。在漫长的经营期间，我们拥有了辛苦奋斗的事业和甜美的爱情，这都是我们的资产，但同时我们也承担了相对应的责任——承担工作中应有的职责和对爱人的责任。因为这些，我们要牺牲一定的时间、精力和自由。我们在人群中找到对的人，从恋爱走到结婚，意义非同小可，其影响类似于两家企业合并，资产增加近乎一倍，但负债也增加了近乎一倍。从那天起我们应该编制合并报表。有一天我们有了小宝宝，从此我们就要为孩子付出，踏上为人父母的艰辛历程。这时候我们可以做这样一笔分录，把在孩子身上的钱资本化或者费用化，计入"在建工程"或者"管理费用"科目。终有一天孩子成长为独立、坚强、有力量、能独当一面的成年人，那么我们要做的工作就是把"在建工程"科目转入"固定资产"科目。
>
> 有一天，他（她）牵着女（男）朋友的手告诉我们：爸/妈，我要结婚了！经验告诉我们，我们要进行固定资产清理了。时光匆匆流逝，我们慢慢变老，若把每个个体看作固定资产，我们的一生就是不断提取折旧的过程，这个过程像奔腾的河流一去不返。我们能做的就是经常保养维修，尽量延长固定资产使用年限，减少折旧的程度，增加生命的长度的同时拓宽生命的广度，在有限的时间里活出自己的精彩！

项目一

概 述

【典型业务】

华兴公司因业务拓展与银行协商贷款事宜,银行信贷人员要求提供公司的财务报告等资料,华兴公司会计人员根据银行的要求提供了相关资料,那么财务报告具体包含哪些内容呢?

【知识链接】

财务报告,是指企业对外提供的反映企业某一特定日期的财务状况和某一会计期间的经营成果、现金流量等会计信息的文件。

财务报告的目标是向财务报告使用者(包括投资者、债权人、政府及其有关部门和社会公众等)提供与企业财务状况、经营成果和现金流量等有关的会计信息,反映企业管理层受托责任履行情况,有助于财务报告使用者作出经济决策。

财务报告包括财务报表和其他应当在财务报告中披露的相关信息和资料。其中,财务报表是财务报告的核心内容。

一、财务报表概述

(一)概念及构成

法理园地

企业应该守法经营,不得编制和对外提供虚假的或者隐瞒重要事实的财务会计报告。

财务报表是对企业财务状况、经营成果和现金流量的结构性表述。

财务报表至少应当包括:资产负债表、利润表、现金流量表、所有者权益变动表和附注(简称"四表一注")。

资产负债表是反映企业在某一特定日期的财务状况的会计报表;利润表是反映企业在一定会计期间的经营成果和综合收益的会计报表;现金流量表是反映企业在一定会计期间的现金和现金等价物流入和流出的会计报表;所有者权益变动表是反映构成企业所有者权益的各组成部分当期增减变动情况的会计报表;附注是对在财务报表中列示项目所作的进一步说明,以及对未能在这些报表中列示项目的说明等,附注由若干附表和对有关项目的文字性说明组成。

注意:财务报表的上述组成部分具有同等的重要程度。

【多选题】财务报表应当包括( )。
A.资产负债表　　　　　　　　　B.利润表
C.现金流量表　　　　　　　　　D.所有者权益变动表

354

【答案】ABCD

【解析】一套完整的财务报表至少应当包括"四表一注",即资产负债表、利润表、现金流量表、所有者权益变动表和附注。

(二)分类

财务报表可以按照不同的标准进行分类。

1. 财务报表按编报期间分类

按财务报表编报期间的不同,财务报表可以分为中期财务报表和年度财务报表。

中期财务报表是以短于一个完整会计年度的报告期间为基础编制的财务报表,包括月报、季报和半年报等。中期财务报表至少应当包括资产负债表、利润表、现金流量表和附注,其中,中期资产负债、利润表和现金流量表应当是完整报表,其格式和内容应当与年度财务报表一致。

年度财务报表,是指以一个完整的会计年度(自公历1月1日起至12月31日止)为基础编制的财务报表,一般包括资产负债表、利润表、现金流量表、所有者权益变动表和附注等内容。

> 注意:与年度财务报表相比,中期财务报表中的附注披露可适当简略。

2. 财务报表按编报主体分类

按财务报表编报主体的不同,财务报表可以分为个别财务报表和合并财务报表。

个别财务报表是由企业在自身会计核算的基础上对账簿记录进行加工而编制的财务报表,用以反映企业自身的财务状况、经营成果和现金流量情况。

合并财务报表以母公司和子公司组成的企业集团为会计主体,根据母公司和所属子公司的财务报表,由母公司编制的综合反映企业集团财务状况、经营成果及现金流量的财务报表。

【单选题】中期财务报表不包括( )。

A. 月报   B. 季报   C. 半年报   D. 年报

【答案】D

【解析】中期财务报表分为月度财务报表(简称月报)、季度财务报表(简称季报)和半年度财务报表(简称半年报)。

二、财务报表编制要求

(一)依据各项会计准则确认和计量的结果编制财务报表

企业应当根据实际发生的交易和事项,遵循基本准则、各项具体会计准则及解释的规定进行确认和计量,并在此基础上编制财务报表。

(二)列报基础

企业应当以持续经营为基础,根据实际发生的交易和事项,按照《企业会计准则——基本准则》和其他各项会计准则的规定进行确认和计量,在此基础上编制财务报表。企业不应以附注披露代替确认和计量。以持续经营为基础编制财务报表不再合理的,企业应当采用其他基础编制财务报表,并在附注中披露这一事实。

(三)权责发生制

除现金流量表按照收付实现制编制外,企业应当按照权责发生制编制其他财务报表。

（四）列报的一致性

财务报表项目的列报应当在各个会计期间保持一致，不得随意变更，但下列情况除外：①《企业会计准则》要求改变财务报表项列报；②企业经营业务的性质发生重大变化后，变更财务报表项目的列报能够提供更可靠、更相关的会计信息。

（五）重要性和项目列报

解难点
以净额列示的项目：扣除备抵的资产和负债项目（如，资产减值准备）、公允价值变动收益、非流动资产处置利得或损失。

性质或功能不同的项目，应当在财务报表中单独列报，但不具有重要性的项目除外。性质或功能类似的项目，其所属类别具有重要性的，应当按其类别在财务报表中单独列报。重要性，是指若财务报表某项目的省略或错报会影响使用者据此作出经济决策，则该项目具有重要性。重要性应当根据企业所处环境，从项目的性质和金额大小两方面予以判断。

（六）财务报表项目金额间的相互抵销

财务报表中的资产项目和负债项目的金额、收入项目和费用项目的金额不得相互抵销，但其他《企业会计准则》另有规定的除外。资产项目按扣除减值准备后的净额列示，不属于抵销。非日常活动产生的损益，以收入扣减费用后的净额列示，不属于抵销。

（七）比较信息的列报

当期财务报表的列报，至少应当提供所有列报项目上一可比会计期间的比较数据，以及与理解当期财务报表相关的说明，但其他《企业会计准则》另有规定的除外。

根据《企业会计准则》规定，财务报表项目的列报发生变更的，应当对上期比较数据按照当期的列报要求进行调整，并在附注中披露调整的原因和性质，以及调整的各项目金额。对上期比较数据进行调整不切实可行的，应当在附注中披露不能调整的原因。

不切实可行，是指企业在做出所有合理努力后仍然无法采用某项规定。

（八）财务报表表首部分的列报要求

财务报表一般分为表首、正表两部分。表首部分概括地说明企业的基本信息（如编报企业的名称，如企业名称在所属当期发生变更的，应明确标明）、资产负债表日和报表涵盖的会计期间、货币名称和单位（我国《企业会计准则》规定，企业应当以人民币作为记账本位币）等信息，财务报表是合并财务报表的，应当予以注明。

（九）报告期间

我国《会计法》规定，会计年度自公历1月1日起至12月31日止。财务报表涵盖的期间短于1年时，企业应当披露年度财务报表的涵盖期间及其短于1年的原因。

【业务解析】

华兴公司财务报告资料包括以下内容。

财务报告包括财务报表和其他应当在财务报告中披露的相关信息和资料。其中财务报表是财务报告的核心内容，至少应当包括资产负债表、利润表、现金流表、所有者权益变动表和附注。

【拓展训练】

顺达公司的财务人员正在编制上年度财务报告，在编制的过程中有哪些要求？

【归纳总结】

项目二

编制资产负债表

【典型业务】

华兴公司 20×3 年 10 月 31 日科目余额表见表 5-1。

表 5-1 科目余额报

元

会计科目	期末余额	
	借方	贷方
库存现金	4 500.00	
银行存款	612 000.00	
应收账款	235 000.00	
坏账准备		15 000.00
原材料	430 000.00	
库存商品	580 000.00	
材料成本差异		20 000.00
存货跌价准备		10 000.00
固定资产	4 790 000.00	
累计折旧		40 000.00
固定资产清理		50 000.00
短期借款		200 000.00
应付账款		220 000.00
预收账款		50 000.00
长期借款		1 000 000.00
实收资本		4 500 000.00
资本公积		300 000.00
盈余公积		46 500.00
未分配利润		200 000.00
合计	6 651 500.00	6 651 500.00

编制资产负债表

补充资料如下。

(1) 期末月中将于 1 年内到期归还的长期借款数为 500 000 元。

(2) 应收账款有关明细账期末余额情况如下。

应收账款——A 公司,贷方余额为 65 000.00 元;

应收账款——B公司，借方余额为300 000.00元。

（3）应付账款有关明细账期末余额情况如下。

应付账款——C公司，贷方余额为295 000.00元；

应付账款——D公司，借方余额为75 000.00元。

（4）预收账款有关明细账期末余额情况如下。

预收账款——E公司，贷方余额为50 000.00元。

任务：根据上述数据，编制顺达公司20×3年10月资产负债表。

【知识链接】

一、资产负债表概述

（一）资产负债表的概念

资产负债表是反映企业在某一特定日期的财务状况的报表，是对企业特定日期的资产、负债和所有者权益的结构性表述。它反映企业在某一特定日期所拥有或控制的经济资源、所承担的现时义务和所有者对净资产的要求权。其中，特定日期分别指会计期间中会计年度的年末及中期的月末、季末和半年末（如6月30日）等；财务状况是指企业经营活动及其结果在某一特定日期的资金结构状况及其表现，表明企业取得资金的方式与来路和这些资金的使用状态与去向，如资产负债率是企业财务状况的重要财务指标，表明企业在特定日期的资产所使用的资金中通过负债取得资金的比率。

（二）资产负债表的结构原理

资产负债表是根据"资产=负债+所有者权益"这一平衡公式，按照各具体项目的性质和功能作为分类标准，依次将某一特定日期的资产、负债、所有者权益的具体项目予以适当的排列编制而成。

资产负债表主要由表首、表体两部分组成。表首部分应列明报表名称、编制单位名称、资产负债表日、报表编号和计量单位；表体部分是资产负债表的主体，列示了用以说明企业财务状况的各个项目。资产负债表的表体格式一般有两种：报告式资产负债表和账户式资产负债表。报告式资产负债表是上下结构，上半部分列示资产各项目，下半部分列示负债和所有者权益各项目。账户式资产负债表是左右结构，左边列示资产各项目，反映全部资产的分布及存在状态；右边列示负债和所有者权益各项目，反映全部负债和所有者权益的内容及构成情况。资产各项目的合计金额等于负债和所有者权益各项目的合计金额。

我国企业的资产负债表采用账户式结构，分为左、右两方，左方为资产项目，大体按资产的流动性强弱排列，流动性强的资产如"货币资金""交易性金融资产"等排在前面，流动性弱的资产如"长期股权投资""固定资产"等排在后面。右方为负债及所有者权益项目，一般按要求清偿期限长短的先后顺序排列，"短期借款""应付票据""应付账款"等需要在1年内或者长于1年的一个正常营业周期内偿还的流动负债排在前面，"长期借款"等在1年以上才需偿还的非流动负债排在中间，在企业清算之前不需要偿还的所有者权益项目排在后面，表明负债具有优先偿还的要求权，所有者权益对负债具有担保责任。

> 注意：账户式资产负债表中的资产各项目的合计等于负债和所有者权益各项目的合计，即资产负债表的左方和右方平衡。通过账户式资产负债表，可以反映资产、负债、所有者权益之间的内在关系，即"资产=负债+所有者权益"。

我国企业资产负债表格式见本书最后附表。

（三）资产负债表的作用

资产负债表可以反映企业在某一特定日期所拥有或控制的经济资源、所承担的现时义务和所有者对净资产的要求权，帮助财务报表使用者全面了解企业的财务状况、分析企业的偿债能力等情况，从而为其作出经济决策提供依据。

二、资产负债表的编制

（一）资产负债表项目的填列方法

资产负债表各项目均需填列"期末余额"和"上年年末余额"两栏。

资产负债表的"上年年末余额"栏内各项数字，应根据上年年末资产负债表的"期末余额"栏内所列数字填列。如果上年度资产负债表规定的各个项目的名称和内容与本年度不一致，应按照本年度的规定对上年年末资产负债表各项目的名称和数字进行调整，填入本表"上年年末余额"栏内。

资产负债表的"期末余额"栏主要有以下几种填列方法。

1. 根据总账科目余额填列

（1）直接根据某个总账科目的期末余额填列，如"短期借款""资本公积"等项目，根据"短期借款""资本公积"各总账科目的余额直接填列；

【例5-2-1】20×3年12月31日，顺达公司"短期借款"科目的余额为300万元，则20×3年12月31日顺达公司资产负债表中"短期借款"项目"期末余额"栏的列报金额就是300万元。

（2）根据几个总账科目的期末余额计算填列，如"货币资金"项目，需根据"库存现金""银行存款""其他货币资金"3个总账科目的期末余额的合计数填列。

【例5-2-2】20×3年12月31日，顺达公司"库存现金"科目余额为0.2万元，"银行存款"科目余额为200万元，"其他货币资金"科目余额为56万元，则20×3年12月31日顺达公司资产负债表中"货币资金"项目"期末余额"栏的列报金额=0.2+200+56=256.2（万元）。

2. 根据明细科目余额计算填列

（1）"应收款项"项目，需要根据"应收账款"科目和"预收账款"科目所属相关明细科目的期末借方金额合计填列。

（2）"预收款项"项目，需要根据"应收账款"科目和"预收账款"科目所属相关明细科目的期末贷方金额合计填列。

【例5-2-3】20×3年12月31日，顺达公司各科目余额见表5-2。

表5-2 各科目余额

万元

科目名称	总账余额	明细科目余额	
		借方余额	贷方余额
应收账款	借方280	A 120 B 200	C 40
预收账款	贷方50	甲 20	乙 70

"应收账款"项目期末余额为120+200+20=340（万元），"预收款项"项目期末余额为40+70=110（万元）。

解难点

资产负债表项目与会计科目并非同一个概念。资产负债表项目通常根据一个或多个会计科目综合填列。

真题链接

【初级会计师考试真题·单选题】下列资产负债表项目中，应根据多个总账科目期末余额合计填列的是（　）。
A. 短期借款
B. 应付账款
C. 货币资金
D. 资本公积
【解析】选项A、D，根据总账科目余额直接填列。选项B，根据明细账科目余额计算填列。
【答案】C

真题链接

【初级会计师考试真题·单选题】某企业年末"应收账款"科目借方余额为100万元，其中明细科目借方余额合计为120万元，贷方余额合计为20万元，年末"坏账准备——应收账款"科目贷方余额为10万元。不考虑其他因素，该企业年末资产负债表中"应收账款"项目"期末余额"栏应填列的金额为（　）万元。
【解析】该企业年末资产负债表中"应收账款"项目"期末余额"栏应填列的金额=120-10=110（万元）。
【答案】B

真题链接

【初级会计师考试真题·单选题】下列各项中，"预付账款"科目所属明细科目期末为贷方余额，应将其贷方余额列入的资产负债表项目是（　）。
A. "预收款项"
B. "预付款项"
C. "应收账款"
D. "应付账款"
【解析】"应付账款"项目应根据"应付账款"和"预付账款"科目所属的相关明细科目的期末贷方余额合计数填列。
【答案】D

（3）"应付账款"项目，需要根据"应付账款"和"预付账款"两个科目所属的相关明细科目的期末贷方余额计算填列。

（4）"预付款项"项目，需要根据"应付账款"科目和"预付账款"科目所属的相关明细科目的期末借方余额减去与"预付账款"有关的坏账准备贷方余额计算填列。

（5）"开发支出"项目，需要根据"研发支出"科目所属的"资本化支出"明细科目期末余额计算填列。

（6）"应付职工薪酬"项目，需要根据"应付职工薪酬"科目的明细科目期末余额计算填列。

（7）"1年内到期的非流动资产""1年内到期的非流动负债"项目，需要根据相关"非流动资产"和"非流动负债"科目的明细科目余额计算填列。

3. 根据总账科目和明细科目余额分析计算填列

（1）"长期借款"项目，需要根据"长期借款"总账科目余额扣除"长期借款"科目所属的明细科目中将在1年内到期且企业不能自主将清偿义务展期的长期借款后的金额计算填列。

> 注意：将在1年内到期且企业不能自主将清偿义务展期的长期借款，应计入"1年内到期的非流动负债"科目，属于流动负债。

（2）"长期待摊费用"项目，应根据"长期待摊费用"科目的期末余额减去将于1年内（含1年）摊销的数额后的金额填列。

> 注意：将于1年内摊销的长期待摊费用金额应计入"1年内到期的非流动负债"科目，属于流动负债。

（3）"其他非流动资产"项目，应根据有关科目的期末余额减去将于1年内（含1年）收回数后的金额计算填列。

> 注意：将于1年内（含1年）收回的"其他流动资产"应计入"1年内到期的非流动资产"科目，属于流动资产。

（4）"其他非流动负债"项目，应根据有关科目的期末余额减去将于1年内（含1年）到期偿还数后的金额计算填列。

> 注意：将于1年内（含1年）收回的"其他流动负债"应计入"1年内到期的非流动负债"科目，属于流动负债。

4. 根据有关科目余额减去其备抵科目余额后的净额填列

如资产负债表中"应收票据""应收账款""长期股权投资""在建工程"等项目，应当根据"应收票据""应收账款""长期股权投资""在建工程"等科目的期末余额减去"坏账准备""长期股权投资减值准备""在建工程减值准备"等备抵科目余额后的净额填列。"投资性房地产"（采用成本模式计量）、"固定资产"项目，应当根据"投资性房地产""固定资产"科目的期末余额，减去"投资性房地产累计折旧""投资性房地产减值准备""累计折旧""固定资产减值准备"等备抵科目的期末余额，以及"固定资产清理"科目期末余额后的净额填列。"无形资产"项目，应当根据"无形资产"科目的期末余额，减去"累计摊销""无形资产减值准备"等备抵科目余额后的净额填列。

【例5-2-4】20×3年12月31日,顺达公司"应收账款"科目的借方余额为300万元,"坏账准备"科目贷方余额中有关应收账款计提的坏账准备余额为13万元,则20×3年12月31日,顺达公司资产负债表中"应收账款"项目"期末余额"栏的列报金额=300-13=287(万元)。

5. 综合运用上述填列方法分析填列

如资产负债表中的"存货"项目,需要根据"原材料""库存商品""委托加工物资""周转材料""材料采购""在途物资""发出商品""材料成本差异"等总账科目期末余额的分析汇总数,减去"存货跌价准备"科目余额后的净额填列。

> 注意:"材料成本差异"若为借方余额则加,若为贷方余额则减。

【例5-2-5】20×3年12月31日,顺达公司有关科目余额如下。"原材料"科目借方余额为212万元,"库存商品"科目借方余额为426万元,"委托加工物资"科目借方余额为150万元,"周转材料"科目借方余额为200万元,"材料成本差异"科目贷方余额为50万元,"存货跌价准备"科目贷方余额为70万元,则20×3年12月31日,顺达公司资产负债表中"存货"项目"期末余额"栏的列报金额=212+426+150+200-50-70=868(万元)。

(二)资产负债表项目的填列说明

1. 资产项目的填列说明

(1)"货币资金"项目,反映企业库存现金、银行结算户存款、外埠存款、银行汇票存款、银行本票存款、信用卡存款、信用证保证金存款等的合计数。本项目应根据"库存现金""银行存款""其他货币资金"科目期末余额的合计数填列。

(2)"交易性金融资产"项目,反映资产负债表日企业分类为以公允价值计量且其变动计入当期损益的金融资产,以及企业持有的指定为以公允价值计量且其变动计入当期损益的金融资产的期末账面价值。该项目应根据"交易性金融资产"科目的相关明细科目期末余额分析填列。

> 注意:自资产负债表日起超过1年到期且预期持有超过1年的以公允价值计量且其变动计入当期损益的非流动金融资产的期末账面价值,在"其他非流动金融资产"项目反映。

(3)"应收票据"项目,反映资产负债表日以摊余成本计量的,企业因销售商品、提供服务等收到的商业汇票,包括银行承兑汇票和商业承兑汇票。该项目应根据"应收票据"科目的期末余额,减去"坏账准备"科目中相关坏账准备期末余额后的金额分析填列。

(4)"应收账款"项目,反映资产负债表日以摊余成本计量的,企业因销售商品、提供服务等经营活动应收取的款项。该项目应根据"应收账款"科目的期末余额,减去"坏账准备"科目中相关坏账准备期末余额后的金额分析填列。

(5)"应收款项融资"项目,反映资产负债表日以公允价值计量且其变动计入其他综合收益的应收票据和应收账款等。

(6)"预付款项"项目,反映企业按照购货合同规定预付给供应单位的款项等。本项目应根据"预付账款"和"应付账款"科目所属各明细科目的期末借方余额合计数,减去"坏账准备"科目中有关预付账款计提的坏账准备期末余额后的净额填列。如"预付账款"科目所属明细科目期末为贷方余额,应在资产负债表"应付账款"项目内填列。

> **实务链接**
>
> **企业必须设置"预付账款"科目吗？**
>
> 如果企业预付款项较少，可以不设置"预付账款"科目。当预付货款时，在"应付账款"科目的借方进行登记。

（7）"其他应收款"项目，反映企业除应收票据、应收账款、预付账款等经营活动以外的其他各种应收、暂付的款项。本项目应根据"应收利息""应收股利""其他应收款"科目的期末余额合计数，减去"坏账准备"科目中相关坏账准备期末余额后的金额填列。

> 注意：其中的"应收利息"仅反映相关金融工具已到期可收取但于资产负债表日尚未收到的利息。基于实际利率法计提的金融工具的利息应包含在相应金融工具的账面余额中。

划重点

"生产成本"期末余额应计入"存货"项目。

真题链接

【初级会计师考试真题·单选题】20××年12月31日，某企业有关科目期末借方余额如下：原材料55万元、库存商品35万元、生产成本65万元、材料成本差异8万元。不考虑其他因素，该年度12月31日，该企业资产负债表中"存货"项目期末余额填列的金额为（　）万元。
A. 155　　　B. 90
C. 147　　　D. 163
【答案】D
【解析】"存货"项目应根据"材料采购""原材料""库存商品""周转材料""委托加工物资""发出商品""生产成本""受托代销商品"等科目的期末余额合计数，减去"受托代销商品款""存货跌价准备"科目期末余额后的净额填列。材料采用计划成本核算，以及库存商品采用计划成本核算或售价核算的企业，还应按加或减材料成本差异、商品进销差价后的金额填列。因此，12月31日，该企业资产负债表中"存货"项目期末余额填列的金额=55+35+65+8=163（万元）。

【例5-2-6】20×3年12月31日，顺达公司"其他应收款"科目的期末余额为8万元，"应收利息"科目的期末余额为17万元，则20×3年12月31日，顺达公司资产负债表中"其他应收款"项目"期末余额"栏的列报金额为8+17=25（万元）。

（8）"存货"项目，反映企业期末在库、在途和在加工中的各种存货的可变现净值或成本（成本与可变现净值孰低）。存货包括各种材料、商品、在产品、半成品、包装物、低值易耗品、发出商品等。本项目应根据"材料采购""原材料""库存商品""周转材料""委托加工物资""发出商品""生产成本""受托代销商品"等科目的期末余额合计数，减去"受托代销商品款""存货跌价准备"科目期末余额后的净额填列。

> 注意：材料采用计划成本核算，以及库存商品采用计划成本核算或售价核算的企业，还应按加或减材料成本差异、商品进销差价后的金额填列。

（9）"合同资产"项目，应根据"合同资产"科目的相关明细科目期末余额分析填列，同一合同下的合同资产和合同负债应当以净额列示，其中净额为借方余额的，应当根据其流动性在"合同资产"或"其他非流动资产"项目中填列，已计提减值准备的，还应以减去"合同资产减值准备"科目中相关的期末余额后的金额填列。

（10）"持有待售资产"项目，反映资产负债表日划分为持有待售类别的非流动资产及划分为持有待售类别的处置组中的流动资产和非流动资产的期末账面价值。该项目应根据"持有待售资产"科目的期末余额，减去"持有待售资产减值准备"科目的期末余额后的金额填列。

（11）"1年内到期的非流动资产"项目，反映企业预计自资产负债表日起1年内变现的非流动资产。该项目应根据有关科目的期末余额分析填列。

（12）"债权投资"项目，反映资产负债表日企业以摊余成本计量的长期债权投资的期末账面价值。该项目应根据"债权投资"科目的相关明细科目期末余额，减去"债权投资减值准备"科目中相关减值准备的期末余额后的金额分析填列。自资产负债表日起1年内到期的长期债权投资的期末账面价值，在"1年内到期的非流动资产"项目反映。企业购入的以摊余成本计量的1年内到期的债权投资的期末账面价值，在"其他流动资产"项目反映。

（13）"其他债权投资"项目，反映资产负债表日企业分类为以公允价值计量且其变动计入其他综合收益的长期债权投资的期末账面价值。该项目应根据"其他债权投资"科目的相关明细科目期末余额分析填列。自资产负债表日起1年内到期的长期债权投资的期末账面价值，在"1年内到期的非流动资产"项目反映。企业购入的以公允价值计量且其变动计入其他综合收益的1年内到期的债权投资的期末账面价值,在"其他流动资产"项目反映。

(14)"长期应收款"项目,反映企业租赁产生的应收款项和采用递延方式分期收款、实质上具有融资性质的销售商品和提供劳务等经营活动产生的应收款项。该项目应根据"长期应收款"科目的期末余额,减去相应的"未实现融资收益"科目和"坏账准备"科目所属相关明细科目期末余额后的金额填列。

(15)"长期股权投资"项目,反映投资方对被投资单位实施控制、重大影响的权益性投资,以及对此合营企业的权益性投资。该项目应根据"长期股权投资"科目的期末余额,减去"长期股权投资减值准备"科目的期末余额后的净额填列。

(16)"其他权益工具投资"项目,反映资产负债表日企业指定为以公允价值计量且其变动计入其他综合收益的非交易性权益工具投资的期末账面价值。该项目应根据"其他权益工具投资"科目的期末余额填列。

(17)"固定资产"项目,反映资产负债表日企业固定资产的期末账面价值和企业尚未清理完毕的固定资产清理净损益。该项目应根据"固定资产"科目的期末余额,减去"累计折旧"和"固定资产减值准备"科目的期末余额后的金额,以及"固定资产清理"科目的期末余额填列。

> **真题链接**
> 【初级会计师考试真题·多选题】下列各项中,应在资产负债表"在建工程"项目中列报的有( )。
> A. 在建工程减值准备
> B. 工程物资
> C. 在建工程
> D. 固定资产清理
> 【解析】选项D在"固定资产"项目列报。
> 【答案】ABC

拓展:固定资产账面价值转入"固定资产清理"科目后,在资产负债表日可能存在尚未完成处置的情况,因此应当将"固定资产清理"科目期末余额计入资产负债表"固定资产"项目,若为借方余额则加,若为贷方余额则减。

【例5-2-7】20×3年12月31日,顺达公司"固定资产"科目借方余额为1 000万元,"累计折旧"科目贷方余额为370万元,"固定资产减值准备"科目贷方余额为148万元。20×3年12月31日,顺达公司资产负债表中"固定资产"项目"期末余额"栏的列报金额=2 400-370-148=1 882(万元)。

(18)"在建工程"项目,反映资产负债表日企业尚未达到预定可使用状态的在建工程的期末账面价值和企业为在建工程准备的各种物资的期末账面价值。该项目应根据"在建工程"科目的期末余额,减去"在建工程减值准备"科目的期末余额后的金额,以及"工程物资"科目的期末余额,减去"工程物资减值准备"科目的期末余额后的金额填列。

(19)"使用权资产"项目,反映资产负债表日承租人企业持有的使用权资产的期末账面价值。该项目应根据"使用权资产"科目的期末余额,减去"使用权资产累计折旧"和"使用权资产减值准备"科目的期末余额后的金额填列。

> **真题链接**
> 【初级会计师考试真题·判断题】企业资产负债表中"使用权资产"项目应根据"使用权资产"科目的期末余额减去"使用权资产累计折旧"和"使用权资产减值准备"科目的期末余额填列。( )
> 【答案】√

(20)"无形资产"项目,反映企业持有的专利权、非专利技术、商标权、著作权、土地使用权等无形资产的成本减去累计摊销和减值准备后的净值。该项目应根据"无形资产"科目的期末余额,减去"累计摊销"和"无形资产减值准备"科目的期末余额后的净额填列。

(21)"开发支出"项目,反映企业开发无形资产过程中能够资本化形成无形资产成本的支出部分。该项目应当根据"研发支出"科目所属的"资本化支出"明细科目期末余额填列。

(22)"长期待摊费用"项目,反映企业已经发生但应由本期和以后各期负担的分摊期限在1年以上的各项费用。该项目应根据"长期待摊费用"科目的期末余额,减去将于1年内(含1年)摊销的数额后的金额分析填列。但长期待摊费用的摊销年限只剩1年或不足1年的,或预计在1年内(含1年)进行摊销的部分,不得归类为流动资产,仍在各非流动资产项目中填列,不转入"1年内到期的非流动资产"项目。

> **真题链接**
> 【初级会计师考试真题·单选题】某企业20××年12月31日"无形资产"科目借方余额为750万元,"累计摊销"科目贷方余额为100万元,"无形资产减值准备"科目贷方余额为50万元。该企业该年度12月31日资产负债表中"无形资产"项目的金额为( )。
> A. 750   B. 600
> C. 700   D. 650
> 【答案】B
> 【解析】该项目的金额=750-100-50=600(万元)

(23)"递延所得税资产"项目,反映企业根据所得税准则确认的可抵扣暂时性差异产生的所得税资产。该项目应根据"递延所得税资产"科目的期末余额填列。

> **真题链接**
> 【初级会计师考试真题·判断题】资产负债表中的"开发支出"项目应根据"研发支出"科目所属的"资本化支出"明细科目期末余额填列。( )
> 【答案】√

(24)"其他非流动资产"项目,反映企业除上述非流动资产以外的其他非流动资产。该项目应根据有关科目的期末余额填列。

2. 负债项目的填列说明

（1）"短期借款"项目，反映企业向银行或其他金融机构等借入的期限在1年以内（含1年）的各种借款。该项目应根据"短期借款"科目的期末余额填列。

（2）"交易性金融负债"项目，反映企业资产负债表日承担的交易性金融负债，以及企业持有的直接指定为以公允价值计量且其变动计入当期损益的金融负债的期末账面价值。该项目应根据"交易性金融负债"科目的相关明细科目期末余额填列。

（3）"应付票据"项目，反映资产负债表日以摊余成本计量的，企业因购买材料、商品和接受服务等开出、承兑的商业汇票，包括银行承兑汇票和商业承兑汇票。该项目应根据"应付票据"科目的期末余额填列。

（4）"应付账款"项目，反映资产负债表日以摊余成本计量的，企业因购买材料、商品和接受服务等经营活动应支付的款项。该项目应根据"应付账款"和"预付账款"科目所属的相关明细科目的期末贷方余额合计数填列。

（5）"预收款项"项目，反映企业按照合同规定预收的款项。该项目应根据"预收账款"和"应收账款"科目所属各明细科目的期末贷方余额合计数填列。如"预收账款"科目所属明细科目期末为借方余额，应在资产负债表"应收账款"项目内填列。

（6）"合同负债"项目，企业应按照《企业会计准则第14号——收入》的相关规定，根据本企业履行履约义务与客户付款之间的关系在资产负债表中列示合同负债。"合同负债"项目，应分别根据"合同负债"科目的相关明细科目期末余额分析填列，同一合同下的合同负债应当以净额列示，其中净额为贷方余额的，应当根据其流动性在"合同负债"或"其他非流动负债"项目中填列。

（7）"应付职工薪酬"项目，反映企业为获得提供的服务或解除劳动关系而给予的各种形式的报酬或补偿。该项目应根据"应付职工薪酬"科目所属各明细科目的期末贷方余额分析填列。

（8）"应交税费"项目，反映企业按照税法规定计算应缴纳的各种税费，包括增值税、消费税、城市维护建设税、教育费附加、企业所得税、资源税、土地增值税、房产税、城镇土地使用税、车船税、环境保护税等。企业代扣代缴的个人所得税，也通过该项目列示。企业所交纳的税金不需要预计应交数的，如印花税、耕地占用税等，不在该项目列示。该项目应根据"应交税费"科目的期末贷方余额填列。需要说明的是，"应交税费"科目下的"应交增值税""未交增值税""待抵扣进项税额""待认证进项税额""增值税留抵税额"等明细科目期末借方余额应根据情况，在资产负债表中的"其他流动资产"或"其他非流动资产"项目列示；"应交税费——待转销项税额"等科目期末贷方余额应根据情况，在资产负债表中的"其他流动负债"或"其他非流动负债"项目列示；"应交税费"科目下的"未交增值税""简易计税""转让金融商品应交增值税""代扣代缴增值税"等科目期末贷方余额应在资产负债表中的"应交税费"项目列示。

（9）"其他应付款"项目，反映企业除应付票据、应付账款、预收账款、应付职工薪酬、应交税费等经营活动以外的其他各项应付、应收的款项。该项目应根据"应付利息""应付股利""其他应付款"科目的期末余额合计数填列。其中，"应付利息"科目仅反映相关金融工具已到期应支付，但于资产负债表日尚未支付的利息。基于实际利率法计提的金融工具的利息应包含在相应金融工具的账面余额中。

（10）"持有待售负债"项目，反映资产负债表日处置组中与划分为持有待售类别的资产直接相关的负债的期末账面价值。该项目应根据"持有待售负债"科目的期末余额填列。

（11）"1年内到期的非流动负债"项目，反映企业非流动负债中将于资产负债表日后1年内到期部分的金额，如将于1年内偿还的长期借款。该项目应根据有关科目的期末余额分

真题链接

【初级会计师考试真题·多选题】下列各项中，应列入企业资产负债表"应交税费"项目的有（　　）。
A."应交税费——应交消费税"科目期末贷方余额
B."应交税费——应交资源税"科目期末贷方余额
C."应交税费——应交车船税"科目期末贷方余额
D."应交税费——应交个人所得税"科目期末贷方余额
【答案】ABCD
【解析】"应交税费"项目，反映企业按照税法规定计算应交纳的各种税费，包括增值税、消费税、城市维护建设税、教育费附加、企业所得税、资源税、土地增值税、房产税、城镇土地使用税、车船税、环境保护税等。企业代扣代缴的个人所得税，也通过本项目列示。本项目应根据"应交税费"科目的期末贷方余额填列。

真题链接

【初级会计师考试真题·单选题】下列各项中，资产负债表日起一年内到期且企业不能自主将清偿义务展期的长期借款，应列入的资产负债表项目是（　　）。
A. 一年内到期的非流动负债
B. 其他非流动负债
C. 长期借款
D. 短期借款
【答案】A
【解析】在资产负债表日起一年内到期且企业不能自主地清偿义务展期的长期借款应列报在资产负债表中的"一年内到期的非流动负债"项目。

析填列。

（12）"长期借款"项目，反映企业向银行或其他金融机构借入的期限在1年以上（不含1年）的各项借款。该项目应根据"长期借款"科目的期末余额，扣除"长期借款"科目所属的明细科目中将在资产负债表日起1年内到期且企业不能自主将清偿义务展期的长期借款后的金额计算填列。

（13）"应付债券"项目，反映企业为筹集长期资金而发行的债券本金及应付的利息。该项目应根据"应付债券"科目的期末余额分析填列。对于资产负债表日企业发行的金融工具，分类为金融负债的，应在该项目填列，对于优先股和永续债还应在该项目下的"优先股"项目和"永续债"项目分别填列。

（14）"租赁负债"项目，反映资产负债表日承租人企业尚未支付的租赁付款额的期末账面价值。该项目应根据"租赁负债"科目的期末余额填列自资产负债表日起1年内到期应予以清偿的租赁负债的期末账面价值，在"1年内到期的非流动负债"项目反映。

（15）"长期应付款"项目，应根据"长期应付款"科目的期末余额，减去相关的"未确认融资费用"科目的期末余额后的金额，以及"专项应付款"科目的期末余额填列。

（16）"预计负债"项目，反映企业根据或有事项等相关准则确认的各项预计负债，包括对外提供担保、未决诉讼、产品质量保证、重组义务以及固定资产和矿区权益弃置义务等产生的预计负债。该项目应根据"预计负债"科目的期末余额填列。企业按照《企业会计准则第22号——金融工具确认和计量》的相关规定，对贷款承诺等项目计提的损失准备，应当在该项目填列。

（17）"递延收益"项目，反映尚待确认的收入或收益。该项目核算包括企业根据政府补助准则确认的应在以后期间计入当期损益的政府补助金额、售后租回形成融资租赁的售价与资产账面价值差额等其他递延性收入。该项目应根据"递延收益"科目的期末余额填列。该项目中摊销期限只剩1年或不足1年的，或预计在1年内（含1年）进行摊销的部分，不得归类为流动负债，仍在该项目填列，不转入"1年内到期的非流动负债"项目。

（18）"递延所得税负债"项目，反映企业根据所得税准则确认的应纳税暂时性差异产生的所得税负债。该项目应根据"递延所得税负债"科目的期末余额填列。

（19）"其他非流动负债"项目，反映企业除上述非流动负债以外的其他非流动负债。该项目应根据有关科目期末余额，减去将于1年内（含1年）到期偿还数后的余额分析填列。非流动负债各项目中将于1年内（含1年）到期的非流动负债，应在"1年内到期的非流动负债"项目反映。

3.所有者权益项目的填列说明

（1）"实收资本（或股本）"项目，反映企业各投资者实际投入的资本（或股本）总额。该项目应根据"实收资本（或股本）"科目的期末余额填列。

（2）"其他权益工具"项目，反映资产负债表日企业发行在外的除普通股以外分类为权益工具的金融工具的期末账面价值，并下设"优先股"和"永续债"两个项目，分别反映企业发行的分类为权益工具的优先股和永续债的账面价值。

（3）"资本公积"项目，反映企业收到投资者出资超出其在注册资本或股本中所占的份额以及直接计入所有者权益的利得和损失等。该项目应根据"资本公积"科目的期末余额填列。

（4）"其他综合收益"项目，反映企业其他综合收益的期末余额。该项目应根据"其他综合收益"科目的期末余额填列。

（5）"专项储备"项目，反映高危行业企业按国家规定提取的安全生产费的期末账面价值。该项目应根据"专项储备"科目的期末余额填列。

（6）"盈余公积"项目，反映企业盈余公积的期末余额。该项目应根据"盈余公积"科目的期末余额填列。

> **真题链接**
> 【初级会计师考试真题·多选题】下列各项中，不属于企业资产负债表所有者权益项目的有（　　）。
> A.库存股
> B.公允价值变动收益
> C.每股收益
> D.其他综合收益
> 【答案】BC
> 【解析】选项B、C属于利润表的项目。

> **真题链接**
> 【初级会计师考试真题·单选题】20××年12月31日，甲公司有关科目的期末贷方余额如下：实收资本80万元、资本公积20万元、盈余公积35万元、利润分配——未分配利润5万元。不考虑其他因素，2019年12月31日，该公司资产负债表中"所有者权益合计"项目期末余额填列的金额为（　　）万元。
> A.80　　B.100
> C.120　　D.140
> 【答案】D
> 【解析】该公司资产负债表中"所有者权益合计"项目期末余额填列的金额=80+20+35+5=140（万元）。

（7）"未分配利润"项目，反映企业尚未分配的利润。该项目应根据"本年利润"科目和"利润分配"科目的余额计算填列。未弥补的亏损在本项目内以"-"号填列。

> 注意：未分配利润，是指企业实现的净利润经过弥补亏损、提取盈余公积和向投资者分配利润后留存在企业的、历年结存的利润。

【业务解析】

华兴公司资产负债表见表5-3。

表5-3 资产负债表

编制单位：华兴有限责任公司　　　　20×3年10月31日　　　　会企01表　单位：元

资产	期末余额	年初余额	负债和所有者权益（或股东权益）	期末余额	年初余额
流动资产：			流动负债：		
货币资金	616 500.00		短期借款	200 000.00	
交易性金融资产			交易性金融负债		
衍生金融资产			衍生金融负债		
应收票据及应收账款	285 000.00		应付票据及应付账款	295 000.00	
预付款项	75 000.00		预收款项	115 000.00	
其他应收款			合同负债		
存货	980 000.00		应付职工薪酬		
合同资产			应交税费		
持有待售资产			其他应付款		
1年内到期的非流动资产			持有待售负债		
其他流动资产			1年内到期的非流动负债	500 000.00	
流动资产合计	1 956 500.00		其他流动负债		
非流动资产：			流动负债合计	1 110 000.00	
债权投资			非流动负债：		
其他债权投资			长期借款	500 000.00	
长期应收款			应付债券		
长期股权投资			其中：优先股		
其他权益工具投资			永续债		
其他非流动金融资产			长期应付款		
投资性房地产			预计负债		
固定资产	4 700 000.00		递延收益		
在建工程			递延所得税负债		
生产性生物资产			其他非流动负债		

续表

资产	期末余额	年初余额	负债和所有者权益（或股东权益）	期末余额	年初余额
油气资产			非流动负债合计		
无形资产			负债合计	1 610 000.00	
开发支出			所有者权益（或股东权益）：		
商誉			实收资本（或股本）	4 500 000.00	
长期待摊费用			其他权益工具		
递延所得税资产			其中：优先股		
其他非流动资产			永续债		
非流动资产合计			资本公积	300 000.00	
			减：库存股		
			其他综合收益		
			盈余公积	46 500.00	
			未分配利润	200 000.00	
			所有者权益（或股东权益）合计	5 046 500.00	
资产总计	6 656 500.00		负债和所有者权益（或股东权益）总计	6 656 500.00	

【归纳总结】

编制资产负债表

内容	要点		
概述	某一特定日期的财务状况		
结构	账户式		
填列方法	根据总账科目余额填列	一个总账科目	如短期借款、资本公积
		多个总账科目	如货币资金
	根据明细科目余额填列		如应收账款、预收款项、应付账款、预付款项
	根据总账科目和明细科目余额填列		如长期借款、长期待摊费用
	根据有关科目余额减去备抵科目余额后的净额填列		如应收票据、应收账款、在建工程
	综合运用上述填列方法分析填列		如存货

项目三 编制利润表

【典型业务】

华兴公司 20×3 年 10 月各损益类科目发生额如见表 5-4。

表 5-4 各损益类科目发生额

元

科目名称	借方发生额	贷方发生额
主营业务收入		920 000.00
其他业务收入		140 000.00
营业外收入		1 000.00
其他收益		
投资收益		5 000.00
公允价值变动收益		
资产处置收益		
主营业务成本	739 000.00	
销售费用	54 000.00	
税金及附加	26 000.00	
其他业务成本	113 000.00	
管理费用	19 000.00	
其中研发费用	10 000.00	
财务费用	34 000.00	
其中：利息费用	40 000.00	
利息收入	6 000.00	
资产减值损失	3 000.00	
营业外支出	5 000.00	
所得税费用	18 250.00	

编制利润表

任务：根据上述数据，编制顺达公司 20×3 年 10 月利润表。

【知识链接】

一、利润表概述

（一）利润表的概念

利润表又称为损益表，是反映企业在一定会计期间的经营成果的报表。它是在会计凭证、会计账簿等会计资料的基础上进一步确认企业一定会计期间经营成果的结构性表述，综合反映企业利润的实现过程和利润的来源及构成情况，是对企业一定会计期间经营业绩的系统总结。

（二）利润表的结构原理

利润表主要由表首、表体两部分组成。表首部分应列明报表名称、编制单位名称、编制日期、报表编号和计量单位；表体部分是利润表的主体，列示了形成经营成果的各个项目和计算过程。利润表表体部分的基本结构主要根据"收入-费用=利润"平衡公式，按照各具体项目的性质和功能作为分类标准，依次将某一会计期间的收入、费用和利润的具体项目予以适当的排列编制而成。利润表项目的性质是指各具体项目的经济性质，如营业利润是指企业一定会计期间通过日常营业活动所实现的利润额，利润总额则是指营业利润和非经常性损益净额（即损失和利得）的总和，净利润是指利润总额减去所得税费用的净额。利润表项目的功能，是指各具体项目在创造和实现利润的经营业务活动过程中的功能与作用，如利润表中对于费用列报通常按照功能进行分类，包括从事经营业务发生的成本、管理费用、销售费用、研发费用和财务费用等。

划重点
我国采用多步式结构利润表，分步计算当期损益：营业利润、利润总额和净利润。

利润表的表体结构有单步式和多步式两种。单步式利润表是将当期所有收入列在一起，所有费用列在一起，然后将两者相减得出当期净损益。我国企业的利润表采用多步式结构，即通过对当期的收入、费用、支出项目按性质加以归类，按利润形成的主要环节列示一些中间性利润指标，分步计算当期净损益，以便财务报表使用者理解企业经营成果的不同来源。

为了使财务报表使用者通过比较不同期间利润的实现情况，判断企业经营成果的未来发展趋势，企业需要提供比较利润表。为此，利润表金额栏分为"本期金额"和"上期金额"两栏分别填列。

我国利润表格式见本书附表。

（三）利润表的作用

利润表的主要作用是有助于使用者分析判断企业净利润的质量及其风险，评价企业经营管理效率，有助于使用者预测企业净利润的持续性，从而作出正确的决策。利润表可以反映企业在一定会计期间的收入实现情况，如实现的营业收入、取得的投资收益、发生的公允价值变动损益及营业外收入等对利润的贡献大小；营业成本、税金及附加、销售费用、管理费用、财务费用、营业外支出等对利润的影响程度；可以反映企业一定会计期间的净利润实现情况，分析判断企业受托责任的履行情况，进而可以反映企业资本的保值增值情况，为企业管理者解脱受托责任提供依据；将利润表资料及信息与资产负债表资料及信息相结合进行综合计算分析，如将营业成本与存货或资产总额的平均余额进行比较，可以反映企业运用其资源的能力和效率，便于分析判断企业资金周转情况及盈利能力和水平，进而判断企业未来的盈利增长和发展趋势，作出相应经济决策。

二、利润表的编制

（一）利润表的编制要求

利润表中一般应单独列报的项目主要有营业利润、利润总额、净利润、其他综合收益的税后净额、综合收益总额和每股收益等。其中，营业利润单独列报的项目包括营业收入、营业成本、税金及附加、销售费用、管理费用、研发费用、财务费用、信用减值损失、资产减值损失、其他收益、投资收益、公允价值变动收益、资产处置收益等；"利润总额"项目为营业利润加上营业外收入减去营业外支出；"净利润"项目为利润总额减去所得税费用，包括"持续经营净利润""终止经营净利润"等项目；其他综合收益的税后净额包括不能重分类进损益的其他综合收益和将重分类进损益的其他综合收益等项目；综合收益总额为净利润加上其他综合收益的税后净额；每股收益包括"基本每股收益"和"稀释后每股收益"两个项目。

利润表各项目需填列"本期金额"和"上期金额"两栏。其中"上期金额"栏内各项数字，应根据上年该期利润表的"本期金额"栏内所列数字填列。"本期金额"栏内各项数字，除"基本每股收益"和"稀释后每股收益"项目外，应当按照相关科目的发生额分析填列。如"营业收入"项目，根据"主营业务收入""其他业务收入"科目的发生额分析计算填列；"营业成本"项目，根据"主营业务成本""其他业务成本"科目的发生额分析计算填列。

（二）利润表的填列方法

利润表的"本期金额"栏，一般应根据损益类科目和所有者权益类有关科目的发生额填列。

（1）"营业收入"项目，反映企业经营主要业务和其他业务所确认的收入总额。该项目应根据"主营业务收入"和"其他业务收入"科目的发生额分析填列。

【例5-3-1】顺达公司20×3年度"主营业务收入"科目发生额合计1 000万元，"其他业务收入"科目发生额合计200万元，则顺达公司20×3年度利润表中"营业收入"项目"本期金额"栏的列报金额为1 200万元。

（2）"营业成本"项目，反映企业经营主要业务和其他业务所发生的成本总额。该项目应根据"主营业务成本"和"其他业务成本"科目的发生额分析填列。

【例5-3-2】顺达公司20×3年度"主营业务成本"科目发生额合计525万元，"其他业务成本"科目发生额合计130万元，则顺达公司20×3年度利润表中"营业成本"项目"本期金额"栏的列报金额为655万元。

（3）"税金及附加"项目，反映企业经营业务应负担的消费税、城市维护建设税、教育费附加、资源税、土地增值税、房产税、车船税、城镇土地使用税、印花税、环境保护税等相关税费。该项目应根据"税金及附加"科目的发生额分析填列。

（4）"销售费用"项目，反映企业在销售商品过程中发生的包装费、广告费等费用和销售本企业商品而专设的销售机构的职工薪酬、业务费等经营费用。该项目应根据"销售费用"科目的发生额分析填列。

（5）"管理费用"项目，反映企业为组织和管理生产经营发生的管理费用。该项目应根据"管理费用"科目的发生额分析填列。

> **注意**："研发费用"项目列报金额是从"管理费用"项目中分离出来的。

【例5-3-3】顺达公司20×3年度"管理费用"科目发生额合计数为150万元，其中"研发费用"明细科目发生额为70万元，则顺达公司20×3年度利润表中"管理费用"项目"本

真题链接

【初级会计师考试真题·单选题】甲公司为增值税一般纳税人。20××年12月22日销售M商品200件，每件商品的标价为6万元（不含增值税）。给予购货方200万元的商业折扣。M商品适用的增值税税率为13%，开具增值税专用发票，销售商品符合收入确认条件。不考虑其他因素，甲公司该年度利润表中"营业收入"项目"本期金额"栏的填列金额的增加为（　　）万元。
A.1 130　　B.1 000
C.1 356　　D.1 200
【答案】B
【解析】甲公司20××年度利润表中"营业收入"项目"本期金额"栏的填列金额的增加=200×6-200=1 000（万元）。

真题链接

【初级会计师考试真题·单选题】下列各项中，制造业企业应在利润表"营业成本"项目填列的是（　　）。
A.出售固定资产发生的净损失
B.在建工程领用产品的成本
C.为取得生产技术服务合同发生的投标费
D.出租包装物的摊销额
【答案】D
【解析】"营业成本"项目应根据"主营业务成本"和"其他业务成本"科目的发生额分析填列。选项A，计入资产处置损益；选项B，计入在建工程；选项C，计入管理费用；选项D，计入其他业务成本。

真题链接

【初级会计师考试真题·单选题】下列各项中，应列入利润表"销售费用"项目的是（　　）。
A.计提行政管理部门使用无形资产的摊销额
B.计提由行政管理部门负担的工会经费
C.计提专设销售机构股东投入资产的折旧费
D.发生的不符合资本化条件的研发费用
【答案】C
【解析】选项A、B列入利润表"管理费用"项目，选项D列入利润表"研发费用"项目。

期金额"栏的列报金额为 80 万元。

（6）"研发费用"项目，反映企业进行研究与开发过程中发生的费用化支出以及计入管理费用的自行开发无形资产的摊销。该项目应根据"管理费用"科目下的"研发费用"明细科目的发生额以及"管理费用"科目下"无形资产摊销"明细科目的发生额分析填列。

【例5-3-4】 顺达公司20×3年度计入当期损益的研发费用合计数为70万元，则顺达公司20×3年度利润表中"研发费用"项目"本期金额"栏的列报金额为70万元。

（7）"财务费用"项目，反映企业为筹集生产经营所需资金等而发生的应予费用化的利息支出。该项目应根据"财务费用"科目的相关明细科目发生额分析填列。其中"利息费用"项目，反映企业为筹集生产经营所需资金等而发生的应予费用化的利息支出。该项目应根据"财务费用"科目的相关明细科目的发生额分析填列。"利息收入"项目，反映企业应冲减财务费用的利息收入，该项目应根据"财务费用"科目的相关明细科目的发生额分析填列。

【例5-3-5】 顺达公司20×3年度"财务费用"科目的发生额如下所示——银行借款利息费用合计3万元，银行存款利息收入合计4万元，银行手续费等支出合计12万元，则顺达公司20×3年度利润表中"财务费用"项目"本期金额"栏的列报金额=3+12-4=11（万元）。

（8）"其他收益"项目，反映计入其他收益的政府补助，以及其他与日常活动相关且计入其他收益的项目。该项目应根据"其他收益"科目的发生额分析填列。企业作为个人所得税的扣缴义务人，根据《中华人民共和国个人所得税法》收到的扣缴税款手续费，应作为其他与日常活动相关的收益在该项目填列。

（9）"投资收益"项目，反映企业以各种方式对外投资所取得的收益。该项目应根据"投资收益"科目的发生额分析填列。如为投资损失，该项目以"-"号填列。

（10）"净敞口套期收益"项目，反映净敞口套期下被套期项目累计公允价值变动转入当期损益的金额或现金流量套期储备转入当期损益的金额。该项目应根据"净敞口套期损益"科目的发生额分析填列。如为套期损失，该项目以"-"号填列。

（11）"公允价值变动收益"项目，反映企业应当计入当期损益的资产或负债公允价值变动收益。该项目应根据"公允价值变动损益"科目的发生额分析填列。如为净损失，该项目以"-"号填列。

（12）"信用减值损失"项目，反映企业按照《企业会计准则第22号——金融工具确认和计量》（2018）的要求计提的各项金融工具信用减值准备所确认的信用损失。该项目应根据"信用减值损失"科目的发生额分析填列。

（13）"资产减值损失"项目，反映企业有关资产发生的减值损失。该项目应根据"资产减值损失"科目的发生额分析填列。

（14）"资产处置收益"项目，反映企业出售划分为持有待售的非流动资产（金融工具、长期股权投资和投资性房地产除外）或处置组（子公司和业务除外）时确认的处置利得或损失，以及处置未划分为持有待售的固定资产、在建工程、生产性生物资产及无形资产而产生的处置利得或损失。债务重组中因处置非流动资产（金融工具、长期股权投资和投资性房地产除外）产生的利得或损失和非货币性资产交换中换出非流动资产（金融工具、长期股权投资和投资性房地产除外）产生的利得或损失也包括在本项目内。该项目应根据"资产处置损益"科目的发生额分析填列。如为处置损失，本项目以"-"号填列。

（15）"营业利润"项目，反映企业实现的营业利润。如为亏损，该项目以"-"号填列。

（16）"营业外收入"项目，反映企业发生的除营业利润以外的收益，主要包括非流动资产毁损报废收益、与企业日常活动无关的政府补助、盘盈利得、捐赠利得（企业接受股东或股东的子公司直接或间接的捐赠，经济实质属于股东对企业的资本性投入的除外）等。该项目应根据"营业外收入"科目的发生额分析填列。

（17）"营业外支出"项目，反映企业发生的除营业利润以外的支出，主要包括公益性捐赠支出、非常损失、盘亏损失、非流动资产毁损报废损失等。该项目应根据"营业外支出"科目的发生额分析填列。

（18）"利润总额"项目，反映企业实现的利润。如为亏损，本项目以"-"号填列。

（19）"所得税费用"项目，反映企业应从当期利润总额中扣除的所得税费用。该项目应根据"所得税费用"科目的发生额分析填列。

（20）"净利润"项目，反映企业实现的净利润。如为亏损，本项目以"-"号填列。

（21）"其他综合收益的税后净额"项目，反映企业根据《企业会计准则》规定未在损益中确认的各项利得和损失扣除所得税影响后的净额。

（22）"综合收益总额"项目，反映企业净利润与其他综合收益（税后净额）的合计金额。

（23）"每股收益"项目，包括"基本每股收益"和"稀释后每股收益"两项指标，反映普通股或潜在普通股已公开交易的企业，以及正处在公开发行普通股或潜在普通股过程中的企业的每股收益信息。

【业务解析】

华兴公司利润表见表5-5。

表5-5　利润表

编制单位：华兴有限责任公司　　　　20×3年10月　　　　　　　　　　　会企02表
　　　　　　　　　　　　　　　　　　　　　　　　　　　　　　　　　　　　元

项目	本期金额	上期金额
一、营业收入	1 060 000.00	
减：营业成本	852 000.00	
税金及附加	26 000.00	
销售费用	54 000.00	
管理费用	9 000.00	
研发费用	10 000.00	
财务费用	34 000.00	
其中：利息费用	40 000.00	
利息收入	6 000.00	
资产减值损失	3 000.00	
信用减值损失		
加：其他收益		
投资收益（损失以"-"号填列）	5 000.00	
其中：对联营企业和合营企业的投资收益		
净敞口套期收益（损失以"-"号填列）		
公允价值变动收益（损失以"-"号填列）		
资产处置收益（损失以"-"号填列）	-3 000.00	
二、营业利润（亏损以"-"号填列）	77 000.00	
加：营业外收入	1 000.00	
减：营业外支出	5 000.00	
三、利润总额（亏损总额以"-"号填列）	73 000.00	
减：所得税费用	18 250.00	
四、净利润（净亏损以"-"号填列）	54 750.00	
……略		

真题链接

【初级会计师考试真题·多选题】下列各项中，属于企业利润表中列报项目的有（　　）
A. "每股收益"
B. "综合收益总额"
C. "其他收益"
D. "信用减值损失"
【答案】ABCD

【归纳总结】

编制利润表

内容		要点
概述		一定会计期间、经营成果
结构原理		多步式
编制	营业利润	营业收入 – 营业成本 – 税金及附加 – 销售费用 – 管理费用 – 研发费用 – 财务费用 + 其他收益 + 投资收益（– 投资损失）+ 净敞口套期收益（– 净敞口套期损失）+ 公允价值变动收益（– 公允价值变动损失）– 信用减值损失 – 资产减值损失 + 资产处置收益（– 资产处置损失）
	利润总额	营业利润 + 营业外收入 – 营业外支出
	净利润	净利润（或净亏损）= 利润总额 – 所得税费用
	其他综合收益税后净额	未在损益中确认的各项利得和损失扣除所得税影响后的净额
	综合收益总额	综合收益总额 = 净利润 + 其他综合收益的税后净额

项目四

编制现金流量表

【典型业务】

华兴公司专门从事办公家具生产与销售，为增值税一般纳税人。

业务1：20×3年度利润表中列示的营业收入为2 500万元，资产负债表中列示的应收账款年末较年初增加金额100万元。假设不考虑增值税等其他因素的影响。

业务2：20×3年度利润表中列示的营业收入为2 500万元，资产负债表中列示的应收账款年末较年初增加金额100万元。假设考虑增值税等其他因素的影响。

业务3：20×3年利润表中列示"营业成本"项目金额为1 300万元，资产负债表中列示"应付账款"项目年末较年初增加金额80万元，"存货"项目年末较年初减少金额230万元。假设考虑增值税等其他因素的影响。

任务1：根据业务1，运用工作底稿法编制调整营业收入的会计分录。

任务2：根据业务2，运用工作底稿法编制调整营业收入的会计分录。

任务3：根据业务3，运用工作底稿法编制调整营业成本的会计分录。

【知识链接】

一、现金流量表概述

（一）现金流量表的概念

现金流量表，是指反映企业在一定会计期间现金和现金等价物流入和流出的报表。它是以资产负债表和利润表等会计核算资料为依据，按照收付实现制会计基础要求对现金流量的结构性表述，揭示企业在一定会计期间获取现金及现金等价物的能力。

> **拓展**：现金流量表的计量基础是收付实现制，而资产负债表和利润表的计量基础是权责发生制。

现金，是指企业库存现金以及可以随时用于支付的存款，不能随时用于支付的存款不属于现金。

现金等价物，是指企业持有的期限短、流动性强、易于转换为已知金额现金、价值变动风险很小的投资。期限短，一般是指从购买日起3个月内到期。权益性投资变现的金额通常不确定，因此不属于现金等价物。现金等价物通常指企业内3个月内到期的债券投资等。因此，企业应当根据具体情况，确定现金等价物的范围，一经确定不得随意变更。以下表述现金时，除非同时提及现金等价物，均包括现金和现金等价物。

真题链接

【初级会计师考试真题·单选题】属于现金流量表中"现金等价物"指的是（ ）。
A. 库存现金
B. 银行本票
C. 银行承兑汇票
D. 持有2个月内到期的国债
【答案】D
【解析】选项A属于货币资金；选项B属于其他货币资金；选项C属于应付票据。

> 注意：现金流量表中不只有现金，还包含了现金等价物。现金流量，是指现金和现金等价物的流入和流出。

【单选题】下列业务发生后将引起现金及现金等价物总额变动的是（ ）。
A. 用银行存款清偿债务
B. 用银行存款购买1个月到期的债券
C. 赊购固定资产
D. 用库存商品抵偿债务

【答案】A

【解析】选项A，用银行存款清偿债务，导致银行存款减少，从而引起现金及现金等价物总额变动。选项B，用银行存款购买1个月到期的债券，属于现金及现金等价物的一增一减，并没有引起现金及现金等价物总额变动。选项C，赊购固定资产，不影响现金及现金等价物。选项D，用库存商品抵偿债务，不影响现金及现金等价物。

（二）现金流量表的结构原理

1. 现金流量表的结构内容

现金流量表的基本结构根据公式"现金流入量－现金流出量＝现金净流量"设计。现金流量包括现金流入量、现金流出量、现金净流量。根据企业业务活动的性质和现金流量的功能，主要现金流量可以分为3类并在现金流量表中列示，即经营活动产生的现金流量、投资活动产生的现金流量和筹资活动产生的现金流量。每一项分为流入量、流出量和净流量3部分分项列示。

经营活动产生的现金流量，是指与销售商品、提供劳务有关的活动产生的现金流量，包括企业投资活动和筹资活动以外的所有交易和事项产生的现金流量。如销售商品收到现金、购买商品支付现金、经营性租赁、制造产品、广告宣传、缴纳税款等，经营活动产生的现金流量分为经营活动产生的现金流入量、经营活动产生的现金流出量以及经营活动产生的现金净流量。

投资活动产生的现金流量，是指与非流动资产的取得或处置有关的活动产生的现金流量，包括企业长期资产的购建和不包括在现金等价物范围内的投资及其处置活动产生的现金流量，如购买股票或债券支付现金，销售长期投资收回现金，购建或处置固定资产、无形资产等。投资活动产生的现金流量分为投资活动产生的现金流入量、投资活动产生的现金流出量以及投资活动产生的现金净流量（图5-1）。

图5-1 投资活动

筹资活动产生的现金流量，是指涉及企业财务规模的更改或财务结构组成变化的活动，也就是导致企业资本及债务规模和构成发生变动的活动产生的现金流量，如向银行借入款项收到现金、归还银行借款支付现金、吸收投资、发行股票、分配利润等（图5-2）。筹资活动产生的现金流量分为筹资活动产生的现金流入量、筹资活动产生的现金流出量以及筹资活动产生的现金净流量。

除上述3类主要现金流量外，企业持有除记账本位币外的以外币为计量单位的资产负债及往来款项时，现金流量表应列示汇率变动对现金及现金等价物的影响。

图 5-2 筹资活动

> **拓展**：现金流量表准则规定，外币现金流量以及境外子公司的现金流量，应当采用现金流量发生日的即期汇率或与即期汇率近似的汇率折算。而现金流量表"现金及现金等价物净增加额"项目中外币现金净增加额是按资产负债表日的即期汇率折算的。这两者的差额即"汇率变动对现金的影响"。

【单选题】某公司20×3年产生的交易现金流量如下——支付银行借款利息10万元，购买设备50万元，支付以前年度货款500万元，则现金流量表中经营活动现金流出量为（　　）万元。
A. 50　　　　B. 70　　　　C. 500　　　　D. 560
【答案】C
【解析】支付银行利息属于筹资活动的现金流出量，购买设备属于投资活动的现金流出量。

【多选题】以下属于筹资活动产生的现金流量的有（　　）。
A. 银行借入款项收到的现金
B. 购买股票或债券支付的现金
C. 发行股票收到的现金
D. 处置无形资产收到的现金
【答案】AC
【解析】选项B、D属于投资活动产生的现金流量。

2. 现金流量表的格式

现金流量表的格式，是指现金流量表结构内容的编排顺序和方式。现金流量表的格式应有利于反映企业业务活动的性质和现金流量的来源，其基本原理是以权责发生制为基础提供的会计核算资料为依据，按照收付实现制进行调整计算，以反映现金流量增减变动及其结果。也就是说，将以权责发生制为基础编制的资产负债表和利润表资料，按照收付实现制调整计算编制现金流量表。

调整计算方法通常有直接法和间接法两种（图5-3）。直接法，是指通过现金收入和现金支出的主要类别列示企业经营活动现金流量的一种方法。间接法，是指将净利润调整为经营活动现金流量的一种方法。由此可见，直接法是以利润表中的营业收入为起算点调整计算经营活动产生的现金流量净额，而间接法则是以利润表中的净利润为起算点调整计算经营活动产生的现金流量净额，二者的结果是一致的。

图 5-3 调整计算方法

调整计算的经营活动产生的现金流量净额加上投资活动产生的现金流量净额和筹资活动产生的现金流量净额为报告期的现金及现金等价物净增加额，再加上报告期期初现金及现金等价物余额，等于期末现金及现金等价物余额。

以直接法编制的现金流量表，有利于分析经营活动产生的现金流量的来源和用途、预测企业现金流量的未来前景；而以间接法编制的现金流量表，有利于将净利润与经营活动产生的现金流量净额进行比较，了解净利润与经营活动产生的现金流量差异的原因。从现金流量的角度分析净利润的质量，二者可以相互验证和补充。

> 拓展：按照我国现行会计准则的规定，企业应当采用直接法列示经营活动产生的现金流量。同时，企业应当在附注中披露将净利润调整为经营活动现金流量的信息。因此，现金流量表的格式分为直接法格式和间接法格式两种。

（三）现金流量表的作用

与资产负债表和利润表相比，现金流量表具有许多不同的作用，主要表现在以下几个方面。

（1）现金流量表提供了企业一定会计期间现金和现金等价物流入和流出的现金流量信息，可以弥补基于权责发生制编报的资产负债表和利润表的某些固有缺陷，在资产负债表与利润表之间架起一条连接的纽带和桥梁，揭示企业财务状况与经营成果之间的内在关系，便于会计报表使用者了解企业净利润的质量。

（2）现金流量表分别提供了经营活动、投资活动和筹资活动产生的现金流量，每类又分为若干具体项目，分别从不同角度反映企业业务活动的现金流入、流出及影响现金净流量的因素，弥补了资产负债表和利润表分类列报内容的某些不足，从而帮助使用者了解和评价企业获取现金及现金等价物的能力，包括企业支付能力、偿债能力和周转能力，进而预测企业未来的现金流量情况，为其决策提供有力依据。

（3）现金流量表以收付实现制为基础，对现金的确认和计量在不同企业间基本一致，提高了企业之间更加可比的会计信息，有利于会计报表使用者提高决策的质量和效率。

（4）现金流量表以收付实现制为基础编制，降低了企业盈余管理程度，提高了会计信息质量，有利于更好地发挥会计监督职能作用，改善公司治理状况，进而促进实现会计决策有用性和维护经济资源配置秩序、提高经济效益的目标要求。

> 拓展：现金流量表中每一笔现金流入或现金流出，都要和银行日记账对应，银行日记账又需要和银行回单对应，企业很难在这些方面造假。因此，现金流量表被公认为"最难造假的一张报表"。

二、现金流量表的编制

（一）现金流量表的编制要求

现金流量表应当将经营活动、投资活动和筹资活动分别列报现金流量。各现金流量应当分别按照现金流入和现金流出总额列报。但是，下列各项可以按照净额列报。

（1）代客户收取或支付的现金；

（2）周转快、金额大、期限短的项目的现金流入和现金流出；

（3）金融企业的有关项目，包括短期贷款发放与收回的贷款本金、活期存款的吸收与支付、同业存款和同业款项的存取、其他金融企业资金的拆借，以及证券的买入与卖出等；

（4）自然灾害损失、保险索赔等特殊项目，应当根据其性质，分别归并到经营活动、投资活动和筹资活动现金流量类别中单独列报；

（5）汇率变动对现金的影响额应当作为调整项目，在现金流量表中单独列报"汇率变动对现金及现金等价物的影响"。

（二）直接法

运用直接法编制现金流量表可采用工作底稿法或T形账户法，也可以根据有关会计科目记录分析填列。

1. 工作底稿法

工作底稿法是以工作底稿为手段，以资产负债表和利润表数据为基础，分别对每一个项目进行分析并编制调整分录，进而编制现金流量表的一种方法。具体步骤和程序如下。

第一步，将资产负债表的期初数和期末数分别过入工作底稿的期初数栏和期末数栏，见表5-6。

表5-6 现金流量表工作底稿（简表）

万元

项目	年初数	调整分录 借方	调整分录 贷方	期末数
一、资产负债表				
流动资产				
货币资金	600.00		（20）360.00	240.00
应收账款	2 300.00（坏账准备150.00）	（1）500.00	（8）125.00	2 675.00（坏账准备275.00）
存货	1 226.00		（2）226.00	1 000.00
流动资产合计	4 126.00			3 915.00
非流动资产				
长期股权投资	2 000.00	（7）250.00		2 250.00
固定资产	2 250.00（累计折旧600.00）	（12）2 000.00	（11）230.00	4 020.00（累计折旧830.00）
无形资产	250.00（累计摊销30.00）		（13）15.00	235.00（累计摊销45.00）
非流动资产合计	4 500.00			6 505.00
资产总计	8 626.00			10 420.00
流动负债：				
短期借款	260.00	（14）260.00		0.00
应付账款	420.00		（2）200.00	620.00
应付职工薪酬	32.00	（16）241.52	（15）260.20	50.68
应交税费	500.00	（2）276.12（12）260.00（17）132.32	（1）455.00（3）70.00（9）60.75	417.31
流动负债合计	1 212.00			1 087.99
非流动负债				
长期借款				

续表

项目	年初数	调整分录 借方	调整分录 贷方	期末数
应付债券				
非流动负债合计	0.00			0.00
负债合计	1 212.00			1 087.99
所以者权益				
实收资本	6 000.00		（18）1 113.00	7 113.00
资本公积	1 000.00		（18）513	1 513.00
盈余公积	314.00		（19）50.32	364.32
未分配利润	100.00	（19）50.32	（10）292.01	341.69
所有者权益合计	7 414.00			9 332.01
负债及所有者权益总计	8 626.00			10 420.00
二：利润表项目				
营业收入			（1）3 500.00	3 500.00
减：营业成本		（2）2 350.00		2 350.00
税金及附加		（3）70.00		70.00
销售费用		（4）313.00		313.00
管理费用		（5）524.24		524.24
研发费用				
财务费用		（6）15.00		15.00
资产减值损失				
信用减值损失		（8）125.00		125.00
加：其他收益				
投资收益			（7）250.00	250.00
公允价值变动收益				
资产处置收益				
营业外收入				
减：营业外支出				
所得税费用		（9）60.75		60.75
净利润		（10）292.01		292.01
三：现金流量表项目				
（一）经营活动产生的现金流量：				
销售商品、提供劳务收到的现金		（1）3 000.00		3 000.00
收到的税费返还				
收到其他与经营活动有关的现金				
经营活动现金流入小计				3 000.00
购买商品、接受劳务支付的现金			（2）1 924.00	1 924.00
支付给职工以及为职工支付的现金			（16）241.52	241.52
支付的各项税费		（1）455.00	（2）276.12 （12）260.00 （17）132.32	213.44

续表

项目	年初数	调整分录 借方	调整分录 贷方	期末数
支付其他与经营活动有关的现金		（11）230.00 （13）15.00 （15）260.2	（4）313.00 （5）524.24	332.04
经营活动现金流出小计				2 711.00
经营活动产生的现金流量净额				289.00
（二）投资活动产生的现金流量：				
收回投资收到的现金				
取得投资收益收到的现金		（7）250.00		250.00
处置固定资产、无形资产和其他长期资产收回的现金净额				
处置子公司及其他营业单位收到的现金净额				
收到其他与投资活动有关的现金				
投资活动现金流入小计				250.00
购建固定资产、无形资产和其他长期资产支付的现金			（12）2 000.00	2 000.00
投资支付的现金			（7）250.00	250.00
取得子公司及其他营业单位支付的现金净额				
支付其他与投资活动有关的现金				
投资活动现金流出小计				2 250.00
投资活动产生的现金流量净额				−2 000.00
（三）筹资活动产生的现金流量：				
吸收投资收到的现金		（18）1 626.00		1 626.00
取得借款收到的现金				
收到其他与筹资活动有关的现金				
筹资活动现金流入小计				1 626.00
偿还债务支付的现金			（14）260.00	260.00
分配股利、利润或偿付利息支付的现金			（6）15.00	15.00
支付其他与筹资活动有关的现金				
筹资活动现金流出小计				275.00
筹资活动产生的现金流量净额				1 351.00
（四）现金及现金等价物净减少额		（20）360.00		360.00
四、调整分录借贷合计		13 916.48	13 916.48	

第二步，对当期业务进行分析并编制调整分录。编制调整分录时，以利润表项目为基础，从"营业收入"项目开始，结合资产负债表项目逐一进行分析调整。将有关现金及现金等价物的流入和流出，分别记入"经营活动产生的现金流量""投资活动产生的现金流量""筹资活动产生的现金流量"等有关项目，借方表示现金流入，贷方表示现金流出，借方余额表示现金流入量净额，贷方余额表示现金流出量净额。

【例 5-3-1】华兴公司专门从事办公家具生产与销售，为增值税一般纳税人。该公司未发生涉及本位币之外的业务。20×3 年 12 月 31 日已编制的资产负债表和利润表资料见表 5-6 所示，分析调整并编制调整分录如下。

（1）调整营业收入。

华兴公司利润表中列示"营业收入"项目金额为 3 500 万元，资产负债表中列示"应收账款"项目年末较年初增加金额 500 万元。应编制调整分录如下。

借：经营活动的现金流量——销售商品收到的现金　　　　　　30 000 000
　　　　　　　　　　　——支付的各项税费　　　　　　　　 4 550 000
　　应收账款　　　　　　　　　　　　　　　　　　　　　　 5 000 000
　　贷：营业收入　　　　　　　　　　　　　　　　　　　　　　　　 35 000 000
　　　　应交税费——应交增值税　　　　　　　　　　　　　　　　　　4 550 000

> 注意：由于支付的各项税费在现金流量表中要求单独列报，对于不能直接计入资产成本或费用的增值税需要调整。

（2）调整营业成本。

华兴公司 20×3 年利润表中列示"营业成本"项目金额为 2 350 万元，资产负债表中列示"应付账款"项目年末较年初增加金额 200 万元，"存货"项目年末较年初减少金额 226 万元。应编制调整分录如下。

借：营业成本　　　　　　　　　　　　　　　　　　　　　　23 500 000
　　应交税费——应交增值税　　　　　　　　　　　　　　　　2 761 200
　　贷：应付账款　　　　　　　　　　　　　　　　　　　　　　　　　2 000 000
　　　　存货　　　　　　　　　　　　　　　　　　　　　　　　　　　2 260 000
　　　　经营活动的现金流量——购进商品支付的现金　　　　　　　　 19 240 000
　　　　　　　　　　　　——支付的各项税费　　　　　　　　　　　　2 761 200

（3）调整税金及附加。

借：税金及附加　　　　　　　　　　　　　　　　　　　　　　 700 000
　　贷：应交税费　　　　　　　　　　　　　　　　　　　　　　　　　　700 000

（4）调整销售费用。

借：销售费用　　　　　　　　　　　　　　　　　　　　　　 3 130 000
　　贷：经营活动的现金流量——支付的其他与经营活动有关的现金　　 3 130 000

> 注意：对于销售费用等期间费用在调整时需要全额调整计入"经营活动的现金流量——支付的其他与经营活动有关的现金"项目，对于其中不需要支付现金的部分，如应付职工薪酬、计提折旧或摊销等，在调整相应项目时，调整计入"经营活动的现金流量——支付的其他与经营活动有关的现金"项目的相反方向。

（5）调整管理费用。

借：管理费用　　　　　　　　　　　　　　　　　　　　　　 5 242 400
　　贷：经营活动的现金流量——支付的其他与经营活动有关的现金　　 5 242 400

（6）调整财务费用。

借：财务费用　　　　　　　　　　　　　　　　　　　　　　　 150 000
　　贷：筹资活动的现金流量——分配股利、利润和偿付利息所支付的现金　150 000

说明：本期财务费用为短期借款利息费用。

（7）调整投资收益。

借：长期股权投资 2 500 000
　　贷：投资活动的现金流量——投资支付的现金 2 500 000

同时：

借：投资活动的现金流量——取得投资收益收到现金 2 500 000
　　贷：投资收益 2 500 000

说明：本期取得的投资收益为长期股权投资，采用权益法核算确认。

（8）调整信用减值损失。

借：信用减值损失 1 250 000
　　贷：坏账准备 1 250 000

（9）调整所得税费用。

借：所得税费用 607 500
　　贷：应交税费——应交所得税 607 500

（10）调整净利润。

借：净利润 2 920 100
　　贷：未分配利润 2 920 100

（11）调整固定资产折旧。

借：经营活动的现金流量——支付的其他与经营活动有关的现金 2 300 000
　　贷：累计折旧 2 300 000

说明：本期计提固定资产折旧费计入管理费用的为180万元，计入销售费用的为50万元。

（12）调整固定资产。

借：固定资产 20 000 000
　　应交税费——应交增值税 2 600 000
　　贷：投资活动的现金流量——购建固定资产等长期资产支付的现金 20 000 000
　　　　经营活动的现金流量——支付的各项税费 2 600 000

（13）调整无形资产摊销。

借：经营活动的现金流量——支付的其他与经营活动有关的现金 150 000
　　贷：累计摊销 150 000

（14）调整短期借款。

借：短期借款 2 600 000
　　贷：筹资活动的现金流量——偿还债务所支付的现金 2 600 000

（15）调整应付职工薪酬。

借：经营活动的现金流量——支付的其他与经营活动有关的现金 2 602 000
　　贷：应付职工薪酬 2 602 000

（16）调整支付的职工薪酬。

根据华兴公司资产负债表中应付职工薪酬及相关项目的年初年末金额的差额分析调整。

借：应付职工薪酬 2 415 200
　　贷：经营活动的现金流量——支付给职工以及为职工支付的现金 2 415 200

（17）调整缴纳或支付的增值税及其他税费。

借：应交税费 1 323 200
　　贷：经营活动的现金流量——支付的各项税费 1 323 200

（18）调整实收资本、资本公积。

借：筹资活动的现金流量——吸收投资所收到的现金 16 260 000
　　贷：实收资本 11 130 000
　　　　资本公积 5 130 000

（19）调整利润分配。

　　借：未分配利润　　　　　　　　　　　　　　　　　　　503 200
　　　　贷：盈余公积　　　　　　　　　　　　　　　　　　　　　　503 200

（20）调整现金及现金等价物。

　　借：现金及现金等价物净减少额　　　　　　　　　　　3 600 000
　　　　贷：货币资金　　　　　　　　　　　　　　　　　　　　　　3 600 000

> 注意：该项目应根据资产负债表中"货币资金"项目年初数与期末数的差额分析计算调整。

第三步，将调整分录过入工作底稿中的相应部分，见表 5-6。

第四步，核对工作底稿中各项目的借方、贷方合计数是否相等。若相等，一般表明调整分录无误。资产负债表中各项目期初数额加/减调整分录中的借贷金额后的金额应等于期末金额；工作底稿中调整分录借方金额合计应等于贷方金额合计。

第五步，根据工作底稿中的现金流量表项目部分，编制正式的现金流量表，见表 5-7 所示。

表 5-7　现金流量表（简表）

会企 03 表

编制单位：华兴有限责任公司　　　　　　20×3 年 12 月　　　　　　　　万元

项目	本期金额	上期金额
一、经营活动产生的现金流量：		（略）
销售商品、提供劳务收到的现金	3 000.00	
收到的税费返还		
收到其他与经营活动有关的现金		
经营活动现金流入小计	3 000.00	
购买商品、接受劳务支付的现金	1 924.00	
支付给职工以及为职工支付的现金	241.52	
支付的各项税费	213.44	
支付其他与经营活动有关的现金	332.04	
经营活动现金流出小计	2 711.00	
经营活动产生的现金流量净额	289.00	
二、投资活动产生的现金流量：		
收回投资收到的现金		
取得投资收益收到的现金	250.00	
处置固定资产、无形资产和其他长期资产收回的现金净额		
处置子公司及其他营业单位收到的现金净额		
收到其他与投资活动有关的现金		
投资活动现金流入小计	250.00	
购建固定资产、无形资产和其他长期资产支付的现金	2 000.00	
投资支付的现金	250.00	

续表

项目	本期金额	上期金额
取得子公司及其他营业单位支付的现金净额		
支付其他与投资活动有关的现金		
投资活动现金流出小计	2 250.00	
投资活动产生的现金流量净额	−2 000.00	
三、筹资活动产生的现金流量:		
吸收投资收到的现金	1 626.00	
取得借款收到的现金		
收到其他与筹资活动有关的现金		
筹资活动现金流入小计	1 626.00	
偿还债务支付的现金	260.00	
分配股利、利润或偿付利息支付的现金	15.00	
支付其他与筹资活动有关的现金		
筹资活动现金流出小计	275.00	
筹资活动产生的现金流量净额	1 351.00	
四、汇率变动对现金及现金等价物的影响		
五、现金及现金等价物净增加额	−360.00	
加:期初现金及现金等价物余额	600.00	
六、期末现金及现金等价物余额	240.00	

2. T形账户法

T形账户法是以T形账户为手段,以资产负债表和利润表数据为基础,分别对每一项目进行分析并编制调整分录,进而编制现金流量表的一种方法。

具体步骤和程序如下。

第一步,为所有非现金项目(包括资产负债表项目和利润表项目)分别开设T形账户,并将各项目的期末期初变动数额过入各该账户。如果某项目的期末数大于期初数,则将其差额过入和该项目余额相同的方向;反之,过入相反的方向。对于资产项目而言,如果期末余额大于期初余额,则过入相关资产项目的借方,表明报告期内某项资产项目增加引发现金流出量增加。反之,如果期末余额小于期初余额,则过入相关资产项目的贷方,表明报告期内某项资产项目减少引发现金流入量增加。

【例5-3-2】华兴公司20×3年12月31日资产负债表中"应收账款"项目期末数为2 675万元(坏账准备为275万元),年初数为2 300万元(坏账准备为150万元)(见表5-6),因此,应过入借方,见表5-8。

表5-8 "应收账款"T形账户

应收账款	
期初余额 2 300 (坏账准备 150)	(8) 125
(1) 500	
期末余额 2 675 (坏账准备 275)	

第二步，开设一个大的"现金及现金等价物"T形账户，分设"经营活动""投资活动""筹资活动"3个二级T形账户，左方为借方，登记现金流入，右方为贷方，登记现金流出，借方余额为现金流入净额，贷方余额为现金流出净额，见表5-9~表5-11。

表5-9 "经营活动产生的现金流量"T形账户

现金及现金等价物——经营活动

借方	贷方
销售商品收到现金（1）3 000	购买商品支付现金（2）1 924
支付的各项税费（1）455	支付给职工的现金（16）241.52
支付的其他与经营活动有关的现金	支付的各项税费（2）276.12
（11）230	（12）260
（13）15	（17）132.32
（15）260.2	支付的其他与经营活动有关的现金
	（4）313
	（5）524.24
经营活动的现金流入量 3 960.2	经营活动的现金流出量 3 671.2
经营活动现金流量净额 289	

表5-10 "投资活动产生的现金流量"T形账户

现金及现金等价物——投资活动

借方	贷方
取得投资收益收到的现金（7）250	购建固定资产支付的现金（12）2 000
	投资支付的现金（7）250
投资活动的现金流入量 250	投资活动的现金流出量 2 250
	投资活动现金流量净额 2 000

表5-11 "筹资活动产生的现金流量"T形账户

现金及现金等价物——筹资活动

借方	贷方
吸收投资收到的现金（18）1 626	偿还债务支付的现金（14）260
	偿付利息支付的现金（6）15
筹资活动的现金流入量 1 626	筹资活动的现金流出量 275
筹资活动现金流量净额 1 351	

第三步，对当期业务进行分析并编制调整分录。编制调整分录时，以利润表项目为基础，从"营业收入"项目开始，结合资产负债表项目对非现金项目逐一进行分析调整。

第四步，将调整分录过入各T形账户，并进行核对。

第五步，根据T形账户编制正式的现金流量表。

（三）间接法

企业采用间接法编制现金流量表的基本步骤如下。

第一步，将报告期利润表中净利润调节为经营活动产生的现金流量。具体方法为：以净利润为起算点，加上编制利润表时作为净利润减少而报告期没有发生现金流出的填列项目，减去编制利润表时作为净利润增加而报告期没有发生现金流入的填列项目，以及不属于经营活动的现金流量。

（1）应加回的项目。

该类项目属于净利润中没有实际支付现金的费用，需要在净利润的基础上分析调整。

①"资产减值准备"项目，反映企业报告期计提的存货跌价准备、投资性房地产减值准备、长期股权投资减值准备、债权投资减值准备、使用权资产减值准备、固定资产减值准备、在建工程减值准备、无形资产减值准备、商誉减值准备等对现金流量的影响。该项目在利润表中作为净利润项目的减项已经扣除，但在报告期内不需要支付现金，应予以加回。该项目可根据利润表中"资产减值损失"项目的填列金额直接填列。

②"信用损失准备"项目，反映企业报告期计提的坏账准备对现金流量的影响。该项目在利润表中作为净利润项目的减项已经扣除，但在报告期内不需要支付现金，应予以加回。该项目可根据利润表中"信用减值损失"项目的填列金额直接填列。

③"固定资产折旧、油气资产折耗、生产性生物资产折旧"项目，反映企业报告期计提的固定资产折旧、油气资产折耗、生产性生物资产折旧、使用权资产折旧、投资性房地产折旧等对现金流量的影响。该项目在利润表中作为净利润项目的减项已经扣除，但在报告期内不需要支付现金，应予以加回。该项目可根据资产负债表及其报表附注中或"累计折旧""累计折耗""生产性生物资产累计折旧""使用权资产累计折旧""投资性房地产累计折旧"科目的贷方发生额等分析计算填列。

④"无形资产摊销"项目，反映企业报告期计提的无形资产摊销对现金流量的影响。该项目在利润表中作为净利润项目的减项已经扣除，但在报告期内不需要支付现金，应予以加回。本项目可根据资产负债表及其报表附注中或"累计摊销"科目的贷方发生额等分析计算填列。

⑤"长期待摊费用摊销"项目，反映企业报告期计提长期待摊费用摊销对现金流量的影响。该项目在利润表中作为净利润项目的减项已经扣除，但在报告期内不需要支付现金，应予以加回。该项目可根据资产负债表及其报表附注中或"长期待摊费用累计摊销"科目的贷方发生额等分析计算填列。

（2）应加回或减去的项目。

该类项目属于净利润中没有实际支付现金的费用或没有实际收到现金的收益，需要在净利润的基础上分析调整。

①"处置固定资产、无形资产和其他长期资产的损失（收益以'-'号填列）"项目，反映企业报告期内发生的处置固定资产、无形资产和其他长期资产的净损益对现金流量的影响。该项目内容属于计入净利润项目的投资活动产生的现金流量，在列报经营活动产生的现金流量时应予以扣除，对于发生的处置固定资产、无形资产和其他长期资产的净损失应予以加回；反之，对于实现的处置固定资产、无形资产和其他长期资产的净收益应予以减去。该项目可根据"资产处置损益"科目分析计算填列。

②"固定资产报废损失（收益以'-'号填列）"项目，反映企业报告期内发生的固定资产报废净损益对现金流量的影响。该项目内容属于计入净利润项目的投资活动产生的现金流量，在列报经营活动产生的现金流量时应予以扣除，对于发生的固定资产报废净损失应予以加回；反之，对于实现的固定资产报废净收益应予以减去。该项目可根据利润表中"营业外收入"项目和"营业外支出"项目或"营业外收入"科目和"营业外支出"科目分析计算填列。在根据营业外收支分析计算时，应注意对于企业日常活动之外的、不经常发生的特殊项目，如自然灾害损失、保险赔款、捐赠等，如果其中有能够确指属于流动资产损失的应当列入经营活动产生的现金流量，不应调整。

③"公允价值变动损失（收益以'-'号填列）"项目，反映企业报告期内公允价值变动损益对现金流量的影响。该项目内容属于计入企业净利润项目的投资活动产生的现金流量，同时公允价值变动收益也未产生现金流量，在列报经营活动产生的现金流量时应予以扣除。

对于发生的公允价值变动损失应予以加回；反之，对于发生的公允价值变动收益应予以减去。该项目可根据利润表中"公允价值变动收益（损失以'-'号填列）"项目分析计算填列。

④"财务费用（收益以'-'号填列）"项目，反映企业报告期内发生的财务费用（或收益）对现金流量的影响。该项目内容的性质较为复杂，可能分别归属于经营活动、投资活动或筹资活动产生的现金流量。例如，各种借款利息等属于筹资活动的现金流量项目，应收票据贴现利息、办理银行转账结算的手续费等属于经营活动产生的现金流量项目。对于属于筹资活动或投资活动的财务费用应予以加回；反之，对于属于筹资活动或投资活动的财务收益应予以减去；对于属于经营活动产生的现金流量项目，应根据利息费用或利息收入等具体情况分析计算调整。该项目可根据"财务费用"和"其他应收款——应收利息""其他应付款——应付利息"等项目的具体内容分析计算填列。

⑤"投资损失（收益以'-'号填列）"项目，反映企业报告期内发生的投资损失（或收益）对现金流量的影响。该项目内容属于计入净利润项目的投资活动产生的现金流量，在列报经营活动产生的现金流量时应予以扣除，对于发生的投资损失应予以加回；反之，对于发生的投资收益应予以减去。该项目应根据利润表中"投资收益（损失以'-'号填列）"项目分析计算填列。

⑥"递延所得税资产减少（增加以'-'号填列）"项目，反映企业报告期内产生的递延所得税资产减少（或增加）对现金流量的影响。递延所得税资产属于企业未来期间的应纳税所得额及应交所得税，不构成报告期的现金流量。具体而言，该项目内容属于计入净利润项目中"所得税费用"项目的内容，在计算"所得税费用"时，递延所得税资产减少额计入"所得税费用"科目的增加额，减少了报告期利润表中的净利润，应予以加回；反之，递延所得税资产增加额计入"所得税费用"科目的减少额，增加了报告期利润表中的净利润，应予以减去。该项目可根据资产负债表中"递延所得税资产"项目的期末期初金额的差额分析计算填列。

⑦"递延所得税负债增加（减少以'-'号填列）"项目，反映企业报告期内产生的递延所得税负债增加（或减少）对现金流量的影响。递延所得税负债属于企业未来期间的应纳税所得额及应交所得税，不构成报告期的现金流量。具体而言，该项目内容属于计入净利润项目中"所得税费用"项目的内容，在计算"所得税费用"时，递延所得税负债增加额计入"所得税费用"科目的增加额，减少了报告期利润表中的净利润，应予以加回；反之，递延所得税负债减少额计入"所得税费用"科目的减少额，增加了报告期利润表中的净利润，应予以减去。该项目可根据资产负债表中"递延所得税负债"项目的期末期初金额的差额分析计算填列。

⑧"存货的减少（增加以'-'号填列）"项目，反映企业报告期内产生的存货减少（或增加）对现金流量的影响。资产负债表中"存货"项目的年末较年初减少的差额，说明报告期消耗或发出了期初存货，这部分存货在报告期不需要支付现金，但按报告期营业成本等计算的净利润已经减去了这部分不需要支付的现金，应予以加回；反之，资产负债表中"存货"项目的年末较年初增加的差额，这部分存货在报告期已经支付了现金，但按报告期营业成本计算的净利润并未减去这部分需要支付的现金，应予以减去。此外，存货减少可能有属于投资活动或筹资活动的现金流量部分，填列该项目时需要分析计算调整非经营活动的现金流量。该项目可根据资产负债表中"存货"项目期末期初数的差额和报表附注中"存货跌价准备"项目的期末期初数的差额分析计算填列。

（3）经营性应收应付项目的增减变动。

该类项目属于不直接影响净利润的经营活动产生的现金流入量或流出量，需要在净利润的基础上分析调整。

①"经营性应收项目的减少（增加以'-'号填列）"项目，反映企业报告期内发生的经

营性应收项目减少（或增加）对现金流量的影响。经营性应收项目包括应收票据、应收账款、预付账款、合同资产、其他应收款和长期应收款等项目中与经营活动有关的部分。资产负债表中经营性应收项目减少，表明报告期内收到了以前年度应收项目的现金，形成在净利润之外的营业活动现金流入量，应予以加回；反之，经营性应收项目增加，表明报告期的净利润中有尚未收到的现金流入量，应予以减去。该项目可根据资产负债表中"经营性应收项目"期末期初数的差额和报表附注中"坏账准备"项目的期末期初数的差额分析计算填列。

②"经营性应付项目的增加（减少以'-'号填列）"项目，反映企业报告期内发生的经营性应付项目增加（或减少）对现金流量的影响。经营性应付项目包括应付票据、应付账款、预收账款、合同负债、其他应付款和长期应付款等项目中与经营活动有关的部分。资产负债表中经营性应付项目增加，表明报告期内"存货"等项目中存在尚未支付的应付项目的现金，在计算净利润时通过"营业成本"等项目已经扣除，形成净利润中存在尚未发生的经营活动现金流出量，应予以加回；反之，经营性应付项目减少，表明报告期计算净利润时存在尚未扣除的现金流出量，应予以减去。该项目可根据资产负债表中"经营性应付项目"期末期初数的差额分析计算填列。

第二步，分析调整不涉及现金收支的重大投资和筹资活动项目。

该类项目反映企业一定会计期间内影响资产或负债，但不形成该期现金收支的各项投资或筹资活动的信息资料，如企业报告期内实施的债务转为资本、一年内到期的可转换的公司债券、融资租入固定资产等。该类项目虽然不涉及报告期实际的现金流入/流出，但对以后各期的现金流量有重大影响。此类需要列报的项目如下。

（1）债务转为资本，反映企业报告期内转为资本的债务金额。该项目可根据资产负债表中"应付债券""长期应付款""实收资本""资本公积"等项目分析计算填列。

（2）一年内到期的可转换公司债券，反映企业报告期内到期的可转换公司债券的本息。该项目可根据资产负债表中"应付债券——优先股"等项目分析计算填列。

（3）融资租入固定资产，反映企业报告期内融资租入的固定资产。该项目可根据资产负债表中"使用权资产""长期应付款""租赁负债"等项目分析计算填列。

第三步，分析调整现金及现金等价物净变动情况。

该项目反映现金及现金等价物增减变动及其净增加额。该项目可根据资产负债表中"货币资金"项目及现金等价物期末期初余额及净增额分析计算填列。

第四步，编制正式的现金流量表补充资料。具体方法可采用前述工作底稿法或T形账户法，也可以根据有关会计科目记录分析填列。这里不再赘述。

> **真题链接**
>
> 【初级会计师考试真题·多选题】影响企业现金流量表中"现金及现金等价物净增加额"项目金额变化的有（ ）。
> A. 以银行存款支付职工工资
> B. 收到出租资产的租金
> C. 将库存现金存入银行
> D. 以货币资金购买3个月内到期的国库券
> 【解析】选项C，将库存现金存入银行属于内部转换；选项D，3个月内到期的国库券属于现金等价物，因此以货币资金购买3个月内到期的国库券属于内部转换；选项C、D都不影响现金及现金等价物净增加额。
> 【答案】AB

【例5-3-3】承接【例5-3-1】，20×3年12月31日，华兴公司编制的现金流量表的补充资料见表5-12。

表5-12 现金流量表补充资料（简表）

编制单位：华兴有限责任公司　　　　　20×3年12月　　　　　　　　　　万元

项目	本期金额	上期金额
1.将净利润调节为经营活动现金流量：		（略）
净利润	292.01	
加：资产减值准备		
信用损失准备	125	
固定资产折旧、油气资产折耗、生产性生物资产折旧	230	
无形资产摊销	15	

续表

项目	本期金额	上期金额
长期待摊费用摊销		
处置固定资产、无形资产和其他长期资产的损失（收益以"-"号填列）		
固定资产报废损失（收益以"-"号填列）		
公允价值变动损失（收益以"-"号填列）		
财务费用（收益以"-"号填列）	15	
投资损失（收益以"-"号填列）	-250	
递延所得税资产减少（增加以"-"号填列）		
递延所得税负债增加（减少以"-"号填列）		
存货的减少（增加以"-"号填列）	226	
经营性应收项目的减少（增加以"-"号填列）	-500	
经营性应付项目的增加（减少以"-"号填列）	135.99	
其他		
经营活动产生的现金流量净额	**289**	
2. 不涉及现金收支的重大投资和筹资活动		
债务转为资本		
1年内到期的可转换公司债券		
融资租入固定资产		
3. 现金及现金等价物净变动情况：		
现金的期末余额	240	
减：现金的期初余额	600	
加：现金等价物的期末余额		
减：现金等价物的期初余额		
现金及现金等价物净增加额	-360	

总结：将净利润调节为经营活动现金流量间接法。

主要调整四大类项目：①实际没有支付现金的费用；②实际没有收到现金的收益；③不属于经营活动的损益；④经营性应收应付项目以及存货项目的增减变动。

调整公式如下。

经营活动产生的现金流量净额＝净利润＋非付现费用－非收现收入＋不属于经营活动的费用－不属于经营活动的收入＋不属于净利润范畴但属于经营活动现金流入－不属于净利润范畴但属于经营活动现金流出。

【单选题】采用间接法编制现金流量表，下列选项中会导致经营活动现金流量增加的是（　　）。

　　A. 处置固定资产产生的利得

　　B. 应付账款的增加

　　C. 发行普通股收到的款项

　　D. 存货增加

【答案】B

【解析】选项 A，间接法下要将处置固定资产的利得从净利润中扣除，减少经营活动现金流量。选项 B，在间接法计算经营活动现金流时，需要在净利润的基础上加上流动负债的增加，减去流动负债的减少，因此应付账款的增加会增加经营活动现金流量。选项 C，发行普通股收到的款项为筹资活动现金流入。选项 D，存货增加会减少经营活动现金流量。

【多选题】企业编制现金流量表将净利润调节为经营活动现金流量时，属于在净利润的基础上调整增加的项目有（　　）。
A．信用减值损失　　　　　　B．固定资产摊销
C．公允价值变动收益　　　　D．存货的增加
【答案】AB

【业务解析】

（1）业务1。
借：经营活动的现金流量——销售商品收到的现金　　24 000 000
　　应收账款　　　　　　　　　　　　　　　　　　　1 000 000
　　贷：营业收入　　　　　　　　　　　　　　　　　25 000 000

（2）业务2。
借：经营活动的现金流量——销售商品收到的现金　　24 000 000
　　　　　　　　　　　——支付的各项税费　　　　　3 250 000
　　应收账款　　　　　　　　　　　　　　　　　　　1 000 000
　　贷：营业收入　　　　　　　　　　　　　　　　　25 000 000
　　　　应交税费——应交增值税　　　　　　　　　　3 250 000

（3）业务3。
借：营业成本　　　　　　　　　　　　　　　　　　13 000 000
　　应交税费——应交增值税　　　　　　　　　　　　1 391 000
　　贷：应付账款　　　　　　　　　　　　　　　　　　 800 000
　　　　存货　　　　　　　　　　　　　　　　　　　2 300 000
　　　　经营活动的现金流量——购进商品支付的现金　9 900 000
　　　　　　　　　　　　　——支付的各项税费　　　1 391 000

【拓展训练】

鸿雁公司是从事电子产品销售的增值税一般纳税人，在20×3年发生如下业务。

业务1：20×3年12月31日，资产负债表中"固定资产"项目期末数为7 000万元（累计折旧为1 500万元），年初数为5 500万元（累计折旧为1 300万元）。

业务2：20×3年12月31日，资产负债表中"无形资产"项目期末数为330万元（累计摊销为60万元），年初数为370万元（累计摊销为20万元）。

任务1：根据业务1，运用工作底稿法编制调整固定资产折旧的会计分录。
任务2：根据业务1，运用工作底稿法编制调整固定资产的会计分录。
任务3：根据业务2，运用工作底稿法编制调整无形资产摊销的会计分录。

【归纳总结】

现金流量表补充资料的调整思路

调整项目	调整思路
资产减值准备、信用损失准备	调增
固定资产折旧、油气资产折耗、生产性生物资产折旧	调增
无形资产摊销	调增
长期待摊费用摊销	调增
处置固定资产、无形资产和其他长期资产的损失	调增（收益调减）
固定资产报废损失	调增（收益调减）
公允价值变动损失	调增（收益调减）
财务费用	调增（该项目应加的是"不属于经营活动的财务费用"）
投资损失	调增（收益调减）
递延所得税资产减少	调增（递延所得税资产增加调减）
递延所得税负债增加	调增（递延所得税负债减少调减）
存货的减少	调增（存货的增加调减） 若存货的增减变动不属于经营活动，则不能对其进行调整
经营性应收项目的减少	调增（经营性应收项目的增加调减） 若应收项目的增减变动不属于经营活动，则不能对其进行调整
经营性应付项目的增加	调增（经营性应付项目的减少调减） 若应付项目的增减变动不属于经营活动，则不能对其进行调整

项目五 所有者权益变动表

【典型业务】

华兴公司20×1年年初所有者权益总额为1 000 000元，其中实收资本500 000元、资本公积300 000元、盈余公积50 000元、未分配利润150 000元，本年所有者权益变动表项目发生如下变化：综合收益总额增加450 000元（其中净利润300 000元），提取盈余公积30 000元，分配现金利润的金额为100 000元，假设不考虑其他情况，编制华兴公司20×1年所有者权益变动表。

【知识链接】

一、所有者权益变动表概述

（一）概念

所有者权益变动表应当反映构成所有者权益的各组成部分当期的增减变动情况。综合收益和与所有者（或股东，下同）的资本交易导致的所有者权益的变动应当分别列示。

> **注意**：中期财务报告至少应当包括资产负债表、利润表、现金流量表和附注，其中不包括所有者权益变动表。

（二）作用

所有者权益变动表能够反映企业在一定时期所有者权益增减变动情况，不仅能体现总额，还能提供各部分结构性变动信息，有助于财务报表使用者及时掌握所有者权益变动信息，理解变动的原因，同时对评价管理者受托责任的履行情况提供重要信息。

（三）填列方法

1. "上年金额"栏的填列方法

企业应当根据上年度所有者权益变动表"本年金额"栏内所列数字填列本年度"上年金额"栏内各项数字。如果上年度所有者权益变动表规定的项目的名称和内容同本年度不一致，应对上年度所有者权益变动表相关项目的名称和金额按本年度的规定进行调整，填入所有者权益变动表"上年金额"栏内。

真题链接

【初级会计师考试真题·单选题】下列各项中，反映企业净利润及其分配情况的财务报表是（　）。
A. 现金流量表
B. 所有者权益变动表
C. 资产负债表
D. 利润表
【答案】B
【解析】企业的净利润及其分配情况作为所有者权益变动的组成部分，不需要单独编制利润分配表列示。

正确理解资产负债表、利润表、所有者权益变动表之间存在的勾稽关系。

2. "本年金额" 栏的填列方法

所有者权益变动表"本年金额"栏内各项数字一般应根据"实收资本(或股本)""资本公积""其他综合收益""盈余公积""利润分配""库存股""以前年度损益调整"等科目的发生额分析填列。企业的净利润及其分配情况作为所有者权益变动的组成部分,不需要单独设置利润分配表列示。

二、所有者权益变动表的编制

(一)列报要求

所有者权益变动表至少应当单独列示反映下列信息的项目。

(1)综合收益总额;
(2)会计政策变更和前期差错更正的累积影响金额;
(3)所有者投入资本和向所有者分配利润等;
(4)按照规定提取的盈余公积;
(5)所有者权益各组成部分的期初和期末余额及其调节情况。

所有者权益变动表应当以矩阵的形式列示。一方面横向列示导致所有者权益变动的交易或事项,从所有者权益的各组成部分及所有者权益变动的来源两个维度对一定时期所有者权益变动情况进行全面的反映;另一方面,表格纵向反映与所有者权益各组成部分(包括实收资本、资本公积、其他综合收益、盈余公积、未分配利润和库存股)及其总额相关的交易或事项对所有者权益的影响。

(二)填制说明

我国企业所有者权益变动表的格式见附录。

所有者权益变动表需要按照以下方法填列。

(1)"上年年末余额"项目,按照企业上年度资产负债表中实收资本(或股本)、资本公积、库存股、盈余公积、未分配利润的年末余额依次进行填列。

(2)"会计政策变更"和"前期差错更正"项目,应根据"盈余公积""利润分配""以前年度损益调整"等科目的发生额分析填列,并在"上年年末余额"项目的基础上调整得出"本年年初金额"项目。

(3)"本年增减变动金额"项目分别反映如下内容。

①"综合收益总额"项目,反映企业当年的综合收益总额,应根据当年利润表中"其他综合收益的税后净额"和"净利润"项目填列,并对应列在"其他综合收益"和"未分配利润"栏。

②"所有者投入和减少资本"项目,反映企业当年所有者投入的资本和减少的资本。其中,"所有者投入的普通股"项目,反映企业接受投资者投资形成的实收资本(或股本)和资本公积,应根据"实收资本(或股本)""资本公积"等科目的发生额分析填列,并对应列在"实收资本(或股本)"和"资本公积"栏;"股份支付计入所有者权益的金额"项目,反映企业处于等待期中的权益结算的股份支付当年计入资本公积的金额,应根据"资本公积"科目所属的"其他资本公积"二级科目的发生额分析填列,并对应列在"资本公积"栏。

③"利润分配"下各项目,反映当年对所有者(或股东)分配的利润(或股利)金额和按照规定提取的盈余公积金额,并对应列在"未分配利润"和"盈余公积"栏。其中,"提取盈余公积"项目,反映企业按照规定提取的盈余公积,应根据"盈余公积""利润分配科目的发生额分析填列;"对所有者(或股东)的分配"项目,反映对所有者(或股东)分配的利润(或股利)金额,应根据"利润分配"科目的发生额分析填列。

④"所有者权益内部结转"下各项目,反映不影响当年所有者权益总额的所有者权益各

【初级会计师考试真题·多选题】下列各项中,在企业所有者权益变动表中单独列示反映的信息有( )。
A. 所有者投入资本
B. 会计差错更正的累积影响金额
C. 向所有者分配利润
D. 会计政策变更的累积影响金额
【答案】ABCD
【解析】在所有者权益变动表上,企业至少应当单独列示反映下列信息的项目:①综合收益总额;②会计政策变更和差错更正的累积影响金额(选项B、D);③所有者投入资本和向所有者分配利润等(选项A、C);④提取的盈余公积;⑤实收资本、其他权益工具、资本公积、其他综合收益、专项储备、盈余公积、未分配利润的期初和期末余额及其调节情况。

解难点
"会计政策变更""前期差错更正",分别按企业会计准则中的追溯调整法处理的会计政策变更的累积影响金额和追溯重述法处理的会计差错更正的累积影响金额进行填列。

组成部分之间当年的增减变动,包括"资本公积转增资本(或股本)""盈余公积转增资本(或股本)""盈余公积弥补亏损"等。"资本公积转增资本(或股本)"项目,反映企业以资本公积转增资本或股本的金额,应根据"实收资本""资本公积"等科目的发生额分析填列;"盈余公积转增资本(或股本)"项目,反企业盈余公积转增资本或股本的金额,应根据"实收资本""盈余公积"等科目的发生额分析填列;"盈余公积弥补亏损"项目,反映企业以盈余公积弥补亏损的金额,应根据"盈余公积""利润分配"等科目的发生额分析填列。"设定受益计划变动额结转留存收益"项目和"其他综合收益结转留存收益"项目,应根据"其他综合收益""盈余公积""利润分配"等科目的发生额分析填列。"其他综合收益结转留存收益"项目主要反映两种情况,一是企业指定为以公允价值计量且其变动计入其他综合收益的非交易性权益工具投资终止确认时,之前计入其他综合收益的累计利得或损失从其他综合收益中转入留存收益的金额;二是企业指定为以公允价值计量且其变动计入当期损益的金融负债终止确认时,之前由企业自身信用风险变动引起而计入其他综合收益的累计利得或损失从其他综合收益中转入留存收益的金额等。该项目应根据"其他综合收益"科目的相关明细科目的发生额分析填列。

【单选题】下列各项属于所有者权益内部结转的有( )。

A. 盈余公积转增资本

B. 资本公积转增资本

C. 盈余公积弥补亏损

D. 设定受益计划变动额结转留存收益

【答案】ABCD

【解析】"所有者权益内部结转"下各项目,反映不影响当年所有者权益总额的所有者权益各组成部分当年的增减变动,包括"资本公积转增资本(或股本)""盈余公积转增资本(或股本)""盈余公积弥补亏损""设定受益计划变动额结转留存收益""其他综合收益结转留存收益"等。

【业务解析】

华兴公司所有者权益变动表见表 5-13。

【拓展训练】

顺达公司 20×1 年年初所有者权益总额为 2 000 000 元,其中实收资本 1 000 000 元、资本公积 500 000 元、盈余公积 100 000 元、未分配利润 400 000 元,本年所有者权益变动表项目发生如下变化:综合收益总额增加 600 000 元(其中净利润为 500 000 元),提取盈余公积 50 000 元,资本公积转增资本 200 000 元,分配现金股利的金额为 200 000 元,假设不考虑其他情况,编制顺达公司 20×1 年所有者权益变动表。

编制单位：华兴有限责任公司

表 5-13 所有者权益变动表

20×3 年度

单位：元

项目	本年金额									上年金额								
	实收资本（或股本）	其他权益工具		资本公积	减：库存股	其他综合收益	盈余公积	未分配利润	所有者权益合计	实收资本（或股本）	其他权益工具		资本公积	减：库存股	其他综合收益	盈余公积	未分配利润	所有者权益合计
		优先股	永续债 其他								优先股	永续债 其他						
一、上年末余额	500 000.00			300 000.00			50 000.00	150 000.00	1 000 000.00									
加：会计政策变更																		
前期差错更正																		
其他																		
二、本年年初余额	500 000.00			300 000.00			50 000.00	150 000.00	1 000 000.00									
三、本年增减变动金额（减少以"-"号填列）						150 000.00		300 000.00	450 000.00									
（一）综合收益总额																		
（二）所有者投入和减少资本																		
1. 所有者投入的普通股																		
2. 其他权益工具持有者投入资本																		
3. 股份支付计入所有者权益的金额																		
4. 其他																		

续表

项目	本年金额									上年金额								
	实收资本（或股本）	其他权益工具		资本公积	减:库存股	其他综合收益	盈余公积	未分配利润	所有者权益合计	实收资本（或股本）	其他权益工具		资本公积	减:库存股	其他综合收益	盈余公积	未分配利润	所有者权益合计
		优先股	永续债/其他								优先股	永续债/其他						
（三）利润分配																		
1. 提取盈余公积							30 000.00	−30 000.00	0									
2. 对所有者（或股东）的分配								−100 000.00	−100 000.00									
3. 其他																		
（四）所有者权益内部结转																		
1. 资本公积转增资本（或股本）																		
2. 盈余公积转增资本（或股本）																		
3. 盈余公积弥补亏损																		
4. 设定受益计划变动额结转留存收益																		
5. 其他综合收益结转留存收益																		
6. 其他																		
四、本年年末余额	500 000.00			300 000.00		150 000.00	80 000.00	320 000.00	1 350 000.00									

【归纳总结】

各类交易事项对所有者权益变动表的影响

交易事项	对所有者权益变动表的影响
提取盈余公积	内部结构变动,总额不变
盈余公积补亏	内部结构变动,总额不变
盈余公积转增资本	内部结构变动,总额不变
资本公积转增资本	内部结构变动,总额不变
盈余公积发放现金股利或利润	减少
宣告发放现金股利	减少

项目六

财务报表附注及财务报告信息披露要求

【知识链接】

附注是对在资产负债表、利润表、现金流量表和所有者权益变动表等报表中列示项目的文字描述或明细资料,以及对未能在这些报表中列示项目的说明等。

一、附注的作用

附注能够在很大程度上增强财务报表信息的可理解性。①附注的编制和披露能够形成对财务报表已有项目的有效补充,以帮助财务报表使用者更准确地把握其含义;②附注提供了对财务报表中未列示项目的详细或明细说明。附注信息应当与资产负债表、利润表、现金流量表和所有者权益变动表等报表中列示的项目相互参照,从而使财务报表使用者全面了解企业的财务状况、经营成果和现金流量以及所有者权益的情况。

二、附注的主要内容

根据《企业会计准则》的规定,企业应当按照如下顺序编制附注的主要内容。

(1)企业简介和主要财务指标

①企业注册地、组织形式和总部地址。

②企业的业务性质和主要经营活动。

③母公司以及集团最终母公司的名称。

④财务报告的批准报出者和财务报告批准报出日,或者以签字人及其签字日期为准。

⑤营业期限有限的企业,还应当披露有关其营业期限的信息。

⑥截至报告期末企业近3年的主要会计数据和财务指标。

(2)财务报表的编制基础

财务报表的编制基础,是指财务报表是在持续经营的基础上还是在非持续经营的基础上编制的。企业一般是在持续经营的基础上编制财务报表,清算、破产属于非持续经营基础。

(3)遵循《企业会计准则》的声明

企业应当声明所编制的财务报表符合《企业会计准则》的要求,真实、完整地反映企业的财务状况、经营成果和现金流量等有关信息。

(4)重要会计政策和会计估计

重要会计政策的说明,包括财务报表项目的计量基础和在运用会计政策过程中所做的重要判断等。重要会计估计的说明,包括可能导致下一个会计期间内资产、负债账面价值重大调整的会计估计的确定依据等。

企业应当披露采用的重要会计政策和会计估计,并结合企业的具体实际披露其重要会计

真题链接

【初级会计师考试真题·判断题】企业采用的重要会计政策和会计估计属于财务报表附注披露的内容。( )

【答案】√

【解析】企业应当披露采用的重要会计政策和会计估计,并结合企业的具体实际披露其重要会计政策的确定依据和财务报表项目的计量基础,及其会计估计所采用的关键假设和不确定因素。

政策的确定依据和财务报表项目的计量基础，及其会计估计所采用的关键假设和不确定因素。例如，投资性房地产采用的后续计量方法，固定资产采用的折旧方法、存货发出计价方法等，这些信息将直接影响财务报表使用者对财务报表的理解和分析。

> 注意：企业应当披露采用的重要会计政策和会计估计，不重要的会计政策和会计估计可以不披露。

（5）会计政策和会计估计变更以及差错更正的说明

企业应当按照《企业会计准则第28号——会计政策、会计估计变更和差错更正》的规定，披露会计政策和会计估计变更以及差错更正的情况。

（6）财务报表重要项目的说明

企业应当按照资产负债表、利润表、现金流量表、所有者权益变动表及其项目列示的顺序，对财务报表重要项目的说明采用文字和数字描述相结合的方式进行披露。财务报表重要项目的明细金额合计，应当与财务报表项目金额衔接。主要包括的项目有：交易性金融资产、应收款项、存货、长期股权投资、投资性房地产、固定资产、生产性生物资产和公益性生物资产、油气资产、无形资产、商誉、递延所得税资产和递延所得税负债、资产减值准备、所有权受到限制资产、交易性金融负债、职工薪酬、应交税费、短期借款和长期借款、应付债券、长期应付款、营业收入、公允价值变动收益、投资收益、资产减值损失、营业外收入、营业外支出、所得税费用、其他综合收益、政府补助、每股收益、非货币性资产交换、股份支付、债务重组、借款费用、外币折算、企业合并、租赁、终止经营、分部报告等。

企业应当在附注中披露费用按照性质分类的利润表补充资料，可将费用分为耗用的原材料、职工薪酬费用、折旧费用、摊销费用等。

> **划重点**
> 《企业会计准则第30号——财务报表列报》应用指南中对附注中各项目的披露格式做了具体界定。企业在进行财务报告编制时，需要参照应用指南进行列报和披露。

> 拓展：《企业会计准则》应用指南中对于各项目的附注披露格式做了规范。例如，交易性金融资产的披露格式见表5-14。

表5-14 交易性金融资产的披露格式

项目	期末公允价值	年初公允价值
1.交易性债券投资		
2.交易性权益工具投资		
3.指定为以公允价值计量且其变动计入当期损益的金融资产		

固定资产的披露格式见表5-15。

表5-15 固定资产的披露格式

项目	年初账面余额	本期增加额	本期减少额	期末账面余额
一、原价合计				
1.房屋、建筑物				
2.土地使用权				
二、累计折旧和累计摊销合计				
1.房屋、建筑物				
2.土地使用权				

续表

项目	年初账面余额	本期增加额	本期减少额	期末账面余额
三、投资性房地产减值准备累计金额合计				
1.房屋、建筑物				
2.土地使用权				
四、投资性房地产账面价值合计				
1.房屋、建筑物				
2.土地使用权				

（7）或有和承诺事项、资产负债表日后非调整事项、关联方关系及其交易等需要说明的事项。

（8）有助于财务报表使用者评价企业管理资本的目标、政策及程序的信息。

（9）企业应当在附注中披露下列关于其他综合收益各项目的信息。

①其他综合收益各项目及其所得税影响。

②其他综合收益各项目原计入其他综合收益、当期转出计入当期损益的金额。

③其他综合收益各项目的期初和期末余额及其调节情况。

（10）企业应当在附注中披露终止经营的收入、费用、利润总额、所得税费用和净利润，以及归属于母公司所有者的终止经营利润。

（11）终止经营，是指满足下列条件之一的已被企业处置或被企业划归为持有待售的、在经营和编制财务报表时能够单独区分的组成部分。

①该组成部分代表一项独立的主要业务或一个主要经营地区。

②该组成部分是拟对一项独立的主要业务或一个主要经营地区进行处置计划的一部分。

③该组成部分是仅为了再出售而取得的子公司。

同时满足下列条件的企业组成部分（或非流动资产，下同）应当确认为持有待售：该组成部分必须在其当前状况下仅根据出售此类组成部分的惯常条款即可立即出售；企业已经就处置该组成部分做出决议，按规定需得到股东批准的，应当已经取得股东大会或相应权力机构的批准；企业已经与受让方签订了不可撤销的转让协议；该项转让将在1年内完成。

（12）企业应当在附注中披露在资产负债表日后、财务报告批准报出日前提议或宣布发放的股利总额和每股股利金额（或向投资者分配的利润总额）。

【单选题】下列各项中，关于财务报表附注的表述正确的是（　　）。

A.附注中包括财务报表重要项目的说明。

B.附注包含未在财务报表中列示的项目的说明。

C.企业应当按照一定顺序对报表重要项目的说明采用文字和数字描述相结合的方式进行披露。

D.附注中包括有助于财务报表使用者评价企业管理资本的目标、政策及程序的信息。

【答案】ABCD

【解析】全部正确。

三、财务报告信息披露的要求

（一）财务报告信息披露的概念

财务报告信息披露，又称为会计信息披露，是指企业对外发布有关其财务状况、经营成果、现金流量等财务信息的过程。按照我国会计准则的规定，披露主要是指会计报表附注的披露。广义的信息披露除财务信息外，还包括非财务信息。信息披露是企业治理的决定性因素，是保护投资者合法权益的基本手段和制度安排，也是会计决策有用性目标所决定的内在必然要求。就上市公司而言，信息披露也是企业的法定义务和责任。

（二）财务报告信息披露的基本要求

财务报告信息披露的基本要求，又称为财务报告信息披露的基本质量，主要有真实、准确、完整、及时和公平 5 个方面。

企业应当真实、准确、完整、及时地披露信息，不得有虚假记载、误导性陈述或者重大遗漏，应当同时向所有投资者公开披露信息。

真实，是指上市公司及相关信息披露义务人披露的信息应当以客观事实或者具有事实基础的判断和意见为依据，如实反映客观情况，不得有虚假记载和不实陈述。虚假记载，是指企业在披露信息时，将不存在的事实在信息披露文件中予以记载的行为。

准确，是指上市公司及相关信息披露义务人披露的信息应当使用明确、贴切的语言和简明扼要、通俗易懂的文字，不得含有任何宣传、广告、恭维或者夸大等性质的词句，不得有误导性陈述。企业披露预测性信息及其他涉及企业未来经营和财务状况等信息时，应当合理、谨慎、客观。误导性陈述，是指在信息披露文件中或者通过媒体，做出使投资人对其投资行为发生错误判断并产生重大影响的陈述。

完整，是指上市公司及相关信息披露义务人披露的信息应当内容完整、文件齐备、格式符合规定要求，不得有重大遗漏。信息披露完整性是企业信息提供给使用者的完整程度。不得忽略、隐瞒重要信息。使信息使用者了解企业治理结构、财务状况、经营成果、现金流量、经营风险及风险程度等重大遗漏，是指信息披露义务人在信息披露文件中，未将应当记载的事项完全或者部分予以记载。不正当披露，是指信息披露义务人未在适当期限内或者未以法定方式公开披露应当披露的信息。

企业披露信息时应当忠实、勤勉地履行职责，保证披露信息的真实、准确、完整、及时、公平。勤勉尽责，是指企业应当本着对投资者等利害关系者、对国家、对社会、对职业高度负责的精神，应当爱岗敬业，勤勉高效，严谨细致，认真履行会计职责，保证会计信息披露工作质量。

企业应当在附注中对"遵循了《企业会计准则》"进行声明。同时，企业不应以在附注中披露代替对交易和事项的确认和计量，即企业采用的不恰当的会计政策，不得通过在附注中披露等其他形式予以更正，企业应当对交易和事项进行正确的确认和计量。此外，如果按照各项会计准则规定披露的信息不足以让财务报表使用者了解特定交易或事项对企业财务状况、经营成果和现金流量的影响时，企业还应当披露其他必要信息。

【归纳总结】

附注和财务报告信息披露的要求

内容	要点
附注的作用	（1）附注中包括财务报表重要项目的说明； （2）附注包含未在财务报表中列示的项目的说明
附注的主要内容	（1）企业的基本情况； （2）财务报表的编制基础； （3）遵循《企业会计准则》的声明； （4）重要会计政策和会计估计； （5）会计政策和会计估计变更以及差错更正的说明； （6）报表重要项目的说明； （7）或有和承诺事项、资产负债表日后非调整事项、关联方关系及其交易等需要说明的事项； （8）有助于财务报表使用者评价企业管理资本的目标、政策及程序的信息等
财务报告信息披露的要求	真实、准确、完整、及时、公平

【职场格言】

一句很务实的话：现金为王

在商场中普遍流行"现金为王"的观点，很多人认为，现金比利润更加"靠谱"。

20×3年，"双减政策"出台，一大批培训机构接连关门，但是有一家企业因为账上有充裕的现金流，为员工发放了工资，为家长办理了退款，并且捐出8万套课桌椅，并探索助农直播，体面地完成了转型。因此，现金流相对于利润来说更加真实。

在市场不景气的年份，很多企业出现流动性障碍，甚至走上破产清算的道路，其主要原因并不是企业资不抵债，而往往是企业资金链断裂，企业自身没有足够的现金流，应收款无法及时收回，银行突然抽贷等也会导致企业资金链的断裂。现金流是一个企业的血脉所在。无论是一个人还是一家企业，都要时刻树立"过紧日子"的思想，保持充裕的现金流，对未来不可知的境况做到位未雨绸缪、提前防范、有备无患。

附　录

资产负债表

编制单位：　　　　　　　　　　　　年　　月　　日　　　　　　　　　　　　会企01表
单位：元

资产	期末余额	年初余额	负债和所有者权益（或股东权益）	期末余额	年初余额
流动资产：			流动负债：		
货币资金			短期借款		
交易性金融资产			交易性金融负债		
衍生金融资产			衍生金融负债		
应收票据及应收账款			应付票据及应付账款		
预付款项			预收款项		
其他应收款			合同负债		
存货			应付职工薪酬		
合同资产			应交税费		
持有待售资产			其他应付款		
一年内到期的非流动资产			持有待售负债		
其他流动资产			一年内到期的非流动负债		
流动资产合计			其他流动负债		
非流动资产：			流动负债合计		
债权投资			非流动负债：		
其他债权投资			长期借款		
长期应收款			应付债券		
长期股权投资			其中：优先股		
其他权益工具投资			永续债		
其他非流动金融资产			长期应付款		
投资性房地产			预计负债		
固定资产			递延收益		
在建工程			递延所得税负债		
生产性生物资产			其他非流动负债		
油气资产			非流动负债合计		
无形资产			负债合计		
开发支出			所有者权益（或股东权益）：		
商誉			实收资本（或股本）		
长期待摊费用			其他权益工具		
递延所得税资产			其中：优先股		
其他非流动资产			永续债		
非流动资产合计			资本公积		
			减：库存股		
			其他综合收益		
			盈余公积		
资产	期末余额	年初余额	负债和所有者权益（或股东权益）	期末余额	年初余额
			未分配利润		
			所有者权益（或股东权益）合计		
资产总计			负债和所有者权益（或股东权益）总计		

利润表

会企 02 表

编制单位：　　　　　　　　　　　　年　　月　　　　　　　　　　　　　单位：元

项　目	本期金额	上期金额
一、营业收入		
减：营业成本		
税金及附加		
销售费用		
管理费用		
研发费用		
财务费用		
其中：利息费用		
利息收入		
资产减值损失		
信用减值损失		
加：其他收益		
投资收益（损失以"-"号填列）		
其中：对联营企业和合营企业的投资收益		
净敞口套期收益（损失以"-"号填列）		
公允价值变动收益（损失以"-"号填列）		
资产处置收益（损失以"-"号填列）		
二、营业利润（亏损以"-"号填列）		
加：营业外收入		
减：营业外支出		
三、利润总额（亏损总额以"-"号填列）		
减：所得税费用		
四、净利润（净亏损以"-"号填列）		
（一）持续经营净利润（净亏损以"-"号填列）		
（二）终止经营净利润（净亏损以"-"号填列）		
五、其他综合收益的税后净额		
（一）不能重分类进损益的其他综合收益		
1. 重新计量设定受益计划变动额		
2. 权益法下不能转损益的其他综合收益		
3. 其他权益工具投资公允价值变动		
4. 企业自身信用风险公允价值变动		
……		
（二）将重分类进损益的其他综合收益		
1. 权益法下可转损益的其他综合收益		
2. 其他债权投资公允价值变动		
3. 金融资产重分类计入其他综合收益的金额		
4. 其他债权投资信用减值准备		
5. 现金流量套期储备		
6. 外币财务报表折算差额		

续表

项　目	本期金额	上期金额
……		
六、综合收益总额		
七、每股收益：		
（一）基本每股收益		
（二）稀释每股收益		

现金流量表

会企 03 表
编制单位：　　　　　　　　　　　　　　　　　年　　月　　　　　　　　　　　　　　　单位：元

项　目	本期金额	上期金额
一、经营活动产生的现金流量：		
销售商品、提供劳务收到的现金		
收到的税费返还		
收到其他与经营活动有关的现金		
经营活动现金流入小计		
购买商品、接受劳务支付的现金		
支付给职工以及为职工支付的现金		
支付的各项税费		
支付其他与经营活动有关的现金		
经营活动现金流出小计		
经营活动产生的现金流量净额		
二、投资活动产生的现金流量：		
收回投资收到的现金		
取得投资收益收到的现金		
处置固定资产、无形资产和其他长期资产收回的现金净额		
处置子公司及其他营业单位收到的现金净额		
收到其他与投资活动有关的现金		
投资活动现金流入小计		
购建固定资产、无形资产和其他长期资产支付的现金		
投资支付的现金		
取得子公司及其他营业单位支付的现金净额		
支付其他与投资活动有关的现金		
投资活动现金流出小计		
投资活动产生的现金流量净额		
三、筹资活动产生的现金流量：		
吸收投资收到的现金		
取得借款收到的现金		
收到其他与筹资活动有关的现金		
筹资活动现金流入小计		
偿还债务支付的现金		
分配股利、利润或偿付利息支付的现金		
支付其他与筹资活动有关的现金		
筹资活动现金流出小计		
筹资活动产生的现金流量净额		
四、汇率变动对现金及现金等价物的影响		
五、现金及现金等价物净增加额		
加：期初现金及现金等价物余额		
六、期末现金及现金等价物余额		

所有者权益变动表

会企04表

编制单位：　　　　　　　　　　　　　　　　　　　　　年度　　　　　　　　　　　　　　　　　　　　　　单位：元

项　目	本年金额									上年金额								
	实收资本（或股本）	其他权益工具			资本公积	减：库存股	其他综合收益	盈余公积	未分配利润	所有者权益合计	实收资本（或股本）	其他权益工具			资本公积	减：库存股	其他综合收益	盈余公积	未分配利润	所有者权益合计
		优先股	永续债	其他								优先股	永续债	其他						
一、上年年末余额																				
加：会计政策变更																				
前期差错更正																				
其他																				
二、本年年初余额																				
三、本年增减变动金额（减少以"-"号填列）																				
（一）综合收益总额																				
（二）所有者投入和减少资本																				
1. 所有者投入的普通股																				
2. 其他权益工具持有者投入资本																				
3. 股份支付计入所有者权益的金额																				
4. 其他																				
（三）利润分配																				
1. 提取盈余公积																				
2. 对所有者（或股东）的分配																				
3. 其他																				
（四）所有者权益内部结转																				
1. 资本公积转增资本（或股本）																				
2. 盈余公积转增资本（或股本）																				
3. 盈余公积弥补亏损																				
4. 设定受益计划变动额转留存收益																				
5. 其他综合收益结转留存收益																				
6. 其他																				
四、本年年末余额																				